植民地 시기의 歷史學과 歷史認識

박 걸 순

景仁文化社

책머리에

몇 해 전 필자는『韓國近代史學史』를 저술하며 머리말에서 역사는 끊임없이 변화가 생성하여 결국은 발전하는 생물이라는 견해를 피력한 바 있다. 역사는 되풀이하여 순환하는 것이 아니라 설령 과거와 비슷한 구조와 현상이라 할지라도 본질적으로는 진보하는 것이라는 이른바 發展史觀에 대한 믿음을 말한 것이었다.

근래에 인류의 보편적 가치와 공동의 善을 추구하는 世界市民主義가 民族主義와 상충하는 경우를 종종 보게 된다. 또한 사회진화론적 사고와 질서가 풍미하는 회귀적 현상도 우려된다. 균형을 잃은 담론의 홍수와 예측 불가능한 현실 앞에서 현대사가 파도치고 발전사관에 대한 신념은 중심을 잃고 표류하곤 하였다.

그래도 역사를 붙잡고 읽는 것은 歷史의 敎訓性과 效用性을 믿기 때문일 것이다. 한국근대사학사를 주제로 설정한 것은 역사에서도 가장 중요한 것이 '歷史의 歷史'라고 여겼던 까닭이다. 그러나 史學史는 인물과 사서, 시대정신과 역사철학 등을 탐구하는 분야로서 평가를 전제로 하는 역사학의 종착점이라 할 수 있다. 따라서 淺學菲才한 필자가 이 분야를 선택한 것은 과욕이었고, 그간의 편린을 묶어 내놓는 것은 '知恥心'이 없기 때문은 아닌가 자성해 본다.

어느 시대를 막론하고 그 시대를 관통하는 思考의 主流가 있다. 그런데 그 사고들은 각기 처한 정치적·사회경제적 상황에 따라 존재형태를 달리한다. 전통시기에는 정파와 계층에 따라 동일한

현상도 정반대로 해석하였고, 신 왕조가 수립되면 전 왕조의 역사
는 신 왕조 개창의 합리화 수단으로 재단 당하는 제물이 되기도 하
였다. 新舊思想이 교체하며 保革의 사상적 갈등이 심한 근대에 들
어오며 역사학은 자기 정리나 사상 전회의 기능을 하기도 하였다.
특히 식민지 시기처럼 민족간 지배와 피지배관계가 수립되고, 역
사학이 지배와 투쟁의 이데올로기로서 목적지향성을 지닐 경우 그
역사인식은 극명한 양극상을 보인다.

　植民史觀이란 제국주의 국가들의 침략적 역사논리를 말한다. 서
구의 제국주의 세력은 동양을 침략하며 '아시아적 停滯性'을 이론
적 무기로 삼았다. 前近代的 단계에 머물러 있는 아시아를 개발해
주겠다는 논리였다. 일본은 이를 모방하여 오만한 '脫亞論'을 내세
우는 한편 '大아시아主義'를 내세웠다. 일제가 한국 침략을 위한
구체적 이론으로 日鮮同祖論과 滿鮮史觀을 제시한 것은 침략사학
의 전형을 보이는 것이다.

　일제의 한국침략과 식민지 지배는 다른 제국주의 국가에서는 볼
수 없는 특징적 양상을 보인다. 그것은 곧 민족말살정책이었고, 민
족말살정책의 대표적 수단은 역사왜곡이었다. 식민사관이란 일제
가 한민족사를 왜곡하여 식민지 통치의 수단으로 삼기 위해 악의
적으로 창출한 지배이데올로기였다. 침략사학의 관점에서 한민족
사는 정치적으로는 중국과 일본에 종속적이고 타율적이었으며, 사
회경제적으로는 정체적이고 퇴영적인 것으로 해석하였다. 뿐만 아
니라 문화조차 단순한 중국 문화의 이입과 모방에 불과한 존재로
설명하였다.

　일제시대 한국사 연구의 주도권은 일본인들이 장악하였다. 대개
의 경우, 역사 연구자는 자신이 연구하는 대상에 대해 깊이 이해하
고 사랑하는 마음을 갖기 마련이다. 때로는 연구대상에 대한 지나
친 집착과 애정이 객관적 역사서술과 평가를 방해하는 역기능을

행하기도 한다. 그러나 일본인 한국사 연구자는 정반대였다. "認識의 근거는 對象에 대한 사랑이며, 사랑이 없이 대상에 대한 인식은 없다"고 한 上原專祿이나, "일본인들의 한국사연구는 人間不在의 학문이었다"고 반성적으로 회고한 旗田巍의 말이 함축한 의미는 크다고 여겨진다.

식민사관은 제국주의 시대의 산물이다. 따라서 식민사관은 제국주의 시대의 종말과 함께 폐기하여야 할 역사의 유물이고 인식의 찌꺼기인 것이다. 그러나 최근 일본 역사교과서의 한국사 왜곡은 식민사관의 악령이 살아 꿈틀대고 있는 현재성을 지니고 있음을 여실히 보여준다.

독립운동은 다양한 이념과 방법으로 전개되었다. 일제가 조작 날조한 식민사학을 극복하고 민족사를 수호하며 연구하는 것은 독립운동의 중요한 부분이었다. 실학시대에 맹아하여 한말에 태동한 자존적 역사인식은 일제의 식민사학에 오염되어 가기도 하였으나, 점차 아카데미즘으로서 정비되고 독립운동의 정신적 기축으로서 작용하였다. 따라서 식민지 시기 민족사의 연구는 독립운동 그 자체라 할 수 있다. 식민지시기에 민족사의 저술은 단순한 학술 연구 이상으로 독립운동가의 知行合一의 실천적 지표였다. 일제하의 한국사학사가 학술사 뿐만 아니라 운동사의 차원에서 논급되어야 하는 이유가 여기에 있는 것이다.

일제의 민족사 왜곡이 심화되고 식민사관이 침략성을 노골화할수록 독립운동 차원의 역사연구도 치열해졌다. 식민사관이 식민지지배의 이데올로기였던 만큼 민족사가들의 연구도 관념적 성향을 지니게 되었다. 申采浩의 郎家思想 · 참 朝鮮史論, 朴殷植의 魂 · 大東民族論 및 그 연장선상에서의 大東史觀과 滿韓史觀, 文一平의 朝鮮心과 汎高麗主義, 鄭寅普의 얼 사상 등은 그 대표적인 예이다.

본서는 그간 필자가 발표한 식민지 시기의 역사학과 역사인식에 관한 논문 9편을 모은 것이다. 본서는 식민지시기의 역사인식(제1부), 독립운동가의 저술과 역사인식(제2부), 식민사학의 허구성 비판(제3부) 등 3부로 구성되었다.

제1부 제1장 「大韓民國臨時政府 編纂『韓日關係史料集』의 史學史的 意義」는 1919년 임시정부가 國際聯盟會議에 제출하기 위해 臨時史料編纂會를 구성하여 작성한 『韓日關係史料集』 4권을 분석한 논문이다. 본서는 조선총독부가 편찬하여 국제사회에 무차별적으로 배포하며 식민지 지배를 선전하던 『Annual Reports on Reforms and Progress in CHOSEN』에 대응하기 위해 작성된 것으로, 민주공화정 시기의 최초의 사서로서 임시정부가 일제의 침략으로 단절된 관찬 사서 편찬의 전통과 맥락을 계승하였다는 점에서 의의를 지닌다. 또한 朴殷植의 『韓國獨立運動之血史』나 金秉祚의 『韓國獨立運動史略』의 저본이 되는 선행적 존재로서 주목하여야 한다.

제2장 「1920年代 韓國史 通史의 構成과 性格」은 1920년대에 일제 식민사학에 대응하여 저술된 通史인 黃義敦의 『新編朝鮮歷史』, 張道斌의 『朝鮮歷史要領』, 安廓의 『朝鮮文明史』, 權悳奎의 『朝鮮留記略』, 南宮檍의 『朝鮮이야기』와 崔南善의 『朝鮮歷史講話』 등의 사서를 분석한 논문이다. 이들 통사는 역사인식의 측면에서 중세적 양태를 벗어나지 못하고 식민사학에의 대응이란 목적에 강박된 나머지 지나치게 편향적 서술을 보이는 부분도 없지 않다. 그러나 이들 통사는 일제의 총체적 역사왜곡이라는 열악한 상황에도 불구하고 國學民族主義를 바탕으로 1910년대 민족주의사학을 계승 발전시켜 민족사 서술의 진폭을 넓히고 이해의 수준을 제고하며 근대사학으로의 면모를 보이고 있다.

제3장「日帝下 日人의 朝鮮史研究 學會와 歷史(高麗史) 歪曲」
은 일제가 1920년대에 동화정책의 일환으로 朝鮮史編修會와 京城
帝國大學을 중심으로 다중적으로 조직한 朝鮮史學會·京城讀史
會·靑丘學會·史談會·朝鮮史學同攷會·貞陽會 등 학회의 활
동과 그들에 의한 고려사 왜곡 양상을 살펴 본 논문이다. 이들 학
회는 학술기관이 아니라 식민지 통치의 하부조직으로 존재하며 例
會(月例發表會)를 통해 왜곡의 방향을 설정하는 한편 기관지를 통
해 왜곡된 한국사상을 확산시켜 나갔다. 朝鮮史學會의「朝鮮史講
座」와『朝鮮史大系』, 朝鮮史學同攷會의『朝鮮史學』, 靑丘學會의
『靑丘學叢』은 그들의 대표적인 선전기관지였다. 결국 이들은 고려
시대사 역시 '宗主國의 콜로니'란 관점에서 종속적이고 부용적인
측면을 강조하는 등 전형적인 식민사학의 양상을 보인다.

제2부 제1장「白岩 朴殷植의 古代史 認識論」은 박은식의 고대
사 저술 중 기존에 알려진『大東古代史論』·『東明聖王實記』·
『泉蓋蘇文傳』·『夢拜金太祖』와, 최근에 새로이 발굴 공개된『渤
海太祖建國誌』·『明臨答夫傳』·『檀祖事攷』 등의 분석을 통해
그의 고대사 인식론을 살펴 본 논문이다. 박은식의 역사인식에 대
하여는 그간『韓國痛史』와『韓國獨立運動之血史』의 연구를 통해
근대사에 대한 부분이 논의의 주를 이루어왔다. 그의 고대사론은
광대한 영토와 종족인식을 바탕으로 한 大東民族의 혈통성과 문화
적 일체감을 강조하는 大東史觀과 滿韓史觀으로 요약할 수 있다.
또한 그의 고대사론은 英雄史觀과 救國救民主義, 人權平等主義,
歷史民族主義, 宗敎民族主義, 敎育救國主義 등으로 정리할 수 있
다. 그의 근대사 저술의 업적은 이같은 고대사 인식론의 바탕에서
가능했던 것으로 이해된다. 말미에는 필자가『白岩朴殷植全集』
편찬에 참여하여 집필한 박은식 관련자료의「解題」를 부록으로

첨가하였다.

　제2장「東山 柳寅植의 歷史認識」은 안동의 혁신유림인 柳寅植 (1856~1928)의 생애와 민족운동을 살펴보고 그의 저술인『大東史』와『東山文稿』의 분석을 통해 그의 역사인식을 검출한 논문이다. 그는 乙未義兵에 참여하였으나, 1903년경 개화사상으로 轉回한 이후 협동학교의 설립 등 계몽운동을 전개하였으며, 일시 滿洲로 망명하였다가 귀국한 후 신간회운동 등 다양한 사회활동을 주도하였다. 한편 그는『大東史』를 저술하였는데, 본서는 단군이래 경술국치까지를 편년체의 순한문으로 정리한 3권 11책의 방대한 저술이다. 본서는 춘추의례의 도덕적 명분론 등 유림적 체질을 극복하지 못한 경직성과 임나일본부 등 식민사학을 무비판적으로 수용한 한계가 지적될 수 있다. 그러나 그는 종족과 영토 중심의 민족사 서술을 하였으며, 단군이래 고려의 후삼국통일까지를 독특한 南北朝史觀으로 정리하였고, 망국에 처한 현실에서 냉철한 자기반성의 관점에서 근대사까지 정리하였다. 그의 역사인식의 요체는 祖國精神과 國粹論으로 정리할 수 있다.

　제3장「李源台의 生涯와 歷史認識」은 안동의 혁신유림 계열로서 大倧敎의 중요 직임을 역임한 李源台(1899~1964)의 생애와 그의 저술인『倍達族疆域形勢圖』등의 분석을 통해 그의 역사인식을 검토한 논문이다. 그는 退溪의 14대 손으로서 만주로 망명하여 金東三을 보좌하였고, 金敎獻을 종사하며 민족주의사학에 관심을 가지게 되었다. 귀국한 그는 김교헌의 감수를 받으며 44圖로 구성된『倍達族疆域形勢圖』와 11圖로 구성된「彩色疆域形勢圖」를 저술하였다. 이는 한국근대사학사에서 강역형세도라는 독특한 영역을 개척한 것이라 할 수 있다. 그는 만주와 한반도에서 생멸한 종족을 南北疆(南北朝)史觀에 의해 민족사의 범주로 설정하고, 그 강

역과 판도의 변천을 지도로서 설명한 것이다. 그가 김교헌의 영향을 받았기 때문에 김교헌 사학을 系하고 대종교적 역사인식을 보이나, 그의 강역형세도는 해박하고 심오한 지식을 바탕으로 독자적인 역사인식의 체계를 구성한 것으로 해석된다.

제4장「文一平의 高麗史 敍述과 認識論」은 文一平(1888~1939)이 1927년에 교재용으로 저술한『高麗槪史』를 분석하여 그의 고려사 인식론을 검토한 논문이다.『高麗槪史』는 일제하 민족주의 사학계에서 고려사를 단대사로서 정리한 것으로는 유일한 저술이다. 본서는 그의 지론인 역사의 통속화·취미화·과학화에 따라 간명하게 기술되었다. 본서는 今西龍의『高麗史槪說』과 瀨野馬熊의『朝鮮史大系』중세사 및 朝鮮史編修會의『朝鮮史』고려편과 명백히 대비된다. 문일평은 본서에서 고려의 후삼국통일을 진정한 민족의 통일이라고 의미를 부여하였으며, 북진정책을 汎高麗主義라는 고려의 국가적 이상과 사상으로 설정하였다. 나아가 이를 고려사 이해의 기준으로 제시함으로써 식민사학에 의해 종속적이고 타율적 왕조로 왜곡된 고려사를 복원하였다. 또한 그는 고려의 문화를 주목하고 부각시켰는데, 이로써 그의 朝鮮心은 한국문화를 형성한 근원에 대한 정의로서, 그의 사학은 文化史學 계열로 이해할 수 있는 것이다.

제3부 제1장「喜田貞吉의 韓國觀 批判」은 다양한 분야에서 방대한 연구를 진행하며 일본근대사학을 주도한 喜田貞吉(1871~1939)의『小學日本歷史』(1904) 등 국정 역사교과서와『韓國の併合と國史』(1910),「日鮮兩民族同源論」(1921) 등의 주요 저서와 논문에 나타난 그의 한국관을 비판적으로 검토한 논문이다. 그는 문부성 관리로서 최초의 국정교과서를 집필하며 왜곡된 한국사상을 제시하였으며,『歷史地理』·『民族と歷史』·『東北文化研究』 등의

개인잡지의 발간을 통하여 이를 확산시켜 나갔다. 그의 연구에서 최고의 지향점은 '民族(種族)'과 '同化融合'이었고, 1910년부터 본격적으로 주장한 日鮮同祖論은 그의 한국사관의 중심축을 이루고 있다. 특히 3·1운동으로 식민지 지배가 위기를 맞고 자국 내에서도 비판의 여론이 비등하자 그는 한국 지배를 옹호하는 논리로서 日鮮同祖論을 재차 강조하였다. 그는 한국지배를 위해 일본의 학자들도 종속되어야 한다고 주장하며 식민지 통치 기간 내내 '復歸論'과 '貧弱한 分家와 富强한 本家論'을 내세우며 침략과 지배를 합리화하고 옹호하였다. 그는 역사이론을 통해 시국에 영합하고 정치적 상황과 현실에 학문을 종속시킨 인물이었다.

제2장 「日本 歷史敎科書(國定)에 記述된 韓國史 관련 내용의 史學史的 檢討」는 일본의 군국주의 시기에 편찬된 소학교용 국정 역사교과서 『小學日本歷史』(제1기)·『尋常小學日本歷史』(제2기)·『尋常小學國史』(제3기)·『尋常小學國史』(제4기)·『小學國史尋常科用』(제5기)·『初等科國史』(제6기)·『くにのあゆみ』(제7기) 등에 기술된 한국사 관련 서술내용의 변천과 의미를 분석한 논문이다. 이같은 일본 국정 교과서의 편찬과 개정은 군국주의 침략과정과 밀접하게 연관되어 있다. 즉, 그들은 교과서를 황국사관 주입의 수단으로 삼아 침략을 선동하고 또 다른 침략을 예비하였던 것이다. 따라서 한국사 관련 기술도 그들의 한국 침략과 지배에 따라 변화하고 강화되었다. 이는 곧 침략의 정당화와 식민지 지배 이데올로기의 주입이었다. 근래에 계속되고 있는 일본 역사교과서의 任那日本府說, 屬國論, 進出論, 凶器論, 美化論 등은 군국주의시대 교과서가 정형화한 왜곡된 한국상을 부활시켜 회귀한 것이란 점에서 유의하여야 할 것이다.

한국근대사학사를 공부하여 학위를 취득한지 벌써 10년이 되었다. 본서는 필자의 10년을 회고하고 성찰하는 계기로 삼고자 정리한 것이다. 필자는 史學史를 공부하며 시대를 선도한 역사가들의 예리한 통찰력과 혜안에 탄복한 적이 많았다. 반면 시대적 사조에 역행하거나 학계를 퇴행시키는 사가와 사서도 적지 않게 접하였다. 본서는 후자에 대한 스스로의 경계를 다짐한 것이나, 범람하는 인쇄물의 홍수에 일조한 것은 아닌지 염려된다.

필자는 독립운동사와 근대사학사를 공부하며 많은 분들에게 학은을 입었다. 먼저 역경 속에서도 민족적 지조와 양심을 수범해 주신 일제하 민족주의 사가들, 학부와 대학원에서 공부하는 자세와 방법을 가르쳐 주신 은사님들, 제자는 아니었지만 자상하게 교시해 준 많은 선생님들, 그리고 귀중한 자료를 제공해 주신 모든 분들께 진심으로 감사 드린다. 아울러 거친 원고를 함께 읽고 토론해 준 독립기념관 한국독립운동사연구소 동료 연구원들의 우정을 새겨두고자 한다. 또한 채산성을 계산하지 않고 본서의 출간을 허락해 준 경인문화사 한정희 사장님과, 편집과 교정에 수고하신 편집부의 여러분께도 감사의 마음을 전한다. 끝으로 가장 노릇을 제대로 하지 못함에도 불구하고 이해해 주신 어머님과, 이기적인 사람에게 불평하지 않고 따라 준 아내 김성숙, 그리고 아들 상인·상현에게 변명의 구실로 삼고자 한다.

2004년 4월
흑성산록에서
필　자

<목 차>

제2장 日本 歷史敎科書(國定)에 記述된 韓國史 관련내용의
史學史的 檢討 ◦ 415

제1부

植民地 시기의 歷史認識

제1장

大韓民國臨時政府 編纂
『韓日關係史料集』의 史學史的 意義

제1절 머리말

　대한민국임시정부는 수립 직후부터 외교활동에 역점을 두었다. 임시정부의 초기 외교는 파리강화회의에서 독립을 승인 받고 국제연맹에 가입하는데 주안을 두었다. 그러나 사정이 여의치 않자 임시정부는 세계 열국 정부나 민간 지도자를 상대로 이른바 청원외교를 펼쳤다.[1]

　임시정부는 청원외교의 방법으로 독립청원서를 제출하거나 독립의 역사적 당위성을 기술한 자료를 편찬하여 제출하기도 하였다. 1919년 9월 임시정부가 편찬한 『韓日關係史料集』은 청원외교의 방법으로 국제연맹에 제출하기 위한 것이었다.[2] 따라서 『한일

---

1) 李炫熙, 1983,『大韓民國 臨時政府史』, 집문당, 108쪽 ; 추헌수, 1989, 『대한민국 임시정부사』, 독립기념관 한국독립운동사연구소, 58~59쪽.
2)『韓日關係史料集』은 일명『史料集』(卷首 및 各卷의 표제),『國際聯盟

관계사료집』은 민주공화정을 표방한 이래 임시정부에서 간행한 최초의 사서이자, 朴殷植·金秉祚 등 임시정부와 관련된 인사들에 의해 저술된 일부의 개인 저술을 제외하고는 유일한 임시정부 편찬의 사서이다. 또한『한일관계사료집』은 일제의 침략과 지배로 단절되었던 관찬 사서 편찬의 전통과 맥락을 전승하였다는 의의를 지닌다.

『韓日關係史料集』은 국제연맹에 제출하기 위해 편찬된 임시정부의 외교활동 자료로서 뿐만 아니라, 사학사적으로도 중요한 위치를 차지한다고 여겨진다. 왜냐하면『한일관계사료집』은 고대이래 경술국치에 이르는 한일관계사를 약술하였고, 역사·문화적으로 한국이 일본에 병합될 수 없는 논거를 제시하였으며, 일제 식민지 침략의 잔학상을 실증적·구체적으로 폭로하였기 때문이다. 특히 3·1운동에 대한 서술은 최초의 실증적 정리로서 3·1운동 연구의 선구적 업적으로 평가되는 박은식의『韓國獨立運動之血史』나 김병조의『韓國獨立運動史略 上篇』서술의 기초자료가 된 매우 중요한 부분이다.

따라서『한일관계사료집』은 한일관계사를 집성하고 당대사를 망라하고 있어 정밀한 사학사적 검토를 요한다. 그러나『한일관계사료집』은 비교적 일찍 소개되었음에도 불구하고,3) 지금까지 간단한 자료해설 외에는 사학사적으로 주목받지 못한 실정이다.4) 그 까닭은 초기 임시정부에 대한 연구가 수립과 통합, 외교활동 등에

提出朝日關係史料集』(卷首의 目錄),『韓日關係史』(제1권의 표제) 등으로 불리기도 한다. 여기에서는『獨立新聞』1919년 9월 29일자에 보도된 서명인『韓日關係史料集』을 서명으로 사용하기로 한다.

3) 國史編纂委員會, 1974,『韓國獨立運動史』資料 4, 臨政篇 Ⅳ.

4) 尹炳奭, 1974,「解說」『韓國獨立運動史』資料 4, 臨政篇 Ⅳ, 國史編纂委員會, 447~458쪽(1979,『韓國近代史料論』, 一潮閣, 243~252쪽 재수록).

치우쳤으며, 또한 이 시기의 사서로서 『韓國獨立運動之血史』가 크게 주목되었기 때문으로 판단된다.

본고는 『한일관계사료집』을 사학사적으로 분석하고자 하는 것이다. 먼저 『한일관계사료집』의 편찬을 위해 설치되었던 臨時史料編纂會의 구성과 활동 및 『한일관계사료집』의 편찬배경과 과정 등을 검토하고자 한다. 다음으로 본서의 체재와 각 권별 구성과 서술내용을 구체적으로 살펴봄으로써 역사인식을 검출하고자 한다.[5] 이로써 초기 임시정부의 외교활동에 대한 양상과, 그간 주목되지 않았던 임시정부의 역사인식을 밝힐 수 있을 것이며, 나아가 3·1운동을 전후한 시기의 한국근대사학사에 대한 이해를 심화하는데 보탬이 될 수 있을 것으로 기대된다.

제2절 臨時史料編纂會의 설치와 『韓日關係史料集』의 편찬

1. 臨時史料編纂會의 설치

임시정부에서 사료 편찬의 필요성이 처음으로 제기된 것은 제4회 임시의정원 회의에서였다. 1919년 5월 12일 개회된 회의에서 국

---

5) 『韓日關係史料集』의 원본에 대하여는 尹炳奭의 앞의 글에 언급되어져 있다. 필자는 국립중앙도서관 소장 원본(NO. 323429)을 저본으로 하여 國史編纂委員會에서 資料篇으로 소개한 활자본과 대비하며 검토하였다. 원본에는 오자가 다수 산견되며 활자본에도 오류가 없지 않아 유의를 요한다. 여기에서는 독자의 편의를 위해 국사편찬위원회에서 간행한 자료편의 쪽수로 밝히기로 한다.

무원 위원 趙琬九는 시정방침 연설에서 외교에 대해 설명하며 "장
래 방침에는 3월 1일부터 진행한 역사를 편찬할 것"을 제기하였
다.6) 이는 3·1운동사를 정리하여 국제사회에 일제 침략의 부당성
과 한민족의 독립운동을 알리고자 하였던 것이었다.

　임시정부의 사료편찬이 구체화된 것은 제5회 임시의정원 회의
였다. 1919년 7월 8일 내무총장 安昌浩는 시정방침 연설을 통해 국
제연맹회의에 제출할 안건의 중요함을 강조하며, 전 민족을 대표
하는 의회에서 대표를 각처로 파송 조사하여 이를 편찬하여 제출
하여야 한다고 역설하였다. 또한 「임시정부 진행방침」 제7항으로
'自來로 韓日의 관계를 국무원에서 조사 편찬 중'이라고 밝혔다.7)
따라서 이미 국무원에서 국제연맹에 제출하기 위한 자료로서 한일
관계사를 조사 편찬하고 있었음을 알 수 있는 것이다.

　제5회 임시의정원 회의는 국제연맹회의에 제출할 안건을 협의
하기 위해 소집된 것인 만큼, 이에 대한 토의와 결의가 있었다. 안
창호는 7월 8일, 국제연맹에 제출할 안건의 내용을 설명해 달라는
孫斗煥 의원의 질의에 대해, 국제연맹회에 제출할 안건은 의정원
에서 제출함이 의당하다고 답하였다. 그러나 7월 10일의 회의에서
임시정부에서 제출하기로 가결되었다. 이어 7월 11일의 회의에서
특별위원 5인을 선거하여 '國際聯盟會提出案件作成特別委員會'

---

6) 大韓民國 國會圖書館, 1974, 『大韓民國臨時政府議政院文書』, 49쪽.
7) 大韓民國 國會圖書館, 『大韓民國臨時政府議政院文書』, 52쪽. 安昌浩
　　가 밝힌 「臨時政府 進行方針」 7항은 (一) 人口調査, (二) 財政에 대하
　　여 國公債를 발행할 예정, (三) 國民의 人頭稅法을 공포, (四) 가급적 軍
　　事上에 노력할 것, (五) 救國財政團이 조직됨, (六) 外交上에 대하여는
　　①巴里와 華盛頓에서 外交進行할 것 ②金奎植을 國際聯盟會로 派送
　　할 것 ③徐載弼을 公式代表로 委任할 것 ④外交員을 증가할 것 ⑤外
　　國人을 사용할 것, (七) 自來로 韓日의 관계를 국무원에서 조사 편찬
　　중이라는 내용이다.

를 구성하여 위임하자는 兪政根 의원의 발의로 10인을 호천하여 투표한 결과, 金秉祚·吳義善·崔昌植·鄭仁果·李春塾 등 5인이 선출되었다.8)

임시사료편찬회는 '國際聯盟會提出案件作成特別委員會'의 일원으로 국제연맹회의에 보낼 청원문과 별도로『한일관계사료집』을 작성하기 위해 조직되었다.『한일관계사료집』의 편찬 사업은 안창호에 의해 계획되고 추진되었다.9) 안창호는 제5회 임시의정원회의에서 국제연맹회의에 제출할 한일관계사의 조사와 편찬을 강조한 바 있는데, 그는 수시로 연설회 등을 통하여 외교방침으로 10월에 개최되는 국제연맹회의 이전에 한일관계사의 정리를 마무리해야 한다는 것을 역설한 바 있다.10)

臨時史料編纂會의 조직은 다음과 같다.11)

總 裁 : 安昌浩
主 任 : 李光洙
幹 事 : 金弘敍
委 員 : 金秉祚·李元益·張鵬·金翰·金枓奉·朴賢煥·金興濟
        ·李泳根
助 役 : 金明濟·金錫璜·金成奉·權址龍·柳榮國·朴錫弘·朴

---

8) 大韓民國 國會圖書館,『大韓民國臨時政府議政院文書』, 52~53쪽.
9)『韓日關係史料集』, 3쪽. 李光洙의 緒言.
10) 1919년 6월 25일 上海僑民親睦會事務所에서 행한 안창호의 '독립운동 방침' 연설 내용(도산기념사업회편, 1990,『安島山全書』中, 범양사 출판부, 96~99쪽).
11)『朝鮮民族運動年鑑』, 31쪽. 그런데『韓日關係史料集』209쪽에는 "七月 七日에 政府令으로 史料調査編纂部를 置하고 文士 李光洙·金秉祚·李元益·金枓奉·曺東祐·金弘敍·李漢根·朴賢煥·金興濟·張鵬·金翰 合十一人으로 하여 吾朝鮮歷史의 獨立實力과 韓日의 關係를 辨明編史하여 聯盟會에 提出케 하다"라고 약간 다르게 기술하고 있다.

舜欽・朴炙玉・朴址朋・禹昇圭・申均敝・車均賢・車貞信・鄭明翼・李起榮・李康夏・姜賢錫・金恒信・鄭惠善・趙淑景・李메리・李奉順

이로써 보면 임시사료편찬회는 총재, 주임, 간사, 위원, 조역 등의 직임을 두었으며, 임시정부의 주요인사가 참여한 가운데 총 33인이나 되는 범임시정부적인 규모로 구성되었음을 알 수 있다. '國際聯盟會提出案件作成特別委員會' 특별위원 5인 가운데에서는 金秉祚가 위원으로 참여하였다. 그런데 실질적으로『한일관계사료집』의 편찬은 金枓奉과, 3·1운동 때 기독교측 민족대표의 1인으로 서명하고 미리 상해로 건너와 국민대표로서 임시정부에 참여하였던 金秉祚 및 李元益 목사가 담당하였던 것으로 보인다. 기타 조역들은 자료의 수집과 정리를 보조하였던 것으로 여겨진다.

임시사료편찬회는 1919년 7월 초순부터 활동을 개시하여 8월 하순에『한일관계사료집』의 정리를 일단 마무리하였다. 그러나 시간의 부족으로 활판 인쇄를 하지 못하고 십수인을 초빙하여 필경 작업을 한 끝에 9월 23일 1백질을 등사 완료하였다. 곧『한일관계사료집』은 집필부터 등사까지 불과 84일만에 완성된 셈이다. 임시사료편찬회의 활동과 관련한『獨立新聞』의 기사는 다음과 같다.

o 임의 月餘를 두고 諸氏의 苦心編纂한 史料는 近日에 거진 完了되야 時間의 問題로 活版印刷에 附치 못하고 十數筆家 諸氏를 聘하야 複寫를 行하는데 略今月末에 終結云.12)

o 安昌浩氏를 總裁로 하고 李光洙氏를 主任으로 한 臨時史料編纂會는 八名의 委員 二十三名의 助役의 連日 活動으로 本年 七月 二日에 始

---

12)『獨立新聞』1919년 8월 21일자「史料編纂의 複寫」.

하여 九月 二十三日에 韓日關係史料集의 編纂及 印刷를 終了하다. 該史料集은 國際聯盟의 提出할 案件에 對한 參考의 目的으로 編纂 됨인데 此를 四册에 分하여 合一百帙을 完成하다.[13]

임시사료편찬회는 『한일관계사료집』의 완성과 함께 해산되었다. 그러나 임시정부의 사료조사와 편찬사업은 계속되었다. 1919년 9월 2일 개최된 임시국무회의에서는 국무원에 조사과를 설치하여 사료와 선전자료를 조사 편찬하도록 결의하였다.[14] 따라서 임시사료편찬회의 업무는 국무원으로 이관되었는데, 임시사료편찬회 위원이던 김병조와 이원익은 國務院 史料立査事務 촉탁으로 계속 시무하였다.[15] 임시사료편찬회의 주임이던 李光洙 또한 '韓日關係史와 韓土와 韓族에 관한 調査事' 등은 계속될 것임을 밝힌 바 있다.[16]

한편 『獨立新聞』은 『한일관계사료집』의 편찬이 일단락된 8월 26일부터 「韓國獨立運動史」와 「獨立運動日誌」를 연재한 바, 임시정부의 사료조사와 편찬사업, 특히 3·1운동사에 대한 관심과 정리는 계속되었음을 알 수 있다. 『한일관계사료집』의 완성 직후에 박은식의 『韓國獨立運動之血史』가 즉시 편찬에 착수되었고,[17] 본서의 편찬에 중심적 역할을 하였던 김병조의 『韓國獨立運動史略』이 연이어 편찬되었던 것은 이러한 배경에서 이해될 수 있을 것이다

---

13) 『獨立新聞』 1919년 9월 29일자 「史料編纂 終了」.
14) 『獨立新聞』 1919년 9월 6일자 「臨時國務會議의 決議」.
15) 『獨立新聞』 1919년 9월 13일자 「史料編纂會 解散」.
16) 『韓日關係史料集』, 2쪽. 李光洙의 緒言.
17) 『獨立新聞』 1919년 10월 14일자 「朴殷植 先生과 獨立運動史」.

2. 『韓日關係史料集』의 편찬

　임시사료편찬회의 실무책임자인 주임을 맡았던 이광수는 '서언'
에서 『한일관계사료집』편찬의 목적과 각 권별 서술내용을 밝히고
편찬과정에서의 애로사항도 토로하였다. 먼저 이광수는 『한일관계
사료집』의 편찬목적을 다음과 같이 설명하였다.

> 　三月 一日에 韓國이 獨立을 宣言하고 曠前絕後한 捕縛과 虐殺이
> 行함으로부터 世界의 豺狼의 口中에 置하고 忘却하였던 二千萬의 人
> 類를 記憶하게 되어 韓族에게 關한 報道와 評論이 頗히 盛하게 되다.
> 그러나 從來의 韓國에 關한 報道는 全혀 日本人側으로부터 出하였나
> 니 「*Annual Reports on Reforms and Progress in CHOSEN*」은 中心으로 日本人
> 의 誇張的 宣傳이라. 間或 公平한 西洋人의 報道도 有하거니와 比較
> 的 公平하다 하더라도 韓人 自身의 眼으로 보면 不正確 不詳細한 點
> 이 有하도다. 我等 韓人은 十餘年前 日本의 箝口令과 世界人의 忘却
> 中에 自家의 事情을 言할 自由와 機會를 得치 못하더니 마침 我等
> 十數人이 銃殺과 監禁을 免하여 法이 있고 人道가 有한 땅에 暫留할
> 機會를 得한지라 이에 韓人의 口로 韓人의 事情을 世界에 訴하려 하
> 여 蒼皇間에 此稿를 草함이라.[18]

　즉, 이광수는 3·1운동으로 한민족의 독립운동이 세계인의 주목
을 받게 되었으나 부정확하고 상세하지 못한 보도가 많고, 특히
일본인의 과장적 선전으로 오도된 한인의 사정을 한인이 직접 기
술하여 세계인에게 호소하고자 『한일관계사료집』을 시급히 정리
한 것이라고 밝힌 것이다. 여기에서 이광수는 일본인의 과장적
선전물의 대표로 『*Annual Reports on Reforms and Progress in CHOSEN*』
을 들었다.

---

18) 『韓日關係史料集』, 1쪽.

『*Annual Reports on Reforms and Progress in CHOSEN(KOREA)*』은 조선총독부가 강제병합과 더불어 한국 침략과 지배를 '개혁과 진보'로 미화하여 이를 외국에 선전하기 위해 영문으로 작성, 배포한 연보였다. 1914년말에 발간된 1912~1914년간의 연보를 사례로 분석해 보면 일제의 선전 책동과 이 연보의 성격을 명확하게 알 수 있다.

이 연보는 서문과 17장 212절, 부록과 통계표 등 총 270여쪽에 이르는데, 일제 강점 초기의 통치 전반에 걸쳐 매우 구체적이고 방대한 분량으로 구성되어 있다.19) 연보의 서문은 일제의 통치 전반을 미화하고자 한 일제의 의도를 잘 보여준다. 일제는 서문에서 한국이 행정과 사회, 산업 등 각 분야에 걸쳐 자신들의 강점 이전과 대비할 때 놀랄만한 개혁과 성장, 발전이 이루어졌다고 통계를 제시하며 자화자찬하였다. 특히 1912년의 가장 특징적인 사건은 재임기간 중 한반도에 문명화된 정부를 가져다 준 明治王의 죽음이라고 하며, 일본인과 대부분의 문명국가들은 물론 새로 합병된 지역의 모든 계층(李王家, 귀족, 구 양반계층, 일반인들)이 일년 내내 충성스런 일본인과 함께 충실하게 喪을 거행하였다고 강변하였다.20)

그러나 본서 서문에는 일제의 한민족 말살과 동화정책의 야욕도 여실히 드러내고 있다. 즉, 공립보통학교 교육의 근본목표는 어린 이들에게 단순히 예비교육을 시키는 것이 아니라, 제국의 충성스

---

19) GOVERNMENT - GENERAL OF CHOSEN, "*Annual Reports on Reforms and Progress in CHOSEN(KOREA)*", 1914. 본서의 목차는 다음과 같다. 제1장 중앙행정, 제2장 지방행정, 제3장 사법, 제4장 치안과 질서, 제5장 재정, 제6장 통화·은행업무 등, 제7장 정부사업, 제8장 토목공사, 제9장 통신, 제10장 무역, 제11장 농업, 제12장 상업과 공업, 제13장 임업, 제14장 광업, 제15장 어업, 제16장 공중위생, 제17장 교육.

20) GOVERNMENT - GENERAL OF CHOSEN, "*Annual Reports on Reforms and Progress in CHOSEN(KOREA)*", p.3.

러운 신민이 되게 하는 것이라고 하였다. 또한 공립보통학교에서 의 일본어 확산은 한국인을 일본인으로 동화시키는 핵심적인 요소 라고 하였다.[21] 마지막으로 서문은 1912년 말의 상황을 "합병된 지 2년 반 이상이 지나면서 새 정부는 굳건하게 체제를 확립하였고, 모든 계층의 한국인은 평화로운 즐거움 속에서 각자의 생업을 추 구할 수 있게 되었다. 더구나 서로를 신뢰하게 된 일본인과 한국인 은 지금 한반도 개발에 매우 중요한 산업분야에 조화를 이루며 참 여하고 있다"고 왜곡적으로 정리하였다.[22]

『한일관계사료집』은 이처럼 일제가 악의적으로 조작 날조한 영 문판 선전물이 세계 열국에 배포되어 일제의 침략과 잔학상, 한민 족의 독립운동이 은폐되는 것에 대응하여 이를 사실대로 기술하여 국제연맹에 호소하고자 한 것이었다. 이는 우리나라 역사가 전통 사가와 근래 일본인 사가들에 의해 '誣錄'과 '僞錄'되었음을 지적 하며 조선을 주체로 하는 '참 조선사'의 서술을 강조한 申采浩 등 의 민족주의적 역사인식과 궤를 같이 하는 것이라 할 수 있다.[23]

그러나 『한일관계사료집』은 임시정부의 건립 초창기에 자료수 집이 어려웠던 해외에서 단기간에 편찬되었던 만큼 편찬에 애로가 많았을 것이다. 이광수는 본서 편찬의 '三種의 堪치 못할 困難'을 ①時日의 急迫, ②材料의 難得, ③人物의 不足으로 설명하였다.

첫째, 시일의 급박이란 국제연맹회의에 제출하여 세계 열강국들 이 열람케 하기 위해서는 늦어도 9월 이전에 발송하여야 하였기 때문에 실제 편찬기간은 50일 정도에 불과하였던 것을 말한다. 따

---

21) GOVERNMENT - GENERAL OF CHOSEN, "*Annual Reports on Reforms and Progress in CHOSEN(KOREA)*", p.6.

22) GOVERNMENT - GENERAL OF CHOSEN, "*Annual Reports on Reforms and Progress in CHOSEN(KOREA)*", p.7.

23) 朴杰淳, 1998, 『韓國近代史學史研究』, 國學資料院, 217~222쪽.

라서 여럿이 분담 집필한 초고를 한사람이 체재를 통일하여 정리
하는 것은 고사하고, 각자 분담한 초고를 교정할 여가조차 부족하
여 '如此히 錯雜한 體裁'가 될 수밖에 없었던 것이다.24) 실제로
『한일관계사료집』은 각 권별 목차와 서술내용이 다른 부분이 있
고, 서술상의 일부 오류가 있음은 물론, 필경 과정에서의 오탈자가
다수 있다. 이에 대하여는 후술하기로 한다.

둘째, 재료의 난득이란 자료수집상의 어려움을 말한다. 상해와
국내간 연락이 용이하지 못하였고, 국내의 자료는 일제의 가택수
색이나 상해로 망명하는 과정에서 빼앗기는 경우가 많았다. 이광
수는 실제로 임시정부에서 자료수집을 위해 국내로 4, 5인을 특파
하였으나 한 명도 돌아오지 못한 사례가 있다고 하였다. 또한 일본
으로부터의 자료수집도 어려워 동경에 거주하는 동포에게 참고도
서 목록과 대금을 송부하였으나, 이 역시 일제에 압수 당하고 말았
다고 밝혔다. 결국『한일관계사료집』은 '偶然히 手에 入하는 材料'
에 의존하는 수밖에 없어 애초 계획한 바의 10분의 1도 기술하지
못하고 말았다는 것이다.25)

셋째, 인물의 부족이란 편찬의 적임자가 부족하였다는 사실을
말한다. 국내에는 신교육을 받은 지식인들이 6만 여명에 이르나,
'偶然히 僥倖으로' 상해로 건너온 자는 십수인에 불과하고 그나마
태반은 '文筆에 緣이 無한 者'였다. 따라서『한일관계사료집』은
'實로 技能所致가 아니라 滿腔의 悲痛을 訴하려는 誠의 결과'라는
것이다.26) 즉, 편찬자를 대표하여 이광수는 본서를 체재 등 형식적
면보다는 편찬자들의 정성으로 이해하여 달라고 호소한 것이다.

---

24)『韓日關係史料集』, 1~2쪽.
25)『韓日關係史料集』, 2쪽.
26)『韓日關係史料集』, 2쪽.

임시사료편찬회가 33명으로 구성되었으나, 서언에서 실제 자료수집과 집필에 참여한 사람으로 金枓奉・金秉祚・李元益 등 3인만을 거명한 것도 인물 부족의 사정을 보여주는 것이라 할 수 있다.[27]

본서는 정식 사서로서 題名을 부여하지 못하고『韓日關係史料集』이라 하였다. 그 까닭은 위의 '三種의 堪치 못할 困難'에서 밝힌 바와 같이 편찬자들이 본서의 체재나 서술내용의 한계를 인정하였던 점도 있을 것이다. 그러나 그보다는 편찬자들이 의도적으로 제명을 사료집이라 함으로써 객관성과 실증성을 부각시켜 본서를 읽을 대상인 세계 열강국 지도자들에게 호소력을 높이고자 하였던 것으로 해석된다. 편찬자들은 서언에서 사실만을 채록한 것이라고 강조하며 가급적 근거를 명시하고자 하였다. 또한 제1부의 부록으로 '丙子修好條約'에서부터 '合倂勒約'에 이르기까지의 17종의 조약문 원문을 게재하였으며, 제4부에서도 '日本留學生宣言書' 이하 '露領韓僑老人同盟團致日本政府書' 등 17종의 독립운동 문서의 원문을 게재하였다. 뿐만 아니라 본문의 서술에서도 일제가 공포한 각종 법률의 원문을 그대로 소개함으로써 본서를 원전과 근거에 충실한 기록임을 강조하고자 한 것이라 할 수 있다.

---

27)『韓日關係史料集』, 3쪽. 이들 3인은 편찬의 실질적 인물로서 金枓奉은 古代로부터 庚戌國恥에 이르는 韓日關係史料를 다수 수집하였으며, 자료 수집이 가장 곤란한 독립운동사는 金秉祚와 李元益이 분담하였다. 그러나 朴殷植이 실제 편찬에 참여하였다는 주장도 있다(주요한, 1990,『安島山全書』上, 汎洋社 出版部, 211쪽). 이는 朴殷植이『韓日關係史料集』의 편찬과 거의 동시에『韓國獨立運動之血史』의 저술에 착수하였고, 양서의 서술내용 중 유사한 부분이 있기 때문으로 보인다. 그러나 박은식이 노령으로부터 상해로 돌아온 시점이『韓日關係史料集』의 편찬이 이미 종료된 1919년 9월 하순인 점을 감안하면 그가 본서 편찬에 참여한 것으로 볼 수는 없을 것이다.

그러나 본서의 제명이 『한일관계사료집』이라 하여 단순히 자료를 편집한 정도로 보아서는 안될 것이다. 본서는 삼국 초기 이래의 한일관계사를 역사적으로 검토하였고, 일제의 침략과 강점에 이르는 전 과정과 식민지 지배의 잔학상을 실증적으로 서술하였다. 또한 일제 침략과 지배의 부당성을 논리적으로 접근하고 한민족의 독립운동을 구체적으로 서술하였다. 따라서 본서는 사료집이 아니라, '일본의 한국 침략과 한민족의 독립운동사'라고 파악하는 것이 타당하리라 믿는다.

제3절 『韓日關係史料集』의 체재와 내용

1. 체 재

『韓日關係史料集』은 4부 739쪽으로 구성되었는데, 국배판 크기로 필경 간행한 것이다. 제1부는 고대로부터 병자수호조약에 이르기까지의 한일관계사를, 제2부는 병자수호조약 이후 경술국치에 이르기까지의 한일관계를, 제3부는 경술국치 이후 1919년 2월에 이르는 일제의 식민지 지배정책을, 제4부는 3·1운동의 情形을 기술하고자 한 것이다.[28]

편찬자들은 '公平한 韓族의 歷史', 그 중에서도 이른바 문명사를 서술의 주안으로 삼았으나, 시일이 부족하여 후일을 기약할 수밖에 없었다. 그 대신 제3부에 '韓族의 能力'이라는 제하에 韓族의

---

28) 『韓日關係史料集』, 2쪽. 그러나 실제의 서술내용은 제2부에서 경술국치 이후의 사실을 언급하는 등 애초 계획과는 다르게 서술되었다.

國民性·文化能力·富力·愛國心을 약술하였던 것이다.[29] 즉, 한민족은 모든 면에서 일제의 침략과 지배를 받을 수 없고, 특히 일제보다 문명국임을 강조하여 절대 동화될 수 없음을 역사적 사실을 통하여 입증하고자 하였던 것이다. 4부로 구성된『한일관계사료집』가운데에서 편찬자들이 각별한 관심을 기울였고 세계인들이 주목하여 주기를 바랐던 부분은 제3부였다.[30] 이는『한일관계사료집』이 일제의 침략과 지배과정의 잔학상을 실상대로 세계인에게 폭로하려고 의도하였음을 알려준다. 편찬자들은 자신들의 이같은 선전방법이 인력이나 재력에 있어 일제에 대적할 수 없다는 한계를 인식하고 있었다. 그러나 편찬자들은 자신들이 서술한 내용이 모두 진실에 입각한 것임을 강조함으로써 일제에 대한 선전상의 열세를 극복하고자 하였다.[31]

그러나『한일관계사료집』은 편찬상의 애로로 인하여 체재와 구성상 몇 가지 한계가 지적될 수 있다. 첫째는 체재가 정비되지 못하였다는 점이다. 예컨대 제1부의 간지 표기 방식이 일치되지 않았고 부분적으로 경어체 서술이 보이기도 한다. 또한 제2부와 제4부에서는 종교탄압이 중복되었으며, 제3부는 장절의 구분이 혼란스럽다. 이는 각 부별로 필자가 분담하여 집필하였으나, 시간의 부족으로 체재를 통일하는 과정이 생략되었기 때문으로 이해된다. 둘째, 서술내용이 충실하지 못한 부분이 있다는 점이다. 제1부의 한일관계사에는 누락된 내용이 많으며, 제2부와 제4부에서는 종교를

---

29)『韓日關係史料集』, 2쪽.

30)『韓日關係史料集』, 2쪽.

31)『韓日關係史料集』, 2쪽. "吾等은 人力이나 財力으로 日本에 對抗하리만한 宣傳을 하기 不能하다. 오직 吾等은 上帝의 前에 眞이라 할 것만을 探錄하여 眞으로써 世界에 訴하노라. 만일 吾等의 記述에 一의 虛僞가 有하다 하면 吾等은 其不明의 過失을 羞恥하여 此를 指摘한 者의 前에 謝禮하기를 不惜하노라".

너무 강조한 인상이 강하다. 셋째, 서술내용의 오류가 있다는 점이다. 즉 임진왜란의 발발년을 1589년으로, 동학혁명의 발발년을 1893년으로, 러일전쟁의 발발년을 1903년으로 기술하는 등 역사적 사실의 서술에 오류가 있다. 넷째, 脫誤字가 많다는 점이다. 특히 한자의 필경 과정에서 탈오자가 많이 발생하였다. 예컨대 大鳥圭介를 大島圭介로, 韓族을 漢族으로, 侍從院卿을 待從院卿으로 잘못 쓰거나, 嶠南學會를 南學會로, 熊峙大捷을 峙大捷으로 서술하는 등 부분 탈자된 부분이 상당히 많고, 같은 문장을 중복 서술한 부분도 있다. 이는 필경 작업에 참여한 인원이 십수인이나 되었고, 시일이 촉박하였기 때문으로 이해된다.32)

　이같은 문제점은『한일관계사료집』편찬상의 애로와 함께, 편찬과 필경에 참여한 자들이 근대 역사교육을 받지 못하였고 편사의 경험이 없는 등 전문성이 결여되었기 때문에 파생된 것이다. 그러나 본서는 단순히 체재나 서술내용만 가지고 평가해서는 안 된다고 믿는다. 그 까닭은 본서가 사서의 형태를 취한 완전한 역사서술을 지향한 것이 아니며, 또한 촉급한 시일 내에 국제연맹회의에 제출하려는 목적에서 일제의 만행과 독립운동을 실증하고자 한데에 주안을 두었기 때문이다. 따라서 본서는 다른 사서와 동렬선상에서 논의하기보다는 임시정부 초기의 역사인식을 확인하는 데에 의미를 부여하는 사학사적 접근이 요구된다고 하겠다.

---

32) 原典의 脫誤字는 국사편찬위원회에서 활자본으로 간행하며 대부분 바로 잡았다. 그러나 여기에서의 교정작업도 완전하지는 않다. 예컨대 133쪽에는 미판독 부분을 □표로 처리하였는데, 필자가 이용한 원전을 대비한 결과 "… 各 敎人의 年齡 原籍現住를 詳細히 記入하야 …", "… 警官의 當日에 出張하다", "… 舊韓國時代에 出版 認可를 刊行할뿐더러 … 距今 五六年前에 출판된 … 親著 龍潭遺詞는 押收되고", "… 每週 土曜日에는 … 講究하는데 此도 數年前부터 …" 등으로 확인되었다(밑줄 부분이 필자가 확인한 내용).

2. 권별 구성과 서술내용

1) 제1부의 구성과 한일관계사의 서술

제1부는 5장으로 구성된 바, 그 목차는 다음과 같다.

一. 自三國至高麗末
二. 豊臣秀吉의 壬辰年 入寇
三. 光武皇帝 卽位後事
四. 甲申革命黨의 亂
五. 朝日條約類聚

목차에서도 알 수 있듯이 제1부는 삼국 초(B.C. 50년, 신라 시조 8년)부터 '合倂 後의 事情一般'까지의 한일관계사를 편년순으로 정리한 것이다. 즉, 삼국시대이래 경술국치에 이르는 일본의 한국 침략과정을 개괄한 것으로 한일관계사를 일본의 한국 침략사 관점에서 서술함으로써 일본의 침략성을 부각시키고자 한 부분이다. 특히 문화전파의 은인을 배신하고 침략한 일본의 부도덕성을 역사적 사실을 통해 드러내고, 우리 전통문화의 비교우위를 강조하고자 하였다.

紀年은 고려 전기까지는 기원(檀紀)·삼국·일본·중국의 왕년·간지 순으로 표기하였고, 고려 후기 이후는 단기·서기·간지순으로 표기하였다. 임진왜란을 전후하여서는 단기·宣祖·明(萬曆)·서기·간지 순으로 표기하였고, 광무황제 즉위 이후는 단기·太皇 즉위년·일본·청·서기·간지 순으로 표기하였다. 기년의 표기에서는 단기를 수위로 하고 주변국의 왕년과 서기 및 간지를 병기한 것이 특징이라 하겠다. 이같은 기년의 표기방식은 한 말의 편년체 사서와 같은 형태이다.[33)]

그런데 서술의 말미에 『和漢三才圖會』, 『東史年表』, 『日本書紀』, 『宋史』 등의 참고문헌을 일부 밝혔으나, 대부분 전거를 밝히지 않았다. 더구나 『三國史記』와 『三國遺事』, 『高麗史』 등 우리 전통사서를 참고하였음이 분명하나 전거로 밝히지 않아 주목된다. 이는 실학이래 우리 전통사서에 대한 불신 풍조 때문인지, 아니면 서술상 번거로움을 피하기 위해 우리측 사료를 전거로 밝히지 않은 것인지 단정할 수 없다.

제1부는 고대로부터 경술국치에 이르는 한일관계사를 최초로 정리한 것이란 점에서 의의가 크다. 그러나 삼국시대이래 조선시대에 이르는 전통시대의 한일관계사가 매우 소략하게 기술되었다. 그 까닭은 서언에서 밝힌 것처럼 편찬시일의 급박, 자료수집의 곤란, 편찬자의 능력 부족 등이 원인이 되었던 것으로 보인다. 그런데 본서는 완전한 형태를 갖춘 정식 사서가 아니다. 또한 편찬자들이 제3부 ‘合倂後 日帝의 對韓策’ 서술에 주력하였음을 스스로 밝혔듯이 일제 침략의 실상을 고발하는데 편찬의 주안을 두었던 점에 유의할 필요가 있다. 즉 편찬자들은 본서를 통하여 전근대사보다는 경술국치로 이어지는 근대사에서의 일제 침략과정과 식민지 통치의 실상을 강조하고자 하였던 것이다. 따라서 이 부분은 前史로서 최소한의 자료만 선택적으로 기술하는데 그치고, 반면 광무황제 즉위 이후 경술국치로 이어지는 일제의 침략과정은 상세하게 서술하였던 것으로 이해된다.

전통시대의 한일관계사와는 달리 광무황제 즉위 이후의 일제침략사의 기술은 구체적이고 상세하다. 특히 제4장의 ‘甲申革命黨의

---

33) 朴杰淳, 『韓國近代史學史硏究』, 54~68쪽.

亂'에서는 앞장의 서술방식과는 달리 '甲申革命黨의 亂' 이하 '合
倂後의 事情一般'까지 각각 47개항의 소제목으로 나누어 일제의
침략과 한민족의 국권수호운동을 조목조목 설명하였다.[34] 이와 함
께 제5장은 부록의 성격으로「修好條規」이하「合倂勒約」에 이르
는 일제의 침략과정을 보여주는 각종 조약문의 원문을 수록하였
다.[35] 이처럼 원문을 수록한 것은 이후 부분에서도 공통된 현상이
다. 이로써 편찬자들이 주관을 배제하고 실증적·객관적으로 서술
하고자 한 編史의 태도를 알 수 있으며, 정식 서명이 아니라 '史料
集'이라 제명한 까닭도 여기에 있는 것이다.

그러나 삼국이래 고려까지의 한일관계사 기사가 55건에 불과하
고, 조선 전기의 기사가 전혀 없는 등 내용이 충실하지는 못하다.
삼국시대의 관계사는 신라 기사가 25건으로 제일 많고 백제기사 8

34) 제1부 제4장의 소제목 47개항은 다음과 같다.
甲申革命黨의 亂, 中日天津條約, 大院君還國, 甲午東學의 亂, 日兵入
城, 日使大鳥陛見奏, 暫定合同條約, 日本致最後通牒於我政府, 日兵犯
闕, 攻守同盟條約, 日本의 內政干涉, 一掃諸閔, 大鳥去井上來, 朴泳孝
再次亡命, 日人이 弑我國母, 廢后, 王后復位, 移蹕俄舘, 各地 義兵蜂起,
徐載弼과 獨立運動, 獨立協會 解散, 日俄條約, 英日同盟, 韓滿問題之日
俄交涉, 日俄宣戰, 日軍이 入城締結議定六條及追加三條, 伊藤勒締保護
條約, 伊藤의 統監時代, 海牙平和之密使, 伊藤逼韓皇禪位, 七條約又成,
軍隊解散, 各地義兵, 皇太子渡日, 東洋拓殖會社, 張仁煥 田明雲 殺美人
須知分, 皇上의 西北巡行, 曾彌의 統監時代, 安重根狙擊伊藤斃之, 伊藤
의 十三大罪, 李在明刺李完用, 寺內統監時代, 日人併韓之最後, 合倂勒
約, 殉國義士, 安明根事件及百二十人之黨獄, 合倂後의 事情一般.
35)『韓日關係史料集』, 51~69쪽. 제5장 韓日條約類聚(본문에서는 韓日條
約集이라 함)에 수록된 조약문은 다음과 같다.
一. 修好條規, 二. 修好條規附錄, 三. 賠款條約, 四. 賠償條約, 五. 暫定
合同及攻守同盟條約(附攻守同盟), 六. 借款條約, 七. 捕魚及捕鯨條約(附
捕鯨條約), 八. 議定六條約, 九. 通信條約, 十. 船舶航行條約, 十一. 雇聘
條約(財政), 十二. 雇聘條約(警察), 十三. 保護條約, 十四. 七條約, 十五.
司法條約, 十六. 警察條約, 十七. 合倂勒約.

건, 고구려 기사 2건으로 서술의 불균형을 보이는데, 그나마 백제
와 고구려 기사는 문물전파와 관련된 내용이다. 이처럼 신라 기사
가 압도적인 것은 삼국 중 倭와의 기사를 가장 많이 수록한『三國
史記』가 신라본위로 편향적으로 서술된 데에 연유하는 것으로 이
해된다.36) 또한 통일신라 기사는 10건인데 반해 발해 기사는 2건에
불과하다. 한편 고려시대 기사는 고려 전기가 1건 뿐이며, 나머지
는 여몽연합군의 일본정벌과 고려말 왜구의 침탈상에 관한 내용들
이다.『高麗史』에 의하면 11세기 후반부터 12세기 후반까지 進奉
船에 의한 進獻下賜 형태의 麗日貿易을 위해 고려에 입국한 일본
인 관련기사가 23회에 달하나,37) 여기에서는 전혀 언급되어 있지
않다. 또한 충정왕 2년(1350년)부터 고려 멸망까지 약 40년간에 걸
쳐 왜구의 고려 침입 기록이 471회에 달하나,38) 극히 일부 기사만
을 수록한 것이다. 조선시대는 임진왜란 이전 기사는 전무하나, 임
진왜란에 대하여는 상술하였다

2) 제2부의 구성과 강제병합 부당성의 서술

제2부는 7장으로 구성된 바, 그 목차는 다음과 같다.

一. 民族及 國民性의 差異
二. 韓族의 日本族에 對한 輕蔑
三. 韓族의 日本族에 對한 怨恨

---

36) 김석형, 1988,『고대 한일관계사』, 한마당, 362쪽(원저명 : 1966,『초기
   조일관계사연구』, 사회과학원출판사).
37) 羅鐘宇, 1991,「高麗前期의 對外關係史研究」『國史館論叢』第29輯, 國
   史編纂委員會, 178~179쪽.
38) 신석호, 1959,「여말 선초의 왜구와 그 대책」『국사상의 제문제』, 국사
   편찬위원회, 106~107쪽.

四. 韓族의 日本族에 對한 不信任
五. 韓族의 民族力
六. 集會及 結社, 言論 出版의 禁止
七. 宗敎壓迫

여기에서 알 수 있듯이 제2부는 우리나라가 일본에 병합되거나 지배를 받아서는 안 되는 당위성을 역사적, 문화적으로 규명하고자 한 것이다.[39] 그런데 목차의 구성이 어색하다. 즉, 1장부터 5장까지는 양국 병합의 불가론을 설명하였으나, 6장과 7장은 일제의 압박과 탄압을 서술하였다. 사실 이 부분은 제3부에서 다루어야 타당한 내용들로서, 이는 본서의 구성과 서술이 정제되지 못하였음을 입증하는 한 단면이라 할 수 있다.

각 장은 개별 논설의 형식으로 구성되었다. 그러나 한일 양족은 민족과 국민성이 다르고, 한족이 일본족을 경멸하고 원한을 지니고 있으며 불신임할 뿐만 아니라, 한족이 산업과 문화능력 등으로 볼 때 절대 일본에 병합되어서는 안 된다는 결론을 논리적이고 실증적 사례를 통해 도출한 연속적 논설이라 할 수 있다.[40] 1장은 한국과 일본은 민족이 다르고 국민성이 다르다는 사실을 언더우드의 저서를 인용하며 설명하였는데, 특히 일본의 침략성을 부각시키면서 한인은 결코 일본족에 호감을 갖지 아니하며 '옛날이나'라며 切齒하고 있다고 하였다.[41] 2장은 '왜놈'의 어의를 서양의 사악·교활·유해·야만·건방의 개념과 같다고 비교하고, '금수'와 같던

---

39) 이 부분은 朴殷植의 『韓國獨立運動之血史(下編)』의 제1장 '韓日國民性之氷炭'의 내용과 유사하다.

40) 이 부분은 『獨立新聞』이 1919년 9월 4일, 9월 6일, 9월 13일에 걸쳐 연재한 「韓日 兩族이 合하지 못할 理由」의 논리와 같다.

41) 『韓日關係史料集』, 70~71쪽.

일본족에게 우리가 문화를 전파하여 주었으며, 우리가 漢族과 각
축할 때에 일본족은 '海島 中 一蠻族'에 불과하였음을 상기시키며
그들을 경멸하는 이유를 설명하였다. 또한 한민족이 일본족보다
문화 흡수 소화력, 창조력의 면에서 우월함을 설명하였다.[42] 3장은
신라 남해 차차웅 때부터 왜구라는 명칭으로 시작된 일본의 한국
침략사를 서술하였다. 이 부분에서는 맥켄지의 저술을 원용하고
박은식의 『韓國痛史』에 소개된 일본군의 무도 참혹한 한인 학살
을 예로 들며 "한족은 결코 일본족과 동일한 국가 내에 생활치 못
할지라"고 단언하였다.[43] 4장은 병자수호조약 이래 일본의 배신을
설명하였고, 일본인은 관리와 상인은 물론 심지어는 교사와 종교
인까지도 신임할 수 없다고 하였다. 그 구체적인 사례로서 선교사
村上의 간교함과, 총독 長谷川이 발한 2차의 諭告가 거짓이었다는
사실을 들었다.[44] 5장은 한민족의 능력을 농업·광업·수산업·
공업·세입출 면에서의 부력과 문화 창조력이 뛰어난 문화민족이
라고 설명하였다. 특히 공업 부문에서 총독 정치 이후의 것은 일제
가 공업권을 독점하기 위한 술책이며, 한민족에게는 아무 쓸모도
없고 오히려 일대 타격을 준 것에 불과하다고 지적하였다. 여기에
서도 한민족의 문화 창조력에 대해 서술한 언더우드의 글을 인용
하였는데, 문화능력의 구체적인 예로서 삼국의 현대식 징병제와
이순신의 거북선 제조 등을 거열하였다.[45]

　6장과 7장은 본서의 전 내용 가운데에서도 우수하게 작성된 논
설이라 평가할 수 있다.[46] 6장에서는 保安法의 폐해를 지적하고,

---

42) 『韓日關係史料集』, 72~73쪽.
43) 『韓日關係史料集』, 73~75쪽.
44) 『韓日關係史料集』, 75~76쪽.
45) 『韓日關係史料集』, 77~83쪽.
46) 尹炳奭, 『韓國近代史料論』, 249쪽.

보안법은 병합 이전에 공포한 악법으로서 경찰서의 고문과 야만스
런 태형과 함께 잔존 기념물이라고 평가하였다. 또한 보안법의 탄
압으로 인해 해산된 학회, 발행정지나 금지를 당한 신문과 잡지,
압수 도서, 창가와 민요의 구체적 실상을 상술하며, 결국 한국에는
1개의 한인 결사도 없으며 1개의 언론기관도 없다고 개탄하였
다.47)

　7장에서는 기독교·불교·천도교에 대한 일제의 탄압에 관한
실상들이 매우 방대한 분량으로 논리적이고 구체적으로 서술되어
져 있다.48) 먼저 기독교에 대한 탄압은 懷柔斯瞞政策, 壓迫政策,
陰謀撲滅政策, 基督敎에 대한 差別待遇 등 4장으로 구성되어 있
다. 懷柔斯瞞政策에서는 외국인 선교사와 한인 교역자 및 교도들
에 대한 일제의 간교한 책동을 날카롭게 지적하였다.49) 壓迫政策
에서는 寺內總督 암살사건의 조작 날조로 인한 교도의 탄압을 한
국 기독교 3대 박해 중의 하나라고 하며, 타임지 기사와 맥켄지의
저술을 장황할 정도로 인용하였다. 또한 布敎規則을 寺內 암살사
건의 대용물로 간주하였다.50) 이밖에 기독교에 대한 일제 탄압의
실상을 구체적인 사례를 들어 실증하였는데, 특히 3·1운동 이후 기

---

47)『韓日關係史料集』, 84~90쪽. 민요 가운데에는 일본을 敵視하는 내용
　　이 많으며 임진왜란 이후에 그러한 민요가 더욱 성행하였다고 하며,
　　백여명의 농부와 청년 학생들이 이런 민요를 부르다가 일제에게 죽음
　　을 당하였다고 서술하였다. 또한『壬辰錄』을 금지소설의 대표로 들며,
　　1904년에 태천의 일가족이 이 소설을 읽다가 일제에 의해 몰살당한 사
　　례를 소개하였다.
48) 그러나 大倧敎의 탄압에 대한 내용은 누락되어 있다. 박은식의『한국
　　독립운동지혈사』상편, 제15장에서도 '撲滅各宗敎之政策'을 설명하였
　　다. 여기에서는 대종교·기독교·불교·천도교의 탄압에 대해 서술하
　　고 있으나,『한일관계사료집』에 비하면 매우 적은 분량이다.
49)『韓日關係史料集』, 91~93쪽.
50)『韓日關係史料集』, 93~99쪽.

독교의 탄압을 16개의 실례를 들어 상술하였다.[51] 陰謀撲滅政策에
서는 일제의 각종 회유정책에도 불구하고 기독교가 중립적 태도를
취하였고, 한국 내에서 기독교와 선교사의 세력이 강대하기 때문
에 식민지 통치의 필요에서 박멸정책을 취하게 된 것이라고 탄압
의 배경을 밝혔다.[52] 이어서 교역자와 신도에 대한 회유와 협박,
청년 신자에 대한 타락 유도, 미신 권장, 관헌의 신도 위협 사실 등
에 대한 사례를 들고, 일본인의 교회 압박 사실을 논증하였다.[53]
마지막으로 기독교에 대한 차별대우에서는 조합교회와 조선 교회
를 비교하며 일제의 차별적 편견행위를 지적하였다.[54] 불교탄압에
대하여는 총독정치의 대불정책을 분석 비판하고, 별도로 금강산
승려 申尙玩이 저술한 논설을 소개하였다. 먼저 전자는 寺刹令을
날카롭게 분석하고 있음이 돋보인다. 여기에서는 사찰령은 조선
불교를 보존하기 위한 것이 아니라, 조선 사찰을 보존하기 위한 것
이라 간파하였다. 따라서 사찰령의 진상을 이해하기 위해서는 조
문에 대한 해석보다는 사찰령이 제정될 당시 일본인 사이에서 논
의되었던 의론을 주목하여야 한다고 하였다. 즉, 사찰 재산을 탈취
하고 법맥을 유지하고 있는 승려의 반발을 완화하기 위해서 특별
법령인 사찰령을 제정하였던 것이고, 결국은 사찰까지도 멸망시키

---

51) 『韓日關係史料集』, 109~116쪽. 여기에 소개된 사례는 제임리 혁실사
　　건(외국인 시찰기사 포함), 정주학살사건, 수원 수천 학살사건, 선천 傷
　　人事件, 평양 傷人사건, 의주 燒毁會堂사건, 甑山 撤毁會堂사건, 강서
　　의 총살사건, 부산의 여자 및 아동 학대사건, 맹산사건, 평양지방의 교
　　인 압박사건, 散布毒藥事件, 삭주의 背敎證사건, 곡산의 懷經負傷사건,
　　의주 남산・남제 양교회 재산재판사건, 의주의 헌병 指嗾사건 등 16개
　　로서 말미에 “此外에 許多한 事實이 有하나 枚擧할 暇가 無하야 此에
　　止하노라”고 하였다.
52) 『韓日關係史料集』, 91쪽 및 122쪽.
53) 『韓日關係史料集』, 116~112쪽.
54) 『韓日關係史料集』, 122~123쪽.

고 나아가 조선 불교를 멸망시키고자 한 것이 사찰령의 본질이라
고 명확하게 해석하였다.55) 신상완의 논설은 일제의 불교 탄압에
대한 구체적 실상을 잘 보여준다. 그는 불교를 사회에 대한 만능적
잠재력으로 이해하고, 서산대사와 사명대사 등 佛僧들의 애국정신
의 전통을 강조하며, 이를 불교계가 타 종단과 함께 독립을 선언한
배경으로 설명하였다. 특히 불교에 대한 총독의 간계를 5항으로 정
리한 내용은 주목된다.56) 한편 천도교 탄압에 관한 부분은 기독교
나 불교에 비하면 분량이 적은 편이나 내용은 체계적이다. 먼저 천
도교의 약사를 설명하며 동학을 천도교도가 淸에 대하여 조선의
독립을 표방하며 조정의 사대파를 전복하려고 한 혁명운동으로 파
악하였다.57) 그런데 타 종단에 비해 천도교도들이 특히 박해를 받
았음을 부각시키고 있다. 일제 관헌들은 천도교 지방교구의 교역
자들을 가축처럼 취급하였으며, 일제 치하에서 가장 노예 같은 학
대를 받는 자들은 천도교도라고 하였다. 이처럼 천도교도에 대한
일제의 박해가 심했던 것은 기독교의 경우 일제가 두려워하는 선
교사의 보호가 있었으나, 천도교는 그러하지 못하였기 때문으로
분석하였다.58)

---

55) 『韓日關係史料集』, 123~126쪽.
56) 『韓日關係史料集』, 129쪽. 그 내용은 다음과 같다.
　① 사찰령을 제정하여 寺有財産을 半官的으로 간주하고, 혹은 이를 무
　　상으로 수용.
　② 승려의 세력을 빌려 야소교도의 세력을 減殺코자 함.
　③ 승려를 傀儡로 사역하여 일본과 조선은 同根一體라는 허위무근의
　　역사를 선전케 함.
　④ 승려 교육의 내정을 노골적으로 간섭하여 官吏顧問을 僧侶學校에 둠.
　⑤ 각 승려학교에서 지망하는 영어와 역사 등을 엄금하여 일본의 노
　　예 될만한 승려를 양성.
57) 『韓日關係史料集』, 131쪽.
58) 『韓日關係史料集』, 132~133쪽.

3) 제3부의 구성과 일제 식민지 지배정책의 서술

제3부는 9장으로 구성된 바, 그 목차는 다음과 같다.

一. 官公署의 韓人 排斥及 差別待遇
二. 東洋拓殖會社
三. 會社令及 組合組織
四. 鑛山 蠶繭及 製造工業의 獨占
五. 朝鮮人 私有財產의 監視
六. 法令에 드러난 日本의 朝鮮人 敎育의 宗旨
七. 行政
八. 司法
九. 警察

목차에서 알 수 있듯이 제3부는 '倂合後의 日帝의 對韓策'을 분 야별로 기술하였다. 편찬자들은 서언에서 세계인들이 특히 이 부 분을 주목해 주기를 희망한 바 있다. 따라서 제3부는 본서의 내용 중에서 편찬자들이 가장 역점을 두어 서술한 부분임을 미루어 짐작 할 수 있다. 제3부는 성격상 강제병합 이후 3·1운동 발발 직전까지 의 일제의 탄압과 식민지 지배의 실상을 실례와 구체적 자료를 근 거로 하여 서술한 일종의 식민지 통치 실상 보고서라 할 수 있다.

일제 무단통치 시기의 식민지 정책의 본질과 성격을 설명하는 자료는 매우 부족하다. 그나마 일제의 선전용 자료가 대부분이기 때문에 실체적 진실은 크게 왜곡되어 있는 실정이다. 따라서 이 부 분은 이를 보완할 수 있는 거의 유일한 우리측 자료로서 매우 귀중 한 것이다.[59] 특히 임시정부 관계자들이 직접 체험하였거나 견문

한 사실을 중심으로 서술하고, 여기에 일제가 작성한 통계 등 각종
자료를 상당 부분 인용함으로써 서술의 사실성과 객관성을 높인
것이 주목된다. 따라서 본격적인 역사서술이라기보다는 자료집의
성격이 강하고, 그만큼 사료적 가치가 높다고 평가된다.

제1장에서는 판임관·고등관 등의 행정관청과, 철도·우편·통
신·교육기관·경찰서·헌병대 등 전체 관공서에서 한인이 배척
당하고 차별대우 받는 상황과, 각종 관청용달도 일본인이 독점하
는 상황을 구체적 사례를 제시하며 서술하였다. 행정관청에 근무
하는 조선인은 '일생에 陞遷될 餘望이 無'한 상태에서 학력과 직
위가 같다고 해도 봉급은 일본인의 3분의 1밖에 받지 못한다고 설
명하였다.[60] 또한 경찰관서내의 한인과 일인의 관계는 전체 한인
과 일본인 관계의 표본이며, 조선인 군 서기는 일본인 군 서기의
보조원이며, 조선인 교원은 일본인 교원의 보조원이라고 하였다.
특히 헌병 보조원은 일본인 헌병에 속한 노예라고 함이 적당하다
고 하였다.[61] 제2장에서는 동양척식회사로 인한 한국 농촌사회의
피폐상을 서술하였다. 즉 일제의 통계자료를 제시하며 한국인의
주밀한 인구 분포율과 증가율을 강조하고, 동양척식회사의 각종
혜택을 받으며 이주해 온 일본인으로 말미암아 한인들이 더욱 피
폐해진 것이라고 지적하였다. 또한 일제가 이른바 토지조사사업을
통해 반관반민적 성격을 지닌 한국 국유지를 강점해 버려 한인들
이 농토로부터 유리되어 서북간도로 유랑하게 되었으며, 이 과정

---

59) 尹炳奭, 『韓國近代史料論』, 251쪽.
60) 『韓日關係史料集』, 135~139쪽. 특히 일본인의 양자로서 일본에서 대
　　학을 졸업한 農學士 李某가 수원농림학교 교유로 근무하며 130원의
　　봉급을 받고 있던 중, 조선인임이 드러나 봉급이 45원으로 깎였다는
　　차별대우의 구체적 실상을 제시하였다.
61) 『韓日關係史料集』, 139쪽.

에서 3·1운동의 주도적 역할을 담당했던 기독교와 천도교인들이
특히 핍박받았다고 하였다. 마지막으로 일제의 고압적이고 비인도
적인 관개독점으로 인해 한인 소작인들이 부득이 일인에게 농토를
매도하고 타처로 떠돌 수밖에 없는 상황을 서술하였다.[62] 제3장에
서는 會社令의 전문을 그대로 게재하고, 이로 인한 한인의 피해상
을 간략히 서술하였다. 그런데 회사령은 일제가 한인의 사업경영
을 제한하기 위해 허가주의를 채택한 것이라고 하며, 일제측 통계
를 제시하며 회사령 시행 이후 회사의 인가가 한인에게 절대적으
로 가혹하였음을 입증하였다.[63] 그러나 '양산소비조합사건'은 앞
장에서 언급하였음에도 불구하고 별개의 절로 구성하여 상세하게
실상을 소개하였다.[64] 이는 이 사건의 관련자인 尹顯振이 임시정
부에 참여, 활동한 인물이었기 때문에 구체적 실상을 파악할 수 있
었기 때문으로 사료된다.[65] 제4장에서는 광산과 잠견분야에서 일
본의 독점 횡포를 서술하였다. 광산의 경우는 조선광업령과 일본
광업령을 대비하여 광업권·출원수수료·광업권설정등록세·광
구세·사광법·지역과 광종 등에서 일제가 한인에게 차별적 적용
을 하고 있음을 강조하였다. 잠견의 경우는 일본인만이 지정상이
되었고, 각 지방관청은 일개 일본인 잠견매수상을 위해 거간으로

---

62) 『韓日關係史料集』, 140~144쪽.
63) 『韓日關係史料集』, 144~146쪽.
64) 『韓日關係史料集』, 144~147쪽.
65) 尹顯振은 명치대 법학과에 유학하고 귀국, 소비조합운동을 벌였으나
    일제의 탄압으로 좌절되자 망명하여 임시정부에 참여한 인물이다. 특
    히 그는 임시정부의 재무차장, 재무위원장 등 재정문제를 해결하는데
    많은 노력을 기울였다. 그가 사망하자『獨立新聞』은 1921년 10월 5일
    자에 그의 약력과 추도사를 게재하였으며, 일제 신문인『朝日新聞』도
    「荊棘의 排日 手腕家 尹顯振의 死」라는 기사에서 그의 사망은 곧 임
    시정부의 패망이라고 논평할 만큼 임시정부에서 그의 역할은 지대하
    였다.

전락하여 비열한 행동을 한다고 지적하였다.66) 제5장에서는 구 한 국 황실과 병합시의 공로로 작위와 재산을 받은 이른바 조선 귀족 중 50만원 이상의 재산가와 기타 부호들이 일본인 집사나 지배인 에게 재산을 강제 관리 당하고 있고, 개인의 文簿와 은행의 예금과 인출, 사찰의 재산이 감시당하며, 교회나 학교에 내는 의연금과 기 부 또한 엄밀한 취체를 당하는 사실을 밝혔다. 또한 조선인여행권 규칙에 의해 국경을 넘는 한인들이 신체검사를 당해 약 30여 만원 을 압수 당하는 등 사유재산을 감시, 침해당하는 사실도 간략히 서 술하였다.67)

제3부의 서술내용 중 제6장 '法令에 드러난 日本의 朝鮮人 敎育 의 宗旨'는 체재와 내용, 분량 등에서 식민지 정책의 본질과 실상 의 단면을 가장 잘 정리한 것으로 평가된다.68) 여기에서는 먼저 조 선교육령과 사립학교령 등 식민지 교육 악법을 분석하여 일제의 식민지 우민화 정책을 지적하였다. 이 중 각종 교과서와 교과과정 에 나타난 일제의 식민지 열등교육과 한민족말살 의도를 간파한 부분은 매우 논리적이며, 사립학교에 대한 탄압 부분은 구체적이 다.69) 제7장 이하 3장은 식민지 지배의 근간이라 할 수 있는 행

---

66) 『韓日關係史料集』, 147~150쪽. 그러나 章名과는 달리 제조공업에 관 한 독점상은 서술하지 않았다.

67) 『韓日關係史料集』, 150~152쪽.

68) 제6장은 다음의 6절로 구성되어 있다.
　一. 朝鮮人의 敎育은 전부 日本人이 掌握할 것.
　二. 朝鮮人의 敎育은 日本人의 敎育보다 低劣케 할 것.
　三. 朝鮮 民族의 歷史와 國語와 傳統의 精神을 破壞할 것.
　四. 朝鮮人으로 하여금 民族的 團合의 力을 失하게 할 것.
　五. 高等普通學校 諸敎科內容.
　六. 普通學校 諸敎科書.

69) 『韓日關係史料集』, 152~177쪽. 특히 『普通學校 國語讀本』의 삽화에서 조선과 일본을 소재로 한 내용을 일일이 거열, 비교하며 "朝鮮人의 歷

정·사법·경찰에 관하여 서술하였다. 먼저 행정편에서는 조선총독부의 관제가 2천만 조선 민족이 아니라 30만 일본인 이민자들을 위한 移民政廳에 불과한 것이라고 하고, 예산은 武壓政治 또는 利己政治의 소산이라고 하였다. 중앙과 지방관서에서의 한인에 대한 차별대우는 제1장의 서술과 중복되나, 한인 관리 등용과 관련하여 5개항의 불문법은 일제의 한인 관리 등용과 운용정책을 날카롭게 지적하고 있다.[70] 제8장 사법편에서는 일제가 한민족에 부적합한 그들의 법률을 일방적으로 적용하는 것은 필경 동화책을 강행 관철코자 하는 非法裁判制度라고 규정하고, 이를 고압정치·강도정치와 보조를 같이하는 것이라고 분석하였다. 특히 감옥제도와 한인 죄수의 차별대우에 대하여는 상세하게 서술하였다. 그런데 일제에 의해 옥사의 신축과 옥내 규율, 제도의 정비 등에 있어 구한말 보다 다소 진보되었으나 이는 改惡일 뿐이라고 하며, 이같은 총독의 감옥정책은 한인 범죄자 제조에 노력하는 것뿐이라고 결론지

史와 文化를 無視한 形迹이 强烈히 表示되다"라고 실증적으로 분석한 부분은 매우 설득적이다. 또한 '私立學校 不認可主義'에서는 학교의 설립을 청원하였던 金性洙의 수기를 인용하여, 이를 방해했던 學務局長 關屋과의 대화내용을 소개함으로써 실증적으로 기술하였다. 특히 '獨立이라는 語가 없는 獨立戰爭 記事'와, '革命이라는 語가 無한 革命 記事' 부분은 일세의 교과서 기술과 식민지 지배의 연관성을 예리하게 지적하였다.

70)『韓日關係史料集』, 177~183쪽. 일제의 한인 관리 등용에 대한 不文法으로 다음 5개항을 지적하였다.
一. 可及的 韓人 官吏를 登用치 아니할 것.
二. 不得已한 事情을 因하여 任用할 時에는 科學的 技能이 有한 者를 排除할 것.
三. 韓人 官吏로 重要한 地位를 與치 아니할 것.
四. 韓人 官吏의 俸給은 高等官은 一百円 判任官은 三十円에 達할 時는 必히 退務케 할 事.
五. 裁判所의 檢事를 任用치 아니할 것.

었다.71) 마지막 제9장 경찰편에서는 먼저 러일전 이전부터 우리나
라에 배치된 일본 헌병·경찰의 연혁과 제도의 변천과정을 설명하
였다. 이어 1918년 9월 현재의 경무기관의 배치현황을 표로 제시함
으로써, 이들이 제반 불법통치의 선봉자요 무도정치의 수단임을
강조하였다. 특히 법률적 지식이 전무한 헌병과 경찰에게 재판권
까지 부여하여 인권을 유린한 것은 세계에서 유일한 예라고 개탄
하고, 경찰범처벌령을 조목조목 들어가며 일제가 한민족 전체를
범죄자로 인정하고 있다고 비판하였다.72)

4) 제4부의 구성과 3·1운동사의 서술

제4부는 「독립운동의 사건」이라는 제명 아래에 7장과 別附로
구성된 바, 그 목차는 다음과 같다.

一. 舉事의 原因
二. 舉事의 來歷
三. 獨立運動에 關한 略史
四. 獨立運動의 形便
五. 韓人의 日人에게 對한 敵愾心
六. 日本의 虛僞的 傳播
七. 獨立運動에 關한 書類
別附 獨立運動一覽表

목차에서 알 수 있듯이 제4부는 3·1운동의 원인, 경과, 결과를
망라한 3·1운동사라고 할 수 있다. 따라서 비록 체재와 기술이 체
계화되지는 못하였으나, 3·1운동사에 대한 최초의 정리이자, 임시

---

71) 『韓日關係史料集』, 183~194쪽.
72) 『韓日關係史料集』, 194~200쪽.

정부의 공식기록이란 점에서 사학사적 의의가 크다고 평가된다.

1장에서는 3·1운동의 원인을 일제의 가혹한 무단통치, 일본 유학생의 활동, 광무황제의 폭붕 등 3개항으로 설명하였다. 즉, 일제의 가혹한 식민통치가 '宗敎一同 社會一團 貴族 學生 凡高等貴族이 共手로 義旗를 揭'하게 한 배경이 되었다고 보고, '진실로 水는 甕으로 必潰하고 草는 踏으로 還生한다'고 하여 독립에의 확신을 보여주고 있다.73) 또한 일본 유학생들의 웅변대회는 간략하게 설명하되, 광무황제의 폭붕과 관련해서는 4대 疑雲을 제기하며, 광무황제는 '倂合을 橫被한 後로 復讐의 心이 快'하였기 때문에 일제가 독살한 것이라고 결론지었다.74) 2장에서는 거사의 내력을 상해 대한청년단(당)의 활동, 동경 유학생의 2·8독립선언, 미주지역의 활동 등 3개항으로 설명하였다. 그런데 3·1운동의 배경을 이룬 국내외 독립운동의 흐름75) 가운데 만주와 노령지역 독립운동은 누락되어 있다.76) 3장은 3월 1일의 독립선언부터 8월 5일의 임시정부 임원 개편과 만주지역의 독립운동 상황까지를 약사의 형태로 일자별로 약술하였다.77) 4장은 제4부 가운데에서도 가장 중요한 부분으로, 18개 절로 나누어 24쪽에 걸쳐 국내외에서 전개된 3·1운동의 상황과, 일제의 야만적 탄압을 상술하였다.78) 여기에서는 서술내용

---

73) 『韓日關係史料集』, 203~204쪽.
74) 『韓日關係史料集』, 204~205쪽.
75) 愼鏞廈, 1988,「3·1 獨立運動의 展開過程」『韓國近代民族運動史硏究』, 一潮閣, 216~225쪽.
76) 『韓日關係史料集』, 203~206쪽.
77) 『韓日關係史料集』, 206~210쪽.
78) 『韓日關係史料集』, 210~233쪽. 제4장은 다음의 18개 절로 구성되어 있다.
　一. 韓人行動의 正大
　二. 日本軍人의 婦女에게 對한 蠻行
　三. 日本軍人의 老弱에게 對한 蠻行
　四. 日本軍人의 武器濫用과 十字架의 刑

의 사실성과 객관성을 입증하기 위하여 가급적 근거를 밝혔으며,
보완 설명을 위해 註記를 강화하였음이 특징적이다.[79] 특히 만세
시위에 참여한 군중들을 모두 '獨立軍'이라고 표현한 것은 3·1운
동에 대한 임시정부의 관점을 잘 보여준다. 또한 외국인 선교사의
증언에 의한 일제의 탄압과 만행, 출감자의 증언에 의한 수감자에
대한 만행에 대한 서술은 매우 구체적이다.[80] 5장은 일제의 만행에
대한 전 독립군(시위군중)·노인·청년·아동·학생·工商界 등
한민족 전 계층의 일제에 대한 적개심과, 李萬集 목사 등의 개인적
적개심을 서술하였다.[81] 그런데 1919년 8월 29일의 국치일에 경성

　五. 水原·孟山·江西·定州·咸安·密陽事件

　六. 敎會堂 學校 又 個人家屋의 毁燒

　七. 旅行券과 金錢의 押收

　八. 監獄中 蠻行

　九. 日人의 食料品에 投藥하는 事

　十. 政府로서 獨立軍의 被傷 治療를 禁止함

　十一. 平北道長官 藤川의 武器鎭壓의 發令

　十二. 長谷川의 鎭壓令

　十三. 水原事件으로 加藤이 原首相에게 質問

　十四. 平壤官吏들이 强制로 自衛團 捺章

　十五. 上海 깨제트新聞에 揭載한 日人蠻行

　十六. 平壤宣敎師會에서 通知한 日人의 蠻行

　十七. 日人이 獨立軍에게 蠻行하는 通例

　十八. 日人이 監獄에서 蠻行하는 通例

79) 예컨대『韓日關係史料集』, 223쪽에서 金朋濬의 여행증명서를 例示하
　고 있다. 이는 앞의 尹顯振의 경우에서 설명한 바와 같이 임시정부에
　서 활동하던 인사들이 직접 관련되었던 구체적이고 실증적인 자료를
　제시하여 서술함으로써 본서의 사실성과 객관성을 높인 것이라 할 수
　있다.

80) 제4장의 서술내용 가운데에서 특히 일제가 시위군중에게 행한 17개의
　만행 사례와, 감옥에서 행한 25개의 만행 사례는 매우 구체적인데, 대
　부분 근거를 밝혀 사실을 입증하고자 하였다.

81)『韓日關係史料集』, 233~238쪽.

상가가 철시하고 상하 인민이 독립운동에 나선 것을 기술하고 있
는데, 이 기사가 본서 서술의 하한이다.[82] 따라서 본서는 저술이
완료되던 1919년 8월말의 상황까지를 대상으로 계속 정리하였던
것이라 할 수 있다. 6장은 3·1운동에 대한 일본인의 왜곡을 '허위
적 전파'라고 하여 정치계·종교계·사회계·보통 일본인 등으로
나누어 설명하였다. 정치계의 허위 부분에서는 총독과 일본군의
왜곡을 지적하며 만세시위 지역에서 함경도를 제외한 저의에 대해
의혹을 제기하였다. 특히 일제의 이른바 文化政治로의 전환을 세
계인의 이목을 속이기 위해 명칭과 복장만 변경하고 新朝鮮이라고
칭하는 羊面狼心에 불과한 것이라고 그 본질을 명확히 간파하였
다.[83] 종교계의 허위 부분에서는 村上雄吉과 原田助라는 일본인의
왜곡 사실을 서술하였고, 사회계의 허위 부분에서는 일본 언론의
허위 보도를 지적하였으며, 보통 일인의 허위 부분에서는 일본인
이 한복으로 변장하고 '反獨立軍'인 것처럼 행패를 부린 사실을 밝
혔다.[84] 7장은 3·1운동과 관련된 17종의 선언서와 각종 문서의 원
문을 전재함으로써 한민족의 독립의지와 역량을 실증하고자 하였
다.[85] 마지막으로 別附의 형태로 「독립운동일람표」를 정리, 제시

---

82)『韓日關係史料集』, 236쪽.
83)『韓日關係史料集』, 239쪽.
84)『韓日關係史料集』, 239~242쪽.
85)『韓日關係史料集』, 242~275쪽. 여기에서 소개한 17종의 문건은 다음
   과 같다.
   日本 留學生의 宣言書·宣言書(민족대표 명의)·警告官憲文·美國 大
   統領과 巴里講和會議에 發送한 韓國男女少年團의 請願·韓國兒童泣血
   陳情書·趙衡均 文一平 등 11人 請願·大韓民國議會之宣言書·儒敎徒
   上巴黎平和會書·大韓民國臨時政府의 成立時 宣布文·中國 廣東省 國
   民議會의 韓國獨立請願書·前韓國元老大臣 金允植 李容植 請願書·在
   韓國美國宣敎師 致威總統書·支那 北京 外國宣敎師의 致日本皇帝及各
   國政府書·大韓民國獨立大會陳述書·大韓民國國務院 第一號 通諭文·

하였다.86) 편찬자 스스로가 통계상의 한계를 인정하였음에도 불구
하고, 이 통계는 3·1운동에 대한 최초의 통계이며 임시정부의 공식
기록으로 중요한 의미를 지닌다. 또한 박은식이나 김병조의 저술
에도 그대로 인용되었고, 오늘날에도 자료로서 인용될 만큼 고전
적 가치를 지닌다.

『한일관계사료집』·『한국독립운동지혈사』·『한국독립운동사
략 상편』의 3·1운동 통계자료를 대비해 보면 유사성을 확인할 수
있다.87) 『한일관계사료집』은 도별로 군명·시일·회집수·사망
수·피상수·피수수·훼소교당·훼소학교·훼소민호·주모단체
순으로 정리하였고, 『한국독립운동지혈사』는 도별로 부군명·회
집인수·사망인수·피상인수·피수인수·훼소교당·훼소학교·
훼소민호 순으로 정리하였다.88) 양서는 「獨立運動一覽表」라는 명
칭이나, 일람표 작성의 방법과 한계에 대한 설명, 표의 양식 등이
거의 유사하다. 다만 『한일관계사료집』에는 시위일자가 명기되고
주모단체를 일부 밝혔으나, 『한국독립운동지혈사』는 이들이 빠진

大韓耶蘇敎代表 10人이 上國際聯盟會及長老敎聯合總會書·露領韓僑老
人同盟團致日本政府書.

86) 『韓日關係史料集』, 275~290쪽. 여기에서는 「獨立運動一覽表의 注意」
라 하여 4개항을 제시하였다.
　一. 敵의 戒嚴을 因하여 詳確한 總査實은 到底不能함.
　二. 擧國의 郡과 面과 洞이 모두 奮起하였지만은 此에는 新聞通信個
　　　人口報의 證據가 明確한 郡만 記入하였음.
　三. 一郡에서 十四 以上의 運動을 擧行한 處도 有하나 悉探盡載키 不
　　　能한 바에 一郡一面式 詳細한 狀況을 抽記하였음.
　四. 以上의 事實을 由하여 郡名과 集會와 死傷과 被囚者의 名數들과
　　　敎堂 學校 民戶의 毁燒된 것이 往往히 漏遺됨을 原諒하시압.
87) 이들 三書의 대하여는 비교 사학적 관점에서 별도의 고찰이 필요하나
여기에서는 우선 3·1운동 통계자료를 대비하기로 한다.
88) 朴殷植, 『韓國獨立運動之血史(下編)』, 26~43쪽(1975, 『朴殷植全書 上』,
檀國大 出版部, 534~551쪽).

대신 회집회수를 통계하였다. 그런데 『한국독립운동사략 상편』은
일람표가 아닌 서술형식으로 정리되었고, 월별로 시위지역과 참가
자를 기술하고 월별 통계를 제시하는 형태로 작성되었다.[89] 이를
비교하면 다음의 표와 같다.

〈3·1운동 통계 대비표〉

書 名 分 類	『韓日關係史料集』	『韓國獨立運動之血史』	『韓國獨立運動史略上篇』
示威回數	통계 없음	1,542	통계 없음
參加者	1,681,648	2,023,098	1,363,978
被殺者	6,821	7,509	6,670
被傷者	45,163	15,961	14,610
被囚者	49,511	46,948	52,770
毀燒教堂	47	47	-
毀燒學校	2	2	-
毀燒民戶	364	715	500여호(교당 포함)

그런데 이 대비표를 보면 통계의 편차가 있음을 알 수 있다. 예
컨대 『한일관계사료집』의 통계 가운데에 4월 7일 부산 시위의 경
우, 피수자가 참가자보다 많은 오류가 있고,[90] 『한국독립운동지혈
사』의 통계 가운데에는 『한일관계사료집』의 통계보다 千이나 萬
단위의 증가현상을 보이는 등 큰 오차를 보이기도 한다.[91] 정확한

---

89) 金秉祚, 1920, 『韓國獨立運動史略 上篇』, 上海 宣民社, 73~75쪽(3월 통
계), 136~137쪽(4월 통계), 167~168쪽(5월 및 총 통계).
90) 『韓日關係史料集』, 288쪽. 참여인원은 2,000명이나, 피체자수는 3,838
명으로 되어 있다.
91) 예컨대 『한일관계사료집』에는 만세시위 참가자가 해주(4. 1) 7,300명,
용강(3. 6) 300명, 공주(4. 2) 4,000명, 진주(3. 20) 8,000명, 성주(3. 23) 400
명으로 기록되어 있으나, 『한국독립운동지혈사』는 해주 17,300명 ,용
강 7,300명, 공주 14,000명, 진주 28,000명, 성주 1,400명으로 기록되어
천이나 만 단위가 추가되는 큰 차이를 보인다.

통계는 애초부터 불가능한 것이었다. 또한 박은식이나 김병조의 저술이 선행의 『한일관계사료집』을 저본으로 하여 약간의 시차를 두고 재정리한 것이기 때문에 이러한 오차는 발생할 수도 있을 것이다. 그러나 이같은 오차가 단순히 통계나 정리과정에서의 주밀하지 못함 때문에 발생한 것일 수도 있기 때문에 주의를 요한다. 그럼에도 불구하고 이들 통계는 일제의 3·1운동에 대한 축소와 왜곡에 대하여 이를 임시정부에서 공식기록으로 남기고 계량화하였다는 점에서 그 가치는 절대로 평가절하 될 수 없다고 믿는다.

제4절 맺음말

　본고는 臨時政府가 편찬한 『韓日關係史料集』을 사학사적으로 검토 분석한 것이다. 이상을 요약 정리하면 다음과 같다.

　임시정부에서 사료편찬의 필요성이 제기된 것은 제4회 임시의정원 회의에서였으며, 제5회 임시의정원 회의에서 계획이 구체화되었다. 이에 1919년 7월 초, '國際聯盟會提出案件作成特別委員會'의 일원으로 국제연맹에 보낼 청원문과 별도로 『한일관계사료집』을 작성하기 위하여 臨時史料編纂會가 구성되었다. 임시사료편찬회는 총재·주임·간사·위원·조역 등으로 직임을 나누었고, 범임시정부적 규모인 33인으로 구성되었다.

　『한일관계사료집』의 편찬은 총재인 안창호에 의해 계획 추진되었고, 이광수가 실무책임자인 주임을 맡았다. 그런데 편찬의 실질적 역할은 고대부터 경술국치까지는 金枓奉이, 독립운동사는 金秉祚

와 李元益 목사가 각각 자료수집과 집필을 분담하여 수행하였다.

임시사료편찬회는 1919년 7월초부터 활동을 시작하여 이해 8월 하순에『한일관계사료집』의 정리를 마무리하였다. 그러나 시간의 부족으로 활판 인쇄를 하지 못하고 필경한 끝에 9월 23일 1백질의 등사를 완료하였다. 임시사료편찬회는『한일관계사료집』의 편찬과 함께 해산하였으나, 관련 업무는 국무원에 조사과를 설치하여 이관하였다.

『한일관계사료집』은 조선총독부가 편찬한『*Annual Reports on Reforms and Progress in CHOSEN*』으로 대표되는 일제의 선전물이 세계인들에게 실상을 왜곡하고 있음에 대하여, 한인이 직접 일제 침략의 부당성과 독립운동의 진실을 사실대로 기술하여 세계인들에게 호소하고자 하였던 것이다. 그러나 본서를 편찬함에 있어 시일의 촉급, 자료수집의 곤란, 편찬 적임자의 부족 등의 애로가 있었다. 따라서 본서는 사서로서 체재가 정비되지 못하였고, 서술내용이 충실하지 못하며, 서술내용에 오류와 탈오자가 많은 점 등이 한계로 지적될 수 있다. 그러나 본서는 체재와 구성, 서술내용 등 사서로서 외형적인 접근보다는 임시정부 초기의 치열한 역사인식을 추출하는 데에 주안을 두어야 하며, 이것이 평가의 기준이 되어야 한다고 믿는다. 편찬자들이 본서를 정식 사서명이 아니라 사료집이라고 하였던 데에는 스스로가 이러한 한계를 인식하였기 때문이며, 또한 객관적 자료와 근거에 충실하였다는 점을 강조하려 한 것으로 이해된다.

본서는 4부 739쪽으로 구성되었다. 제1부는 삼국초(B.C. 50년) 이래의 한일관계사를 편년순으로 정리하였다. 비록 전통시대의 관계사는 소략하고 누락된 사실이 많지만, 일본으로의 문화 전파 사실은 빠짐없이 기술하고자 하였다. 그런데 전통시대와는 달리 광무

황제 즉위 이후 경술국치로 이어지는 일제의 침략과정은 매우 구
체적으로 서술하였다. 이로써 문화 전파의 은인을 배반하고 침략
한 일본의 부도덕한 침략성을 부각시키고, 일본에 대한 문화의 비
교우위를 강조하려 한 것이다. 특히 제1부는 고대 이래의 한일관계
사를 일본의 한국 침략이란 관점에서 정리한 최초의 업적이라는
점에서 의의가 크다.

제2부는 우리나라가 일본에 병합되거나 지배를 받아서는 안 된
다는 당위성을 역사적, 문화적으로 규명하고자 한 것이다. 즉, 한일
양족은 국민성이 다르고, 한민족은 일본족을 경멸하고 원한을 지
니고 있을 뿐만 아니라, 산업과 문화능력 면에서 절대로 일본에 병
합되어서는 안된다는 논리를 실증적인 사례를 통해 강조하였다.
특히 종교 탄압에 관한 논설은 매우 방대한 분량으로, 논리적이고
구체적으로 서술되어 있는데, 일제 식민지 지배정책을 예리하게
비판하고 있어 주목된다.

제3부는 경술국치 이후 3·1운동 발발 직전까지 일제 식민지 지
배와 탄압의 실상을 실례와 구체적 자료를 근거로 서술한 보고서
의 형태로 구성되어 있다. 더구나 임시정부 관계자들이 직접 체험
하고 견문한 사실과, 실증적 자료를 제시함으로써 서술의 사실성
과 객관성을 제고하였으며, 그만큼 사료적 가치가 높다고 할 수 있
다. 또한 일제 식민지 정책의 본질은 일제의 선전용 자료에 의해
크게 왜곡되어 있는데, 이를 보완해 줄 수 있는 우리측의 유일하고
귀중한 자료인 것이다. 편찬자들은 세계인들이 특히 이 부분을 주
목해 주기를 희망한 만큼 본서에서 가장 역점을 두고 서술하였다.

제4부는 3·1운동의 원인, 경과, 결과를 망라한 3·1운동사이다.
그런데 비록 체재와 기술이 체계화되지는 못하였으나, 3·1운동사
에 대한 최초의 정리이자, 임시정부의 공식 기록이란 점에서 사학

사적 의의는 매우 크다고 평가할 수 있다. 서술의 하한은 1919년 8월 29일의 국치일 투쟁기사까지 정리되어 있는 바, 본서의 집필 완료 시점까지 망라한 것임을 알 수 있다. 이 부분은 서술의 사실성과 객관성을 입증하기 위해 가급적 근거를 밝히고 있으며 註記가 강화되어 역사서술의 근대적 면모를 보여주고 있다. 특히 말미의 「독립운동일람표」는 3·1운동에 대한 최초의 통계이며, 박은식의『한국독립운동지혈사』와 김병조의『한국독립운동사략 상편』저술의 저본이 되었을 뿐만 아니라, 오늘날까지 자료로서 이용되고 있어 사료적 가치가 크다. 다만 이들 사서들은 비교 사학적 관점에서 별도의 고찰을 요하나, 일제의 무차별적인 3·1운동 왜곡에 대항하여 3·1운동을 객관적으로 기록하고 계량화하였다는 점에서 중요한 의미를 지닌다고 할 수 있다.

결국 임시정부가 편찬한『한일관계사료집』은 일제의 침략으로 단절된 관찬 사서 편찬의 전통과 맥락을 계승하였으며, 민주공화정 시기의 최초의 사서라는 점에서 사학사적 의미를 부여할 수 있을 것이다. 따라서 본서는 제명처럼 단순한 사료집이 아니라, 일제의 한국침략과 한민족 독립운동사라고 파악하여야 하며, 그 선구적 업적으로 평가하여야 할 것이다.

제2장

1920年代 韓國史 通史의 構成과 性格

제1절 머리말

實學이래 萌芽하여 韓末 啓蒙史學을 거치며 近代史學을 지향하던 한국사학은 1910년 日帝의 강제병합으로 일대 시련과 변화에 당면하였다. 일제는 병합 즉시 한국사와 관련된 서적을 押收·焚毀하고 국사 책을 소장하거나, 읽는 韓人을 처벌하는 등 탄압하였다.[1] 그러나 이러한 상황에서도 다수의 史家가 國外로 망명하여 국사연구를 독립투쟁과 병행하였고, 국내에서도 역사연구는 끊임없이 진행되었다.[2]

---

1) 朴殷植, 『韓國獨立運動之血史』, 228~229쪽. "韓國歷史之傳習 爲絶對嚴禁 合倂卽時 沒收韓國歷史之記述書籍 付之一炬 又不問書鋪及私家 以組織的家家戶戶之大搜索 關於記述韓國史蹟者 隻字半間 必行焚毀 敢有藏置韓國歷史之一卷者 卽爲犯罪 余在韓國之日 韓人以讀本國史之罪 當三十日拘囚之罰者 甚多 …".

韓人의 국사연구는 1920년대에 들어 더욱 활기를 띠게 된다. 밖으로는 일제 식민사학에 대응하고, 안으로는 1910년대의 전통을 이어 민족주의적 색채를 보다 분명히 하며 전개되었다. 그 결과 근대사학의 면모를 갖춘 通史가 數種 저술되기에 이르렀다. 통사는 한말에도 교과서의 형태로 저술된 바 있으나, 이들보다는 역사인식과 서술상 분명히 발전된 양상을 보인다.[3]

그간 학계에서는 일제하 한국사학에 대하여 많은 관심을 기울여왔다. 그러나 통사에 대하여는 민족주의사학에 대한 검토과정에서 부분적으로 언급하는 것으로 그치는 정도였다.[4] 필자는 당시 저술된 통사가 일제하 한국사학의 연구경향과 수준의 지표로 볼 수 있다는 전제하에 그 일단을 정리한 바 있다. 그 결과 통사의 저술은 1920년대 한국사학계의 대표적 경향이자, 한국근대사학의 진전된 양상으로 파악하였다.[5]

---

2) 1910년대 韓人의 한국사 연구에 있어서 주목하여야 할 것으로 滿洲에서 독립운동을 주도하며 역사연구에 업적을 남긴 大倧敎團, 申采浩 · 朴殷植의 역사연구, 崔南善이 주도한 朝鮮光文會의 활동, 국내에서 학교 교육에 종사하며 역사연구를 전개한 黃義敦 · 張道斌 등의 활동을 들 수 있다.

3) 韓末의 通史는 敎科書의 형태로 편찬되었다. 그러나 이는 민족주의 사가들에 의해 근대사학이 확립되기 이전에 近代史學의 면모와 中世的 歷史認識의 잔재가 혼재하는 과도적 양상을 보인다. 韓末의 通史를 다룬 논고로 다음을 들 수 있다.
李萬烈, 1981, 「民族主義史學의 韓國史認識」『韓國近代歷史學의 理解』, 文學과 知性社 ; 金麗㳓, 1985, 「韓國開化期의 國史敎科書와 歷史認識」, 檀國大 博士學位論文 ; 趙東杰, 1989, 「韓末史書와 그의 啓蒙主義的 虛實(上, 下)」『韓國民族主義의 成立과 獨立運動史硏究』, 知識産業社 ; 金興洙, 1990, 『韓國近代歷史敎育硏究』, 三英社 ; 朴杰淳, 1992, 「韓末 學部의 編纂 史書와 그 歷史認識」『忠北史學』 第5輯.

4) 이에 대하여는 李萬烈의 앞의 글 및 趙東杰, 1992, 「民族史學의 分類와 性格」『澤窩許善道先生停年記念韓國史學論叢』, 一潮閣 참조.

5) 朴杰淳, 1993, 「韓國近代史學의 展開와 高麗史 認識에 관한 硏究」, 忠

본고는 1920년대 한인이 저술한 통사의 분석을 시도한 것이다. 즉, 통사의 구성과 성격의 분석을 통해 통사가 한국근대사학의 전개에서 지니는 사학사적 의미를 보다 면밀하게 추구하고자 한 것이다. 이를 위하여 한인에 의해 저술된 수종의 통사를 개별적으로 검토하고자 한다. 이로써 식민사학에 대응하여 전개된 민족주의사학은 물론 1920년대 한인의 역사연구에 대한 인식을 보다 심화시킬 수 있을 것으로 생각한다.[6]

제2절 1920年代의 韓國史 研究傾向

1. 역사연구의 내외적 조건의 변화

1920년대에 들어 민족주의 사학계는 커다란 변화를 맞이하였다. 3·1운동의 결과 식민지 지배 정책을 근본적으로 수정하지 않으면 안되었던 일제는 이른바 文化政治를 표방하였고, 그 결과 외형상의 기만적 형태이긴 하나 언론과 문화활동에 대한 강압을 완화할 수밖에 없었다.

따라서 민족주의사학도 1910년대의 것을 계승하며 민족주의적

南大 博士學位論文 ; 1993,「日帝下 民族主義史學과 植民史學의 高麗時代史 認識論 比較」『한국독립운동사연구』제7집, 독립기념관 한국독립운동사연구소(1998,『韓國近代史學史研究』, 國學資料院 所收).

6) 그러나 본고는 민족주의 사학자로 분류할 수 없는 崔南善의 通史까지 검토의 대상으로 하였다. 이는 본고가 민족주의 사학자를 위시하여 1920년대 韓人이 저술한 통사 전체의 분석을 시도한 것이었기 때문임을 밝혀둔다.

색채를 보다 강렬히 발하게 되었다. 그러나 실제에 있어서 민족주의 사학계는 일제의 조직적이고 총체적인 한국사 왜곡에 대응하여야 하는 보다 큰 시련에 봉착하게 되었다.

江戶時代 이래 明治時代에 이르기까지 한국사를 침략적 관심하에 왜곡적으로 연구하여 온 일제는 1920년대부터 우리 민족의 同化와 抹殺政策 수행의 구체적 수단으로써 한국사의 왜곡을 본격적으로 진행하였다. 즉, 朝鮮史編修會員과 京城帝大 교수들을 양대 축으로 하여 朝鮮史學會·史談會·朝鮮史學同攷會·京城讀史會·靑丘學會·貞陽會 등 植民史學會를 거의 동시다발적으로 조직하였다. 이들은 朝鮮總督府의 대대적인 지원 하에서 식민통치 이데올로기의 제조창 구실을 충실히 하며 한국사의 왜곡적 연구를 전담하였던 것이다.7)

그 결과 田保橋潔·中村榮孝·末松保和·今西龍·藤田亮策·小田省吾·高橋亨·稻葉岩吉·周藤吉之·瀨野馬熊 등을 중심으로 『朝鮮史學』·『朝鮮史講座』·『靑丘學叢』 등을 발간하였다. 이 중 朝鮮史學會의 『朝鮮史講座』는 一般史·分類史·特別講義로 구성된 식민사학의 결정판이라 할 수 있고, 『靑丘學叢』은 식민사학회 중 최대의 조직인 靑丘學會의 계간물로 이후 1930년대의 식민사학을 주도하였다.8)

이와함께 일제는 出版法, 敎科書檢定規程 등 植民地 惡法을 이용하여 민족의식을 고취하는 역사서적을 극력 통제하였다. 민족주의 사학자들은 이같은 외적 강제뿐만 아니라, 1920년대부터 社會主義 사상이 수용되며 복잡한 사상계가 형성되었고 심지어 民族改

---

7) 朴杰淳, 1992, 「日帝下 日人의 朝鮮史研究 學會와 歷史(高麗史) 歪曲」 『한국독립운동사연구』 제6집, 298~306쪽.
8) 朴杰淳, 「日帝下 日人의 朝鮮史研究 學會와 歷史(高麗史) 歪曲」, 316~325쪽.

造論까지 제기되는 등 내적으로도 열악한 상황을 맞이하였다. 그러나 식민사학에 대응하며 민족사를 수호하고 근대역사학의 체계 수립을 위한 민족주의 사학자들의 노력은 부단히 전개되었다.

2. 1920년대 한국사학의 경향

이 시기 국외에서는 申采浩의 정열적인 역사연구가 계속되었고, 국내에서는 南宮檍・權悳奎・崔南善・李能和・安廓 등이 중심적으로 활동하였다.[9] 또한 당시 민족주의 사학계에서 통사의 저술이 활발해지고 분류사의 저술이 시도되고 있는 점도 1920년대 역사연구 경향의 특징적 면모라 할 수 있다.

1920년대의 丹齋의 저술로는 『朝鮮史研究艸』(1920년 완성,

9) 이들 중 崔南善・李能和・安廓은 각각 朝鮮史編修會에 참여한 인물들이다. 따라서 이들을 民族(主義)史學의 범주에서 논의할 수는 없을 것이다. 그러나 1920년대 한국사 연구경향을 이해하기 위하여는 이들의 저술을 전혀 도외시할 수만도 없는 실정이다. 따라서 이들을 妥協的 民族史學(崔南善・安廓)과 民衆的 民族史學(申采浩)으로 구분하기도 한다(韓永愚, 1989,「民族史學의 成立과 展開」『國史館論叢』제3집, 267~274쪽). 그런데 '妥協的 民族史學'이란 개념에는 논란이 있을 수 있다. 즉, 식민지 치하라는 현실적 인식이 전제되고 그들의 저서에 대한 엄밀한 분석과 함께 그들의 행적에 대한 논의가 병행되어야 하는 어려운 과제인 것이다. 安廓에 대한 재조명을 시도한 다음의 논고는 이러한 과제를 해결하기 위한 노력으로 평가할 수 있을 것이다.
崔元植,「安自山의 國學」『心象』 1981년 8월호(『民族文學의 論理』, 創批新書 44, 1982 재수록) ; 韓永愚, 1984,「韓國近代歷史學과 朝鮮時代史認識」『인문학의 새로운 방향』, 서울대 인문과학연구소 ; 李泰鎭, 1985,「安廓(1881~1946?)의 生涯와 國學世界」『歷史와 人間의 對應』, 高柄翊先生回甲紀念史學論叢 ; 李泰鎭, 1989,「安廓」『韓國史市民講座』제1집.

1924~1925년 東亞日報 연재), 「朝鮮革命宣言」(1923), 『朝鮮史』
(1924, 『朝鮮上古史』, 1931년 朝鮮日報 연재), 『朝鮮上古文化史』
(1931~1932년 朝鮮日報 연재)가 대표적인 것이다.10)

　義烈團 선언문인 「朝鮮革命宣言」은 일본의 强盜政治(異族政治)
를 조선민족 생존의 적으로 규정하고 혁명수단으로 이들을 殺伐할
것을 선언하고 妥協主義者(內政獨立・自治・參政權論者)와, 일제
에 기생하려는 주의를 가진 자(文化運動者)를 적으로 선언하며, 外
交論・準備論을 주장하는 자들을 비난하고 민중의 직접혁명을 강
조한 것이다.

> 　民衆은 우리 革命의 大本營이다. 暴力은 우리 革命의 唯一武器이
> 다. 우리는 民衆 속에 가서 民衆과 携手하여 不絶하는 暴力 - 暗殺・
> 破壞・暴動으로써 强盜 日本의 統治를 打倒하고 우리 生活에 不合
> 理한 一切制度를 改造하여 人類로써 人類를 壓迫치 못하며 社會로써
> 社會를 剝削치 못하는 理想的 朝鮮을 建設할지니라.11)

　1910년대의 待望史學論과 비교하면 엄청난 변화이다. 즉, 우리
역사변혁의 주체를 英雄으로부터 民衆으로 인식하기에 이른 것이
다. 그러나 1925년 이후 그는 현저하게 無政府主義的 성향을 보이
며 무정부주의 단체에 가입하여 활동하였는데, 실제로 이 시기의
그의 저작 가운데에는 무정부주의를 표방하는 것이 많다.12)

---

10) 이 시기에 그는 국내 언론을 통해 많은 논고를 발표하였다. 이는 그의
　　국내 거주 가족의 생계를 염려한 知己들의 경제적 배려였는데, 丹齋 자
　　신도 '困塞'을 타개하려 한 것이었다고 술회한 바 있다(洪命憙, 「朝鮮史
　　研究艸」序文, 『改訂版丹齋申采浩全集』中, 13쪽 ; 「韓基岳氏에게」『改
　　訂版丹齋申采浩全集』別集, 361쪽).
11) 「朝鮮革命宣言」『改訂版丹齋申采浩全集』下, 35~46쪽.
12) 愼鏞廈, 1984, 「申采浩의 革命的 民族主義思想」『申采浩의 社會思想研
　　究』, 한길사, 235~237쪽. 여기에서는 신채호의 사회사상을 ① 市民的

申采浩는 無政府主義의 相互扶助論과 平等思想이 帝國主義와 階級主義를 비판하고, 민족 내부의 평등을 촉진할 수 있는 사상적 무기로 인식하였기 때문에 무정부주의를 취택한 것으로 보인다.[13] 즉 適者生存, 弱肉强食의 社會進化論的 민족주의가 강자의 지배논리를 정당화해주는 수단으로 이해하였던 것이다.

1924년이래 신채호의 역사연구는 더욱 활발해졌다. 『朝鮮史研究艸』는 유명한 「朝鮮歷史上一千年來第一大事件」을 비롯하여 6편의 논문을 수록한 것이다.[14] 그는 여기에서 고증을 위주로 철저한 민족주의사관에 입각하여 논리를 전개하고 있다. 또한 『朝鮮上古史』도 전편에 걸쳐 민족주의사관으로 일관하고 있는데, 가장 정채있는 부분은 第一篇 「總論」이다. 그는 여기에서 '史'의 三大元素를 時·地·人이라 하고 역사를 '我와 非我의 鬪爭記錄'으로 정의하였다.

歷史란 무엇이뇨. 人類社會의 「我」와 「非我」의 鬪爭이 時間부터 發展하며 空間부터 擴大하는 心的活動의 狀態의 記錄이니, 世界史라 하면 世界人類의 그리되어 온 狀態의 記錄이며, 朝鮮史라면 朝鮮民族의 그리되어 온 狀態의 記錄이니라. … 그리하여 我에 對한 非我의 接觸이 煩劇 할수록 非我에 對한 我의 鬪爭이 더욱 猛烈하여 人類社會의 活動이 休息될 사이가 없으며 歷史의 前途가 完決될 날이 없나니 그러므로 歷史는 我와 非我의 鬪爭의 記錄이니라.[15]

民族主義(1898~1922), ② 革命的 民族主義(1923~1924), ③ 無政府主義(1925~1936)로 구분하여 파악하였다.
13) 韓永愚, 「韓國近代歷史學과 朝鮮時代史認識」, 273쪽.
14) 『改訂版丹齋申采浩全集』 中, 7~124쪽. 여기에는 「古史上 吏讀文 名詞解釋法」,「三國史記中 東西兩字 相換考證」,「三國志 東夷列傳 考證」,「平壤浿水考」,「前後三韓考」,「朝鮮歷史上一千年來第一大事件」 등 6편의 논문이 수록되어 있다.
15) 『朝鮮上古史』 總論(『改訂版全集』 上, 31쪽).

이 정의는 觀念論的이긴 하나 歷史發展의 合法則性을 추구하고 있다.16) 따라서 근대민족국가의 형성과정에서 겪어야 하는 가열한 생존경쟁의 국제현실을 반영한 내셔널리즘적 역사인식을 체득한 점에서 진정 丹齋는 民族史的 國史像의 정립자라 평가할 수 있는 것이다.17)

국내에서 역사서술이 근대적 발전을 이룬 것은 1923년을 전후한 시기로서, 通史와 分類史의 저술이 활발히 전개되었다. 通史로는 黃義敦의 『新編朝鮮歷史』(1923), 張道斌의 『朝鮮歷史要領』(1923), 南宮檍의 『東史略』(1924)과 『朝鮮이야기』(1924), 權悳奎의 『朝鮮留記』(1924)와 『朝鮮留記略』(1929), 崔南善의 『朝鮮歷史講話』(1930) 등이 출간되었다.18)

分類史로는 이미 1918년에 간행된 李能和의 『朝鮮佛教通史』와 연대미상의 『朝鮮道教史』를 비롯한 『朝鮮女俗考』(1927), 『朝鮮解語花史』(1927), 『朝鮮巫俗考』(1928), 『朝鮮基督教及外交史』(1928) 등 일련의 저술과, 張志淵의 『朝鮮儒教淵源』(1922), 安廓의 『朝鮮文學史』(1923) 및 崔南善의 「不咸文化論」(1928) 등을 꼽을 수 있다.

---

16) 安秉直, 1976,「丹齋 申采浩의 民族主義」『韓國의 歷史認識(下)』, 創作과 批評社, 455쪽.

17) 申一澈, 1975,『申采浩의 歷史思想硏究』, 고려대학교 출판부, 107쪽.

18) 崔南善의 『朝鮮歷史講話』는 『한빛』 제1호~제6호(1928. 1~8)에 일부를 게재하였고, 1928년(戊辰七二年 十月) 완성한 것이다. 한편 1920년대의 통사로서 李鍾楨의 『東方歷史』(1923, 匯東書館)도 있으나, 이에 대하여는 추후 검토하기로 한다.

제3절 通史의 構成과 敍述內容

1. 『新編朝鮮歷史』(黃義敦, 1923)

黃義敦은 1909년 자신이 재임하던 明東學校의 국사교재로서 『大東靑史』를 저술한 바 있다. 이는 韓末 史書이래 민족주의 사학자로 분류되는 사가 가운데에서 최초로 저술한 통사라는 사학사적 의의를 지니는 것이다.

본서는 檀君이래 英·正祖시대까지를 226면에 걸쳐 3編 37章으로 서술한 것이다.[19] 본래의 책명은 『中等敎材 大東靑史』로서 중등용 교재임을 밝히고 있는데, 上古 - 中古 - 近古의 체계로 서술하였다.

上古史는 扶餘族의 창립과 漢族侵入時代라고 하였으나, 檀君을 강조하고 있음이 돋보인다. 中古史는 扶餘族의 雄飛時代라 하여 삼국이래 몽고간섭 이전의 고려까지를 매우 긍정적으로 서술한 특징적인 부분이다. 그러나 여타의 사가와는 달리 고려를 中古, 近古 등 斷代史로 파악하지 않고 몽고의 간섭을 기점으로 구분하고 있는 것은 매우 독특한 구분법이다. 이는 그가 王朝에 구애되지 않고 역사전개의 성격에 의미를 부여하여 시대구분을 한 점에서 긍정적인 평가를 할 수도 있을 것이다. 그러나 이후 『新編朝鮮歷史』에서 고려를 斷代史로서 近古史라고 구분한 데에서 알 수 있듯이 시대구분의 개념이 명확하게 정립되지 못한 한계로 지적될 수도 있을 것이다.

그런데 中古史에서 일본과의 관계, 任那 등을 서술하여 對日關

---

19) 『大東靑史』의 목차는 다음과 같다.

係史를 주목하고, 渤海를 高句麗의 別種이라 하며 발해 멸망으로
인한 영토의 축소에 대해 개탄하고 있는 부분은 주목된다.[20]

　　近古史는 文興武衰라 규정한 것도 특이하나, 몽고간섭기로부터

上古史

第1編 扶餘族 創立及漢族侵入時代
　第1章 檀君의 建國及 子孫의 衰弱
　第2章 箕氏의 歷世
　第3章 衛劉의 侵佚
　第4章 三韓及 濊貊 沃沮

中古史

第2編 扶餘族의 雄飛時代
　第1章 三韓의 突起
　第2章 三國의 全盛時代
　第3章 三國의 爭亂
　第4章 乙支文德과 淵蓋蘇文의 偉蹟
　第5章 新羅의 統一
　第6章 日本의 關係
　第7章 駕洛과 任那 及 耽羅
　第8章 渤海의 强盛
　第9章 新羅의 衰亡
　第10章 泰封 及 後百濟
　第11章 高麗 太祖의 創業
　第12章 高麗 政治 及 內亂
　第13章 外交時代
　第14章 契丹 及 蒙古의 入寇
　第15章 宗教 及 文學

近古史

第3編 文興武衰時代
　第1章 蒙古의 壓制 及 裵仲孫의 奮起
　第2章 征討日本及 哈丹의 入寇
　第3章 元敵의 虐焰
　第4章 征討元敵及 國權의 復舊
　第5章 辛氏의 亂
　第6章 外敵의 關係
　第7章 高麗의 衰亡
　(以上 卷一)
　第8章 太祖의 創業 及 世宗의 政治
　第9章 野人 及 日本의 征伐
　第10章 世祖의 革命 及 成宗의 政治
　第11章 士林의 禍亂
　第12章 東北二敵의 關係
　第13章 壬辰亂
　第14章 光海의 虐政과 仁祖의 革命
　　　　及 李适의 亂
　第15章 滿洲의 關係
　第16章 四色의 分爭
　第17章 英祖 及 正祖의 政治와 權臣
　　　　의 勢道
　第18章 宗教 及 文學
　(以上 卷二)

---

20)『大東靑史』, 7~8쪽. 그는 여기에서 "渤海는 高句麗의 別種으로 조국의
　　衰亡함을 忿하야 滿洲 全幅을 據有하고 東亞大國에 雄飛하야 北으로
　　唐을 擊破하고 南으로 新羅를 방어하여 扶餘族의 삼천년 舊基를 保有
　　터니 天運이 不幸하야 一朝에 契丹에게 亡滅한 바 됨에 驚天動地的의
　　大男兒 其人이 不起하야 五千里의 疆域을 異族에게 讓渡하였으니 百
　　世下의 英雄兒로 不禁케 하는도다"라고 개탄하였다.

분기하고 있음은 일제 치하란 현실적 역사인식이 반영된 것으로
보인다. 여기에서는 특히 世祖와 仁祖를 革命的 君主로 부각시키
고 있는데, 이는 그 자신이 武治를 강조하고자 한 것으로 역시 일
제 치하의 현실적 반성으로부터 비롯된 것으로 해석된다.

본서의 中古史와 近古史 말미에는 宗敎와 文化를 설명하는 章
을 설정하고 있는데, 비록 서술내용은 소략하나 民族主義 史家의
통사 저술에 있어 文化의 서술을 강조하는 새로운 編史의 기준을
제시한 것으로 평가할 수 있다.

한편 그는 1922년 필사본의 『朝鮮新史』를 저술하였고, 이듬해에
이를 보완한 『新編朝鮮歷史』를 간행하였다.[21] 본서는 1923년 9월
초판을 발행한 이래 1930년 10월까지 4판이나 발행되고 있어 당시
널리 읽힌 통사임을 알 수 있다.

『新編朝鮮歷史』는 上古이래 最近世까지 5시기로 구분하여 서
술하였는데,[22] 여타의 사가들이 고대사에 치우쳐서 서술한 반면,
각 시대별로 안배한 역사서술의 균형감각이 돋보인다.[23] 서술내용
을 검토해 볼 때 우선 檀君을 桓儉이라 하고 桓因을 檀因이라 하
며 '帝釋', '桓', '한배 檀君', '王儉', '배달 那羅', '朝鮮', '고시네'
등에 대한 語源學的 해석을 내리고 있음이 주목된다.[24] 이는 崔南

---

21) 본서의 목차는 다음과 같다.
　　第1編 上古史(4章)
　　第2編 中古史(22章)
　　　　第1期 三國時代(15章)
　　　　第2期 南北兩朝時代(7章)
　　第3編 近古史(高麗, 22章)
　　第4編 近世史(朝鮮 建國~英·正祖時代, 30章)
　　第5編 最近世史(大院君~1904年, 9章)
22) 韓國史의 時代區分에 있어 '最近世史'란 區分은 民族主義 史家 중 黃
　　義敦이 최초로 설정한 개념으로 보인다.
23) 朴永錫, 1985, 「海圓 黃義敦의 民族主義史學」 『汕耘史學』 創刊號, 17쪽.

善의 연구경향과 유사한 것으로 檀君의 實存을 추구한 것으로 평가된다.

箕子朝鮮에 대하여는 丹齋와 같이 平壤 舊都 부근의 지방일대를 支那 亡命客 箕子에게 割與한 것이라 하고 箕子가 僑居한 것이라는 논리를 펴고 있고,[25] 衛滿朝鮮은 序文에서 정통이 아닌 '閏占'이라 하고 燕人說을 취하고 있다.[26]

三國은 『三國史記』에 따라 창건연대를 설명하였으나, 고구려 중심의 서술을 하고 있다. 특히 中古史를 三國間 및 高句麗의 對外鬪爭史를 중심으로 보았고, 南北朝史를 獨立章으로 설정하여 설명함으로써 고구려 중심의 역사서술을 하였음을 알 수 있다.

그런데 여기에서는 '渤羅'라는 독특한 역사용어를 사용하여 양국을 병렬지칭하고 있는데,[27] 이 또한 高句麗와 渤海에 민족사의 정통을 부여하고자 한 것으로 이해된다.

한편 高麗의 서술에서도 대외투쟁의 승리가 강조되고 있다. 그런데 李成桂를 李太祖라 한 것은 이 시기의 민족주의 사서가 모두 李成桂라 한 것과는 대비되며, 조선 건국을 '革命'이라 긍정적으로 기술한 것도 다르다.[28] 이는 黃義敦의 역사인식에 부분적이나마 封建的 殘影이 남아있는 것이라 지적할 수 있다. 그러나 고려의 印刷文化에 대해 世界史的 의미를 부여한 것은 여타 민족주의 사가와 같다.[29]

조선시대의 서술에서는 中宗의 革命과 함께 洪景來의 亂을 별

---

24) 『新編朝鮮歷史』, 1~4쪽.
25) 『新編朝鮮歷史』, 15~16쪽.
26) 『新編朝鮮歷史』, 6~7쪽.
27) 『新編朝鮮歷史』, 85~87쪽.
28) 『新編朝鮮歷史』, 120~128쪽.
29) 『新編朝鮮歷史』, 134쪽.

도의 항목으로 설정한 부분이 주목된다. 이는 中宗의 燕山君 제거
를 긍정적으로 평가하고 洪景來의 난을 부패한 국정을 타개하려
한 사건으로 평가하려 한 것으로 보인다.

한편 最近世史는 大院君 執政부터 1904년까지를 다루고 있는데
비교적 소략하며 東學革命을 강조하고 있음이 돋보이는 정도이다.

본서는 각 시대별 서술에서 歷代王朝의 系譜를 도표화하고, 각
편의 서두에 總論을 편성하여 독자의 이해를 돕고자 하였다. 또한
『大東靑史』와 같이 각 시대별로 文化面을 별도의 章으로 서술하
고 있음도 특징적이다.

그런데 본서는 우리나라 출판계에서 最初의 著作權 是非를 일
으킨 것으로도 특기할 만하다. 이는 黃義敦이 출판을 위해 출판사
에 맡긴 본서의 원고를 朴海默이 몰래 빼내『半萬年朝鮮歷史』란
題名으로 출간하자 黃義敦이 提訴함으로써 비롯된 사건이다. 결국
朴海默 등은 벌금형에 처해졌는데, 당시 언론은 이를 '朝鮮 初有
의 著作權 侵害 訴訟'이라며 관심을 표하였다.[30]

2. 『朝鮮歷史要領』(張道斌, 1923)

張道斌은 한국사에 관한 62종의 저서와 4종의 遺稿를 남긴 대저

---

30) 『東亞日報』, 1924년 1월 11일, 동년 8월 17일자 및 1925년 12월 2일자.
  朴海默 등은 黃義敦 원고 중 最近世史의 극히 일부분만 수정하여 편찬
  하였다. 그러나『半萬年朝鮮歷史』에서는 丁未義兵을 '解散軍隊와 不平
  의 徒와 失職한 者'들의 난동으로 규정하였고, 특히 强制倂合에 관하여
  는 '日韓倂合條約', '讓與', '日本 天皇陛下', '保護'란 용어를 사용하고,
  朝鮮의 독립상태를 12년에 불과한 것으로 보고, 明 - 淸 - 日의 隷下狀態
  로 왜곡 서술하고 있어 黃義敦의 인식과는 크게 다름을 알 수 있다
  (1987, 『半萬年朝鮮歷史』, 韓國史學史資料大系 1, 民族文化社 참조).

술가이다.[31] 그는 普成專門學校 法科를 졸업하였으나, 나라가 망한 뒤 독립을 회복하기 위하여는 국사를 잘 연구해야 한다고 믿고[32] 1910년경부터 국사연구에 전념하여 『國史』, 『朝鮮歷史要領』 등을 저술하였다.[33]

『國史』는 檀君朝鮮부터 1910년까지를 44章으로 서술한 것이고,[34] 『朝鮮歷史要領』은 같은 시기를 45章으로 서술한 것이다.[35]

---

31) 曺佐鎬, 「刊行辭」 『汕耘張道斌全集』 卷一(이하 『全集』이라 약칭함), 10쪽. 그의 주요저서 일람은 汕耘學術文化財團, 1998, 『汕耘張道斌의 生涯와 思想』의 附錄 「汕耘張道斌의 主要著書」 참조. 한편 丹齋와의 學脈에 관하여 살핀 논고로 朴成壽, 1985, 『民族史의 脈을 찾아서』, 집현전, 129~131쪽 참조.

32) 「暗雲짙은 舊韓末」 『思想界』, 1962년 4월호, 407쪽.

33) 日帝下 張道斌이 저술한 通史는 『國史』와 『朝鮮歷史要領』 외에도 『朝鮮史大全』(1928)이 있다. 그러나 『朝鮮史大全』은 『朝鮮歷史要領』의 上古 第一期 檀君朝鮮을 古朝鮮으로 바꾸고, 最近編을 第一章 大院君執政 以後 時代, 第二章 日清戰役 以後 時代로 分章한 차이 외에는 거의 같기 때문에 본고에서는 『國史』와 『朝鮮歷史要領』만을 검토의 대상으로 하기로 한다.

34) 『國史』의 목차는 다음과 같다.
　上古　檀君朝鮮時代와 列國時代(2章)
　中古　三國時代와 南北國時代(24章)
　近古　高麗時代(10章)
　近世　朝鮮時代(8章)
　最近　世界大戰과 我國復興(1章)
　年表
　그런데 最近과 年表는 1945년까지를 다루고 있는데, 이는 1947년 再刊 時 첨부된 것이다. 上古(檀君~列國) - 中古(三國~南北國) - 近古(高麗) - 近世(朝鮮 太祖~哲宗) - 最近(大院君~庚戌國恥)으로 시대구분 하는 것은 그의 通史에서 일관된 시대구분 방식이다. 『國史』·『朝鮮歷史要領』·『朝鮮史大全』은 물론 1952년에 출간한 『國史講義』에서도 이러한 구분을 취하고 있음은 마찬가지이다.

35) 『朝鮮歷史要領』의 목차는 다음과 같다.
　上古　第一期　檀君朝鮮(2章)

兩書의 체재나 내용은 유사하다. 다만『朝鮮歷史要領』이 시대를
더 세분하고 도표·삽화·지도 등을 첨가하고 있으며, 最近을 大
院君 이후로 보되 간략히 서술하고 고려시대 서술이 줄어든 정도
의 차이가 보일 뿐이다.

　목차에서 알 수 있는 바와 같이 그가 역점을 두어 서술하고자 한
분야는 단연 古代史였던 반면 고려시대, 특히 조선시대 이후의 서
술은 지나치게 소략하다.[36] 이는 申采浩 등 민족주의 사가가 고대
사 연구에 중점을 두었던 것과 일맥하는 것이다. 그런데 張道斌의
古代史觀은 좀 특이하다. 즉 古代史를 上古(檀君~列國時代), 中古
(三國~南北國時代), 近古(高麗時代)로 三分하여 이해하고 있는 것
이다. 高麗를 近古로 본 것은 黃義敦과, 후술할 安廓의 분류와 일
치하고, 權悳奎·崔南善과 유사하나, 본질은 다른 것이다.[37] 이는

　　　　　第二期 列國(5章)
　　中古　第一期 三國의 前期(8章)
　　　　　第二期 三國의 後期(10章)
　　　　　第三期 南北國(4章)
　　近古　第一期 高麗의 興隆(2章)
　　　　　第二期 高麗의 衰亡(3章)
　　近世　第一期 朝鮮의 全盛(5章)
　　　　　第二期 朝鮮의 衰弱(3章)
　　最近(2章)

36) 양서의 時代別 面數는 다음과 같다(『全集』卷一에 수록된 지면에 의함).

書　名	總面數	上古	中古	近古	近世	最近
國　史	83	3	45	17	15	3
朝鮮歷史要領	92	8	54	10	18	2

37) 安廓은『朝鮮文明史』에서 高麗를 近古貴族政治時代로 파악하였다. 그
　　런데 崔南善은 高麗時代를 中古로 보았으나 近古를 별도로 설정하지
　　는 않았다. 한편 權悳奎는『朝鮮留記略』에서는 近古로,『朝鮮史』에서
　　는 中古로 각각 다르게 구분하였다.

黃義敦의 영향으로 이해할 수 있는데, 고려를 고대사로 파악한 것은 민족정신과 자립성이 어느 정도 유지된 시기로 생각한 때문으로 볼 수도 있으나,[38] 실제 고려시대사를 서술한 것을 보면 매우 평면적이고 소략하게 서술하고 있어 그의 역사인식의 한 단면을 보여주는 것으로 생각된다.[39]

본서의 내용을 검토해 보면 먼저 檀君의 實存을 강조하고 있음을 알 수 있다. 그는 桓因을 朝鮮人으로 보고, 天王 桓雄이 太白山의 女를 취하여 神檀樹下의 宮室에서 檀君을 낳은 것이라 하였다. 또한 당시 『神誌秘詞』라는 歷史書가 존재했음을 강조하였다.[40] 이는 신화적인 檀君을 역사의 실체로 사실화 한 것이다. 이러한 견해는 다른 민족주의 사가와 공통되는 것으로, 檀君의 서술에 주저하였던 韓末 史家들과 달리 적극적 입장에서 民族史의 始原을 서술한 것은 주체적 역사인식의 발로라 여겨진다.[41]

箕子朝鮮과 衛滿朝鮮에 대한 해석에서도 독특한 논리를 전개하고 있다. 즉 전통적인 華夷觀에 입각한 箕子東來說을 전면 부정하고 朝鮮人說을 펴고 있으며, 衛滿에 대하여도 歸化人說을 취하고

---

38) 申瀅植, 1988, 「汕耘 張道斌의 歷史認識」『汕耘史學』第二輯, 7쪽.

39) 예컨대 그는 『朝鮮史大全』에서 封建制度에 대해 "… 우리나라는 古朝鮮 및 列國時代를 통하여 약 2천년간 封建制度가 행하여지다가, 약 2천년전 三國時代부터 封建制度가 없어지고 郡縣制로 되니라"라 하였다. 여기에서의 封建制度란 西洋의 近代的 槪念에 의한 것이 아니라 단순히 部族 自治를 일컬은 것이다. 이는 韓末 교과서 중 柳瑾이 『初等本國歷史』에서 三韓을 封建時代의 槪念으로 파악한 것과 똑같은 인식체계이다(『韓國開化期敎科書叢書』20, 10~11쪽).

40) 『朝鮮歷史要領』(『全集』卷一, 117~118쪽). 『神誌秘詞』를 歷史書로 본 것은 申采浩가 『朝鮮上古史』에서 주장한 것과 같은 것이다(『改訂版全集』上, 86~88쪽).

41) 朴杰淳, 「日帝下 日人의 朝鮮史硏究 學會와 歷史(高麗史) 歪曲」, 85~104쪽.

있다.[42] 특히 漢四郡을 부정한 것은 申采浩와 마찬가지이나, 申采
浩가 四郡의 위치 비정의 논증에 주력한 반면,[43] 張道斌은 아예
그 사실조차를 무시하였다. 이는 그의 고대사 인식체계가 申采浩
와 달랐음을 보여주는 것이다. 즉 그가 丹齋 학설을 계승하면서도
그 비판 위에서 독자적인 上古史 체계를 수립한 것으로 보는 것이
옳을 것이다.[44] 이같은 그의 古代史 체계는 日帝 植民史學의 他律
性論에 의해 왜곡된 우리 古代史의 원상을 회복한 점에서 평가될
수 있을 것이다.

三國時代는 前期(B.C. 21~370), 後期(371~668)로 나누어 서술하
고 있다. 그런데 兩分한 기준을 高句麗 小獸林王으로 삼고 있어
삼국시대를 고구려 중심으로 파악하였음을 알 수 있다. 또한 삼국
의 創立年代는 『三國史記』의 편년에 따르되 고구려를 먼저 서술
함으로써 신라보다 강조하고 있다.[45] 뿐만 아니라 高句麗의 强盛,
全盛, 外競을 강조하고 있다. 이 또한 新羅에 正統을 부여한 韓末
史書보다 진전된 역사의식으로 볼 수 있는 것이다.

이와 연결하여 볼 때 張道斌 사학의 특징 중 하나는 이른바 '大
高句麗史觀'이다. 그는 우리 國史에서 가장 중요한 부분으로 高句
麗史를 들고 고구려를 제외하면 우리 역사는 거의 가치가 없는 것
이라고 단언하였다.[46] 이는 고구려의 강성함과 활발한 대외투쟁을

---

42) 『朝鮮歷史要領』(『全集』 卷一, 119쪽, 122쪽). 箕子東來說은 韓末까지
　　널리 통용된 것으로, 金澤榮에 의해 韓氏朝鮮說이 최초로 제기(『歷史
　　輯略』卷一, 5쪽)된 이래 申采浩에 의해 본격적으로 비판(「讀史新論」,
　　『改訂版全集』上, 485쪽)된 것이나, 申采浩가 扶餘王의 封爵과 平壤 守
　　尉로 해석한 데 비해 張道斌은 이보다 더 나아가 朝鮮人說을 취한 것
　　이다.
43) 『朝鮮上古史』『改訂版全集』上, 113~114쪽.
44) 千寬宇, 「通史解題」『全集』卷一, 15쪽.
45) 『朝鮮歷史要領』『全集』卷一, 125쪽.

강조함으로써 우리 민족사가 大國·强國으로서 자주독립정신을 떨친 유일한 표준으로 삼고자 한 것이라 여겨진다.

한편 그는 南北國 개념으로 발해를 서술하였다. 이는 대개의 민족사가들에게 공통된 것인데, 그는 고구려·백제의 멸망으로 人民과 文明이 많이 파괴당한 것은 朝鮮人의 大不幸이라 하고, 이를 재보유한 南北國時代를 역대 최대의 영토를 보유한 시대로 높이 평가하였다. 그러나 발해의 멸망으로 민족사가 위축되기 시작한 것으로 보았다.[47] 그가 남북국사를 서술하며 발해에 보다 많은 비중을 두어 서술한 것은 '大高句麗史觀'의 연장이라 할 수 있다.

高麗時代는 仁宗朝를 기점으로 興隆期(936~1122)와 衰亡期(1123~1392)로 구분하고 있다. 그런데 고려가 '海內를 統一'하였다거나, '三韓 統一의 大業'을 이룬 것이라 하여 신라가 아닌 고려의 통일에 역사적 의미를 부여하고 있어 주목된다.[48] 또한 顯宗~文宗代에 이르는 약 80여년 간을 全盛時代로 보고, 李資謙·妙淸의 亂을 쇠망의 시작으로 파악하였다.[49]

그러나 尹瓘의 女眞征伐에 대하여는 「尹瓘遠征圖」를 곁들여 설명하고 있으나, 徐熙와 姜邯贊의 契丹 격퇴 사실은 아주 간략히 서술하여 고구려의 대외승전을 상술한 것과는 대조된다. 이는 滿洲를 상실하여 민족사가 위축되었던 고려 전체에 대한 평가와 연결된 것이 아닌가 생각된다. 오히려 문화면에서 大藏經板과 金屬活字의 세계사적 의의를 강조하여 문화적 자긍심을 고취하려 한

---

46) 『大韓歷史』『全集』卷二, 102쪽.
47) 『朝鮮歷史要領』『全集』卷一, 168~173쪽.
48) 『國史』『全集』卷一, 75쪽 ; 『朝鮮歷史要領』『全集』卷一, 179쪽.
49) 『國史』에서는 李資謙의 亂을 간략히 언급하고 있으나 『朝鮮歷史要領』에서는 전혀 언급치 않고 妙淸만을 서술하고 있다. 그런데 妙淸의 亂을 보는 관점은 비교적 긍정적이었으나, 申采浩와는 달리 별다른 논평 없이 사실의 설명으로만 그쳤다.

것으로 미루어 볼 때 고려시대는 정치면보다 문화면에 의미를 부
여하여 역사적 평가를 하려 한 것으로 이해된다.[50]

朝鮮時代는 宣祖朝 黨爭의 발생을 기점으로 全盛期(太祖~明宗)
와 衰弱期(宣祖~哲宗)로 양분하고 있다. 그러나 고대사에 비하여
지나치게 소략하여 단지 通史로서의 구색을 갖추기 위한 편제가
아닌가 의심스런 정도이다. 全盛期에서는 역대 왕, 특히 世宗의 업
적을 크게 평가하였다. 그런데 衰弱期를 黨爭으로부터 보는 것은
특색 있는 것이다. 그는 黨爭의 遠因, 近因, 性質을 비판적으로 설
명하며 이를 外患으로 직결시키고 있다.[51] 더구나 壬辰倭亂은 간
략히 서술하면서도 黨爭과 이로 인한 勢道政治의 폐해 등은 크게
주목하였다. 이는 일견 黨爭을 조선 멸망의 직접적 원인으로 설명
한 植民史學의 논리와 큰 차이가 없는 듯하며, 이를 自由國에서
政黨政治 발달의 요인으로 이해한 安廓의 견해와도 크게 다른 것
이다.[52]

한편 大院君과 閔妃의 서술은 大院君의 일련의 鎖國政治를 높
게 평가하고 있어 주목된다.[53] 그러나 壬午軍亂 이후 庚戌國恥까
지를 불과 2面도 안되게 정리하는 것으로 그치고 있다.

이로써 볼 때 張道賦의 『國史』는 전술한 黃義敦의 『大東靑史』
와 함께 日帝下 通史 著述의 선구적 업적이며, 이를 증보한 『朝鮮
歷史要領』은 古代史에 중점을 두되 각 왕조별로 지도와 삽화를 첨
가하고 있어 교재로서의 기능을 강화한 것으로 볼 수 있다. 특히
『朝鮮歷史要領』은 각 왕조 말미에 '最大地理'라 하여 最大版圖를
강조하고 있다. 이는 高句麗와 渤海를 강조한 것과 함께 민중에게

---

50) 『朝鮮歷史要領』 『全集』 卷一, 188쪽.
51) 『朝鮮歷史要領』 『全集』 卷一, 196~197쪽.
52) 安廓, 『朝鮮文明史』, 190~193쪽.
53) 이는 『國史』(『全集』 卷一, 99쪽) 및 『朝鮮歷史要領』(『全集』 卷一, 207
  쪽)에서도 마찬가지이다.

자긍심을 불어넣어 일제 타도를 위해 분기를 촉구하고자 한 의도
로 해석된다.

그러나 兩書는 통사라고 하기에는 시대별 서술분량에 있어 균형
이 너무 맞지 않는다. 고려시대와 조선시대, 특히 大院君 이후 韓
末의 상황이 너무 소략하게 서술된 것은 결함으로 지적되어야 할
것이다. 비록 張道斌이 1927년 「大院君과 明成皇后」를 저술하였
고, 이를 전후하여 「壬午軍亂과 甲申政變」 및 「甲午東學亂과 全
琫準」을 저술[54]한 것으로 미루어 볼 때 이를 보완한 것으로 이해
되나, 光復 이후에 출간한 通史에서도 이 부분이 소략하기는 마찬
가지이다.[55] 결국 일제하 民衆의 각성을 촉구하기 위해 찬란했던
古代史 서술에 비중을 둔 것은 이해할 수 있으나, 현재의 상황을
너무 소략하게 서술한 것은 한계로 지적되어 마땅하다.

3. 『朝鮮文明史』(安廓, 1923)

본서는 檀君 이래 19세기 말까지의 政治史를 文明史觀에 입각
하여 서술한 것으로 일종의 分類史로도 파악할 수 있는 것이다. 그
러나 정치 외에 사상·경제·종교 등도 폭넓게 언급하고 있기 때
문에 그의 역사인식을 종합적으로 보여주어 通史로서의 이해도 가
능하다.

본서는 6章 140節로 구성되었는데,[56] 安廓이 日本·北京·上海

---

54) 金昌洙, 1988, 「汕耘 張道斌의 史學과 民族意識」 『汕耘史學』 第二輯,
124쪽.
55) 『國史講義』(1952)의 경우 上古 17면, 中古 134면, 近古 87면, 近世 45면,
最近 23면으로 편제되어 있는데, 近世와 最近을 합해도 高麗編인 近古
에도 이르지 못할 정도로 소략하다.

등의 도서관에 소장된 도서 8,500여 책을 섭렵하고 원로 구관과 친우들의 도움을 얻어 약 1년 반에 걸쳐 저술한 것이다.[57] 安廓은 이 책을 통해 우리 역사에서 自治制를 발달시켜 온 우리 민족의 능력을 주목하였는데, 이는 곧 當世 역사의 큰 과제로 생각한 立憲共和制의 실현성을 확인하려는 작업이었다.[58]

그는 정치사를 저술하게 된 동기를 生活史를 이해하기 위한 전제라고 밝혔다. 또한 '기왕의 정치사를 다룬 논평이 몽롱하고, 조선족의 생명을 寄生的·模擬的인 것으로 서술하였다'고 지적하였다. 이어 朝鮮人을 第二中國族으로 曲見謬說한 것이 많다고 하고 貴族的 역사가의 眼光이 숨은 사실에 미치지 못하여 이면의 정치 사실을 찾지 못한 것이라고 비판하였으니,[59] 기존사서에 대한 비판이 또 하나의 저술동기인 셈이다.

그는 朝鮮史에서 고려와 조선시대가 삼국보다 결코 퇴보된 것이 아니라는 社會進化論的 논리에 입각하여, 특히 朝鮮의 自治制를 그리이스 정치와 비교하며 東洋에서는 선진적이고 독특한 것이라고 보고, 法制文化도 비록 固定性이 있다 하더라도 퇴보라고 볼 수 없다고 주장하였다.[60]

安廓은 정치사에서 가장 중요한 것으로 時代區分을 강조하였다.

---

56) 본서의 目次는 다음과 같다.
   第1章 緖言
   第2章 太古 部落生活時代(原始時代)
   第3章 上古 小分立政治時代(檀君~三韓末)
   第4章 中古 大分立時代(三國~南北朝)
   第5章 近古 貴族政治時代(高麗)
   第6章 近世 君主獨裁政治時代(朝鮮)
57) 安廓, 『朝鮮文明史』, 1~2쪽의 述例.
58) 李泰鎭, 1978, 「解題」『朝鮮文明史』, 中央新書 109, 310쪽.
59) 安廓, 『朝鮮文明史』, 1~2쪽.
60) 安廓, 『朝鮮文明史』, 3쪽.

그는 '朝鮮의 大段落'을 ① 太初~高麗 樹立 이전의 약 3천2백년
간, ② 高麗 以後 朝鮮까지의 약 1천년간으로 兩分하였는데,[61] 이
를 다시 '近代科學的으로 社會組織·經濟·文化·地理上의 諸問
題'에 따라 목차에서 5期로 세분한 것이다. 그런데 그의 시대구분
에 있어 기준이 된 것은 社會形態와 政治形態 및 國家의 分立狀態
를 혼용하고 있어 일관성은 없으나, 日人 학자들에게도 영향을 미
친 것이었다.[62]

그러나 封建制 缺如論은 의아하다. 그는 우리의 上古史를 西洋
政治史와 비교하며 본래 封建制가 박약하여 天子諸侯의 제도가
희미하고 희랍과 같이 部族自治와 各王 分立의 정치로 역사를 이
룬 것으로 설명하였다.[63] 이는 植民史學의 停滯性 이론의 근간을
이루며 福田德三으로 대표되는 日人의 封建制 缺如論, 곧 中世不
在論과 일면 상통하는 것이다. 그러나 日人들이 西洋의 封建制 개
념에 입각하여 사회경제적 측면에서 봉건제 결여론을 주장한 것과
는 달리 정치적 측면에서 봉건제 결여론을 주장한 것은 동질일 수

---

61) 安廓, 『朝鮮文明史』, 108~109쪽. 그는 여기에서 高麗 이전까지의 1期
   中 최초 2백년 간은 封建制度로서 大王 下에 여러 王이 衆立한 것으로
   그 후 3천년간은 複體 政治組織으로 내려 온 것이라 하고, 初期 무수
   한 정치조직과 단체가 三朝 立에서 兩朝로 형성되었고, 高麗 이후
   정치조직이 單體로 되고 역사도 單式으로 된 것이라 하였다. 이어 정
   치발달 내용의 단계를 설명하며 三國 이전을 共和制로, 三國과 兩朝를
   君權이 발달하고 階級制度가 序立한 舊來의 制度와 外國制度의 혼용
   이라고 하였다. 또한 고려 이전은 君主·貴族·人民의 혼합체로서, 고
   려는 순전한 貴族政治時代라고 보았다.
62) 李基白, 1978, 「韓國史 研究에서의 分類史 問題」 『韓國史學의 方向』,
   85~86쪽. 여기에서 稻葉岩吉의 ①部落政治時代(三國~統一新羅), ②貴
   族政治時代(高麗), ③專制政治時代(朝鮮)의 三區分이 安廓의 說을 추종
   한 것에 불과한 것으로 파악하고 있다.
63) 安廓, 『朝鮮文明史』, 4~5쪽.

없다고 생각된다. 즉 日人이 停滯性 이론을 토대로 사회경제적 낙후성을 강조하려고 했던 반면, 그는 上古 小分立政治時代에서 봉건제도의 본질을 西洋은 물론 周의 봉건제와도 다른 독특한 형태로 이해하였기 때문에 정치사적 관점에서 분명한 개념의 차이에서 비롯된 것이라 사료된다.[64]

그는 古朝鮮이 한사람의 强力으로 만들어진 것이 아니라 전 민족이 공동 일치하여 최대의 强力으로 기초를 만든 것으로 보았으나,[65] 다른 사가와는 달리 檀君에 대하여 가급적 확대와 팽창위주의 서술을 지양하고 檀君의 歷年을 2백년으로 보았고 檀君의 直領도 小邦에 불과한 것이라 하며 그 歷代도 諸邦國과 같은 小分立政治時代라 하였다.[66] 이는 여타 민족주의 사가와는 달리 정치사적인 입장에서의 서술이라 檀君을 크게 부각시킬 필요성이 약하였기 때문이 아닌가 한다. 그러면서도 漢土에 대한 植民과 變動을 2節에 걸쳐 설명하며 大弓의 무예를 선양한 것은 오직 朝鮮族 뿐이라는 점을 강조하였다.[67]

箕子朝鮮에 대하여는 殷 國族 亡命客의 '自稱王說', 또는 '新設된 한 壇府說'을 주장하였고, 衛滿朝鮮에 대하여는 정부관리로 燕人을 고용함이 많아 燕人의 정치적인 세력이 커져 결국 博士 衛滿에게 왕위를 빼앗긴 것이라는 논리를 전개하였다.[68]

---

64) 安廓,『朝鮮文明史』, 21~23쪽. 그는 檀君이 封建制를 실시한 이유를 광대한 영토 전체에 왕권이 미치지 못하고 人民의 政論, 物議를 한 데 집중시킬 수 없었기 때문으로 보았다. 한편 게르만왕국이나 영국 노르만왕국, 周의 봉건제와의 차별성을 부각시키며, 朝鮮의 封建制는 血族觀念으로부터 자치적 정치에 기초하여 국가를 건설하던 당시에 형성된 것으로 보았다.
65) 安廓,『朝鮮文明史』, 19쪽.
66) 安廓,『朝鮮文明史』, 25쪽.
67) 安廓,『朝鮮文明史』, 38~42쪽.

한편 中古는 前期를 三國, 後期를 南北朝時代로 구분하였다. 삼국의 서술은 『三國史記』를 따르지 않고 高句麗 - 百濟 - 新羅의 순으로 서술하였는데, 특히 百濟의 海外經略說을 최초로 제기하고 있음은 주목된다. 구체적으로 遼西經略說을 제시하지는 않았으나, 西南의 15島가 領地라 하였으며, 東南 30餘國의 倭에 使譯을 통하였다고 하며 이같은 百濟의 海外政策을 高句麗의 大陸政策과 같은 것으로 높이 평가하였다.[69]

그런데 여타 사가와는 달리 新羅의 三國 統一에 대하여 스위스가 프랑스 원조병에 의지하여 독립된 諸群을 통일한 사실에 비유하며 역사적 의미를 부여한 점도 주목된다.[70] 요컨대 張道斌을 위시한 대다수 민족주의 사가의 '大高句麗史觀'과는 대치되는 '大新羅史觀'으로서 당시로서는 특이한 논리이다. 이는 비록 삼국 중 고구려에 중점을 두고 서술한다 하더라도 역사를 발전과 진화의 관점에서 이해하려 한 그에게 있어 滿洲의 상실이 역사서술의 큰 장애가 되지 않았기 때문으로 추측된다.

따라서 南北朝史의 서술에서 渤海를 高句麗의 확장 발달로 이해하면서도 통일신라 위주의 서술을 하고 있는 것이다. 그런데 고구려 멸망 後 復興運動을 後高句麗라 하고 大祚榮이 唐을 격퇴하

---

68) 安廓, 『朝鮮文明史』, 41~42쪽.

69) 安廓, 『朝鮮文明史』, 60~61쪽.

70) 安廓, 『朝鮮文明史』, 93~95쪽. 그는 "… 이에 대하여 어떤 史家는 新羅를 責하여 外國의 兵으로 同族을 滅한 것을 討論한다. 그러나 이 동족을 표방함은 오늘날 民族觀念이 치성한 시대에 偏照한 것이니, 당시는 麗·濟가 新羅를 공격한 바 同族間의 원수를 맺으므로 民族觀念은 오히려 없고 國民的 意識이 야기한 시대이다. 어찌 時代的 思想의 相異함을 살피지 않고 自己偏見에 의하여 評論을 고집할 것인가? 오히려 新羅의 政治上 非常한 大手段이었음을 찬탄하지 않을 수 없다 …"고 하여 신라의 삼국통일을 극찬하였으니, 이를 신랄하게 비판한 申采浩의 견해와는 정면 대치되는 것이다.

고 新帝國을 건설한 것이 羅唐 간섭 사이에 끼어 곤란에 빠진 고구려인을 건진 데 의의가 있다고 하는 독특한 논리를 전개하고 있다.[71]

高麗를 近古史로 인식한 것은 張道斌·權悳奎와 같고 中世로 설정하지 못한 것도 여타의 사가들과 같다. 그런데 그가 중세를 설정하지 못한 데에는 전술한 봉건제 결여론과 같이 서양의 중세개념, 즉 보편사관의 기준에 부합되지 못한 것으로 파악했기 때문으로 이해된다. 그는 高麗를 貴族政治時代로 보고 北方大陸, 즉 後渤海의 분할로 인해 정부가 單體로 조직되는 동시에 역사도 단순 요소로 장식된 것으로 보았다.[72] 그리고 貴族政治 발생의 요인으로 ①王建이 側微에서 나와 王이 되었으므로 자기 踐祚의 德을 君臣의 推戴에 돌린 것, ②景宗朝 참소를 입은 자손들에게 복수를 許하자 살륙이 크게 행해져 王子, 王孫도 피해를 입은 것으로 분석하고, 귀족정치의 三大要素로 僧·武臣·嬖臣을 들었다.[73] 또한 지방정치를 區域, 官制, 西京의 3章으로 상술하였으며,[74] 奴隷의 신분해방을 3次로 상술함도 다른 史書에서는 볼 수 없는 면모이다.[75]

高麗의 멸망과 朝鮮의 건국에 대한 견해도 독특하다. 그는 고려 멸망의 원인을 ①外國關係, ②南班의 得勢, ③儒教徒의 活動, ④家族制의 紊亂으로 보았다.[76] 이 중 家族制의 紊亂이란 元室과의

---

71) 安廓, 『朝鮮文明史』, 95~108쪽.
72) 安廓, 『朝鮮文明史』, 109쪽.
73) 安廓, 『朝鮮文明史』, 128~131쪽.
74) 安廓, 『朝鮮文明史』, 139~145쪽.
75) 安廓, 『朝鮮文明史』, 162~165쪽. 奴隷의 3次運動이란 ①京外 富豪家가 却占, 奴婢化한 것에 대한 소송의 제기와 光宗의 都監 설치, ②萬積의 亂, ③忠州奴軍의 蒙兵 격퇴와 貴族階級 撲滅事件을 이르는 것이다.
76) 安廓, 『朝鮮文明史』, 169~172쪽.

相婚으로 인한 王室 血族의 부정이 왕실에 대한 신앙을 박약하게 하고 愛朝心을 이반케 하여 혁명적 기운의 한 조건으로 작용케 되었다는 것이다. 또한 李成桂의 威化島 回軍의 당위성을 인정하고 朝鮮의 건국을 革命黨의 승리라고 그 역사적 의미를 강조하였다.77) 이는 자신이 말한 것처럼 정치사의 진정을 밝히고자 한 것으로서 이를 비판적으로 평가한 민족주의 사가의 견해와는 다른 것이다. 한편 조선시대를 君主獨裁政治로 규정하고 있는데, 西洋의 전제정치와 다르다는 점을 수차 강조하였다. 그는 조선시대가 독재정치로 된 원인을 신분계급의 昇降과 與奪의 권리가 君主에 달렸기 때문에 臣民이 王에 忠勤하기에 이른 것과 儒學 보급의 둘로 들었다.78) 그런데 역사의 진리를 一盛一衰하는 진화의 형식이라 하고 성쇠의 순환으로 진보발달을 이룬다고 본 그는 조선의 전제정치를 정치진화사의 한 단계로 파악하고 다른 政體로 추이하는 과도의 단계인 계몽적 정치로 보았다.79) 요컨대 조선의 獨裁君主制는 다른 政體, 즉 近代의 완전한 民主政治體制로서의 共和制 실현을 위한 과정으로 해석한 것이다.

조선시대의 서술 중 가장 주목되는 것은 당파와 정치발달에 대한 새로운 견해이다. 그는 李建昌이 제기한 당파 발생의 由來八條와 宣祖初 由來說을 반박하며 당파의 발생은 정치적 자유와 토의의 자유로 인한 論端의 양분이라는 자연적 추세로 적극적 정치의 발달이라 하고 정당 발생의 시초를 宣祖 때가 아니라 燕山君 이래의 士禍로 해석하였다.80)

그는 근대정치는 당파로 발달하는 것이고 당파가 진보치 못하고

---

77) 安廓, 『朝鮮文明史』, 172~174쪽.
78) 安廓, 『朝鮮文明史』, 177~180쪽.
79) 安廓, 『朝鮮文明史』, 326~327쪽.
80) 安廓, 『朝鮮文明史』, 190~193쪽.

두절되면 정치가 쇠한다고 단언하며 그 근거로 ①世祖의 六曹直
啓制로 압제 독재적 수단이 무한히 확대되었으나 四大士禍 이래
君權이 減해지고 政客의 권리가 진작되어 정치적 자유를 획득한
점, ②당파로 인해 정부의 빈번한 경질이란 결함이 있음에도 불구
하고 인재의 등용이 진보한 점, ③당파의 相爭 相奪로 인한 정치
상의 파탄이 있었으나 가부를 성토하는 가운데 中正의 道를 얻어
결국 초월적 진보를 이룩한 점을 들고 있다.[81] 한편 四色을 각각
主義를 지닌(心持主義) 정당이라고 정의하며 다음과 같이 二大主
義로 양분하였다.

> 老論·北人(自由黨): 활발하고 時勢의 기미를 善察하며 改進을 務
> 圖하는 여러 가지 변통적 수단 하에서 세력
> 적 역사를 만듦
> 少論·南人(保守黨): 自負心과 獨善主義와 權威的, 節義的 여러가
> 지 보수적 수단 하에서 세력적 역사를 만듦

安廓은 自由國‐政黨‐政治發達‐黨派의 등식으로 정당과 정
치 발달을 논하였기 때문에 英·正祖代의 蕩平策에 대하여도 비
판적이었다. 즉 黨이 끊기고 無言을 위주로 함으로 세도가 생겨 필
경 국정이 크게 쇠하였다고 본 것이다.[82]

이러한 그의 견해는 이른바 黨派亡國論을 제기한 식민사학과
여타 민족주의 사가들의 견해를 정면으로 배격하고 있는 것이다.
이는 역사를 발전과 진보의 관점에서 적극적이고 긍정적으로 해석
하려는 그에 있어서 결국 立憲共和制 추구의 의지였던 것으로 이
해된다. 특히 식민사학의 黨派性論을 배격한 것은 높이 평가할 수

---

81) 安廓, 『朝鮮文明史』, 196~199쪽.
82) 安廓, 『朝鮮文明史』, 199~200쪽.

있는 것이며, 당쟁에 대한 새로운 해석은 조선후기사의 이해를 한 차원 승화시킨 것이라 할 수 있다.

그러나 19세기말의 서술로만 그친 것은 아쉬운 면이다. 그 까닭에 대해 그는 光武・隆熙年間의 변천된 정치가 黑幕이 많고 비밀이 極하여 한가지로 능히 論示할 수 없어 뒷날에 속편을 쓰고자 한 것이라 밝혔다.[83] 이것이 일제의 침략과 지배라는 기형적 정치형태에 대해 사회진화론적, 문명사관적 입장에서의 설명이 불가능하였기 때문인지, 時諱를 피하기 위한 의도적 편제였기 때문인지, 정녕 흑막과 비밀을 파헤칠 수 없는 한계로 인함인지 단정할 수는 없다. 그런데 그의 『朝鮮文學史』와 대비해 보면 어느 정도 추론이 가능하다. 즉 그는 『朝鮮文學史』에서 文學의 時勢가 政治上의 시대와는 다르지만 政治의 消長과 同伴한다고 하며 5時期로 구분하였는데,[84] 여기에서는 甲午更張 이후를 「最近文學」이라 하여 3・1運動과 『創造』, 『廢墟』까지 언급한 것으로 미루어 볼 때, 『朝鮮文明史』는 時諱를 피하려 했던 의도적 편제로 봄이 타당할 듯하다. 따라서 여타의 사가들이 소략한 형태나마 일제의 침략과정을 기술해 두고자 하였던 것과는 대비되는 것으로 한계로 지적될 수 있을 것이다.

그가 추구한 立憲君主制, 民族民主國家의 건설에는 일제의 타도가 선행되어야 할 과제였다. 그런데 그는 이를 극복하기 위한 전

---

83) 安廓, 『朝鮮文明史』, 327쪽.
84) 『朝鮮文學史』의 시대구분은 다음과 같다(安自山著, 崔元植譯, 1984, 『朝鮮文學史』, 乙酉文庫 252 참조).
   1. 上古文學 : 檀君 - 三國 以前(政治機關의 小分立時代, 2200년간)
   2. 中古文學 : 三國 - 南北朝(大分立時代, 900년간)
   3. 近古文學 : 高麗(貴族時代, 500년간)
   4. 近世文學 : 朝鮮(君主獨裁時代, 500년간)
   5. 最近文學 : 甲午更張 - 現代

제로써 帝國主義 정치형태에 대해 언급하지 않았을 뿐만 아니라 독립투쟁 정신을 고취시키는 데는 별로 기여하지 못한 것이란 평가를 면할 수 없다. 오히려 3·1운동 이후 일부 민족지도자들 사이에서 제기된 이른바 自治論을 부추기고, 나아가 그 논리로 이용될 수 있는 역기능적인 위험성이 지적될 수 있는 소지를 안고 있는 것이다.85)

그럼에도 불구하고 본서는 1910년대 민족주의 사가의 견해와 비교할 때 진일보한 것임에는 틀림없는 것이다. 즉 민족사 이해의 폭을 넓히고 새로운 史眼을 개척한 것으로 평가할 수 있는 것이다. 그가 일제의 치하에서 문명사의 체계를 빌어 공화제 실현의 민족적 역량을 확인하려 한 것은 3·1운동이란 민중 다수의 힘을 직접 경험한 때문으로 이해하는 측면도 있으나,86) 일제의 침략과정을 기술하지 않아 단언할 수는 없다.

1920년대 민족주의 사가 중에는 식민사학에의 대응에 집착하여 민족사를 논리적이고 보편적으로 통찰하지 못한 한계를 지닌 경우가 산견된다. 그러나 安廓의 경우, 이점에서는 단연 돋보인다. 그는 세계사와의 대비 속에서 민족사를 보편적으로 관조하며 독자성과 특수성을 찾으려 하였던 것으로 이해된다. 일부 민족주의 사가가 식민사학 논리에 흥분한 논조와는 다른 것이다. 비록 부분적으로 세계사와의 대비가 지나치고 역사용어의 사용에 있어 서양사적

---

85) 韓永愚, 「韓國近代歷史學과 朝鮮時代史認識」, 272쪽. 그러나 安廓이 추구한 自治論과 일부 민족지도자가 제기한 自治論은 구별되어야 할 것이다. 安廓의 自治論은 대권력하의 지방분권이란 것으로 민족내부의 권력형태의 문제이나, 민족지도자 사이에서 제기된 自治論은 일제의 지배를 인정하고 그 하부조직으로의 존재를 의미하는 것으로 본질적인 차이가 있는 것이다.
86) 李泰鎭, 「安廓(1881~1946?)의 生涯와 國學世界」, 326쪽.

기준에 편중되어 민족사의 날카로운 해부를 무디게 하고 보편화, 획일화한 면도 없지 않으나, 植民史學의 이른바 特殊史觀을 저서의 전반을 통해 부정한 면은 평가되어 마땅하다.

4. 『朝鮮留記略』(權悳奎, 1929)

『朝鮮留記略』은 1924년과 이듬해에 尙文館에서 간행했던 『朝鮮留記』 上·中을 합책, 편찬한 것이고 『朝鮮史』는 이를 다시 재간한 것이다.

文一平은 『朝鮮留記略』을 당대의 대표적 교과서로 평가한 바 있다.[87] 그런데 종래에는 崔南善의 『朝鮮歷史』가 '韓國史의 小成'으로 평가되다가[88] 근래에 일부에서 본서가 다시 주목되고 있다.[89]

『朝鮮留記略』은 4편으로, 『朝鮮史』는 3편으로 서술된 것이다.[90] 『朝鮮留記略』은 通史로서 시대별 서술상의 균형이 돋보이며 卷首의 「朝鮮歷代傳授圖」를 비롯하여 각 왕조별 傳世圖는 이전 사서보다 매우 체계적인 것이어서 통사저술의 진전된 면모로

---

87) 文一平, 「朝鮮史의 敎科書에 對하여」, 『東光』 2卷 2號, 1927년 2월호, 44쪽. 한편 安在鴻도 1936년 신학년을 맞아 학생들이 읽을 교과서로 이 책을 추천한 바 있다(『新東亞』 1936년 4월호, 133쪽).
88) 李基白, 「韓國史 硏究에서의 分類史 問題」, 81쪽.
89) 李萬烈, 『韓國近代歷史學의 理解』, 155~157쪽 ; 趙東杰, 「民族史學의 分類와 性格」, 858~866쪽.
90) 『朝鮮留記略』은 上古(檀君~扶餘), 中古(三國~南北朝), 近古(高麗), 近世(朝鮮~1904년)로, 『朝鮮史』는 上古(檀君~南北朝), 中古(高麗), 近世(朝鮮~1904년)로 구성되었다. 『朝鮮史』는 표제에 「原名:朝鮮留記」라 되어 있어 『朝鮮留記』를 합책, 재간한 것임을 알 수 있는데, 여기에서는 『朝鮮史』를 저본으로 하였다.

파악할 수 있다.91)

「朝鮮歷代傳授圖」에서는 實學 이래 주장되어 온 三韓正統論을 부정하고 檀朝 - 扶餘 - 高句麗 - 渤海 - 高麗로 이어지는 한국사의 체계를 분명히 확립하였으며, 檀君時代에 이어 扶餘時代 - 勿吉 - 靺鞨의 계통과, 渤海 - 女眞 - 金 - 淸으로 이어지는 체계로 파악하고 있어 이른바 大朝鮮主義를 표방하고 있으나,92) 種族과 民族에 대한 개념이 명확하지는 않다.

이는 上古史 편에서 더욱 두드러진다. 여기에서는 大朝鮮主義, 選民意識, 文明開創地임을 강조하고 있는 바,93) 이는 전술한 大倧敎徒들의 역사인식과 일치하는 것이다. 檀君朝鮮에 대한 서술은 여타의 사가와 같으나, 箕子朝鮮說을 부정하며 이를 遼水 東西를 據하여 漢人과 雜處하던 濊貊의 一族인 濊貊朝鮮으로 보고 있는 것은 주목된다.94) 衛滿朝鮮은 燕 亡人의 侵襲으로 보았으며, 漢四郡은 遼西地方의 사실로 인정하고 있으나 漢族을 배격하려 한 '我'의 투쟁의지를 높이 평가하고 있다.95)

한편 삼국시대 初期(紀元 2275년~2377년)의 서술 중 삼국의 성립에 대한 견해는 매우 주목된다. 그는 민족적 자각이 국가로서 성장한 것을 삼국시대로 보고, 그 시기에 대해 高句麗는 23세기 중, 百濟는 高句麗 보다 약간 후, 新羅는 23세기 말이라 하였다.96) 이는 古代國家의 성장을 삼국시대로 보고 삼국의 창건연대를 『三國

---

91) 『朝鮮史』는 총 102면으로 上古 68면, 中古 36면, 近世 126면으로 서술하였는데, 종래 史書에서 古代史에 치중된 것과는 달리 近世史 부분의 서술을 강화하였다.
92) 權悳奎, 『朝鮮史』, 卷首의 「朝鮮歷代傳授圖」.
93) 權悳奎, 『朝鮮史』, 1~2쪽.
94) 權悳奎, 『朝鮮史』, 10쪽.
95) 權悳奎, 『朝鮮史』, 11~12쪽.
96) 權悳奎, 『朝鮮史』, 19~21쪽. 여기에서의 世紀는 檀紀를 일컫는 것이다.

史記』의 編年을 따르지 않고 高句麗 - 百濟 - 新羅의 순으로 본 최
초의 통사라 할 수 있는 것이다.

따라서 신라의 三國統一을 '麗濟의 平定'과 '大帝國 建設'이라
하고 대동강 이남의 영토를 영유한 사실만을 기록하는데 그쳐 그
역사적 의미를 폄하하려는 의도를 분명히 읽을 수 있다.97) 그런데
百濟復興軍을 '獨立軍'98)이라 서술한 것도 독특한 개념으로, 이는
역사서술에 있어서의 현재성, 즉 일제 치하에 대한 반사적 개념이
작용한 것이라 생각된다.

南北朝時代는 가장 큰 판도, 가장 높은 문화를 가져 큰 색채를
끼친 5천년 역사상의 성대라 하였는데,99) 新羅는 衰運을 渤海는
隆盛을 강조하고 있다.100) 그런데 양국간 관계에 대해 渤海(震)가
新羅에 사신을 파견하여 수호한 사실(紀元 3,032년 : 699년)을 기록
함으로써『三國史記』를 악의적으로 해석하여 대립과 반목의 관계
로만 서술한 식민사학을 정면으로 반박하였다.101) 특히 渤海 멸망
후 영토의 귀속에 대하여도 '入'(高麗), '沒'(女眞), '領'(契丹)이란
용어를 구분하여 사용함으로써 그의 역사인식의 일단을 보여주고
있다.102)

그는 高麗의 統一을 古代史의 말미에 수록함으로써 古代史의
마감과 민족과 영토통일의 의미를 강조하고 있다.103) 고려시대에

---

97) 權悳奎,『朝鮮史』, 42쪽, 47쪽.
98) 權悳奎,『朝鮮史』, 44쪽. 이 뿐만 아니라 발해 멸망 후의 復興軍에 대
하여도 '渤海 獨立軍'이라고 표현하였다(75쪽).
99) 權悳奎,『朝鮮史』, 47쪽.
100) 權悳奎,『朝鮮史』, 45~47쪽.
101) 權悳奎,『朝鮮史』, 49쪽.
102) 權悳奎,『朝鮮史』, 57~58쪽.
103) 權悳奎,『朝鮮史』, 56~59쪽. 여기에서는 高麗의 天下 統一, 半島 統
一이라 하여 新羅에 사용하지 않은 統一이란 용어를 사용하여 그 역
사적 의미를 강조하고 있다.

서는 契丹과 女眞과의 승전을 높이 평가하였고, 대장경과 활자 창
제 등을 章으로 설정하여 특기하고 있다. 그런데 妙淸과 三別抄의
난에 대한 서술은 매우 부정적이어서 신채호와 큰 차이를 보이고
있다.[104] 倭寇에 대하여는 上古史에서 倭와 日本을 혼용하여 사용
하였으나, 고려 멸망의 원인을 倭寇의 창궐로 보았다.[105]

그러나 조선시대사를 서술하며 黨派를 필요 이상으로 부각시키
는 등 편벽성을 보여 安廓과 대비되는데,[106] 勢道政治를 '勢塗'라
표현한 데에서도 부정적 인식을 극명히 보인다. 이는 張道斌의 경
우에서 논급한 바와 같이 黨派亡國論을 강변한 것은 본서의 한계
로 지적될 수 있는 것이다.

이러한 한계는 근대 한일관계사의 서술에서도 일부 보인다. 즉
日本年紀를 쓰고 光武年紀를 細註로 썼다든가, 韓日議定書를 '日
韓國防同盟'으로 인식한 것이 단적인 예라 할 수 있다. 그러나 이
조약의 조인으로 한국의 主權이 全失된 것이라 하고 한국이 영구
히 日本의 附庸이 되었다고 보도한 외국신문을 소개하였다.[107] 이
처럼 1910년의 庚戌國恥까지를 서술하지 않으면서 1904년의 韓日
議定書 체결을 國亡으로 본 것은 그의 독특한 史眼으로, 일제 침
략의 상황을 명확히 파악한 것이라 할 수 있을 것이다.

본서에서 또한 주목되는 것은 각 왕조별 문화란의 설정이다. 이

---

104) 權悳奎,『朝鮮史』, 79쪽. 그는 妙淸의 亂을 妖僧, 奸計, 叛, 討平 등의
용어를 사용하여 서술함으로써『高麗史』이래 전통사서의 중세적 인
식을 답습하고 있으며, 三別抄도 權臣의 爪牙라고 비판하였다(83쪽).
105) 權悳奎,『朝鮮史』, 89쪽.
106) 近世史는 42節로 구성되었는데, 이 중 東·西黨論의 分裂(第15節),
北·西黨의 分裂(第18節), 黨爭의 飜覆(第25節), 老·少論의 相軋(第
27節), 勢塗의 始와 蕩論 以後의 黨議(第29節) 등에서 당쟁을 상술하
며 부정적 요인을 강조하고 있다.
107) 權悳奎,『朝鮮史』, 103~108쪽.

는 黃義敦, 張道斌 및 후술할 崔南善의 경우도 마찬가지이다. 여기
에서는 문화를 宗敎・制度・文學・藝術・風俗의 5개항으로 나누
어 설명하고 있는데, 정치사는 본문에서 다루고 나머지를 문화란
에서 일괄하여 다룬 것으로 사회경제면까지 제도항에서 이해하는
데 멈추고 다만 문화현상의 일면으로 구성한 것은 문화사학의 통
례이자 특징으로 파악될 수 있는 것이다.108) 그러나 풍속항에서
생활사의 측면을 서술한 것은 역사서술의 범위와 진폭을 넓힌 것
으로 평가된다.

5. 『朝鮮이야기』(南宮檍, 1929)

南宮檍은 교육자, 언론인으로는 많이 알려져 있으나, 그 당시
'조선의 역사를 그대로 말할 수 있는'109) 사학자로서의 면모는 그
리 알려져 있지 않다. 그의 저술로는 『東史略』(1924)과 『朝鮮이야
기』가 있다.110)

『東史略』은 지금 찾아 볼 수 없으나, 凡例의 일부와 체재 등이
전해지고 있어 성격의 일단을 파악할 수 있다. 이에 의하면 『東史
略』은 단군부터 순종 때까지의 내용을 4권 836면으로 서술한 것임

---

108) 趙東杰,「民族史學의 分類와 性格」, 864~865쪽.
109) 『東亞日報』, 1939년 4월 29일자.
110) 사학자로서 남궁억을 다룬 논고로 다음이 참고된다.
　　翰西南宮檍先生紀念事業會, 1960,『翰西南宮檍先生의 生涯 - 不屈의
　　얼 - 』; 외솔회, 1973,『나라사랑』제11집, 翰西南宮檍先生特輯號 ;
　　李萬烈, 1981,「民族主義史學의 韓國史認識」; 姜弘善, 1981,「翰西
　　南宮檍의 歷史認識」, 동국대학교 대학원 ; 1993,「翰西 南宮檍의『조
　　선이야기』敎科書 內容分析」『素軒南都泳博士古稀紀念歷史學論叢』
　　; 金東冕, 1984,「翰西 南宮檍의 歷史觀」『韓國史硏究』46.

을 알 수 있다. 본서는 말미에 3·1운동을 부기하였으며, 인찰지에
필사한 것을 南宮檍의 제자가 36부를 다시 필사하여 전국에 비밀
리에 배부한 것이라 한다.[111]

凡例는 ①신라 중엽이래 慕華主義의 팽창으로 大義 正道가 磨
滅되었으니 이러한 사건은 모두 刪去한다. ②본서의 목적은 번다
한 기사보다 勸善懲惡이 더욱 중하므로 이러한 사건의 始末에 대
한 明細를 證著한다. ③稱帝, 稱王 등의 분별은 金富軾의 예에 따
른다는 것으로 요약할 수 있다.[112]

본서는 방대한 분량으로 東西洋의 연대를 병기하고 원문을 인용
할 때 吏讀를 곁들여 독자에게 편의를 제공하고 3·1운동의 참황을
기록하여 독립정신을 고취시킨 면에서 평가될 수 있다. 그러나 凡
例에서 스스로 밝힌 것처럼 慕華主義를 배격하고 勸善懲惡을 표
방한 것은 韓末 啓蒙主義 史家의 역사인식으로부터 크게 진전된
것이라 할 수는 없을 것이다.

『朝鮮이야기』는 성인용의 『東史略』을 어린이용으로 쉽게 풀어
쓴 것이나, 실제의 내용은 어린 학생이 읽기에는 어려웠을 것으로
여겨진다. 본서는 모두 5권 1500여면으로 당시 사서로는 최대의 분
량이다.[113] 이 또한 남궁억이 필사한 것을 제자들이 다시 20여부를

---

111) 翰西南宮檍先生紀念事業會, 『翰西南宮檍先生의 生涯-不屈의 얼-』,
　　255~256쪽. 『東史略』은 第1卷 : 檀君-新羅末, 第2卷 : 高麗, 第3卷
　　: 朝鮮 太祖-哲宗, 第4卷 : 高宗-純宗으로 구성되었다.
112) 翰西南宮檍先生紀念事業會, 『翰西南宮檍先生의 生涯-不屈의 얼-』,
　　255~256쪽.
113) 본서의 목록은 다음과 같다(괄호안은 면수).
　　卷一 檀君-南北朝(183)
　　卷二 高麗(326)
　　卷三 朝鮮 太祖-燕山主(422)
　　卷四 中宗-哲宗(412)
　　卷五 高宗-3·1運動(170)

베껴 각지에 비밀리에 배부한 것이라 한다.114)

自序에 의하면 본서 저술의 동기 등 대강을 알 수 있다.

> 謹稽컨대 我東의 載籍이 무히 唐堯와 幷時하여 稽古의 資가 延綿
> 不絶하여 零星泯滅의 嘆을 能免하더니 우리 李朝 조선에 이르러서는
> 列聖의 崇儒奬學하신 효과로 傳紀翰章의 屬이 汗牛充棟하였으니 顯
> 著한 그 績은 참 倚與盛裁로다. 然이나 一大遺憾인 것은 彼史家로 著
> 名한 金富軾 權近 徐居正輩가 하도 慕華主義에 偏傾하여 그 記事로
> 論의 志趣를 觀컨대 自國은 夷狄으로 自處하고 中華를 服從하여 古
> 來로 우리 檀君族의 古有한 才氣와 性格의 雄壯發越함은 抹殺不振
> 케 하니 嗚呼悲夫로다. 然則 오늘 兒童의 敎鞭을 執한 우리들의 義務
> 는 如何라야 其可할까. 思不得已하여 이제 조선이야기라는 童話 일
> 편을 저술하오니 ….115)

여기에서는 ①古來로 풍성한 史籍에의 자부, ②中華思想에 偏
傾된 傳統史書의 비판, ③교육교재로서의 저술 동기 등을 표방한
것으로, 『東史略』의 凡例와 비슷한 내용이다. 그는 저술의 동기를
구체적으로 ①檀君族의 고유한 才質을 修復코자 함, ②古人의 慕
華主義의 誤見을 타개하고자 함, ③學童의 自國 歷史的 취미를 興
起코자 함이라 하고, ①君王部, ②政治部, ③文藝部, ④節義部로
편제할 것임을 밝혔다. 그런데 史體는 古史體와 童話體를 절충하
여 서술하겠다고 하였는데,116) 이른바 史話體의 형식을 취한 것이

이 중 卷五는 1945년 9월 柳達永이 開城 謄寫堂에서 『朝鮮最近世史』
라 題하여 발행하였다(柳達永, 1978, 「著作을 통하여 본 翰西先生」
『나라사랑』 11, 81쪽).

114) 翰西南宮檍先生紀念事業會, 『翰西南宮檍先生의 生涯 - 不屈의 얼 - 』,
289쪽.

115) 翰西南宮檍先生紀念事業會, 『翰西南宮檍先生의 生涯 - 不屈의 얼 - 』,
289~290쪽.

116) 翰西南宮檍先生紀念事業會, 『翰西南宮檍先生의 生涯 - 不屈의 얼 - 』,
290~291쪽.

다.

이 책의 편찬과 관련된 전말은 卷二 말미의 판권지 형식의 내용을 통하여 그 대강을 알 수 있다. 이에 의하면 1929년 8월 20일 편집하고 동년 11월 30일 초판을 복사하여 이듬해 1월 1일 발행한 것임을 알 수 있다. 편집과 복사를 한 곳은 江原道 洪川郡 西面 车谷里이며 南宮檍 외 3인이 발행하였는데, 總發行所는 南監理敎會车谷幼年主日學校라 되어 있다.[117]

그런데 卷一부터 卷四까지는 완전히 인물 위주의 서술이어서 전통의 紀傳體 사서에서의 列傳을 방불케 하며, 卷五는 君王部만 두어 高宗부터 純宗朝와 3·1운동까지의 역사적 사실을 편년순으로 서술하되 평론을 붙여 그의 역사인식을 잘 보여주고 있다.

卷四까지에서 서술한 인물은 모두 297명으로,[118] 君王部에서 71명(卷一 19명, 卷二 26명, 卷三 11명, 卷四 15명), 政治部에서 136명(卷一 13명, 卷二 33명, 卷三 43명, 卷四 47명), 文藝部에서 45명(卷一 11명, 卷二 17명, 卷三 7명, 卷四 10명), 節義部에서 45명(卷一 10명, 卷二 16명, 卷三 19명)으로 설명하고 있다.

이를 보면 남궁억은 정치부 - 군왕부 - 문예부·절의부 순으로 인물을 주목하였음을 알 수 있는 것이다. 이는 본서가 정치사와 왕

---

117) 『朝鮮이야기』 卷一, 末尾. 그런데 이 책은 무료 배포한 것이 아니라 2원 50전의 정가로 自求토록 되어 있다.

118) 이를 정리하면 다음과 같다.

卷別	君王部	政治部	文藝部	節義部	計
1	朴赫居世 등 19명	乙頭智 등 13명	王仁 등 11명	朴堤上 등 10명	53명
2	太祖 등 26명	裵玄慶 등 33명	雙冀 등 17명	崔婁伯 등 16명	92명
3	太祖 등 11명	趙浚 등 43명	權近 등 7명	皇甫仁 등 19명	80명
4	中宗 등 15명	朴元宗 등 47명	崔壽城 등 10명	/	72명
合計	71명	136명	45명	45명	297명

卷一의 君王部에서 檀君과 箕子도 다룬 것 같으나, 필자가 입수한 복사본에는 목록에만 있어 여기에서는 제외하였음을 밝혀둔다.

실 중심으로 편술된 것을 반영하는 것으로 編年과 紀事本末體가 혼용된 서술이었음을 알 수 있다. 그런데 卷四(中宗~哲宗)에서 節義部 인물을 수록하지 않음은 의아하나, 이에 대한 별다른 설명은 없다.

卷一의 卷首에 수록한 「東國歷代沿革考」에 의하면 남궁억은 한국사를 檀君朝鮮 - 箕子朝鮮 - 馬韓(弁韓, 辰韓) - 衛滿朝鮮 - 四郡 二府 - 三國(新羅, 高句麗, 百濟) - 高麗 - 朝鮮의 체계로 이해하였음을 알 수 있는데,119) 이는 한말 계몽주의 사가의 역사인식 체계와 유사한 것이다. 즉, 馬韓正統論에 입각하고 신라 위주의 서술을 한 것인데, 卷一에 수록된 53명의 인물 중 31명이 신라인이고, 특히 文藝部는 11명 중 8명, 節義部는 10명 중 9명이 신라인이어서 신라 위주의 인물 선택이었음을 분명히 알 수 있다.

君王部에서 卷一은 주로 始祖와 내외적 功이 있는 사람들을 선정하여 서술하였고, 卷二는 高麗王 34대 중 25대만을 서술하였으며,120) 조선은 全 王을 모두 서술하였다. 그런데 君王部에서 高麗 太祖妃 柳氏王后와 朝鮮 太宗妃 元敬王后를 서술하고 있음은 특이하다. 이는 두 王后가 夫의 왕위 즉위에 큰 공을 세운 것을 기술하고자 한 의도로 보인다. 燕山君과 光海君을 각각 '主'라 한 것은 이전 사가의 正統論을 계승한 서술로 南宮檍의 역사인식의 前近代的이고 경직된 일면을 보여주는 것이라 해석된다.

본서의 64%나 차지하는 政治部는 卷一과 卷二는 뛰어난 무공을

---

119) 『朝鮮이야기』 卷一, 卷首의 「東國歷代沿革考」.
120) 高麗의 歷代王 중 君王部에서 누락된 왕은 惠宗·定宗·光宗·景宗·順宗·宣宗·神宗·康宗·昌王 등 9代인데, 재위년이 짧거나 특징적 사건이 없던 왕을 제외한 것이 아닌가 한다. 그런데 太祖 이하 4王을 모두 뺀 것은 창업이래 안정기반을 구축한 成宗朝의 역사적 의미를 강조하려 한 것으로 생각된다.

세운 자들을 중심으로 선정하여 서술하였는데, 특히 고려시대의
경우 武人政權期의 인물은 政治部는 물론 文藝部에서조차 거의
제외하고 있어 주목된다.

三國의 創建年代는『三國史記』의 편년을 그대로 추종하고 있
다.[121] 여타의 민족주의 사가가『三國史記』의 편년을 따르면서도
고구려 위주의 서술을 하거나 權悳奎처럼 아예 부정해 버린 것과
는 다른 입장이다.

한편 金春秋와 金庾信을 장황하게 미화, 설명하여 신라의 삼국
통일에 역사적 의미를 부여하였으나, 渤海는「東國歷代沿革考」에
서 제외하였으며 다만 君王部에서 渤海王이라 하여 大祚榮과 武
藝時의 강성함과 版圖, 制度 등을 간략히 설명하였다.[122] 따라서
비록 발해를 민족사로 수용하여 설명하였다 하더라도 간략하게 취
급하였다는 비판적 평가를 면할 수 없을 것이다. 그러나 淵蓋蘇文
과 楊萬春을 한데 묶어 서술하며 對唐鬪爭의 승리를 강조한 것은
여타의 사가와 같다.

고려의 경우도 君王部는 각 왕대별로 중요한 역사적 사실과 사
건을 編年順으로 서술하는 일종의 변형된 編年體로 인물 중심의
역사서술의 한계를 보완하려 한 것으로 생각된다. 太祖 王建에 대
한 서술은 곧 後三國時代史라 할 성격의 서술이다. 그런데 고려의
건국과정을 서술하며 신라 멸망에 대한 아쉬움을 표하고 있어 주
목된다. 즉 敬順王의 王子가 고려에 항복하는 것에 대해 慎諫하다
가 뜻을 이루지 못하자 결국 入山한 사실과 항복한 뒤에 신라의 歷
年을 상세히 소개한 것 등이 그것이다.[123]

---

121) 『朝鮮이야기』卷一, 5쪽의 朴赫居世, 7쪽의 高朱蒙, 12쪽의 扶餘溫祚
의 설명 참조.
122) 『朝鮮이야기』卷一, 34~36쪽.
123) 『朝鮮이야기』卷一, 7~8쪽.

高麗의 政治部에 수록된 33명은 거의가 고려의 創業時 軍功을 세운 자, 契丹·女眞·蒙古와의 항쟁시 軍功을 세운 자들로 구성된 것이다. 그러나 무인정권기의 인물은 慶大升을 제외하고는 거의 배제하고 있고,[124] 文藝部와 節義部에서도 전혀 수록치 않아 고려시대를 보는 시각과 무인정권에 대한 부정적 인식을 잘 보여준다.

卷三, 四의 조선시대 부분은 전체의 절반 이상을 차지하고 있는데, 이중에서도 君王部가 절반 이상을 차지하여 編年的 서술에 치중하고 있음을 알 수 있다. 政治部에서는 주로 조선 개국공신과 中宗, 仁祖反正 공신들을 다룸으로서 조선 개국의 역사적 의의를 부여하고 忠君, 勤王思想을 보여주고 있다. 節義部는 거의 死六臣, 生六臣을 위주로 수록하여 反世祖의 입장을 분명히 하고 있다.

본서에서 南宮檍의 역사인식을 잘 보여주는 부분은 卷五이다. 이는 高宗 즉위로부터 3·1운동에 이르는 시기의 복잡한 국제정세 속에서 일제의 침략과정과 庚戌國恥로의 경과를 상술하고, 3·1運動記를 附記한 것이다.

이 부분은 南宮檍 자신이 직접 견문한 시기의 상황이라 자신과 관련된 官立英語學校의 흥미있는 풍경을 생생히 소개한다거나, 獨立協會를 상술하고, 신문사에 대한 일제의 탄압을 비중있게 다루고 있어 실증자료로서의 가치가 높다.[125] 이밖에 일제의 침략경과

---

124) 慶大升을 유일하게 다룬 것은 다른 武人과는 차별적 평가에 기인한 것으로 보인다. 즉, 그의 父 珍이 不法奪占한 人民의 田畓을 검사하여 본래 주인에게 돌려 준 사실이나, 다른 무인과는 달리 忠君的 성향을 높이 평가한 것으로 생각된다. 이는 그가 각 왕조별로 節義部를 두어 충신과 열사의 행적을 선양하려 한 것과 연계하여 해석할 수 있다.

125) 『朝鮮이야기』 卷五, 24쪽에서 자신이 입학하였던 官立英語學校의 흥미있는 등하교 풍경을 소개하였고, 63쪽에서는 자신이 獨立協會 회원으로 被囚되었던 사실을 기록하였으며, 특히 신문사와 관련된 사실을

는 비교적 정확하고 주체적, 자주적 입장에서 서술하였으며, 독립 정신을 일깨우려 한 의도를 분명히 읽을 수 있다.

그러나 義兵에 대하여는 충절을 높이 선양하면서도 그 방법론에 대하여는 다분히 회의적이다. 즉 乙未義兵에 대하여 朝廷이 親露政局으로 換局되었음에도 이를 詳悉치 못하고 依然 猖獗한 것은 民智의 愚昧로 살육이 일어나는 被禍를 自招한 것이라 하고,[126] 乙巳義兵에 대하여도 이는 兵力의 强弱을 不顧하고 義憤에 激起한 것이라고 하였으며,[127] 丁未義兵時 의병으로 인해 日人은 물론 人民들까지도 困逼을 당하여 流離漂迫하는 자가 不計라 하는 등 救國啓蒙論者의 입장에서 의병을 부정적으로 평가하였다.[128] 이는 南宮檍의 사상이 救國啓蒙論에 바탕하고 있음을 보여주는 것이다.

말미에 附記된 3·1運動記는 57쪽에 걸쳐 3·1운동의 경과와 일제의 만행 등을 상세히 서술하고 있다. 그는 "강제병합 후의 사실이 모두 자질구레한 것이라 特書할 것이 없으므로 絶筆하고 3·1운동에 대한 여러 志士의 기사를 종합하여 摘要하겠다"고 하였다.[129] 이는 강제병합 이후 일제의 통치를 자질구레한 정도의 것으로서 인정하지 않은 반면 이를 극복키 위해 거족적으로 궐기한 3·1운동을 기술함으로써 주체적 역사서술의 의지를 나타낸 것이라 여겨진다.

그는 3·1運動記의 첫머리에서 "朝鮮에 未曾有의 大示威運動이 起하야 朝鮮의 獨立 基礎가 特立하고 世界의 耳目을 一驚하다"라 하고,[130] 獨立宣言書의 全文을 수록하였는데 당시의 인명 피해를

수회에 걸쳐 설명하는 등 자신의 직접 체험을 그대로 반영하고 있다.
126) 『朝鮮이야기』 卷五, 56쪽.
127) 『朝鮮이야기』 卷五, 78~79쪽.
128) 『朝鮮이야기』 卷五, 99쪽.
129) 『朝鮮이야기』 卷五, 110~111쪽.

壬辰倭亂 때와 견주어 설명한 것은 특이하다.[131] 그러나 일제 식민
통치의 폐해를 수차 지적하면서도 '日人의 數件長處'라 하여 ①철
도·우편·전화·전선 등의 확장으로 인한 교통의 편리, ②농경
과 삼림의 장려 및 沿海 漁獵의 新法 效用 등 산업의 발달을 개량
된 조건으로 들고 있다.[132] 이는 南宮檍이 일제의 타파를 간구하면
서도 그 침략적 본질을 완전히 간파하지 못한 측면으로 지적될 수
있을 것이다. 즉, 일제에 의한 주권의 상실과 정치적 압박에는 강
한 거부감을 보이면서도 경제침략과 수탈의 수단으로 행한 시책의
결과, 외형상 나타난 현상들을 긍정적으로 본 것은 논리의 모순인
것이다.

결국 본서는 人物 중심의 역사서술이었기 때문에 역사적 사실의
時·空的, 縱·橫的 인과관계의 서술을 기대할 수 없는 근본적인
한계를 지닌 것이었다. 그러나 당시 최대의 분량으로 자주적, 주체
적 입장에서 민족사의 진수를 추구하려 한 것은 본서가 지닌 한계
와는 별도로 높이 평가되어야 할 것이다.

6. 『朝鮮歷史講話』(崔南善, 1930)

『朝鮮歷史講話』는 1930년 1월 12일부터 3월 15일까지 2개월여
에 걸쳐 『東亞日報』에 연재한 것인데, 『朝鮮歷史』는 이를 1931년
에 재간한 것이고, 다시 1943년에 제명을 바꾸어 출간한 것이 『故
事通』이다.[133]

---

130) 『朝鮮이야기』卷五, 112쪽.
131) 『朝鮮이야기』卷五, 148쪽.
132) 『朝鮮이야기』卷五, 148~149쪽.
133) 『朝鮮歷史』는 1926년 起稿하여 1928년 付印하였으나, 실제로 간행된

『朝鮮歷史』는 출간 당시 '조선민족과 조선문화의 발전과정을 과학적 방법으로 일목요연하게 정리한 朝鮮文으로 쓰여진 대표적 通史'로 평가되었을 뿐 아니라,[134] 근래에도 '玄采의『中等敎科 東國史略』이래 한국사 저술의 小成'으로 사학사에서 획기적 저술로 평가되고 있다.[135] 즉, 啓蒙史學에서 近代史學으로 전이하는 분기점으로 인식되고 있는 것이다.

『朝鮮歷史』는 4編 50章 150節로 구성되어 있다.[136] 崔南善은 역사서술에 있어 함축과 암시가 들어 있는 簡明한 體要를 추구하였는데, 조선인의 자주적 입장에서 민족·사회·문화를 인과적, 체계적으로 서술하고자 한 것이라고 강조하였다.[137] 특히『朝鮮歷史』에서는 精神(내용)에 있어서는 조선인의 조선역사, 形式(분량)에 있어서는 최소한도 최대요령으로써 시간적 조선의 단적인 설명, 태도는 獨斷과 妄裁하는 時弊에 빠지지 않고 엄정한 사실에 기초한 조리있는 기록일 것임을 스스로 기약하였고, 독자층은 학자나 전문가가 아닌 일반인을 대상으로 일관적이고 緣起的으로 쉽게 쓰려고 했다고 밝혔다.[138]

것은 1931년이다. 본고에서는 이를 약간 수정하여 1946년에 간행한 『新板朝鮮歷史』(東明社, 215쪽)를 저본으로 하였다.

134) 申奭鎬, 1931. 8,「朝鮮歷史 書評」『靑丘學叢』第5號, 182~184쪽.

135) 李基白,「韓國史 硏究에서의 分類史 問題」, 81쪽.

136)『朝鮮歷史』의 목차는 다음과 같다.
　　第1編 上古(檀君~統一新羅)
　　第2編 中古(高麗)
　　第3編 近世(朝鮮 太祖~哲宗)
　　第4編 最近(高宗~1910年)

137) 崔南善, 1973,「朝鮮史 通俗講話는 어떻게 쓸 것인가」『六堂崔南善全集』1, 15~16쪽. 그러나 그의 행적과 연계하여 엄정한 민족사적 평가와 함께 사학사에서 논의되어야 할 것이다.

138) 崔南善,「朝鮮史 通俗講話는 어떻게 쓸 것인가」, 16쪽.

이 책은 당시 古代編이 지나치게 소략하다는 지적을 받았는데,139) 실제 본문 171쪽 중 近世編이 87쪽에 이르러 절반을 상회하고 있다. 이에 대해 崔南善은 서술목적이 今日의 조선을 설명하는 산 기록이 되기 위하여 자료의 取捨와 서술의 詳略을 현재 생활과 연결시킨 것이라고 밝힌 바 있다.140)

본서의 내용을 보면 檀君朝鮮 다음에 '奇子時節'이라 하여 간단히 서술하고 있는데, 箕子의 東來說에 대하여는 전혀 언급하지 않고 다만 임금 이름의 교체로 인식하였다.141) 衛滿朝鮮에 대하여는 이를 '더부살이', '도적질'로 서술하였으며, 漢四郡의 실체를 인정하면서도 이를 구축하기 위한 민족의 자각을 강조하였다.142)

三國의 開創年代는 『三國史記』의 편년을 따르지 않고 高句麗 - 百濟 - 新羅의 순으로 설명하였으며,143) 다른 사가와는 달리 南北國이라는 용어를 사용하지 않고 통일신라와 발해를 병렬 서술하고 있다.144) 그런데 고구려의 강대함을 강조하면서도 신라의 삼국통일에 민족사적 의미를 부여하고 있다.145) 이는 비단 元山 이남의 朝鮮 全土의 통일뿐만 아니라 민족문화의 형성과 사회 기초의 확립이란 문화적 의미를 강조하고자 한 것으로 보인다.

고려시대는 주로 對外關係史를 중심으로 서술하였다. 그런데 제23장에서 '高麗의 病弊'라 하여 고려를 부정적으로 인식하고 있음을 보여주고 있다.146) 또한 李資謙의 난에 대하여는 별도로 기술하

---

139) 申奭鎬, 「朝鮮歷史 書評」, 183쪽.
140) 崔南善, 「朝鮮歷史 通俗講話는 어떻게 쓸 것인가」, 17쪽. 그러면서 고대사 부분은 자신의 『兒時朝鮮』을 읽을 것을 권유하였다.
141) 『新板朝鮮歷史』, 2쪽.
142) 『新板朝鮮歷史』, 3~5쪽.
143) 『新板朝鮮歷史』, 5쪽.
144) 『新板朝鮮歷史』, 12~13쪽.
145) 『新板朝鮮歷史』, 19쪽.

지 않으면서 妙淸의 난을 '純民衆的 國家의 建設運動'으로 규정하
고 있는 것은 申采浩가 극찬한 것과는 약간 다르나, 긍정적 입장에
서의 서술로 볼 수 있다.[147] 그런데 고려의 건국과 멸망을 '陰謀로
써 얻은 나라를 陰謀로써 빼앗겼다'라 보는 시각은 매우 특이하
다.[148] 이는 고려가 신라의 王室에 尊榮을 누리게 하는 조건을 제
시하여 신라의 항복을 받아내고, 後百濟 甄萱 父子를 이간하는 음
모로 후삼국을 통일하고 고려를 건국한 것이었으나, 李成桂 일파
의 威化島 回軍 음모로 인하여 멸망하고 말았다는 논리인 것이다.

그러나 고려의 경우는 種族 統一의 의미를 부여하고 있다. 이는
渤海民의 통합을 의미하는 것인데, 신라에서 문화통일과 민족문화
형성을 강조한 것과는 달리 血的 기초의 확립을 강조한 것이다.[149]
이처럼 통일의 의미를 二元化하여 이해한 것은 그의 독특한 史眼
이다.

조선시대는 고려의 연장으로 보았으나,[150] 특히 外亂과 黨爭, 學
問을 주목하고 있다. 그는 壬辰, 丁酉, 丁卯亂을 크게 서술하였으
며 당쟁에 대하여도 비교적 상술하고 있다. 당쟁에 대하여는 원인
등을 심도있게 규명하지는 못하였으나, '士禍 이후 種種의 不純分
子들의 집합으로 정치, 사회상 一大缺裂이 생긴 것'으로 보고, '黨
目'으로 인해 國計와 民生이 모두 희생된 것이라 하였다.[151] 따라
서 蕩平策에 대하여 비록 당쟁을 근절하지는 못하였다 하더라도
激爭을 없앤 것을 긍정적으로 기술하였다.[152] 그러나 燕山君과 光

---

146) 『新板朝鮮歷史』, 24~25쪽.
147) 『新板朝鮮歷史』, 26쪽.
148) 『新板朝鮮歷史』, 36쪽.
149) 『新板朝鮮歷史』, 37쪽.
150) 『新板朝鮮歷史』, 38쪽.
151) 『新板朝鮮歷史』, 50~51쪽.
152) 『新板朝鮮歷史』, 70쪽.

海君을 '主'라 격하하여 正統論에 입각한 서술을 하고 있다.[153]

　最近編에서는 고종이래 강제병합까지의 사실을 서술하고 있다. 대개 편년별로 사실의 설명에 그치고 특별한 史論을 붙이지는 않았다. 그런데 哲宗朝의 民亂을 누가 시작한 것인지도 모르며 東學運動과는 純然한 別系의 일이라 하여 民亂의 歷史的 繼起性을 부정한 것은 한계로 지적할 수 있다.[154] 그런데 開化黨의 淵源을 설명하며 崔漢綺·李圭景·金正浩·吳慶錫·劉大致 등을 주목하였고,[155] 間島問題를 3節에 걸쳐 다룸으로써 그의 역사인식과 관심의 일단을 잘 보여주고 있다.[156]

　그런데 『朝鮮歷史講話』·『朝鮮歷史』·『故事通』·『新板朝鮮歷史』로 이어지는 최남선의 통사는 그의 친일행적을 여실히 반영하고 있어 주목된다. 먼저 『朝鮮歷史講話』와 『朝鮮歷史』에 부록된 「歷史를 通하여 본 朝鮮人」을 살펴보기로 한다. 이는 모두 19단락으로 구성된 것이다. 그는 조선의 역사는 社會價値보다 文化價値로 勝한 기록이라 하고, 문화창조력에 있어 천재민족이라 하며 그 특색으로 包括力·調和力·集成力·統合力을 들고 있다.[157] 그러나 결점으로 社會的 凝集性과 民族的 結束力의 不足, 국민으로서의 질서성과 조직성의 부족, 국민적 痼疾인 苟安症·無關心症·不徹底症·健忘症을 파생한 천박한 樂天思想, 사색능력의 위축, 형식병, 사대벽, 비현실적·비실용적·비생산적·물질사업의 천시, 국민적 인연으로 馴致된 副生惡性으로 인한 依賴心·觀望心·濫望炳 등을 지적하고 미지근하고 탑작지근하고 하품나

---

153) 『新板朝鮮歷史』, 46쪽, 59쪽.
154) 『新板朝鮮歷史』, 86쪽.
155) 『新板朝鮮歷史』, 99~101쪽.
156) 『新板朝鮮歷史』, 155~162쪽.
157) 崔南善, 「歷史를 通하여 본 朝鮮人」 『全集』 1, 86쪽.

고 졸음까지 오는 기록의 연속이 조선 역사의 외형이라고 하며, 세계에서 가장 오래된 나라의 하나이고 문화를 지니고 있으면서도 오래도록 민족적 응집과 국가적 성립, 역사적 단락이 똑똑하지 못한 점에서 조선인과 조선역사는 진실로 세계사상의 수수께끼라 하고 있다.158)

　이상은 그 자신의 표현처럼 '國民的 低能의 表證', '一特殊相'으로 요약할 수 있다. 이는 곧 일제가 조작한 조선인과 조선역사의 '特殊事情', 즉 民族優劣論의 논리와 궤를 같이 하는 것이다. 그가 비록 자신의 이러한 '朝鮮 民德에 대한 論議'가 물의를 일으킬 것을 예견하고 자신은 정직하게 조선인의 자질을 그린 것이라고 변명하였어도,159) 결국은 植民史觀에 동조한 결과를 초래한 것이니 1920년대 후반이래 그의 친일행적과 연결하여 해석할 수밖에 없다. 이러한 類의 글은 安在鴻도 쓴 바 있다.160) 그러나 이는 現實的 自省을 위한 전제로서 정리한 것이기 때문에 崔南善과는 立論의 근저가 다른 것이다.

　한편 그는 『故事通』의 序에서 서문의 작성일을 1943년 '星島陷

---

158) 崔南善, 「歷史를 通하여 본 朝鮮人」『全集』1, 87~90쪽.
159) 崔南善, 「歷史를 通하여 본 朝鮮人」『全集』1, 17쪽. 그는 여기에서 "그리고 卷末에 붙이 朝鮮民德에 대한 논의는 多數한 사람의 망령된 自尊心에 觸犯할 것이 많으며, 그 容恕性이 너무 부족하고 瑕疵의 摘拔에 너무 가혹함을 싫어할 이가 많기도 하겠지마는, 대체 조선인도 이만큼 자라고 대낀 바에는 庸劣한 自慢과 淺薄한 自慰를 벗어나서 자기의 眞實相 그 진정한 長短 得失을 알고 깨치고, 그리하여 事實에 鑑戒한 向上의 一路를 터야 할 시기에 이른 줄로 생각하여 얼마만큼 정직하게 朝鮮人의 資質을 그린다 한 것이니 말의 當否는 어쨌든지 著者 本懷의 있는 바를 諒存하시면 幸甚이라 한다"고 하였다.
160) 『朝鮮日報』, 1935년 5월 14일~17일자의 「民世談筆」 중 「民衆深化過程 - 우리 民族性의 病弊 - (一~三)」에서 병폐로 ①無氣力함, ②不寬容함, ③너무 觀念的, ④持續性의 부족, ⑤非組織性을 지적한 바 있다.

落記念日'이라 하였고, "… 大東亞戰의 今日에 이르러서는 立綱과 取材에 一大 變通이 없을 수 없이 되었다"라 하여 친일적 성향을 노골화하고 있다.161) 그러나 1946년 『新板朝鮮歷史』를 간행하면 서는 문제의 「歷史를 通하여 본 朝鮮人」을 부록에서 빼어 버리는 대신 「獨立運動의 經過」를 添入하고 '解放年至月念日識'라 표기 하는 등 빠른 변신과 교묘한 처세의 모습을 보이고 있다.162) 사실 일련의 그의 通史는 내용상 큰 차이는 없다. 그러나 내용과는 별도 로 서문과 부록에서 그의 행적을 그대로 노정하고 있는 것이다.163)

전반적으로 그의 通史는 자신의 표현처럼 국가・민중・생활・ 문화를 지향하였다고 할 수도 있을 것이다. 그러나 서문과 부록 외 에 본문의 서술상 그의 행적과 관련된 사실이 구체적으로 드러나 지 않는다 하더라도 民族主義 史家와 동렬선상에 올릴 수는 없는 것으로 엄정한 사학사적 평가가 따라야 할 것이다.

---

161) 崔南善, 『故事通』序(『全集』 1, 98쪽).

162) 그는 「朝鮮歷史新板敍」에서 「歷史를 通하여 본 朝鮮人」을 빼고 「獨 立運動의 經過」를 添入한 것에 대해 '時要에 合하기 위함'이라고 하 였다.

163) 이에 대하여는 洪以燮의 선구적 지적이 있다. 그는 최남선의 『朝鮮歷 史』를 朝鮮史學會의 「朝鮮史講座」 一般史講義와 비교하며 비록 『朝鮮 歷史』가 이보다 민족적인 것과 문화전통의 우수성을 云謂하려고 모색 하였으나, 崔南善의 知識慾과 博學함을 强記하여 獨存的인 생각을 과 시하려는 風이 강하여 정신사적 의의보다 선행적인 존재성만 있는 것이 라고 지적하였다. 또한 崔南善이 朝鮮總督府의 修史 작업에 협력하는 등 일련의 친일행위가 『朝鮮歷史』를 유포시키는 사실을 掩護하였다고 하였다. 특히 『朝鮮歷史』-『故事通』-『우리 국민역사』로 題名을 改變 하는 데에서 그의 처세의 교묘함을 알 수 있고, 이는 그가 정신적으로 民族的-反民族的인 極端의 兩點을 횡단한 것으로 역사서술에 있어 理 念의 不在함을 비난하였다. 더구나 『故事通』은 책명조차 德川時代 일 본인 학자의 책명에서 따온 것이라 하여 일인 학자들의 연구를 모방한 것이었음을 지적하였다(『韓國史의 方法』, 21~26쪽).

제4절 맺음말

본고는 1920년대 韓人에 의해 저술된 한국사 通史를 분석한 것이다. 이상을 정리하면 다음과 같다.

1920년대의 한국사학계는 일제의 文化政治라는 기만적 통치 하에서 일제의 官邊 御用史家와 조직을 동원한 총체적인 한국사 왜곡에 대응하여야 하는 외적 시련에 봉착하게 되었다. 한편 내적으로도 社會主義가 수용되고 民族改造論이 제기되는 등 복잡한 사상계가 형성되어 내·외적으로 불리한 조건을 맞이하였다.

그러나 식민사학에 대응하여 민족사를 수호하고자 하는 민족주의 사가들의 노력은 부단히 전개되었다. 1920년대 한국사학계의 특징적인 현상으로 申采浩의 民衆史學으로의 전환과 無政府主義로의 편향, 通史와 分類史의 저술이 활발히 전개되는 것 등을 들 수 있을 것이다. 이 중 통사의 저술은 韓國近代史學史에 있어서 1920년대 한국사학의 연구수준과 지표를 가장 단적으로 보여주는 것으로써 한국사학사, 특히 일제하 사학의 전개에서 중요한 의미를 차지한다고 할 수 있다.

1920년대에 저술된 通史로는 黃義敦의 『新編朝鮮歷史』(1923), 張道斌의 『朝鮮歷史要領』(1923), 安廓의 『朝鮮文明史』(1923), 權悳奎의 『朝鮮留記略』(1929), 南宮檍의 『朝鮮이야기』(1929)와 崔南善의 『朝鮮歷史講話』(1930) 등이 있다.

이상의 통사를 분석한 결과 다음과 같은 역사해석의 공통점이 주목된다. 먼저 檀君의 實存을 강조하고 箕子東來說과 衛滿朝鮮說을 부정하거나 축소 해석하여 他律性論에 의해 왜곡된 고대사

를 주체적으로 복원하려 한 점이다. 여기에서 이른바 大朝鮮主義
에 입각하여 민족사의 영역과 종족의 개념을 확대 해석하고 있음
은 물론이다.

三國은 한말 사서와 식민사학에서의 서술과는 달리『三國史記』
의 편년을 부정하고 고구려 중심의 서술을 하였다. 이는 종래의 三
韓正統論과 신라 중심의 역사서술을 지양하고 이른바 大高句麗史
觀에 입각하여 민족사의 새로운 해석을 시도한 것이다. 三國統一
에 대한 역사적 평가 또한 주목된다. 즉, 신라의 삼국통일에 대한
의미를 폄하하는 대신 발해의 강성함을 비중 있게 서술한 것이다.
이 시기의 통사는 모두 통일신라와 발해를 南北國(朝)이라 하여 동
격으로 편제하고 발해의 민족사적 의미를 추구하였다.

高麗는 일반적으로 中古史, 近古史로 이해하였는데, 신라의 삼
국통일보다 고려의 후삼국통일에 의미를 부여하고 있어 주목된다.
신라의 삼국통일을 불완전한 형태로 인식한 반면 발해까지 수용한
고려에 진정한 민족통일의 의미를 부여하고 있는 것이다. 그런데
고려의 정치사는 부정적으로 서술하되 문화사는 긍정적으로 서술
하는 역사해석의 이원적 인식체계를 보인다. 또한 고려 멸망의 필
연성을 강조하고 조선 건국을 합리화하려는 이전의 경향에서 탈피
하여 조선 건국을 비판적으로 설명하고 있다. 이러한 역사인식과
서술의 변화는 이 시기에 이르러 中世的 요소가 극복되고 近代史
學의 면모를 보이는 좋은 예로 들 수 있다.

朝鮮時代의 서술은 安廓을 제외하고는 黨派亡國論에 의해 비판
적 서술로 일관하였고, 특히 大院君 이후의 近代編을 매우 소략하
게 처리하였다. 이는 장엄하게 서술한 고대사와는 달리 망국으로
파멸케 한 조선왕조에 대한 筆誅의 의미로 해석할 수 있을 것이다.
그러나 일제의 침략적 본질은 간파하고 있으면서도 특별한 史論을

전개하지는 않고 간략한 편년적 기술로 그친 경우가 대부분이다. 이는 일제치하란 현실적 제약 하에서 時諱에 해당하는 부분의 서술이 어려웠기 때문으로 보인다.

그런데 文化面의 서술에는 매우 적극적이었다. 본문에서 정치사 중심의 서술방식으로부터 탈피하여 문화 분야의 서술을 강화하였을 뿐만 아니라, 별도의 장·절을 설정하여 문화를 비중 있게 서술하였다. 당시 사학의 한 특징으로서 文化史學이라 지칭하는 논거가 바로 여기에 있는 것이다. 이 시기에 문화를 주목한 것은 일제를 타도하기 위하여 낭만적 자기분발을 촉구하기 위한 관념적 사유에 기인한 것으로 생각된다. 일제치하란 현실적 처지에서 과거의 정치사적 의의만을 강변하는 것이 설득력이 없었을 것임은 자명한 사실이다.

1920년대 通史의 또 하나의 특징은 時期區分이 활발히 시도되고 있는 점이다. 이는 實學이래 태동한 韓國近代史學의 발전적 측면으로 이해할 수 있다. 즉, 시기구분이 역사를 보는 시각의 정립을 의미하고, 편년적 서술의 차원을 넘어 민족사의 발전과정을 체계적으로 인식하고 발전단계를 구획하여 평가를 내린 것이란 점에서 한말 사서보다 진전된 근대적 면모를 보여주는 것이라 할 수 있다. 한편 崔南善의 예에서 1920년대 식민통치에 참여한 사가의 친일 행보와 역사서술이 표리관계를 이루고 있음을 여실히 보여주고 있어 주목된다.

그러나 이 시기의 통사 역시 대부분 교과용 도서로서 편제되었기 때문에 형식적이고 획일화된 측면이 있으며, 역사인식과 서술상 中世的 樣態로부터 완전히 벗어나지 못한 한계가 지적될 수 있을 것이다. 또한 지나치게 일제치하란 현실적 상황에 강박되고 식민사학을 의식하여 주관과 아집에 함몰된 채 서술한 부분이 있음도 인정하여야 할 것이다.

　그럼에도 불구하고 이들 통사는 實學이래의 韓末史學과, 1910년
대 민족주의 사학을 발전적으로 계승하고 식민통치의 방편으로 한
국사 왜곡에 더욱 혈안이 된 일제에 대응하여 민족사를 수호한 점
은 높이 평가되어야 할 것이다. 또한 민족사 서술과 이해의 범위와
진폭을 넓히고, 근대사학의 면모를 보이고 있음은 한국근대사학사
에서 주목하여 마땅한 것이다.

제3장

日帝下 日人의 朝鮮史研究 學會와 歷史(高麗史) 歪曲

제1절 머리말

일본은 江戶時代(1603~1867) 이래 한국에 대해 관심을 기울여 왔고, 明治時代 이후 한국에 대한 연구를 본격화하였다. 특히 淸日戰爭·露日戰爭 등 제국주의 침략전쟁의 수행에 따라 식민지 지배논리를 수립해 나갔고, 강제병탄과 함께 본격적인 한국사 왜곡 작업에 돌입하였다.

일제의 침략 대상국에 대한 역사연구는 식민지배논리 창출의 수단이었고, 특히 우리에게 행한 '同化政策' 달성의 가장 필수적인 과정이었다. 따라서 日帝에 있어 역사의 연구는 제국주의 정책 수행의 수단이었고 여기에 동원된 역사학자는 그 下部 前衛部隊였다.

일제가 수립한 식민사학에 대한 비판적 논의는 해방이래 오늘날까지 계속되고 있으며, 연구업적도 많이 쌓아졌다.[1] 그런데 이러한 논의는 주로 일제 관학자들의 개별적 연구결과의 분석을 통해 부분적인 왜곡상이나 정체성, 타율성론 등 이른바 식민지 지배이론으로서의 史觀 자체에 대해 비판이 가해져 왔다.[2]

근래에 주로 古代史 왜곡에 대한 검토[3]와 함께 近代史의 왜곡에 대한 논의도 일부 이루어지고 있으나,[4] 이러한 왜곡을 조직적으로 수행한 日人 史學會에 대하여는 植民史學을 다루는 논문에서조차 아주 소략하게 언급하여 구체적인 조직형태나 활동상에 대하여 잘 알려지지 않고 있는 실정이다.[5] 日人들의 史學會가 식민지배 논리를 제공하고 있고, 또 그 하부조직으로서 직접 식민통치에 참여하고 있기 때문에 일제 식민통치의 기본 성격을 이해하고, 植民史學에 대한 논의가 보다 실체에 접근하고 진전되기 위하여는

---

1) 이의 연구사적 검토는 金容燮, 1966,「日本, 韓國에 있어서의 韓國史敍述」『歷史學報』31 ; 李萬烈, 1981,「日帝官學者들의 植民主義史觀」『韓國近代歷史學의 理解』; 趙東杰, 1990,「植民史學의 成立過程과 近代史敍述」『歷史教育論集』13·14. 참조.

2) 다음의 연구업적을 대표적으로 들 수 있다.
   旗田巍, 1969,「津田先生의 朝鮮史研究」『日本人의 朝鮮觀』; 金根洙, 1976,「金澤博士의 韓國學上의 功過檢討」『韓國學』11, 中央大 ; 朴性鳳, 1976,「今西龍의 韓國古史研究와 그 功過」『韓國學』12, 中央大 ; 李萬烈, 1985,「19世紀末 日本의 韓國史研究」『淸日戰爭과 韓日關係』, 一潮閣 ; 姜晉哲, 1986,「日本官學者가 본 韓國史의 停滯性과 그 理論」『韓國史學』7, 韓國精神文化研究院 ; 崔在錫, 1986,「末松保和의 新羅上古史論 批判」『韓國學報』43, 一志社 ; 1987,「今西龍의 韓國古代史論 批判」『韓國學報』46 등.

3) 植民史學에 대한 비판적 검토가 古代史에 집중되어 있음은 일제가 한국사의 主體的 始原과 독자적 역사전개의 사실을 부정하고 他律性·事大性·停滯性 이론에 의해 한국사를 설명하기 위해 우리 고대사의 왜곡에 주력한 연구결과 때문이다.

4) 趙東杰,「植民史學의 成立過程과 近代史敍述」, 749~806쪽.

5) 식민사학의 본산인 朝鮮史編修會에 대하여는 金性玟, 1989,「朝鮮史編修會의 組織과 運用」『한국민족운동사연구』3 참조.

이들 학회에 대한 심층적 연구가 요구된다.

본고는 이러한 전제 하에 日人 史學會의 조직·활동·성격을 살펴보고자 하는 것이다. 어떤 배경하에 어떤 학회가 조직되어 무슨 활동을 하였으며 식민통치기구와의 관계가 어떠했나를 규명하는 것은 곧 日帝 植民統治의 本質에 도달하는 것이라 사료된다. 아울러 이들 학회를 중심으로 전개된 한국사연구 경향을 살펴보고 그들 논저의 분석을 통해 일제가 수립한 식민사학 체계에서 高麗 時代史의 왜곡상을 살펴보겠다. 단 고려시대사의 왜곡상을 보다 명확히 규명하기 위하여 필요할 경우 학회의 연구출판물이 아닌 기타의 官邊 논저의 분석도 병행할 것이다. 이로써 주로 고대사와 근대사의 왜곡 규명에 집중된 연구경향으로 아직 미답의 상태로 남아있는 高麗史의 서술을 추적하여 학계의 공백을 메꾸는 나름대로의 의미가 있을 것이다.

제2절 日人 史學會의 組織

1. 組織 背景

江戸時代 이래 일본에서 한국사에 대한 관심이 일고 명치시대 이후 본격화 된 것은 이른바 '征韓論'과 밀접히 관련되어 있고, 강제병합 이후 日人의 사학회가 조직된 것은 일제의 식민통치 수행상의 필요에서이다.

당시 일본에서는 朱子學者·國學者·海防論者들에 의해 한국사연구가 진행되었는데, 대개 이들은 현실에 대한 인식이 아니라, 古典, 古文獻에 의한 觀念的 인식을 지니고 있었다. 그러나 幕府 末期가 되며 이러한 경향은 一變하여 현실적 인식의 필요성이 제창되었는데, 특히 國學者들이 일본의 建國神話나 天皇의 역사연구를 통해 수립한 한국에 대한 우월주의는 후일 '日鮮同祖論', '日韓一域論'을 형성하는데 큰 영향을 미치고 있는 점에서 주목되는 것이다.6)

일본세력의 한국 침투에 따라 開港, 淸日戰, 壬午軍亂, 甲申政變 등 문제가 야기되자 일본언론과 식자층에서 한국인식을 둘러싸고 활발한 논의가 진행되었다. 이를 학술적 차원으로 정리하게 된 것은 랑케(Leopold von Ranke)의 실증주의 역사연구방법론을 도입하여 帝國大學에 史學科(1887)와 國史學科(1889)를 설치하면서부터이다.7) 1890년대 후반 이후 일본에서의 한국사연구는 중국사연구가 중심이 된 이른바 東洋史學 체계의 형성에 따라 부진하게 되었다. 그 까닭은 침략대상의 변화에 따라 연구대상이 변화되어 사학이 제국주의의 확산과 식민지배의 이데올로기로 작용한 때문이다. 당시 중심인물은 白鳥庫吉로 그는 滿鐵에 滿鮮地理歷史調査室을 설치, 많은 후학을 양성하였고, 일본 東洋史學界에 큰 영향을 미쳤다. 그러나 여기에서의 연구대상은 地名考證, 연대기적 전쟁사, 정치사에 대한 연구가 주를 이루어 사회·경제적 연구가 도외시 된 民衆不在의 역사학이란 결함이 지적되고 있다.8)

---

6) 旗田巍, 「日本における 朝鮮史研究の傳統」, 228~231쪽.
7) 帝國大學에 史學科가 설치된 1887년 당시의 學科課程 중 외국어를 보면 1학년은 영어와 독일어, 2·3학년은 영어 대신 독일어가 설강되어 있어 랑케사학의 수용에 노력한 흔적을 알 수 있다(小野壽人, 1939, 「日本開化小史とその時代」『本邦史學史論叢』, 史學會編, 1322쪽).
8) 旗田巍, 「日本における 朝鮮史研究の傳統」, 237~240쪽.

그러나 한국사의 왜곡은 그치지 않았다. 1910년을 전후하여 '滿鮮史'란 용어가 등장하여 朝鮮史와 병존하였다. 이는 滿韓經營이란 제국주의 침략 추세의 정치적 현실에 학문을 종속시켜 보조를 맞춘 것이다.9) 여기에서 이른바 停滯性 이론이 도출된 것이다.

한편 國學者의 전통을 이은 日鮮同祖論은 동양사계통의 학자에 의해 일시 비판되기도 하였으나,10) 露日戰으로 한국에서의 독점적 지배권이 확립되고 강제병탄 단계에 이르자 식민지배를 합리화하는 중심적 이데올로기로 부각되었고, 3·1운동 이후에는 독립운동의 탄압 구실로 강하게 주장되었다. 뿐만 아니라 병탄 이전부터 福田德三에 의해 제기된 停滯性 이론도 사회경제연구의 官學者들에 의해 계속 주장되어 왔다.11) 이로써 볼 때 식민사학의 전개는 일본 제국주의의 침략과정과 밀접히 연결되어 있음을 알 수 있다.

일제는 강제병탄 이후 한국사 관련서적을 소각하는 등 한국의 많은 기존의 사서와 문화적 전통을 매우 부담스럽게 여겼던 것으로 보인다.12) 특히 이러한 정신유산이 독립운동의 기축으로 작용할 것을 우려하였다. 따라서 한국인을 금압으로 일관하는 자세를

---

9) 滿鮮論者의 대표인 稻葉岩吉은 「滿鮮不可分の史的考察」에서 滿鮮不可分論을 다음의 세가지 요인으로 설명하고 있다. 첫째, 民族의 系統上 古代이래 朝鮮까지의 王家가 대부분 大陸의 실패자인 滿洲系·中國系의 사람인 점, 둘째, 國土, 國境上 中國과 分立 할 수 없는 점, 셋째, 經濟的으로 中國에 隸屬된 交互的 의존관계(旗田巍, 「滿鮮史の虛像」, 192~194쪽).

10) 비판론자로 白鳥庫吉과 그 門下인 池內宏·稻葉岩吉·津田左右吉 및 今西龍 등을 들 수 있다. 그런데 분명한 사실은 이들은 모두 滿鮮史論을 주장한 자들로 日鮮同祖論을 비판한 것은 한국사의 독자성을 인정한 것이 아니라 그들의 滿鮮史論과 배치되기 때문이었다.

11) 대표적 학자로 福田德三 외에 河治弘民·黑田巖·山路愛人·喜田貞吉·稻葉岩吉 및 일제 말기의 森谷克己·西方博 등을 들 수 있다.

12) 『朴殷植全書』上, 288~289쪽.

버리고 적극적으로 한국인을 조사, 연구하고 한국사를 왜곡하는 작업에 착수하였던 것이다. 그것은 곧 舊慣制度調査·史料調査·朝鮮古蹟調査事業과 총독부 중추원에서 1915부터 주도한『朝鮮半島史』편찬사업이었다.[13]

이후 1921년 齋藤實 總督의 발의로 朝鮮史編纂委員會의 설치가 계획되고,[14] 이듬해 12월 총독부 訓令(제64호)으로 규정이 확정되었으며[15], 1925년 6월 勅令(제218호)으로 朝鮮史編修會로 개편되

---

13) 金性玟,「朝鮮史編修會의 組織과 運用」, 123~125쪽. 그런데 日帝가 『朝鮮半島史』편찬에 착수한 것은 이해 6월 上海에서 朴殷植의『韓國痛史』가 출간되어 국내외에서 민족의식을 고취시켜 독립투쟁을 촉진시킨 것에 위기의식을 느끼고 이에 대응키 위함이었다. 즉 "… 朝鮮人은 다른 植民地에 있어서의 野蠻半開의 民族과 달라 讀書와 文章에 있어서 조금도 文明人에 떨어지는 바가 없다. 古來로 史書가 많고 또 새로이 著作에 着手된 것도 적지 않다. 前者는 獨立時代의 저술로 現代와의 關係를 缺하고 있어 헛되이 獨立國 時節의 옛 꿈에 연연케 하는 弊端이 있고, 後者는 近代朝鮮에 있어서의 일로 日露·日淸間의 勢力鬪爭을 서술하여 朝鮮의 나아갈 바를 說破하고 혹은 韓國痛史라고 일컫는 한 在外 朝鮮人의 저서 같은 것의 眞相을 糾明하지 않고, 함부로 妄說을 드러내 보이고 있는 것이다. 이러한 史籍들은 人心을 현혹시키는 害毒 또한 참으로 큰 것임은 말로 다 할 수 없는 것이다. 그러나 이를 絶滅시킬 方策만을 講究한다는 것은 徒勞에 그치는 일이 될 뿐 아니라 혹은 그 傳播를 激勵할지도 모른다는 점을 알아야 한다. 오히려 舊史의 禁壓 대신 公明的確한 史書로써 대처하는 것이 보다 捷徑이고 또한 효과가 더욱 顯著할 것이다. 이것이 朝鮮半島史의 編纂을 필요로 하는 주된 이유인 것이다. …"(朝鮮總督府朝鮮史編修會, 1938,『朝鮮史編修會事業槪要』, 6쪽)라 한데에서 분명히 알 수 있다. 일제는 조선에 舊史가 많은 등 民度가 높고,『韓國痛史』등 독립정신을 고취하는 저서가 출간되자 이들이 독립운동으로 연결되는 것을 차단하는 것이야말로 식민통치의 성패를 좌우하는 관건으로 인식하고 역사왜곡에 혈안이 되었던 것이다.

14)『每日申報』, 1922년 12월 6일자.

15)『朝鮮總督府官報』, 1922년 12월 4일.

었다.16)

朝鮮史編修會는 總督 直轄의 독립관청으로서 식민사학의 總本
山이었다. 여기에서는『朝鮮史』(37권),『朝鮮史料集眞』(3질),『朝
鮮史料叢刊』(22권) 등을 편찬하였다. 이는 일제가 통치 목적상 유
리한 것만을 취사선택하여 채록하고 한국의 민족 등 본질적 문제
와 불리한 것은 제외한 당시 이용될 수 있는 유일한 식민사학 사료
집이었다.17)

이와 함께 1924년 京城帝國大學을 설립, 일본의 저명한 역사학
자를 교수로 초빙하여 朝鮮史編修會와 함께 한국사 왜곡에 총력
을 기울였다. 이 두 식민통치 기구는 한국사 왜곡의 兩大組織이었
다. 日帝는 이에 그치지 않고 양대 조직의 구성원, 즉 조선사편수
회의 위원·수사관·촉탁 및 경성제대 교수들을 중심으로 여러
개의 사학회를 조직하여 식민사학의 체계를 수립, 정형화하고 이
를 일반에 보급, 주입시키기는 양동작전을 펴나간 것이었다.

그런데 朝鮮史編纂委員會는 물론 朝鮮史學會가 이른바 文化政
治를 표방한 齋藤實 總督에 의해 발의되고 사학회가 3·1운동 이후
조직되고 있어 주목된다. 이는 3·1운동으로 식민통치의 방향을 수
정하지 않으면 안 되었던 일제가 高等의 統治術策이자 적극적인
同化政策의 일환으로 한국사 왜곡에 전력을 경주하려 한 의도로
이해된다. 따라서 한국사 왜곡의 양대기구의 구성원을 중심으로
조직된 사학회는 단순한 역사연구 학회가 아니라 식민통치의 지배
이데올로기를 창출한 제조창이라 할 수 있다.

---

16)『朝鮮總督府官報』, 1925년 6월 12일.
17) 金容燮,「日本, 韓國에 있어서의 韓國史敍述」, 135쪽.

2. 日人의 史學會

1) 朝鮮史學會

일본인이 한국을 연구하기 위해 최초로 조직한 학회는 官立中學校 교사로 초빙되어 온 幣原坦이 주도한 韓國硏究會(1902~1905)였다.[18] 그러나 조선총독부의 주관 하에 전문적이고 본격적으로 활동한 것은 1923년 조직된 朝鮮史學會였다.

朝鮮史學會는 齋藤實 總督에 의해 계획된 것으로 보이는데, 3·1운동 이후 이른바 문화통치를 표방한 그의 산물이었던 것이다.[19] 이 학회는 '조선사의 연구와 보급'을 위해 창립된 것으로 政務總監을 總裁로 하고 있는데, 政務總監이 總裁란 명칭 하에 관여하여 總督府 휘하의 官邊的 성향을 여실히 보여주고 있다. 이하에 총독부 관리 및 식민수탈기구의 수뇌들이 대거 참여하고 있고, 저명한 학자들이 顧問·評議員으로 활동하고 있어 일제의 식민통치기구를 학회로 재편한 것에 불과한 것이었다.[20] 따라서 일제하 최고의

---

18) 趙東杰, 「植民史學의 成立過程과 近代史敍述」, 764~765쪽. 韓國硏究會에서는 『韓國硏究會談話錄』을 4호까지 발행하였는데, 매호마다 幣原坦이 2, 3편의 글을 싣고 이밖에 鹽川牛溪生·鮎見房之進·中島多嘉吉·小山光利·田中次郎·中西讓一·渡瀨常吉 등의 글이 있는데, 주로 한국의 역사·유학·문학 및 현상조사 등이었다(櫻井義之, 『韓國文獻硏究誌』, 10쪽).

19) 『朝鮮史講座 特別講義』 會員通信欄(2쪽)에 埼玉縣本庄中學校歷史科主任이 同 學會에 보낸 通信 가운데 "… 먼저 閣下에 의해 계획된 것을 기쁘게 생각하며 …" 운운하고 있어 총독에 의해 계획된 것이었음을 알려준다.

20) 朝鮮史學會의 초창기 구성은 다음과 같다.

　　總裁 : 有吉忠一(政務總監)

　　會長 : 小田省吾(學務局 編輯課長)

정치적 권위를 지닌 식민사학 학회라 평가할 수 있다.

　政務總監을 최고직으로 하였음은 조선사편수회와 같은 것으로 본 회의 비중을 반영하고 있는데, 조선사편수회가 사료의 수집 및 사료집 발간을 담당하였다면 조선사학회는 강좌와 저술을 통해 일반에게 식민사학의 전파를 담당한 실행기구로 볼 수 있다.

　朝鮮史學會는 朝鮮史講座를 매월 1회 개최하고 1년 예정으로 上古 - 現代의 조선사를 조선사편찬위원회와 총독부 관계 관리들이 강사로서 분담 집필하기로 하였는데, 일본 학계에서조차 이를 '朝鮮總督府 官撰의 歷史'로 규정하고 있다.[21] 조선사학회에서는 조선사강좌 외에 수차의 강연회를 개최하기도 하였으나, 1924년 이후에는 『朝鮮史大系』의 간행(1927)을 제외하고는 별다른 활동기사를 찾을 수 없다.

　顧問 : 石塚英藏(東拓總裁), 川村竹治(滿鐵社長), 美濃部俊吉(鮮銀總裁), 朝鮮總督府關係局長, 朴泳孝・李完用侯爵, 黑板勝美・關根・三浦周行(京城帝大 敎授)
　幹事長 : 栢原昌三(朝鮮史編纂委員)
　(1924. 1, 『史學雜誌』 第35編 第1號 彙報, 81~82쪽).
　이밖에도 顧問에 長野幹・大塚常三郎・丸山鶴吉・權重顯・有賀光豊・安藏又三郎・篠田治策・關野貞, 評議員에 稻葉岩吉・李能和・高橋亨・荻山秀雄・今西龍・栢原昌三・小倉進平・大原利式 등이 있었다(李萬烈, 『韓國近代歷史學의 理解』, 267쪽).
21) 『史學雜誌』 第35編 第1號 彙報, 82쪽. 여기에서는 兩國을 脣齒輔車 관계라 하며 "일본측의 입장에서 말한다면 일본이 國際競爭의 落伍者가 되지 않기 위하여 어쩔 수 없이 택한 非常方法이었다 하더라도 被治者의 感情이 그렇지 않음은 물론이다. 朝鮮史講座는 朝鮮總督府 官撰의 歷史라 말할 수 있기 때문에 日鮮間의 關係를 如何히 설명할 것인가? 과연 그 宣言이 문자 그대로 비중을 지닐 수 있을까? 深甚한 흥미를 가지고 본다"고 하며 깊은 관심을 표하고 있다.

2) 京城讀史會

京城讀史會는 1927년 11월 상순 일본의 史學會를 본따 조직한 것이다. 그 직접적 계기가 된것은 이해 9월 말 경성에 온 市村瓚次 郎(東京帝大 敎授)의 권유에 의해서이다. 市村瓚次郎은 일본의 國 史十一會, 東洋史談話會처럼 학술적 의의도 지닌 懇親會의 조직 을 권유하였고, 이에 玉井是博・田保橋潔・園田庸次郎(京城帝國 大學 法文學部), 古賀德義(龍山公立中學校), 中村榮孝(朝鮮史編修 會) 등 5인이 동의하여 조직한 것이다.

창립 초기는 각자의 집에서 돌아가며 例會를 개최키로 하여 회 원의 수를 제한하였고, 예회도 자주 갖지 못하였다. 그러나 이듬해 4월 조직을 개편하여 회원을 증원하고 예회도 정례화(매월 셋째주 금요일) 하였다. 개편된 京城讀史會의 주체는 京城帝國大學 法文 學部와 朝鮮史編修會이며, 여기에 朝鮮總督府 學務局과 京城府의 각급 학교 교사가 참여하여 회원은 20여명으로 되었다.[22] 회원은 교대로 예회에 연구내용을 발표함을 의무로 하였는데 小田省吾・ 今西龍(京城帝大 敎授)이 長老, 田保橋潔・園田庸次郎이 상임간 사 직을 담당하였다.[23]

그런데 경성제국대학은 교수, 졸업생, 재학생이 참여하는 별도 의 京城帝大史學會를 조직, 小田省吾를 회장으로 하여 월1회 이상 의 예회를 실시하고 회보를 발행하였는데,[24] 이는 경성제국대학

---

22) 例會에 참가한 회원은 이들 외에 鳥山喜一・金子光介・末松保和・藤 田亮策・秋葉隆・大谷勝眞・名越那珂次郎・松本重彦・高木善人・安 倍能成・高橋亨・田中豊藏・中島文雄・山口正之・辛島驍・申奭鎬 등이 보인다.

23) 1930. 8, 『靑丘學叢』 第1號, 彙報, 158~160쪽.

교수와 학생들의 동호회의 성격이 강하여 조선총독부가 개입한 다른 관변 학회와는 성격이 다르다.[25)

경성독사회는 예회 외에는 다른 활동을 하지 않고 1933년 8월, 30회의 예회를 끝으로 기록에 보이지 않는다. 이는 아마도 이전의 조선사학회의 뒤를 이었다가 청구학회가 창립, 활발히 활동하자 해체된 것으로 보인다.

그런데 경성독사회의 산파역을 한 市村瓚次郎은 당시 일본 학계의 거물이었던 점이 주목된다. 그는 1889년이래 學習院, 東京帝大에서 35년간 교직에 있었는데, 1924년 회갑시 학계 중진 및 정계 실력자 339인이 발기하여 축하자금을 모집하였고, 이를 수차에 걸쳐 『史學雜誌』에 광고하였다.[26) 한편 1934년에는 그의 古稀를 기념하는 東洋史論叢이 학계를 망라하여 출간되기도 하였다.[27)

---

24) 1931. 8, 『靑丘學叢』第5號, 209~210쪽.

25) 京城帝大에는 이외에도 總長 山田의 주창으로 그를 회장으로 하는 京城帝大滿蒙文化硏究會가 1933년 6월 결성되어 활동하였다. 이 연구회는 경성제대의 교수, 직원, 학생들로 구성되었는데, 人文科學·自然科學의 二部로 나뉘어 滿洲·蒙古의 학술연구를 진행, 보급하는 것을 목적으로 하고 있다. 이들은 滿蒙地域에 교수를 직접 파견, 현지를 답사케 하고 강연회를 개최하기도 하였다(1933. 8, 『靑丘學叢』第13號, 187~190쪽 및 第19號, 208쪽). 이는 日帝의 滿洲侵略에 따라 滿洲·蒙古지역에 대한 이해를 증진시키기 위한 것으로 역시 제국주의 침략과 식민지배의 이데올로기 제공에 학문이 종속적으로 수행함을 보여주는 것이다.

26) 『史學雜誌』第35編 第7號(1924. 7월) 말미의 광고를 비롯, 이후 8호, 11호의 광고란을 통해 모금사실을 게재하고 있다. 당시 2,512원이 거출되었는데, 市村은 이를 史學會에 기증하여 「文學博士市村瓚次郎君敎職三十五年記念基金」이라 하여 사학회 기금으로 사용되었다. 발기인은 子爵·伯爵·男爵·侯爵 및 학계의 중진을 망라하였으며, 黑板勝美·飯島忠夫·池內宏·白鳥庫吉이 실행위원으로 주무하였다.

27) 이 논문집은 圖版 25葉, 본문 1,214면의 방대한 규모로 44편의 논문을 게재하고 있다. 이는 이전의 동양사관계 기념논문집과 달리 한국사 자

그는 靑丘學會 회원으로 가입하기도 하였는데,[28] 이처럼 일본의
비중 있는 학자가 도래하여 학회의 조직을 권유하고 가입, 활동한
것은 일본내의 사학회를 한국에 이식한 것으로 해석된다.

3) 靑丘學會

靑丘學會는 1930년 5월 경성제대 교수, 조선사편수회원 및 총독
부 관리 등 식민통치기구의 학자와 관리가 총동원되고 일반인도
참여한 당대의 최대 규모로, 이후 10년 동안 일제의 식민사학 학회
를 대표하는 것이다.

본 회는 ‘朝鮮과 滿洲를 중심한 極東文化硏究와 硏究 結果의
普及을 목적’으로 학술지의 발간, 연구자료와 저술의 출판, 강연
및 강습회 개최, 연구여행을 사업으로 하며 평의원·회무감독·위
원·서기를 두고 있다.[29]

학회의 명칭을 ‘靑丘’라 한 것은 동방국의 범칭이자 고래로 朝鮮
의 異名이었던 때문인데, 연구의 대상을 조선만이 아니라 만주까
지 한 것은 일제의 만주침략이란 정치적 상황과 연계된 것으로 보
인다. 한편, 당시 일본 학계에서는 청구학회의 창립에 깊은 관심을
보이며 “地方文化의 開發 闡明은 그 地方에 있어서 最高 學界의

체에 대해 논급한 것이 많고, 孫晉泰·李丙燾 등 ‘半島出身 學徒’의 글
이 실려 있음이 특징적이다. 여기에서 주목되는 한국사관계 논문으로
다음을 들 수 있다. 稻葉岩吉의 「高麗圖經を讀みて」, 奧平昌洪의 「朝
鮮通寶錢考」, 孫晉泰의 「長生考」, 鳥山喜一의 「鮮民白衣考」, 中村榮孝
의 「李朝時代の耆老所に就いて」, 李丙燾의 「所謂箕子八條敎に就て」
(1934. 2, 『靑丘學叢』 第15號, 202~204쪽).
28) 1930. 11, 『靑丘學叢』 第2號, 186쪽.
29) 1934. 2, 「靑丘學會 會則」 『靑丘學叢』 第15號, 卷頭, 회칙은 이후에도
수회 수록되고 있다.

중요한 責務", "古來 우리 문화와 가장 중대한 관계를 가진 朝鮮에 있어서 이러한 권위 있는 잡지를 갖는다는 것은 우리들의 가장 흔쾌한 일"이라 하여 마치 한국사를 일본 地方史의 일부분으로 취급하고 있다.[30]

청구학회의 활동을 대표하는 『靑丘學叢』은 이해 5월말 조선사편수회에서 열린 제1회 위원회에서 硏究·彙載·彙報·資料欄으로 구성키로 결정되었다.[31] 그런데 불과 3개월만에 창간호가 발간되고 있어 사전준비가 있었던 듯 하며, 이후 중단 없이 계간으로 발간하고 있어 한국사의 왜곡에 대한 그들의 열의를 잘 보여준다.

본 회 사무소가 처음 어디 있었는가는 불명하나, 1932년이래 줄곧 中村榮孝 개인 집에 위치하였다.[32] 본 회의 評議員은 32~35명이고 委員은 처음 7명이었다가 후에 16명으로 증원되었는데, 이들은 대부분 경성제대 교수, 조선사편수회 촉탁, 조선총독부 수사관 및 총독부 관리였다.[33] 회무감독은 小田省吾(경성제대 교수, 이왕직 촉탁), 서기는 前田耕造(조선사편수회 촉탁, 서기)가 계속 담당하였다. 한국인으로는 洪憙·崔南善·鄭萬朝·李昌根·李能和가 평의원으로, 申奭鎬·李丙燾가 위원으로 참여하고 있다.[34]

---

30) 『史學雜誌』 第41編 第6號 彙報, 123~124쪽.

31) 1930. 8, 『靑丘學叢』 第1號, 174쪽외 編輯後記.

32) 『靑丘學叢』 第6號, 194쪽. 이듬해 中村榮孝가 大和町 三丁目으로 이사하자 사무소도 따라서 이전하였다(『靑丘學叢』 第9號, 175쪽). 그런데 그는 靑丘學會에서 가장 중요인물의 한사람으로 評議員과 委員을 겸하고 있었고, 『靑丘學叢』의 彙報, 會報, 編輯後記를 전담하였다.

33) 이처럼 식민통치 기구의 고위 관료들이 대거 참여하고 있었기 때문에 靑丘學會의 開城府 연구여행시 開城府 府尹, 敎育會 幹事 등이 開城과 平壤으로부터 영접을 나오고 다과와 차량을 지원 받고 개성부 관청을 회합 장소로 사용하는 등의 편의를 제공받고 있다(1931. 2, 『靑丘學叢』 第3號, 181~186쪽).

34) 1931. 11, 『靑丘學叢』 第6號, 196쪽. 후에 洪憙, 鄭萬朝의 死去로 한국

일반회원에 대하여 자세한 것은 알 수 없다. 그러나 10여명의 中樞院 관리와 日本 陸軍, 倭城臺, 漢城·朝鮮銀行, 旅順關東博物館, 道知事, 大阪朝日新報社 등이 회원에 가입하여 있으며 국내, 일본, 중국(간도, 봉천) 거주자가 두루 가입하여 있다.[35] 특히 각급 학교 교원들이 많이 참가하고 있어 역사교육상 미친 영향을 짐작할 수 있다. 여타의 日人 史學會와 다른 특징적인 것은 이처럼 일반회원의 가입을 허용하여 일본, 중국거주 일인들도 다수 가입하고 있다는 사실이다. 이 또한 일제의 만주 침략과 유관한 것으로 해석되며, 왜곡된 한국사상을 가장 광범위하게 유포하였다고 볼 수 있다.

이로써 볼 때 청구학회는 회원의 성분과 규모, 활동상 일제의 식민통치 후반기 지배이데올로기를 제공해 준 가장 방대하고 적극적으로 활동한 학회라 할 수 있다.

4) 史談會 · 朝鮮史學同攷會 · 貞陽會

조선사편수회는 조선사료의 수집 및 편찬이 목적이었으나,[36] 조선사편수와 관련하여 연구기관으로서의 성격도 지니고 있다. 소속 학자들은 각자의 연구결과를 발표하는 회합을 가졌는데, 즉 史談會 · 朝鮮史學同攷會 · 貞陽會 등의 연구단체를 조직, 예회를 갖고 학술지를 발간하였다. 『朝鮮史』가 사료집으로 출간된 것이었다면

인 참여자는 5명으로 되었다.
35) 『靑丘學叢』 第2·5·6·9號 彙報에 보면 회원 명단이 보인다. 여기에는 100여명의 회원이 확인되나, 실제는 이보다 훨씬 많았을 것으로 짐작된다. 한편 文一平도 가입하였다가 1932년에 곧 退會하였다.
36) 『朝鮮總督府官報』, 1925년 6월 12일, 勅令 第218號. 「朝鮮史編修會官制」 第1條.

이들 학회의 기관지는 한국사를 일반에게 보급하는 성격을 가진
것이다.

　史談會는 1925년 12월부터 이듬해 3월까지 4회의 월례발표회 기
록이 보인다.[37] 그 조직형태나 운영 등은 기록이 없어 알 수 없다.
그러나 1926년 편수회원들은 고문·명예회원·평의원장·서무회
계감독·평의원·편찬원·서기 등의 체제를 갖춘 朝鮮史學同攷
會를 조직하고 기관지로『朝鮮史學』을 간행하였다.[38] 그런데 朝
鮮史學同攷會와 史談會의 활동시기가 겹치고 있어 사담회가 조선
사학동고회 활동의 일환으로 진행된 월례회의 별칭이 아니었나 생
각된다. 그러나 이 회의 활동도『朝鮮史學』제7호가 발행된 1926
년 7월 이후 거의 보이지 않는다.

　이후 조선사편수회에서 활동한 연구단체는 1930년 11월 조직된

---

37)『朝鮮史學』에 보이는 사담회의 기록은 다음과 같다.
　　1회(1925. 12월) : 내용 불명
　　2회(1926. 1. 30) : 稻葉岩吉,「朝鮮史研究過程」, 高橋琢二,「英國憲法史」
　　　　(第2號, 30쪽)
　　3회(1926. 2. 27) : 藤田亮策,「樂浪出土漆器の銘に就て」(第3號, 30쪽)
　　4회(1926. 3. 27) : 瀨野馬熊,「德川幕府の課役制と朝鮮信使の來聘」(第4
　　　　號, 30쪽)
38) 朝鮮史學同攷會의 조직은 다음과 같다(『朝鮮史學』第6號, 1926. 6). 괄
　　호 안은 편수회내 직책.
　　顧問 : 黑板勝美
　　名譽會員 : 李軫鎬(學務局長, 委員)
　　評議員長 : 稻葉岩吉(修史官)
　　庶務會計監督 : 小野德三(庶務會計主任)
　　評議員 : 今西龍·小田省吾(委員), 稻葉岩吉·藤田亮策·洪憙(修史官),
　　　　鄭僑源·山崎眞雄(幹事), 中村榮孝(囑託)
　　編纂員 : 澁江桂藏·瀨野馬熊(囑託), 高橋琢二·鶴見立吉, 李丙燾(修史
　　　　官補)
　　書記 : 金鐘玉(庶務係)

貞陽會가 주목된다. 이는 공동연구를 통해 문제를 해결하기 위한 목적으로 편수회가 위치한 貞洞의 이름을 따 명명한 것인데, 윤번으로 연구발표를 진행하였다.[39] 물론 그들은 직원간의 지식교환과 친목도모를 위한 사적기관이라 하고 있으나,[40] 식민사학 총본산의 회원 다수가 참여하고 있어 공적 성격을 지녔을 것임은 분명하다.

1930년 11월의 제1회 월례회를 위시하여 貞陽會는 1937년 4월의 50회 예회까지 8년간 활동을 전개하였다. 도중 1932년 4월부터 1934년 6월까지 2년여간 활동이 중단되었는데, 이는 『朝鮮史』의 편찬이 시작된 때문으로 생각된다.[41] 그러나 이후 18회 예회부터는 매월 15일마다 계속 실시되고 있다.[42]

정양회는 독자적 학술지를 발간하지는 않았으나, 여기서 발표된 내용은 『靑丘學叢』이나 일본내의 학술지에 게재되고 있다. 그런데 대부분의 회원이 청구학회 회원이며, 본회의 활동기간이 청구학회와 중복되는 등 日人 史學會의 다중적 존재에 의문이 제기된다. 이는 여타 학회의 경우도 마찬가지인데, 朝鮮史學會 - 史談會 - 朝鮮史學同攷會 - 貞陽會로 이어지는 朝鮮史編修會 계통의 학자들과, 京城讀史會를 주관한 京城帝大 교수들의 양대 식민사학 진영이 靑丘學會로 합일하면서도 개별적 학회는 당분간 존속시켰던 것으로 해석된다. 이는 일제가 한국사 왜곡에 총력을 기울인 노력의 일단을 보여주는 것이다.[43]

---

39) 中村榮孝, 1969, 「朝鮮史の編修と朝鮮史料の蒐集」『日鮮關係史の研究』下, 690쪽.
40) 1934. 8, 『靑丘學叢』第17號, 232쪽.
41) 朝鮮總督府朝鮮史編修會, 『朝鮮史編修會事業槪要』, 150~151쪽의 摘要年表를 보면 1932년 말부터 『朝鮮史』가, 12월부터 『朝鮮史料叢刊』이 간행되기 시작하여 업무가 바빠지자 잠시 휴회한 듯하다.
42) 1934. 8, 『靑丘學叢』第17號, 232~238쪽.

제3절 學會의 活動과 性格

1. 學會의 活動

1) 月例研究發表會 (例會)

학회들이 가장 활발하게 활동한 것은 월례연구발표회였다. 조선
사학회의 경우 예회는 없고 강연과 『朝鮮史講座』의 간행에 주력
하였으나, 경성독사회는 정례 예회가 진행되었는데, 매 참석인원은
7~15명 정도였으나 34회나 지속되었다. 그 예회의 내용을 정리하
면 <표 1>과 같다.[44]

---

43) 이러한 官邊 御用史學會 이외에 朝鮮地歷學會가 보인다. 이 학회는 京
城의 중등학교 지리·역사 교사들로 구성되어 있고 지리·역사 양과
의 학술적 연구와 교육의 진흥, 교원 상호간의 친목도모를 표방하고
있으며 주로 중등학교 교원들이 役員으로 있어 위의 학회들과는 성격
이 다른 것으로 보인다. 그러나 식민사학을 주도한 小田省吾가 회장으
로 있고, '특히 半島에 있어 兩科는 特殊한 意義가 있어 늘 識者의 注
意를 받아 왔다'는 그들의 시각이나(1932. 8, 『青丘學叢』第9號, 171~
173쪽), 이 학회의 창립을 '近來 愉快事의 하나'라 소개하며 '朝鮮史의
闡明이 國史(日本史) 연구상 심히 중대한 위치라는 것은 國史를 通觀
할 때 곧 수긍하는 바'라 한 일본내 학계의 시각(1932. 8, 『史學雜誌』
第43編 第8號, 140~141쪽)을 종합해 볼 때 역시 식민사학이란 기본적
입장으로부터 크게 벗어나지 못하였음은 마찬가지라 사료된다.
44) 『青丘學叢』第1·2·3·5·6·9·10·13號 彙報. 그런데 경성독사회
예회는 처음 4회는 회별을 구분하지 않고 실시하였고, 1928년 4월 조
직을 확대 개편한 뒤부터를 1회로 하였기 때문에 실제는 34회이다.

〈표 1〉京城讀史會 例會의 내용

會 別	發 表 者	發 表 題 目
1회(1927. 11)	田保橋潔	英佛의 中世城郭에 대하여
2회(1927. 12)	中村榮孝	海東諸國紀의 撰修와 印刷
3회(1928. 2)	玉井是博	太平天國의 新史料에 대하여
4회(1928. 4)	古賀德義	水足博泉과 朝鮮信使
5회(1928. 5)	田保橋潔	Isaac Titsingh의 日本研究
6회(1928. 6)	鳥山喜一	渤海上京의 踏査에 대하여
7회(1928. 10)	金子光介	大陸制度의 歐洲制度에 미친 影響
8회(1928. 11)	末松保和	山丹交易에 대하여
9회(1928. 12)	藤田亮策	漢江畔出土의 土器文樣에 대하여
10회(1929. 1)	秋葉隆	女人國의 神婚
11회(1929. 2)	大谷勝眞	英佛에 있어서 燉煌遺物에 대하여
12회(1929. 3)	田保僑潔	鎖國時代 日英關係復興計劃
13회(1929. 5)	玉井是博	山西旅行談
14회(1929. 6)	小田省吾	女山에 대하여
15회(1929. 10)	末松保和	魏志倭人傳의 一異文에 대하여
16회(1929. 11)	名越那珂次郎	브리테인(Britain)에 미친 羅馬文明의 影響
17회(1929. 12)	藤田亮策	利原新羅眞興王巡狩碑에 대하여
18회(1930. 1)	松本重彦	日本書紀年紀考
19회(1930. 2)	田保橋潔	金玉均・朴泳孝 事件
20회(1930. 5)	中村榮孝	李舜臣의 異才
21회(1930. 6)	申奭鎬	屛虎의 是非
22회(1930. 7)	大谷勝眞	漢代부터 唐代까지의 河西地方의 變遷
23회(1930. 9)	藤田亮策	雄基松坪洞貝塚發掘에 대하여
24회(1930. 10)	末松保和	上世紀年考批判
25회(1930. 11)	秋葉隆	朝鮮의 巫稱에 대하여
26회(1931. 5)	鳥山喜一	콘스탄티노플(Constantinople) 雜觀
27회(1931. 9)	田保橋潔	日支新關係의 成立
28회(1931. 10)	辛島驍	支那小說談
29회(1931. 11)	秋葉隆	濟州道旅行談
30회(1931. 12)	藤田亮策	慶州 및 樂浪古墳 發掘談
31회(1932. 5)	玉井是博	歐美 圖書館 所藏 漢籍에 대하여
32회(1932. 6)	高橋亨	併合前 朝鮮에 있어서 學校에 대하여
33회(1932. 9)	田保橋潔	近代朝鮮 關係史料의 一二
34회(1932. 10)	小田省吾	李王職의 實錄編纂 事業에 대하여

〈표 2〉貞陽會 例會의 내용

會 別	發 表 者	發 表 題 目
1회(1930. 11)	末松保和	任那의 境遇
2회(1931. 1)	稻葉岩吉	三國史記에 대하여
3회(1931. 1)	今村鞆	日鮮古代共通風俗의 二三
4회(1931. 2)	中村榮孝	鮮初 三韓의 實錄에 대하여
5회(1931. 3)	瀨野馬熊	實錄 所在의 移動에 대하여
6회(1931. 5)	高橋琢二	洪景來에 대하여
7회(1931. 6)	末松保和	隋唐의 東方經略에 대하여
8회(1931. 7)	稻葉岩吉	契丹의 橫宣橫賜에 대하여
9회(1931. 8)	中村榮孝	朝鮮時代 後期의 日本에 대한 關係
10회(1931. 9)	瀨野馬熊	顯宗改修實錄에 대하여
11회(1931. 11)	申奭鎬	燕山君의 失位에 대하여
12회(1931. 11)	高橋琢二	사마랑號의 濟州道 來船
13회(1931. 12)	稻葉岩吉	淸太宗에 대하여
14회(1932. 1)	末松保和	朝鮮上古의 狀態
15회(1932. 2)	秋浦秀雄	金石에 보이는 號와 高麗國家
16회(1932. 3)	中村榮孝	日麗元의 關係에 대하여
17회(1932. 4)	稻葉岩吉	外戚과 貴族政治
18회(1932. 6)	中村榮孝	朱子學의 朝鮮傳來
19회(1932. 7)	稻葉岩吉	內藤湖南博士의 淸朝史研究에 대하여
20회(1932. 8)	石原俊雄	朝鮮地形圖에 대하여
21회(1932. 9)	黑田省三	臨海・順知 二君의 生擒과 그 送還
22회(1932. 10)	末松保和	日本書紀 私記에 대하여
23회(1932. 11)	洪憙	李朝末期의 儒學
24회(1932. 12)	申奭鎬	乙卯士禍 由來의 一考察
25회(1935. 1)	周藤吉之	李施愛의 叛亂에 대하여
26회(1935. 2)	園田庸次郎	英船의 來航
27회(1935. 3)	田川孝三	憲宗五年에 있어서 天主敎迫害의 一考察
	稻葉岩吉	滿洲訪史談
28회(기재누락)		
29회(1935. 5)	稻葉岩吉	咸南旅行談
30회(1935. 6)	藤井誠一	李夢鶴의 叛亂에 대하여
31회(1935. 7)	松岡巖	正法眼藏의 書寫編集에 대하여
32회(1935. 8)	丸龜金作	高麗의 十二漕倉에 대하여
33회(1935. 9)	(기재누락)	漢江下畔의 史蹟踏査
34회(1935. 10)	李能和	楊水尺에 대하여

會別	發表者	發表題目
35회(1935. 11)	今村鞆	韓末見聞漫談
36회(1935. 12)	稻葉岩吉	朝鮮에 있어서 家禮傳來 및 流行에 대하여
37회(1936. 1)	石原俊雄	正月행사의 心持
38회(1936. 2)	黑田省三	八道國割에 대하여
39회(1936. 3)	申奭鎬	湖南訪史談
40회(1936. 5)	末松保和	新羅六村에 대하여
41회(1936. 6)	丸龜金作	鳥嶺에 대하여
	稻葉岩吉	權氏近思錄에 대하여
42회(1936. 7)	中村榮孝	慶元日鮮修好의 始末에 대하여
43회(1936. 8)	田川孝三	義州稅管廳에 대한 覺書的 考察
44회(1936. 9)	藤井誠一	鮮初에 있어서 僧侶의 社會的 地位에 관한 一考察
45회(1936. 10)	李能和	地名의 沿革에 나타난 朝鮮文化에 대하여
46회(1936. 11)	李鍾明	高麗에 來投한 渤海人에 대하여
47회(1937. 1)	稻葉岩吉	滿鮮史硏究의 近狀
48회(1937. 2)	葛城末治	朝鮮書道大觀
49회(1937. 3)	黑田省三	朝鮮役에서 日本軍의 進軍路에 대하여
50회(1937. 4)	末松保和	高麗의 政治에 대하여

　한편 靑丘學會는 會則에서 밝힌 바와 같이 출판과 강연, 강습회가 주요사업이며,45) 예회는 단 1회의 기록만 보인다. 예회를 가장 지속적이고 활발하게 진행한 것은 정양회였다. 참석인원은 경성독사회와 비슷하였으나, 8년간 50회가 진행되어 최다를 기록하고 있다.46) 그런데 정양회 예회는 거의 경성호텔에서 석식을 겸하고 있어 朝鮮總督府로부터 막대한 재정지원이 있었음을 짐작케 해준다. 정양회 예회를 정리하면 위의 <표 2>와 같다.47)

　예회에서 논의된 내용들은 일제 관학자들의 한국사, 나아가 동양사에 대한 관심분야를 알려준다. 뿐만 아니라 일본의 제국주의

---

45) 1934. 2,『靑丘學叢』第15號, 卷頭.「靑丘學會 會則」第3條.
46) 1931. 2,『靑丘學叢』第3號, 189~190쪽. 발표내용은 李丙燾의「平壤의 在城과 羅城とに就て」; 善生永助의「開城の商業及び商人」이었다.
47)『靑丘學叢』第17~28號 彙報.

침략과 식민통치라는 정치적 의도를 실현시키는 수단으로 학문이 종속되어 있음을 보여주고 있어 주목된다. 이들은 이러한 토론의 장을 통하여 한국사에 대한 공동관심의 문제를 제기하여 왜곡의 방향을 설정하고 스스로 한국사에 대한 이해의 폭을 넓혀 나갔던 것으로 이해된다.

2) 學術誌 發刊

日人의 史學會에 있어서 학술지를 발간, 보급하는 것은 자신들이 왜곡 서술한 한국사를 전파하는 가장 좋은 수단이었을 것이다. 이에 조선사학회의『朝鮮史講座』, 조선사학동고회의『朝鮮史學』, 청구학회의『靑丘學叢』등이 발간되었던 것이다.

이들 학술지 발간의 기본 취지는 "… 우리(일본인을 지칭:필자)들이 조선사를 연구하는 것은 첫째, 國史(日本史)를 위한 것이오, 이미 國史의 일부가 된 조선사를 위함이다."라거나, [48] "… 半島의 문화적 연구는 결코 반도 자체만을 위함이 아니고 我國 전반의 文化史的 발전을 살핌에 중대한 의의와 역할을 지닌 것이며 大陸發展基地로서의 새로운 사명 앞에 선 반도로서는 …"[49] 등에서 분명히 알 수 있다. 즉 한국사는 일본사 연구를 위한 전제로서 일본이 土體이고 한국은 客體의 관계이며, 더구나 한국사를 大陸發展이라는 中國 侵略과 제국주의 지배에 이용키 위해 연구한다는 정치적 의도가 강하게 작용하였던 것이다.

『朝鮮史學』은 7호를 발행하고 종간되었으나,[50]『朝鮮史講座』

---

48) 1926. 1,『朝鮮史學』第1號,「創刊辭」.
49) 1939. 10,『靑丘學叢』第30號, 1쪽의「終刊の辭」.
50)『朝鮮史學』은 1926년 1월 제1호를 발행한 이래 7월까지 매월 발행되다 종간되었다.

는 一般史·分類史·特別史講義로 나누어 집필한 것이다.[51] 이는

---

[51] 『史學雜誌』 第35編 第1號, 1924. 1, 82~83쪽의 '朝鮮史講座及擔任講師'
에 보면 다음과 같이 구성되었음을 알 수 있다.
<一般史>
上古史(小田省吾), 中世史(荻山秀雄), 近世史(瀨野馬熊), 最近世史(杉本
正介)
<分類史講義>
民族史(稻葉岩吉), 財政史(麻生武龜), 日鮮關係史(栢原昌三), 滿鮮關係
史(稻葉岩吉), 法制史(未定), 中央竝地方制度沿革史(麻生武龜), 軍制史
附警察制度史(麻生武龜), 敎育制度史(小田省吾), 社會制度史(村山智順),
社會史(高橋亨), 政爭史(瀨野馬熊), 佛敎史(李能和), 學藝史(洪憙), 西敎
史(杉本正介), 美術史(關野貞), 美術史-書畵-(鮎貝房之進), 語學史(小
倉進平)
<特別講義>
古蹟遺物(藤田亮策), 慣習法(渡邊彰), 圖書解題(荻山秀雄), 金石文(葛城
末治), 國文·吏吐·俗證·造字·俗音·借訓字(鮎貝房之進), 風水說
(村山智順), 高麗大藏經(菅野銀八), 天道敎(渡邊業志)
<附錄>
歷代王家系圖(大原利武), 年表(菅野銀八), 朝鮮史便覽(菅野銀八)
그러나 이후 講師의 死去와 轉任 등으로 실제는 이와 다르게 진행되었
다. 즉 一般史의 경우 『朝鮮史大系』로 출간된 것을 보면 中世史의 필
자가 瀨野馬熊으로 바뀌고, 최근세사는 小田省吾가 杉本正介와 함께
공동 집필하였으며, 大原利武가 집필한 年表가 첨가되고 있다. 한편
分類史 講義도 社會史와 西敎史가 폐지되고 朝鮮地方財政史가 신설되
었으며, 미술사와 어학사가 特別講義로 移設되고 있다. 또한 政爭史
강사가 小田省吾로 바뀌고, 法制史 강사가 花村美樹로 확정되었다. 그
런데 特別講義의 경우 가장 큰 변화를 보이고 있다. 우선 강좌 수가 기
존의 8개에서 25개로 대폭 증설되고 있음이 주목된다. 이 중에는 내용
이 아주 적은 분량의 것도 다수 있으나, 강좌가 매우 다양해짐은 식민
사학의 전개에서 큰 의미를 지니는 것으로 이해된다. 特別講義의 변화
내용을 보면 기존의 강좌 중 관습법, 천도교가 폐과되고 分類史 講義
의 조선 美術史와 語學史가 이설되었으며, 19개 강좌가 신설되었다.
신설강좌와 강사는 朝鮮舊社會事情, 朝鮮陶磁器槪要(加藤灌覺), 朝鮮과
滿洲의 國號系統에 대하여·上古史의 硏究에 대하여·海流와 民族(大
原利武), 京城에 있어서 文祿役 日本軍 諸將陣地의 考證(小田省吾), 新

강제병합 이래 3·1운동까지의 식민지통치 경험을 바탕으로 한국에 파견한 관학자들을 총동원하여 그들의 연구결과를 정리한 것으로, 특히 한국사 서술에 최초로 綜合的, 分類史的 方法論을 시도하고 있음은 韓國史學史에서 존재적 의미를 부여할 수 있을 것 같다. 즉 1920년대에 이르기까지 일제가 수립한 식민사학의 결정판이자 總督府 官撰史書를 대표하는 것으로 볼 수 있을 것이다.

한편 『靑丘學叢』은 식민사학회를 대표하는 학술지로 식민통치 후반기 식민사학의 동향을 알려주고 있다. 『靑丘學叢』은 1930년 8월 이후 1939년 10월까지 季刊으로 총 30호가 출간되었는데, 모두 5,814면에 달한다. 이는 圖版·硏究·僉載·文獻·講座·書評·彙報·資料欄으로 구성되어 있는데,52) 연구·첨재란이 대부분을 차지하고 있다.53) 『靑丘學叢』은 발간일자가 지연된 경우는 있었으나54) 한호도 결간되지 않았으며, 일본학계에서도 크게 주목받은 학술지였다.55)

出土 漢의 孝文廟 銅鍾銘識에 대하여·震災와 鮮滿史料의 佚亡에 대하여·灣商·朝鮮에 있어서 高昌의 契氏世孫·高句麗의 泉男生墓誌에 대하여(稻葉君山), 鳴洋峽의 海戰과 統制使 李舜臣·紹修書院所藏 文成公 安裕의 影幀에 대하여(栢原昌三), 檀域思想(渡邊彰), 三韓의 歸化人(三浦周行), 蔚山城址와 淺野丸(瀨野馬熊), 朝鮮儒學大觀(高橋亨) 등이다.

52) 『靑丘學叢』의 체재는 1930년 5월 24일 개최된 委員會에서 논의, 결정되었는데, 2호부터 일부 체재가 바뀌거나 신설되는 것이 있어 처음부터 완비된 것은 아니었던 것으로 보인다(『靑丘學叢』第1號, 174쪽의 編輯後記).

53) 이를 분류해 보면 硏究欄은 論文 112편에 3,526면(60.6%), 僉載欄에는 解說, 紀事 등이 103편에 1,334면(22.9%)이며 書評도 189冊에 398면(6.8%)나 차지하고 있다.

54) 『靑丘學叢』第5·9·11·26·30號 등의 編輯後記에서 발행지연에 대한 유감을 표하고 있는데, 그 까닭은 인쇄상의 어려움과 주로 中村榮孝가 혼자 교정과 발간 업무를 담당하였기 때문으로 여겨진다.

『朝鮮史學』,『朝鮮史講座』는 식민통치기구 내에서 조직된 학회의 기관지이었기 때문에 이에 소요되는 경비를 朝鮮總督府로부터 지원 받았을 것임은 자명한 사실이다. 그러나 靑丘學會의 경우 재정지원을 받은 것 같지는 않으며 회원의 회비나 도서판매대금 등으로 운영되었던 듯 하다.56)

3) 其他活動

例會, 학술지 발간 외에 각 학회는 공개강연회를 개최하고 사적 답사를 실시하는 등의 활동을 하였다. 강연회는 朝鮮史學會와 靑丘學會에서 주관한 바 있는데, 조선사학회의 경우 예회는 갖지 않고 10여회의 강연회를 개최하였음은 조선사 보급이란 설립취지를 반영하고 있는 것이다.57)

---

55) 『史學雜誌』 등 일본에서 발행되던 학술지들이 新着雜誌要目에서 『靑丘學叢』의 매호의 논제와 필자를 소개하며 관심을 보이고 있다.

56) 靑丘學會는 여타 학회와는 달리 회원으로부터 년 3원의 회비를 거출하였으며(靑丘學會 會則 第5條), 『靑丘學叢』의 발간은 朝鮮印刷會社와 大阪屋號書店 주인(內藤定一郎)의 '損益을 넘은 宏量'에 의해 출간되었다(『靑丘學叢』 第30號, 「終刊の辭」). 그러나 수차 발간이 지연되고 심지어 반년(26호), 또는 1년 이상 지체(30호)되는 등 발간에 따른 경제적 어려움이 있었던 것으로 보인다.

57) 이를 간단히 정리하면 다음과 같다(『朝鮮史特別講義』 雜錄).

　1회(1923. 4. 28) : 「文錄の役の原因を論じて德川家光の對大陸政策に及ぶ」, 栢原昌三, 조선사편찬위원

　2회(동년. 5. 24) : 「考古學上より見たる古代の日鮮關係」, 梅原末治, 경성제대 문학부 촉탁

　3회(동년. 6. 25) : 「歷史上より見たる支那の諸問題」, 稻葉群山, 조선사편찬위원

　4회(동년. 10. 9) : 「滿洲及北鮮旅行談」, 鳥山喜一, 신석고등학교 교사

　5회(동년. 10. 27) : 「朝鮮最古の木造建築」, 關野貞, 동경제대 교수

　6회(동년. 11. 19) : 「安裕の畵像に就いて」, 栢原昌三, 본회 강사 ; 「定

청구학회도 3차의 강연회를 개최하였는데,[58] 講師는 대개 경성
제대 교수나 조선사편찬위원 등 국내 거주 일인 학자들이었으며,
일본 내 유명교수들의 來韓에 맞추어 마련되기도 하였다. 演題는
대개 韓日關係史나 考古學, 旅行談 등으로 역사적 사실과 현상 또
는 史學理論을 식민지 지배논리로 전화하여 일반에 주지시키는 내
용이었다.

한편 이들 학회는 사적지를 답사하기도 하였는데, 靑丘學會의
半月城 등 開城府 일원 답사,[59] 貞陽會의 風納土城 등 서울근교
답사를 들 수 있다.[60] 이들은 현지에서 전문가들로부터 설명을 듣
거나 사적강연회를 통해 한국문화에 대한 이해를 심화시켜 나갔던
것이다.

平地方視察談」, 池內宏, 동경제대 교수
　　7회(동년. 11. 19) :「平讓新發掘の漢鍾に就て」, 稻葉群山, 본회 강사
　　8회(1924. 4. 25) : 연제 불명, 和田英松, 동경제국대학 사료편찬관
　　9회(동년. 10. 28) :「高句麗平壤城及長安城に就いて」, 關野貞, 동경제
　　　　대 교수
　　10회(동년. 7. 11) :「古代に於ける日鮮關係に就て」, 喜田貞吉, 경도제
　　　　대 교수
　　11회(동년. 7. 16) :「所謂日本の特殊部落に就て」, 喜田貞吉, 경도제대
　　　　교수
58) 靑丘學會의 강연회 내용은 다음과 같다(『靑丘學叢』第3·4·6호號 彙報).
　　1회(1930. 11. 9) :「三國以前の朝鮮」, 藤田亮策, 경성제대 교수
　　2회(1931. 4. 12) :「朝鮮近代史の槪觀」, 中村榮孝, 조선총독부 수사관
　　　　　　　　　　　「足利時代に於ける日鮮貿易に關する一考察」, 三浦
　　　　　　　　　　　周行, 경도제대 교수
　　3회(1931. 9. 27) :「朝鮮に於ける天主敎の傳來に就て」, 山口正之
　　　　　　　　　　　「布敎百年に際しての所感」, 대구주교, 안주교
　　　　　　　　　　　「朝鮮最近世史上の天主敎」, 小田省吾, 경성제대 교수
59)『靑丘學叢』第2號 및 3號 彙報. 당시 일행은 武部 학무국장과 小田 會
　　務監督, 위원 7인 전원 등 40명이었다.
60) 1935. 11,『靑丘學叢』第22號, 221~222쪽.

이밖에도 朝鮮史學會의 경우 유물 출토에 대한 정보를 제공받는 등 조선총독부의 문화사업과 관련한 민원을 접수하기도 하였으며,[61] 眞興王巡狩碑를 탁본, 판매하기도 하였다.[62]

2. 學會의 性格

1) 日本內 史學會와의 連繫

당시 일본의 역사학계에는 史學會를 비롯, 國史十一會・讀史會・東洋史談話會・東洋史同好會・西洋史讀史會 및 대학 내의 학회 등 많은 학회가 조직되어 연구활동을 전개하고 있었다.

이들의 연구동향을 대표하는 것은 東京帝大 敎授들이 중심이 된 史學會의 『史學雜誌』로 이를 통해 보면 동양사관계 논문 중 한국사에 관한 것이 압도적으로 많아 일본에서의 동양사연구란 곧 한국사연구 자체였다 해도 과언이 아니다.[63]

당시 일본 학계에서 한국사에 대한 관심은 고대사에 집중되었

---

61) 『朝鮮史講座 特別講義』 雜錄, 1쪽.
62) 『朝鮮史講座 特別講義』 雜錄, 4쪽.
63) 『史學雜誌』를 검토해 보면 吉田東伍의 「古代半島諸國興廢槪考」(21호, 1891. 8)를 위시하여 林泰輔・嶋田重禮・白鳥庫吉・坪井九馬三・那珂通世 등에 의해 많은 한국사 관계 논문이 발표되고 있다. 예컨대 제7편 제1호(1896. 1)의 경우 총 80면 중 한국사 관련 논문이 44면에 달하고 있어 그 비중을 짐작케 해 준다. 특히 白鳥庫吉은 제6편 제7호(1895. 7)부터 제7편 제4호(1896. 4)에 걸쳐 朝鮮古代諸國의 國號・地名・王號・官名 등에 대한 논문을 연속적으로 발표하고 있다. 이 중 최초로 한국 고대사에 대해 방대하고 통사적인 연구를 시도한 자는 那珂通世였다. 그가 제5편 제3호이래 17호에 걸쳐 9章으로 논술한 「朝鮮古史考」는 총 242면에 달하고 있다.

고, 한국 고전의 불신과 일본 고전의 절대적 맹신이란 편향적 문헌 고증이 진행되었으며 역사연구에 언어연구가 도입되어 比較言語學的 입장에서 일본의 우수성이 강조되었다.[64]

경성독사회가 동경제대 교수이자 사학회 평의원인 市村瓚次郎의 권유에 의해 조직되었음은 전술한 바와 같다. 그런데 조선사학회, 청구학회 등의 조직과 활동상을 일본 학술지에서는 이를 일본 내의 학회와 함께 '內國學界' 소식으로 소개하고 있다.[65] 이는 조선내의 학회를 일본의 학회와 동일하게 인식하고 있었음을 보여주는 것이다. 특히 史學會와 靑丘學會는 회칙과 운영이 비슷하며,[66] 학술지의 체재도 유사함이 주목된다.[67]

학회의 회원을 보면 저명한 일본 학자와 동경제대 등 일본 대학 출신자들이 대부분이며 이들이 경성제대에서 배출한 신진학자들도 참여하고 있다. 이들은 식민통치기구의 관료, 사학을 전공한 관학자, 총독부 직원이나 촉탁으로 근무한 한국인, 사학과 출신의 신진학자들로 나누어 볼 수 있다.[68]

이로써 볼 때 식민사학 학회는 일본내 학회와의 관계나 영향 하에 조직된 것이었으며, 결국 이들은 일본 학회를 한국으로 이식한

---

64) 旗田巍, 「日本における朝鮮史硏究の傳統」, 235~237쪽.
65) 靑丘學會가 설립되자 史學會(『史學雜誌』), 日本歷史地理學會(『歷史地理』), 國學院大學雜誌部(『國學院雜誌』) 등이 이를 소개하며 기대를 표하였다(『靑丘學叢』 第2號, 188쪽, 編輯後記).
66) 史學會 회칙은 21條, 靑丘學會 회칙은 14條로 조항의 차이는 있으나, 규정 내용은 비슷하며, 評議員・委員・會計監督・書記 등 役員의 체제나 예회, 위원회, 논문집 발간 등의 사업내용도 같다.
67) 『史學雜誌』는 圖版・論說・考證・解題・雜錄・問答・彙報・附錄・廣告欄으로 구성되어 있는데『靑丘學叢』과 명칭은 약간 다르나 실제의 내용은 같다.
68) 金性玟, 「朝鮮史編修會의 組織과 運用」, 143~147쪽.

韓國分會, 또는 支會에 불과한 것이라 여겨진다. 다만 본격적이고 정책적으로 한국사의 왜곡을 전담하고 일부의 한국인 학자와 관료가 참여한 정도의 차이 밖에는 없는 것이다.

2) 京城帝大 및 植民統治機構와의 關係

日人 史學會의 근간을 이루는 兩大 機構는 경성제대와 조선사편수회였다. 따라서 이들 학회가 식민통치 방법의 일환으로 조직, 활동하였음은 재론할 나위도 없다. 이들 양 기구는 식민사학의 연구를 통해 일제의 궁극적 목표인 '同化政策'이란 제국주의 지배 이데올로기를 창출해낸 두뇌조직이다.

조선사편수회는 이전의 조선사편찬위원회를 격상시켜 총독부 직할관청으로 독립시키고 政務總監이 회장이 되고 이하의 顧問·委員·幹事 등을 총독의 요청으로 內閣이 임명하도록 한 바 있다.[69] 그런데 조선사편수회에는 경성제대 교수들이 많이 참여하고 있다. 즉 경성제국대학 총장 山田三郎과 速水滉이 고문, 大谷勝眞·藤田亮策 교수가 위원, 今西龍·田保橋潔·末松保和 교수가 각각 촉탁을 역임하고 있다.[70]

경성제국대학 자체도 창설위원회 당시부터 총독의 지휘를 받으며 정무총감이 위원장이 되고 총독이 총장을 감독하는 등 제국주의의 정치적 영향력이 깊이 개입되었음은 물론이다.[71] 그런데 경성제국대학 법문학부의 강좌를 보면, 조선사강좌가 다양하고 점차 주제가 세분화되며 시간도 많이 배정되어 결코 일본사 강좌와 큰 차이가 없음을 알 수 있다.[72] 이는 단순히 학문적 의의만 부여할

---

69) 1925. 6. 12, 『朝鮮總督府官報』 勅令 第218號, 「朝鮮史編修會官制」 참조.
70) 朝鮮總督府朝鮮史編修會, 『朝鮮史編修會事業槪要』, 126~136쪽.
71) 1923. 12. 27, 『朝鮮總督府官報』, 勅令 第103號.

것이 아니라 역시 식민지 지배 차원에서 이해함이 타당할 듯하다.

결국 경성제대는 아카데미즘을 위장하여 조선사편수회와 함께 유기적 관계하에서 효과적인 식민지배 수단으로서 식민사학의 연구를 진행하였던 것이며, 공동으로 참여할 수 있는 학회를 다중적으로 조직하였던 것으로 해석된다.

따라서 日人의 史學會에 고위 관료가 참여함은 당연한 귀추일 것이다. 朝鮮史學會의 總裁에 政務總監, 고문에 식민지수탈기구의 수뇌들과 총독부 관계국장들이 대거 참여하고 있고, 조선사편수회 고문이었던 李完用·朴泳孝·權重顯 등의 한국인도 고문으로 참여하고 있는 것이다. 또한 朝鮮史學同攷會도 조선사편수회원을 재편제한 것일 따름이다. 이로써 볼 때, 이들은 식민지 통치기구를 학회 체제로 편성한 것에 불과한 것이다. 靑丘學會의 경우 위의 양대 기구를 합일한 것인데 다만 일반회원의 가입을 허용하고 있음이 약간 다를 뿐이다. 그러나 일반회원이라 하더라도 각급 학교의 일본인 교원과 식민지 통치기구내의 직원들이 대부분이어서 큰 의미는 없다고 여겨진다. 오히려 국내는 물론 일본, 중국지역에 거주하는 일본인에게까지 문호를 개방함으로서 식민사학의 파급효과가 더 컸을 것에 주의하여야 할 것이다.

이들 學會는 제국주의의 침략과 지배를 옹호하고 이를 영속시키기 위한 논리를 창출하는 총독부 산하의 별동조직으로서 일제의 고등식민통치 방책을 대변하는 것이라 할 수 있다.

---

72) 1924. 1,『史學雜誌』第35編 第1號, 81~82쪽.

제4절 高麗時代史의 敍述과 歪曲

1. 學會의 硏究傾向

1) 朝鮮史學會의 「朝鮮史講座」

식민사학 학회로서의 성격이 가장 뚜렷한 것은 朝鮮史學會였다. 때문에 이 학회가 주관한 朝鮮史講座는 당시 일제의 주도 하에 전개된 한국사 연구경향과 의도를 대변한다고 볼 수 있겠다.

「朝鮮史講座」一般史講義는 시대사를 중심으로 구성되었고, 分類史講義는 정치・경제・사회적 분야를 중심으로 하고 있으며, 特別講義는 문화사적 분야로 구상하여 계획한 것으로 보인다. 특별강의의 경우 후에 강좌의 내용이 크게 바뀌나, 일제가 한국사를 체계적으로 三分하여 강좌를 진행시켰음을 알 수 있다.

一般史는 한국사를 上世史・中世史・近世史・最近世史의 4시기로 시기구분을 하여 서술하고 年表를 덧붙인 것으로 小田省吾・瀨野馬熊・杉本正介・大原利武가 분담 집필한 것이다. 이는 1920년대까지 그들의 연구결과를 종합한 것으로 林泰輔의『朝鮮史』(1892) 이래 日人의 시각에서 한국사를 정리한 최초의 통사라 할 수 있다.

1927년『朝鮮史大系』로 개칭, 간행된 一般史73)는 上世史 권두

---

73) 朝鮮史講座 一般史講義는 1924년 3월 발간되기 시작하였는데(1924. 3,『史林』第9卷 1號, 170쪽),『朝鮮史大系』는 일반사강의를 묶어 1927년 재판한 것이다. 그런데 일반사강의와 시대구분이 같고 上世史는 일부의 자구 수정으로 그친 것이나, 중세사와 근세사는 크게 고치고, 최근세사는 부록으로 조선총독부 설치이래 당시까지의 연혁을 서술하는

의 總序와 敍說 부분에서 그들의 의도를 잘 보여주고 있다. 總序
에서는 조선의 역사가 아직 엄정한 학술적 고핵을 거치지 않은 소
위 전통적 형식에 속하기 때문에 그 내용을 정확하고 충실하게 하
는 것은 금후 전문학자들의 연구에 기대할 수밖에 없다고 하고 조
선이 중국대륙과 일본열도에 인접해 있는 지정학적 특성을 강조하
고 있다.[74]

따라서 한국사는 중국과 일본의 사료로부터 독립할 수 없는 것
이라 하며, 고래로 조선이 중국에 종속적 관계가 영속되었기 때문
에 조선의 학자들이 중국사료에만 의존하여 한국사를 서술해 온
것을 큰 결함이라고 비판하고 일본과 서양의 사료도 참조해야 한
다는 논리를 전개하고 있다. 바로 이것이야말로 새로운 조선사연
구의 첫걸음이라는 것이다.[75]

이어 본 저술의 목적을 다음과 같이 밝히고 있다.

> … 본 저술에 있어서 一般史 저술의 목적은 朝鮮半島의 沿革과 조
> 선민족의 과정을 가장 온건한 태도로 가능한 정확히 연구하고자 한
> 것이다. 따라서 舊態한 점이 많을 것이나 奇異한 言說을 하여 內地를
> 위해, 朝鮮을 위해 특히 曲筆하여 便宜的으로 나열하는 陋함을 보이
> 지 않을 것이다. 우리는 늘 秉公持平의 마음으로 선배학자들의 新研
> 究를 토대로, 또 새로운 사료의 도움을 받아 집필함과 함께 從來 朝鮮
> 史家들의 의견을 가능한 존중하고자 한다. 또 本史의 서술은 平易簡
> 明하고 번거로운 고증을 피하여 일반의 이해를 돕도록 한다. 참신하
> 고 深遠한 연구를 발표하여 그 시비를 학계에 묻는 것과 같은 것은
> 결코 본 저술이 目指하는 바가 아니다 ….[76]

등 개정된 부분이 적지 않다(『朝鮮史大系』 上世史, 總序, 3~4쪽).

74) 『朝鮮史大系』 上世史, 總序, 1~2쪽.

75) 『朝鮮史大系』 上世史, 總序, 2쪽.

76) 『朝鮮史大系』 上世史, 總序, 3쪽.

즉 實證史學에 입각하여 공평하고 평이간명한 서술로 일반의
이해증진에 기여하는 것이 목적이란 것이다. 그러나 이는 명분에
불과한 것이다. 한국이 고래로 중국에 영속적으로 종속되어 왔다
는 他律性論과 한국사를 低級한 민족사로 치부하는 民族優劣論이
란 고정된 선입견에서 출발하면서도 이를 실증주의적 역사연구방
법론으로 포장, 미화시킨 것에 지나지 않는 것이다.

이는 年表의 凡例를 보면 더욱 확실해진다. 7항으로 된 범례의
골자는 檀君朝鮮의 부정(1항), 箕子·衛滿朝鮮으로부터 한국사가
출발한다는 것(2항), 日本紀年에 의혹이 있음을 인정하면서도 그냥
역사서술의 자료로 인용한다는 것(3항), 『三國史記』가 '新羅王의
後裔', '新羅黨'에 의해 정리된 것이라 신라의 건국 기년을 믿을 수
없다는 것(4항), 조선반도에서 건국된 諸國의 國號 계통은 물론 가
장 관계가 깊은 중국 본토와 만주, 몽고에서 건국된 諸國朝의 계통
을 기술하고 이와 동시에 조선의 것을 병기하여 대조표를 만든다
는 것(5항), 年號도 조선과 만주 諸國의 것을 기록하고 색인표를 만
들어 조선과 만주는 물론 일본, 중국 본토, 蒙古, 新疆, 安南, 雲南
등에 건국된 諸國의 것을 모두 모아 세계 연호를 망라한다는 것(6
항), 이외에 王家 系譜와 歷代表를 만든다는 것(7항) 등이다.[77]

이는 한마디로 한국사의 자주성을 부정하고 타율성의 논리에 입
각하여 서술하고자 한 식민주의적 발상이다. 더구나 한국사를 서
술하며 중국, 일본 등의 주변 제국들의 王系, 國號, 年號를 병기하
고 있음은 편리 제공을 가장하여 한국사의 주체성을 몰각시키려
한 악의적 의도가 분명하다. 나아가 日本紀年을 기준으로 하고 있
는 것은 일본을 맹주로 하여 한국 뿐 아니라 중국과 여타의 동양
제국을 포괄하는 새로운 동양질서의 수립이란 패권주의적 논리임

---

77)『朝鮮史大系』年表의 凡例, 12쪽.

을 지적할 수 있다.

그런데 朝鮮歷代王家系譜와 朝鮮年表에서 渤海를 첨입시킨 것은 주목된다. 물론 上世史편에서도 발해가 간략하나마 언급되어져 있다. 그러나 여기에서는 高麗王 世系 앞에 '參考'라 하여 '朝鮮半島 내에서 건국된 것은 아니나 관계가 깊기 때문에 참고로 적어둔다.'는 단서를 달고 있다.78) 또한 朝鮮年表 발해 건국기사에서도 건국의 주체를 '靺鞨酋長 大祚榮'이라 하여 靺鞨系임을 강조하고 있다.79) 이러한 견해는 上世史編에서도 마찬가지이다. 즉 신라의 통일 다음에 '附節'이라 하여 발해를 설명하며 '靺鞨의 大祚榮'이 건국한 것이라 기술하고 있고,80) 발해와 일본과의 관계도 왜곡 기술하고 있다.81)

반면 靺鞨族은 본래 高句麗의 別種이라 하며 渤海의 문화에서 고구려적 요소가 많음을 설명하고 있다.82) 이는 그들이 발해를 고구려의 후예로 인식하고 있었다는 분명한 증거이다. 따라서 그들은 발해를 어떤 형태로든지 한국사 속으로 편입시킬 수밖에 없다

---

78) 『朝鮮史大系』 朝鮮歷代王家系譜, 15~16쪽.
79) 『朝鮮史大系』 年表, 217쪽의 700年條.
80) 『朝鮮史大系』 上世史, 203~204쪽.
81) 여기에서는 渤海가 日本과 친교관계를 유지한 것은 渤海가 新羅와 적대관계였던 결과라 보고 있다. 또한 발해가 風濤를 무릅쓰고 日本海를 건너 日本 朝廷과 우호관계에 애쓴 것은 渤海가 唐과 新羅로부터 공격당하는 위험한 경우, 高句麗의 예에 의해 일본에 원조를 요청하려는 聯合策을 취하기 위한 것이라 하고 일본으로부터 多大한 物資를 贈與받고 무역에 의해 需要를 충족시키려 한 것도 원인의 하나라 서술하고 있다(『朝鮮史大系』 上世史, 207쪽). 물론 발해가 일본과의 교린정책을 통하여 적대세력을 견제하기 위한 의도가 있었을 것이다. 그러나 일본에게 원군을 요청하거나 일본의 물자를 얻어감으로서 발해의 수요에 충당하려 했다는 것은 당시 발해의 정치・경제・군사・문화 등 제반 상황을 고려해 볼 때 전혀 성립될 수 없는 난폭한 식민사학적 논리이다.
82) 『朝鮮史大系』 上世史, 203, 206쪽.

고 판단하고 식민통치의 방책에 상충되지 않는 계책을 강구한 것으로 보인다. 결국 발해를 서술하되, '參考', '附節'이라 하여 한국사의 본류에서 제외시키는 듯한 인상을 주고, 건국 주체를 말갈계로 강변한 것이다. 즉, 식민통치 논리로서의 역사해석과 역사적 진실을 교묘히 배합, 서술하였던 것이라 생각된다.

上世史 敍說 부분에서는 우리나라의 位置・面積・人口・國號・地勢・山系・海岸・島嶼・沼湖・海流・潮汐・氣候・地方과 人物・歷代沿革 등을 설명하고 있다.[83] 이는 한국사를 이해시키기 위한 전제적 설명 부분이다. 그러나 여기에서도 우리가 고래로 중국에 '從屬時代'였다고 말하고, 반도의 북부는 중국의 영향을 크게 받아 활동의 주체가 북방으로부터 이주해 온 많은 漢族, 滿洲族이며, 남부는 日本의 영향을 크게 입었다 하여 任那日本府를 강조하고 있다.[84] 모두 한국사를 타율성론에 입각하여 서술함으로서 자주성, 주체성을 말살하고자 한 의도일 뿐이다.

이러한 시각은 最近世史編에서 더욱 두드러진다. 즉 최근세사를 三時期로 구분하고 있는 바 우리의 주체적 역사발전 역량을 전혀 무시하고 淸・日의 '服屬'과 '保護'를 강조하고 있다.[85] 이는 조선

---

83) 『朝鮮史大系』上世史, 敍說, 2쪽.
84) 『朝鮮史大系』上世史, 緖言, 1쪽. 이처럼 한국사를 他律性論에 의해 서술하고자 함은 목차상에서도 뚜렷이 보인다. 즉 原始狀態, 支那統治 以前의 北鮮, 支那의 郡縣, 日本府 設置 以前의 南鮮, 日本의 勢力樹立이란 章의 설정에서 침략사학적 저의를 노골적으로 드러내고 있다.
85) 『朝鮮史大系』最近世史, 3~4쪽. 최근세사의 시기구분을 다음과 같이 하고 있다.
　　第1期 : 前時代의 연장으로 淸에 服屬時代
　　第2期 : 國外의 자극에 의하여 獨立自主를 간절히 바라 시련이 거듭된 獨立時代
　　第3期 : 前時代의 시련과 민심의 倦怠에 의해 日本의 保護에 힘입은 保護時代

멸망의 필연성을 설명하고 일본에 의한 강제병합을 합리화하려는 것으로 附錄으로 총독의 조선통치를 장황하게 미화하고 있는 것도 같은 맥락으로 이해된다.[86)]

한편 分類史講義는 최종 13개 강좌로 확정, 진행된 것이다. 한국사에 있어서 분류사적 서술이 시도된 것은 이것이 최초라 여겨지며, 따라서 한국사학사에서 제한적이나마 의미를 부여할 수 있을 것 같다.

그러나 그 내용을 보면 軍과 警察制, 敎育制, 地方制, 社會制, 法制 등 제도사에 관한 것이 많음을 알 수 있다. 특히 財政에 대하여는 「朝鮮財政史」, 「朝鮮地方財政史」를 별도로 설강하고 있어 깊은 관심을 보이고 있다.[87)] 이는 식민통치의 수행상 필요에서 우리의 제도전반에 대해 검토한 것이고, 특히 식민지 경제수탈의 수단으로 재정사가 주목된 것으로 해석된다. 또한 여타의 서술에서와 마찬가지로 對日, 對滿과의 관계사가 논급되고 있는데, 이는 한국사의 타율성, 즉 외세의존성을 부각시키고 주체적 성격을 부정하려 한 것이다.

이러한 의도 하에 진행된 分類史講義의 내용을 검토해 보면, 洪憙와 李能和 등 한국인이 집필한 學藝史, 佛敎史 등 정치, 제도외

---

86) 무려 100여 쪽에 달하는 附錄은 朝鮮總督統治이 主要記事와 施政槪要를 설명하고 이를 二時期(第1期 : 寺內, 長谷川 總督時節, 第2期 : 齋藤實 總督時節)로 나누어 일제의 강점과 총독정치를 미화하고 있다.

87) 이 두 편은 모두 朝鮮總督府中樞院兼朝鮮總督府囑託 麻生武龜의 논문으로 「朝鮮財政史」에서는 給田을 개관하고, 조세징수 방법 중 年分法과 公共收入(地稅·戶稅·海稅·鑛稅·蔘稅·疱肆稅) 등을 중점적으로 검토한 방대한(194쪽) 논문이다. 「朝鮮地方財政史」는 원래 계획에 없던 것이 신설된 것으로 지방재정을 지방관청에서 행해진 경리로 규정하고 그 組織·稅目을 설명하고, 수입은 土地·大同法·附加稅·地方官의 私經濟的 企業·還穀 등에 대해 설명하고 있다. 이는 33쪽의 소편으로 「朝鮮財政史」의 附編으로 여겨진다.

적인 면을 제외하고는 한국사상의 諸 현상들이 부정적이고 저열한 것으로 일색되어 있다.

그 중 가장 기본적인 논리는 식민지배 이데올로기의 핵심이라 할 수 있는 他律性論이다. 즉 우리 민족은 구성 자체가 중국의 식민지(콜로니) 關涉에 의한 것이고, 문화 역시 단순한 중국 문화의 섭취에 불과하다는 것이다.[88] 따라서 조선을 해석함에 단지 조선만의 지식으로는 불가하며 '滿鮮은 一家'라는 대제목 하에서 논급되어야 한다는 논리를 전개하고 있다.[89]

일제 식민사학자들은 타율성 논리를 민족의 구성, 정치제도에만 국한하지 않고 문화일반에도 적용하고 있다. 이에 의하면 우리의 사회제도는 중국의 것을 모방하여 統一新羅 이후에야 성립되었다고 하고 있다.[90] 또한 敎育制度도 일제 침략 이후 그들에 의한 新敎育 실시가 획기적인 것이라 하며 이를 별도의 시기로 구획하여 장황하게 설명하고 있다.[91] 한편 일본이 우리를 고대로부터 지배하였다고 任那日本府說을 강조하면서도 특히 근세사 이후에 중점을 두고 있다. 그 명분으로 역사연구는 외형서술보다 내용비평이 중요한 것이라는 논리를 내세우고 있다.[92]

이는 일제의 침략을 미화하고 식민지 지배를 합리화하려는 식민지 지배 이데올로기에 불과한 것이다. 즉 우리 민족사를 악의적으

---

88) 稻葉岩吉, 「朝鮮民族史」, 52쪽. 나아가 우리 민족과 사회가 단일민족으로 성립된 것으로 해석하는 것도 일개 전설에 불과하다고 일축하고 있다(16쪽).
89) 稻葉岩吉, 「滿鮮關係史」, 67쪽.
90) 村山智順, 「朝鮮社會制度史」, 98쪽.
91) 小田省吾, 「朝鮮敎育制度史」, 51~52쪽. 일제 침략 이후를 '最新時代'라 하고 다시 이를 강제조약의 체결과 이른바 朝鮮敎育의 실시에 따라 4시기로 구분, 의미를 부여하고 있다.
92) 栢原昌三, 「日鮮關係史」, 8~9쪽.

로 곡해하여 무리하고 난폭한 식민지 지배 이론을 창출한 것으로
학문으로는 규정할 수 없는 것이다. 따라서 이 강좌에 참여한 그들
사이에서조차 비판이 일기도 하였다.93)

　特別講義는 문화사 분야의 검토를 위해 계획된 것으로 보이나,
이후 계획이 크게 수정되었다. 우선 강좌수가 8개에서 25개로 대폭
증설되었으며, 강좌의 주제도 고적 유물 등 문화사 분야가 대부분
이다가 후에 壬辰倭亂, 丁酉再亂 등이 새로 첨가되었다.

　그러나 이 강의도 식민사관으로 일관하기는 마찬가지이다. 여기
에서도 우리의 문화적 독창성을 부정하고 단순히 중국문화의 移入
이란 것을 누차 강조하여 문화적 열등의식을 조장하려 하고 있다.
즉 우리의 영토가 협소하고 인민이 적어 일본, 중국에 대하여 완전
한 독립을 형성할 실력이 없음을 전제하고, 事大主義와 退嬰姑息
主義에 빠지게 될 수밖에 없는 運命論을 주장하며 특히 근현대사
부분을 부정적으로 서술하고 있다.94) 또한 箕子朝鮮과 漢四郡의
실체를 날조, 과장하고 任那日本府를 강조하여 침략사학적 성격을
분명히 하고 있다.95) 또한 한국사를 서술하면서도 地政學的 특성
을 강조하여 일본과 중국을 주체로 서술한 부분이 많은 등 역사서
술의 모순을 드러내고 있다.96) 이는 한국사를 일본사 연구의 부수

---

93) 中村榮孝, 「豊臣秀吉の外征」『日鮮關係史の研究』中, 83쪽에서 분류
　　사강의 중 栢原昌三의 「日鮮關係史」를 서술이 粗放하고 사료비판이
　　不備하며 논리가 비약되었다고 비판하였다.

94) 關野貞, 「朝鮮美術史」, 1~5쪽. 여기에서는 우리 美術史를 發生時代(樂
　　浪~三國), 極盛時代(統一新羅), 餘盛時代(高麗), 衰頹時代(朝鮮)로 시기
　　를 구분하여 점차 퇴락해 가는 부정적 면을 의도적으로 부각시키려 하
　　고 있다.

95) 大原利武, 「朝鮮及滿洲の國號系統に就いて」, 3~4쪽. 이처럼 한국사를
　　만주와 함께 하나의 역사체계 속에서 서술하는 것은 이른바 滿鮮史觀
　　과 맥락을 같이 하는 것이다.

96) 예컨대 한국사관계 도서를 해제하면서 우리 도서는 일부만 간략히 취

적, 보조적 수단으로 전락시킨 것이다. 이는 유물, 유적 분야만 아니라 語學의 경우도 마찬가지이다.[97] 반면 총독부에 의한 유물 유적의 보존과 발굴 및 각종 도서의 편찬사업을 누차 거론하며 극찬하고 있다. 이 또한 식민지배를 미화, 합리화하려는 의도이다.

이와 함께 壬辰倭亂, 丁酉再亂에 관한 강좌가 3편이나 새로 첨가되고 있다. 여기에서는 당시 京城에 滯陣했던 宇喜多秀家 부대 등의 陣地 위치를 고증하거나 加藤淸正이 籠城했던 蔚山城에서 明軍 격퇴의 사실을 설명하고 있다.[98] 그런데 鳴洋海峽 전투의 패배 사실을 인정하고 李舜臣의 승전을 위대한 전승이라 평가함은 이채롭다.[99] 이처럼 그들이 과거의 침략전쟁사를 재론함은 역사적 진실의 규명보다는 양국관계사의 검토를 통해 식민지배의 귀감으로 삼으려 한 것으로 보인다.

이로써 볼 때 特別講義도 식민사관에 입각하여 식민지 지배를 합리화하려는 의도임을 알 수 있다. 그러나 특이하게 한국문화에 대해 선망을 표하거나 그들 문화의 원형으로 서술하는 등 문화적 우수성을 인정하는 부분도 일부 보인다. 즉 고구려 고분벽화가 동양 최고의 회화이며 세계적 가치를 지녔다고 하고,[100] 阿直岐와 王

급하고 거의 일본과 중국의 도서 해제가 주를 이루고 있다. 뿐만 아니라『日本書紀』가『三國史記』보다 400여년 전에 편찬된 것임을 강조하고『日本書紀』의 年紀와 내용의 오류는 전혀 언급치 않는 반면『三國史記』에 대하여는 단순히 三國史를 刪削添補한 것에 불과하다고 폄하하고 있다. 또한 종래의 한국사연구에서 일본사서가 외면되었음에 심히 불만을 표하고, 일본의 사료를 모은 韓致奫의『海東繹史』를 칭송하고 있다(荻山秀雄,「朝鮮史關係圖書解題」, 2~3쪽).

97) 小倉進平,「朝鮮語學史」, 3~4쪽.
98) 小田省吾,「京城に於ける文祿役日本軍諸將陣地の考證」과 瀨野馬熊,「蔚山城址と淺野丸」참조.
99) 栢原昌三,「鳴洋峽の海戰と統制使李舜臣」, 10~11쪽. 여기에서는 물론 이순신의 順川海峽 전투의 패배도 함께 거론하고 있다.

仁에 의한 일본에의 한학 전파의 의미를 평가하며,[101] 고려 청자의 문화적 독창성과 우수성을 설명하기도 하였다.[102] 특히 그들 推古期, 奈良期의 불교예술이 백제와 신라를 母型으로 한 것임을 인정하기도 하였다.[103]

이는 식민통치상 필요한 지배 이데올로기를 한국사의 왜곡과 날조를 통해 창출하고자 하면서도 實證史學의 方法論에 의해 역사적 진실을 인정할 수밖에 없었던 식민사학의 양면성과 논리적 모순으로 지적할 수 있다.

2) 例會와 『青丘學叢』所收 論文의 傾向

日人 史學會의 활동은 전술한 바와 같이 例會와 학술지 발간으로 대표되는데, 京城讀史會와 貞陽會는 예회를 통하여, 青丘學會는 『青丘學叢』의 소수 논문을 통하여 그들의 연구경향을 파악할 수 있다.

전술한 바와 같이 경성독사회는 34회, 정양회는 50회의 예회가 진행되었다. 그러나 조선사학회는 예회가 없었고, 청구학회는 단 1회의 예회기록만 보인다.[104] 이로써 별도의 학술지를 발간한 학회의 경우 예회가 거의 없고 그렇지 않은 학회의 경우 예회가 활발히 전개되는 양상을 알 수 있다.

---

100) 關野貞, 「朝鮮美術史」, 229쪽.
101) 小倉進平, 「朝鮮語學史」, 34쪽.
102) 加藤灌覺, 「朝鮮陶磁器槪要」, 21~27쪽.
103) 藤田亮策, 「朝鮮古蹟及遺物」, 7쪽.
104) 青丘學會의 유일한 例會는 1930년 12월 6일 朝鮮總督府 도서관 회의실에서 李丙燾(朝鮮史編修會 囑託)의 「平壤の在城と羅城とに就いて」와 善生永助(朝鮮總督府 囑託)의 「開城の商業及び商人」이란 발표로 진행되었다(1931. 2, 『青丘學叢』第3號, 189~190쪽).

경성독사회의 예회를 보면 토기·고분·패총 등 고고학에 대한 몇 편의 발표가 있었고, 고대사는 新羅 眞興王 巡狩碑 등 2건에 불과하며 고려시대는 전혀 논급되지 않고 있다. 반면 조선시대사는 7건으로 朝鮮王朝實錄 등 사료에 관한 것 2건과 屛虎是非에 관한 내용 외에는 주로 朝鮮信使, 李舜臣, 甲申政變, 倂合前의 學校 등 한일관계사와 일본의 침략과 관련된 내용들이다. 조선 이전 보다 이후, 특히 양국 관계사와 과거 침략의 과정을 주목하고 있음은 대개의 식민사학에서 공통되는 경향이다. 이는 과거의 역사적 사실을 통하여 식민지 지배의 자료로 활용코자 한 것으로 이해된다.

한편 한국사 이외의 일본사가 다루어지고 있음을 지적할 수 있다. 즉 魏志 倭人傳·日英關係·日中關係 및 日本書紀의 年紀 문제 등이 주제의 대상이 되고 있다. 또한 중국사와 서양사에 관하여도 각각 4건씩 보이고 있다.105) 따라서 경성독사회의 이러한 경향은 일본내 학회의 역사연구, 특히 동양사연구 경향과 같은 것으로 결국 당시 우리나라에 조직한 日人 史學會는 일본내 학회의 연장이란 사실을 확인시켜 준다.106)

貞陽會의 경우는 약간 다른 경향을 보인다. 거의 모든 예회의 주제가 한국사와 관련된 것이고, 절반 이상이 조선 이후에 집중되고 있다. 이는 정양회 회원이 경성독사회와는 달리 모두 식민사학의 총본산인 朝鮮史編修會員으로 구성된 데 따른 것으로 보인다.

따라서 고대사의 경우 7건으로 경성독사회와 비교해 볼 때 크게 증가하고 있으나, 허구적인 任那日本府를 실체적인 것으로 서술하

---

105) 앞의 <표 1> 참조.
106) 京城讀史會에서 발표된 내용은『靑丘學叢』과 京城帝大 法文學部 研究調查 책자 및 일본내의 학술지인『史學雜誌』·『東亞經濟研究』·『歷史地理』등에 발표되고 있어 일본내 학회와 차이를 구분 할 수 없다.

고 양국 고대의 공통 풍속을 추출해 냄으로서 이른바 日鮮同祖論
을 강조하고 있다.[107] 또한 고려시대도 부각되고 있다. 그러나 이
또한 고려의 對中國 從屬的 성격을 강조한다거나 對日, 對元關係
를 강조하고 있어 한국사의 주체적인 자기전개를 부정하고 있는
것들이다.[108]

한편 조선시대에 관하여는 조선왕조실록에 대한 것이 3건이나
발표되어 그들의 깊은 관심을 알 수 있고, 또한 壬辰倭亂 때 일본
군의 진군로와 조선후기의 對日關係, 對日修好 등을 다루고 있다.
특히 李施愛・洪景來・李夢鶴의 난과 燕山君의 失位, 士禍, 天主
敎 박해, 楊水尺 등에 관한 주제가 많아 조선의 정치적 혼란상을
부각시켜 그들의 침략과 식민지 지배를 합리화하려 하였음을 알
수 있다.[109]

이밖에도 隋唐의 東方經略, 契丹, 淸 太宗 關係 등이 조선사 연
구의 일환으로 연구되고 있음을 알 수 있다. 그런데 순수 일본사
관계는 日本書紀 私記 1건에 불과하여 朝鮮史編修會 산하조직으
로서 貞陽會의 성격을 분명히 하고 있으며, 金石文・實錄・地形
圖 등 자료에 관한 주제가 많이 다루어지고 있음도 조선사편수회
의 사료수집 작업과 관련하여 볼 수 있다.

이 같은 과거의 정치사, 한일관계사 외에 부분적이나마 문화사
적 접근태도를 보이고 있어 주목된다. 즉 朱子學의 전래, 조선말기

---

107) 1회 例會의 末松保和,「任那の場合」, 3회 例會의 今村鞆,「日鮮古代
    共通風俗の二三」(1934. 8,『靑丘學叢』第17號, 223쪽).
108) 秋浦秀雄은「金石に見ゆる年號と高麗國家」(15회)에서 부제로 '從屬
    國家로서의 高麗'라 附記하여 종속적 성격을 부각시키려 하였고, 中
    村榮孝는「日麗元の關係に就いて」(16회)에서 역시 고려의 주체성을
    부정하고 있다.
109) 앞의 <표 2> 참조.

의 儒學, 지명과 문화, 書道, 正月行事, 家禮 등은 여타의 답사기, 여행기와 함께 현재의 조선과 조선인을 폭넓게 이해하여 식민통치상의 자료로 삼으려 하였던 것으로 보인다.

예회와 함께 식민사학의 연구경향을 대변하는 것은 靑丘學會의 『靑丘學叢』所收 논문이다. 여기에는 112편의 논문과 103편의 僉載가 수록되어 있는데 文化一般 및 雜考가 33건 42편으로 가장 많고, 그 다음이 조선 이후로 30건 35편, 韓日關係史가 30건 32편, 고려시대가 23건 31편, 고대가 18건 20편, 중국사가 17건 20편, 한중관계사가 11건 17편, 고고학이 7건 8편, 일본사가 6건 6편의 순이다.[110]

文化一般 및 雜考는 자료를 위시하여 풍속·풍습·신앙·지명·문학 등을 모두 모은 것인데, 시대사로는 조선이후가 크게 주목되고 있어 식민지 지배란 현실적 필요성에서 현재와 가장 근접한 시대부터 이해하려 한 의도를 알 수 있다. 이는 한일관계사가 다수 발표되고 있는 것과 맥락을 같이한다.

『靑丘學叢』에 논문을 수록한 학자는 모두 71명인데 이 중 일본인이 55명, 한국인이 16명으로 일인이 절대 다수였다. 日人으로는 稻葉岩吉·中村榮孝·末松保和·小田省吾·田保橋潔이 다수의 논문을 발표하고 있어 식민사학의 선도적 위치를 차지하고 있고,[111] 한국인으로는 李丙燾·孫晉泰·洪憙·柳洪烈 등도 몇 편

---

110) 이는 필자가 『靑丘學叢』 전 30권을 분류, 통계한 것이다. 이 중 한일·한중관계사도 물론 시대사를 다루고 있는 것이 많으나, 타율성·정체성 이론하의 관계사란 시각에서 서술되고 있어 별도의 관계사로 분류하였다.

111) 稻葉岩吉은 16건 22편, 中村榮孝는 12건 13편, 末松保和는 9건 11편, 田保橋潔은 9건 9편을 발표하고 있어 이들이 식민사학자 중에서도 가장 활발히 활동을 하였음을 알 수 있다.

씩의 논문을 발표하고 있다.112)

『靑丘學叢』은 일본내의 학회에서 발간하던 학술지와 동등한 수준으로 인식되었다. 예컨대 三品彰英은 일본내 史學研究會의 학술지『史林』에 발표하던 논문을『靑丘學叢』에 續載하고 있다.113) 뿐만 아니라 일본내의 많은 역사연구 학회가『靑丘學叢』등의 논저를 '內國學界 消息.'이라 하여 자국내 연구활동의 일환으로 소개하고 있다.114) 이는 곧 일본의 역사연구 학회를 조선으로 移植한 것으로 일본 학회의 연장인 것을 의미한다.

그런데 이같은 학회의 연구경향을 볼 때 일인 학자와 한국인 학자는 관심의 대상이나 역사 해석의 시각이 분명히 다르다. 일인 학자들은 대개 日鮮同祖論이나 滿鮮史觀이란 정형화된 식민사학의 고정관념 속에서 한국사를 해석하려 하고 있다. 결과 事大性·停滯性·他律性·黨派性 등의 이론을 창출, 이를 식민지 지배의 이데올로기로 제공하려 하였다. 반면 한국인 학자들은 과거와 근대의 한일관계사를 전혀 언급하지 않았을 뿐만 아니라 주로 禮俗·巫覡·儒學·文學·地名 및 출토 유물 등 문화사적 분야에 대해 논급하고 있는 정도이다. 이는 식민사학회의 참여가 곧 식민통치기구에의 참여였던 관계로 설령 정치, 외교사를 다룰 경우, 일제의 식민정책에 위배되는 역사해석은 忌諱였기 때문이라 여겨진다.

---

112) 李丙燾는 4건 4편, 洪熹는 2건 5편, 柳洪烈은 3건 3편, 孫晉泰는 1건 4편을 각각 발표하였다. 이밖에도 역사분야에 崔南善·申奭鎬·李弘稙·李仁榮·李能和·尹瑢均·李鍾明, 국문학 분야에 金文卿·辛兌鉉·趙潤濟·梁柱東 및 기타 金斗憲 등이 참여하고 있다.

113) 三品彰英, 1932. 11,「布都之御魂考」『靑丘學叢』第10號. 이는 그가 『史林』18권 1호 이하에 게재한「古代朝鮮に於ける王者出現の神話と儀禮について」의 별편이다.

114) 앞의 註 65) 참조.

2. 高麗時代史의 歪曲

1) 高麗時代史의 敍述

(1) 『朝鮮史大系』의 高麗時代史 敍述

일제의 주도 하에 최초로 고려시대를 서술한 것은 1920년대의 『朝鮮史大系』中世史이고, 자료를 정리한 것은 1930년대의 『朝鮮史』 제3편 1~7권이다.[115]

『朝鮮史大系』中世史는 瀨野馬熊의 所作으로 본문만 301면에 이른다. 「朝鮮史講座」의 계획 당시 중세사 강사는 荻山秀雄이었고, 瀨野馬熊은 근세사를 담당하도록 되었었다. 그러나 荻山秀雄의 고사로 瀨野馬熊이 중세사까지 담당하게 되었다.[116] 그는 早稻田大 文科를 졸업하고 縣立秋田中學에서 교편을 잡고 있다가 1906년 12월 臺灣總督府 土匪討伐史 편찬에 참여하며 사학에 인연을 맺었고, 白鳥庫吉이 이끄는 南滿洲鐵道株式會社 歷史調査部에 소속되어 근무하기도 하였다.[117]

그는 이후 중추원 촉탁으로 來韓하였고, 조선사편찬위원회 촉탁

---

115) 고려시대 관련 논고는 『靑丘學叢』에 수록된 23건 31편을 들 수 있다. 그러나 자료를 검토하거나 아주 간략한 논고를 제외하면 실제 논문은 10여 편에 불과하다.

116) 『朝鮮史講座 特別講義』 彙報, 4쪽. 당시 瀨野馬熊은 分類史講義에서 政爭史를 담당키로 되어있었으나(1924. 1, 『史學雜誌』 第35編 第1號, 彙報, 81~83쪽), 실제로는 小田省吾가 담당하였다. 오히려 特別講義에서는 계획에 없던 「蔚山城址と淺野丸」이란 8면의 짧은 글을 수록하고 있다.

117) 瀨野馬熊, 1936, 『瀨野馬熊遺稿』, 2~3쪽. 池內宏의 序 ; 1936. 11, 『靑丘學叢』 第26號, 書評, 149~150쪽.

(1924. 11. 30~1925. 6. 6), 조선사편수회 촉탁(1925. 6. 6~1935. 5. 20)으로 10여 년간 식민사학에 종사하였다.[118] 그런데 그는 고려시대보다는 조선시대, 특히 黨爭史에 관심이 있었다.[119] 따라서『朝鮮半島史』의 편찬시에는 제5편(朝鮮時代),[120] 조선사편수회의『朝鮮史』편찬시에는 제6편(朝鮮後期 : 英祖~甲午改革), 1937년에는 제6편과 함께 제5편(朝鮮中期 : 光海君~景宗)의 촉탁으로 활동하고 있는 것이다.[121] 이러한 그가 중세사 강의를 담당한 것은 荻山秀雄의 고사와 오랜 촉탁의 경험 때문인 것으로 보인다.

『朝鮮史大系』中世史는 다음과 같이 緒言과 16章 40節 및 圖版으로 구성되었다.

緒 言
前 期
제1장 高麗의 興起

---

118) 朝鮮總督府朝鮮史編修會, 1938,『朝鮮史編修會事業槪要』, 126쪽, 133쪽.
119) 瀨野馬熊은 11편의 한국사 관련 논문을 발표한 바, 고려시대사가 2편 (高麗 惠宗朝의 內亂, 高麗 妙淸의 난에 대하여)이고, 조선시대사 및 기타가 9편(倭寇와 朝鮮의 水軍, 正統 四年 桃渚의 倭寇에 대하여, 今川大內二氏와 朝鮮과의 관계, 正統癸亥條約에 대하여, 燕山朝의 二大士禍, 朝鮮 黨爭의 起因을 論하고 士禍와의 관계에 미친, 李朝實錄所在의 이동에 대하여, 李朝 宣祖修正實錄과 顯宗改修實錄에 대하여, 朝鮮廢四郡考)이다. 葛城末治는 瀨野馬熊의 논문 중 조선시대사 분야가 그의 '가장 得意한 것'이라 높이 평가하고 있다(『靑丘學叢』第26號, 149쪽).
120)『瀨野馬熊遺稿』, 3쪽.
121)『朝鮮半島史』편찬 당시 고려시대사 집필자는 荻山秀雄이었고(『瀨野馬熊遺稿』, 3쪽), 1927년의 '朝鮮史編修會 事務分擔表'에 의하면 고려시대편은 囑託 今西龍, 修史官補 李丙燾였다. 한편 1937년에는 囑託 今西龍, 修史官 稻葉岩吉・末松保和, 修史官補 荻山秀雄, 囑託 澁江桂藏・尹瑢均이었다(『朝鮮史編修會事業槪要』, 106~114쪽).

개별적 검토는 뒤에서 하겠으나, 우선 目次에서 몇 가지 특징을 지적할 수 있겠다.

첫째, 고려시대를 서술하면서도 日本史가 주체로 되어 있다. 3장에서 일본과 고려와의 관계를 서술하며 '我朝廷', '我天皇'이라 하여 일본을 주체로 하고 있다.[122] 또한 12장의 元의 日本 入寇를 고려후기(下)의 분기점으로 인식하고 있다. 여기에서는 元의 入寇 이전의 일본과 고려와의 관계를 평화적 관계로 설명하고, 元의 일본 入寇를 두개의 節에 걸쳐 서술함으로서 그들의 피해상을 부각시키려 하고 있다. 반면 과거 그들의 침략상은 은폐하려는 의도가 분명히 보인다. 그 대표적 경우로 倭寇의 실체를 부정한다거나 축소, 은폐하려 하고 있는 것과는 좋은 대비를 이룬다.[123] 이처럼 일본사가 주체가 되고 있음은 본문의 年紀 表記에서도 알 수 있다. 즉 高麗 王年 아래에 日本 - 中國 - 西紀의 순으로 연기를 병기하고 있는데, 이는 고려의 독자적 존재를 부정하고 이른바 동양사의 구도 속에서 고려를 서술하려 한 것으로 이해된다.

둘째, 목차상의 章, 節이 上・下, 一・二로 중복 편제되어 있다. 章에서는 武臣의 跋扈와 對元關係가, 節에서는 契丹의 入寇, 仁宗朝의 內亂, 崔氏의 專權, 蒙古의 入寇, 服屬 以後의 高麗와 元室 등이 그것이다. 그런데 중복 편제된 것들은 모두 고려의 정치적 혼란상이거나 외침으로 인한 불행한 상황을 강조하고 있다. 이는 고려사, 나아가 한국사를 후진성과 타율성, 정체성 등 식민사관의 논리로 해석하고자 한 그들의 계책으로 보인다.

셋째, 고려 자체의 정치・경제・사회・문화보다 對外關係史에 치중되어 있다. 이 또한 日本 및 中國 諸國과의 관계를 확대 서술

---

122) 瀨野馬熊, 『朝鮮史大系』 中世史, 29~30쪽.
123) 瀨野馬熊, 『朝鮮史大系』 中世史, 254~256쪽.

하여 고려의 주체성을 부정하고 고려의 周邊性과 從屬性을 강조
하려 한 것임에 틀림없다.

넷째, 서술상 고려후기 부분이 강조되고 있다. 총 301면 가운데
前期가 54면(18%), 中期가 70면(23%), 後期 上編이 74면(25%), 下編
이 103면(34%)으로 구성되어 있다. 이로써 볼 때 後期가 60%나 되
며, 특히 그 중 下編이 전체의 1/3이나 차지하여 서술상의 극심한
불균형을 보이고 있다. 이는 후기를 다시 상하로 양분한데에서도
후기를 강조하려는 의도를 알 수 있는 것이다. 물론 여기에는『高
麗史』등 1차 사료의 구성에도 원인이 있을 것이나, 고려후기의 문
란상을 이른바 興亡史觀에 입각하여 고려 멸망의 당위성을 찾으려
한 의도도 전연 배제할 수만은 없을 것 같다.

다섯째, 小田省吾의 上世史와는 달리 맨 마지막 장에 佛敎와 學
問을 언급하고 있다. 비록 분량이 37면에 불과하고 내용이 아주 소
략하며 고려 사회에 대한 이해의 수준이 미흡하나, 문화사적 접근
을 시도한 점에서 이례적인 부분이다.[124]

(2)『朝鮮史』高麗編의 構成

『朝鮮史』의 편찬은 1922년부터『朝鮮半島史』편찬사업과 병행
되다가 1924년 말 朝鮮史編纂委員會가 朝鮮史編修會로 개편됨에
따라『朝鮮半島史』의 편찬을 중지하고 독자 추진된 것이다.[125]

---

124) 이는 瀨野馬熊의 독특한 편제로 近世史編에서도 맨 마지막 16章에
　　'朝鮮의 敎育學問 및 宗敎'라 하여 敎育과 科學, 儒學, 佛敎(附 道敎)
　　를 서술하고 있다(『朝鮮史大系』近世史, 274~318쪽).

125)「朝鮮半島史編纂ニ關スル件」『朝鮮舊慣制度調査事業槪要』, 147
　　~148쪽.『朝鮮半島史』는 上古三韓(1편)·三國(2편)·統一新羅(3편)
　　·朝鮮(5편) 등 4편은 탈고되었으나, 집필자의 전출과 사망 등으로 高
　　麗(4편), 朝鮮最近世史(6편)의 2편은 완성하지 못하다가, 1922년 12월

이는 당초 총독의 지시에 의해 5개년으로 계획되었다가[126] 1922
년의 제1회위원회에서 10개년 계획으로 변경되었고, 關東大地震
으로 인한 일반예산 축소로 1924년 2년을 연장하였으며 다시 인쇄
상의 형편으로 1936년 3월말까지를 시한으로 한 것인데, 실제는
1938년까지 진행되었다.[127]

이 사업은 3·1운동으로 식민통치의 기본방향을 수정하지 않으
면 안되었던 일제가 한국사의 왜곡을 통해 독립정신을 둔화시키
고, 회유·동화시키고자 한 고등의 식민지 문화정책이었다. 그 목
적은 宇垣 總督의 훈시나 이 사업을 총 주무한 정무총감 今井田,
고문 黑板勝美 등의 발언[128]에서 분명히 알 수 있듯이 학술상의
사업을 빙자하여 한국사를 왜곡하고 '統治方針'이나, '施政'의 자
료를 획득하기 위함이었다.

『朝鮮史』는 일제의 식민통치와 일본사를 위해 필요한 것이었다.

朝鮮史編纂委員會가 설치되자 사실상 중지되었다(『朝鮮史編修會事
業槪要』, 7쪽).
126)『朝鮮史編修會事業槪要』, 19쪽의 제1회 위원회 석상에서 政務總監
有吉忠一의 발언 ; 『每日申報』, 1922년 12월 6일자.
127)『朝鮮史編修會事業槪要』, 50~51쪽의 제5회 위원회시 政務總監 今井
田의 발언 및 제7·8회 위원회시 黑板勝美 고문의 발언 참조.
128) 宇垣 總督은 제5회 위원회(1931. 8. 29)에서 "… 생각컨대 朝鮮史를 편
찬하는 일이란 統治方針上으로나 學術上으로 중요하고 필수적인 사
업임은 구태여 재언할 필요도 없는 것입니다."라 하였다. 또한 회장
今井田은 제6회 위원회(1932. 7. 21)에서 "… 朝鮮史의 출판은 단시 施
政上의 유익한 참고가 될 뿐 아니라 朝鮮과 內地의 學界에도 기여하
는 바가 클 것이라고 믿으며 이 점에 대하여 참으로 慶祝해 마지않습
니다 …"라 하였고, 黑板勝美 고문은 제7회 위원회(1933. 8. 14)에서
"… 본 회의 모든 사업은 모든 분야에 걸쳐 매우 순조롭게 진행되고
있어서 施政上으로나 學界를 위해서도 공헌하는 바 매우 클 것이라고
생각하며 이점에 대하여 매우 欣快하게 생각하는 바입니다 …"라 하
고 있다(『朝鮮史編修會事業槪要』, 48~60쪽).

한국사연구의 주도권을 장악하고 있던 일제가 식민통치 조직을 이용하여 사료를 수집하고『朝鮮史』를 통사가 아닌 사료집으로 편찬한 것은 식민통치상 유리한 자료만 취사하여 선택적으로 제시함으로서 식민사학 체계 속에서 한국사연구의 기본방향과 범위를 제한, 설정하기 위한 의도로 여겨진다. 따라서 동경제대에서 20년간『大日本史料』와『大日本古文書』의 편찬을 주무했던 黑板勝美[129]에게『朝鮮史』의 편찬을 담당케 한 것이었고,[130] 특히 조선 이후의 부분에 역점을 두고 있는 것이다.[131] 또한 식민지 재정의 곤란으로 인한 일반예산의 삭감[132]에도 불구하고『朝鮮史』의 편찬은

---

129)『朝鮮史編修會事業槪要』, 14쪽.

130) 이에 대하여는 다음의 지적이 명쾌하다. 즉 "『朝鮮史』는 단순한 通史가 아니고 하나의 史料集이었다. 일제시대에는 논문이나 단행본을 저술하였는데 왕왕 이 책을 자료로서 인용하였고, 기본사료에 애로를 느끼는 사람은 지금도 이것을 사료로 사용한다. 많은 사람이 사료를 볼 수 없는 입장에서 이것만이 보급되어 있다면 이것은 유일한 자료가 될 것이다. 식민지 당국이나 조선사편수회의 일본인 고문, 위원들은 이런 점에 착안하였다. 그리하여 외관상으로는 모든 사료를 망라하여 서술한 것으로 되어 있지만 실제에 있어서는 많은 取捨選擇이 행하여졌다. 그들에게 유리하고 필요한 것은 되도록 採錄하고 한국사의 본질적인 문제나 민족문제 그리고 그들에게 불리한 것은 수록하지 않았다.『朝鮮史』가 그들의 식민지 통제에 기여하는 바는 실로 크고 위대한 것이었다. 이러한 자료를 통해서 한국사를 서술한다면 그것은 한국사의 주체성을 살리는 역사가 될 수는 없을 것이다."(金容燮,「日本, 韓國에 있어서의 韓國史敍述」, 135쪽).

131) 末松保和는『朝鮮史』高麗編을 書評하면서도 "… 當局 當事者나 일반인이나 모두 가장 기대하고, 또 학술상의 사업으로서도 가장 의미 있는 부분은 제4편 이하 6편에 이르는 李氏 朝鮮時代임이 틀림없다. …"라 하고 있다(1933. 2,『靑丘學叢』第11號, 166쪽).

132) 朝鮮史編修會는 1924년부터 해마다 6만원씩 10년간 배정 받아 편찬 사업을 완료하고자 하였다. 그러나 1924년에 겨우 35,991원을 배정 받는데 그쳤고, 1927년 5천원, 1930년 5,500원, 1931년 3,312원이 계속 삭감되고 있다(『朝鮮史編修會事業槪要』, 118쪽의 '年度別 所要經費一

서둘러 진행되었고,133) 배포에도 특별한 배려를 하였던 것이다.134)

『朝鮮史』는 1931년부터 새로 설치된 인쇄부의 전담하에 인쇄에 착수, 1932년부터 1938년에 걸쳐 한국사를 6시기로 구분한 전 35권으로 출간되었다.135) 이중 고려편은 1932년부터 1935년까지 3년여에 걸쳐 7권으로 출간되었다. 그 구성은 다음과 같다.

제1권 太祖 19년~宣宗 원년(936~1083 : 148년간)
제2권 宣宗 2년~毅宗 원년(1084~1146 : 63년간)
제3권 毅宗 2년~高宗 10년(1147~1222 : 76년간)

覽表'). 이는 1923년의 關東大地震, 1927년의 金融恐慌, 1929년의 世界經濟恐慌 등으로 전반적인 재정감축에 기인한 것으로 보이나, 특히 1932, 33년에 전년 대비 10.7%나 삭감되고 있는 것은 일제의 만주침략에 따른 결과라 여겨진다.

133) 委員會에 참가한 總督, 政務總監 및 黑板 고문 등은 처음부터 『朝鮮史』의 신속한 편찬을 누차 강조하였다. 이에 대해 崔南善은 제8회위원회(1934. 7. 30) 석상에서 "… 지금까지의 진도로 보면 예정기한에 남은 부분을 전부 완성할 수 있을지 대단히 의심스러운 일입니다. 하지만 연한에 쫓겨서 일을 급하게 하여 불완전한 것을 만들어 내서는 안됩니다. 殘務處理라는 방법이 있으면 사료를 충분히 음미하여 완전한 것을 편찬하는 편이 좋을 것이라고 생각합니다. 그와 동시에 史料叢刊의 충실성을 바라 마지않습니다. …"(『朝鮮史編修會事業槪要』, 66쪽)라며 이의를 제기하기도 하였다.

134) 朝鮮史編修會는 "朝鮮史를 널리 유포시켜 조선사에 대한 종래의 잘못된 관념을 바로잡고 조선사에 대한 정확한 지식을 얻게 하기 위하여 본서의 배포에 특별히 주의를 기울여 인쇄회사로 하여금 염가로 판매케 하고 또 본회에서 직접 배포하는 것은 주로 도서관·학교·조선사연구자 등에 한정함으로써 널리 일반인들로 하여금 이용케 할 수 있는 방도를 강구"하는 등 특별히 신경을 썼음을 알 수 있다(『朝鮮史編修會事業槪要』, 120쪽).

135) 『朝鮮史』의 각 편별 수록내용과 분담사항은 다음과 같다(『朝鮮史編修會事業槪要』, 109~114쪽의 '各編別分擔者氏名一覽'과, 137~140쪽의 '朝鮮史編修會成績一覽表').

제4권 高宗 11년~忠烈王 5년(1223~1278 : 56년간)
제5권 忠烈王 6년~忠惠王 원년(1279~1330 : 52년간)
제6권 忠惠王 2년~禑王 원년(1331~1374 : 44년간)
제7권 禑王 2년~恭讓王 4년(1375~1392 : 18년간)

이를 보면 고려전기보다 중, 후기로 오며 년대가 세분되어 상세하게 서술되고 있음을 알 수 있다. 이는 가용할 사료상의 문제에도 기인하나, 武人政權·蒙古의 지배 등 고려의 정치적 혼돈상과 對中國 從屬的 관계를 강조하기 위한 것으로 해석된다.

본 편 제1권 冒頭의 凡例 11항은 편찬의 大綱을 알려준다. 이를 간단히 정리하면 다음과 같다.136)

1) 本編은 高麗 太祖 19년부터 恭讓王 退位까지 457년간에 이르며, 본권 (제1권)은 太祖 19년부터 宣宗 원년에 이르는 148년간을 수록한다.
2) 高麗史·高麗史節要를 主史料로 하고 當代 金石文 및 기록, 문집 기

제1편(新羅統一 以前, 3권)	囑託 今西龍
	修史官 末松保和
제2편(新羅統一時代, 1권)	囑託 今西龍
	修史官 末松保和
제3편(高麗時代, 7권)	囑託 今西龍
	修史官 稻葉岩吉, 末松保和
	囑託 澁江桂藏, 尹瑢均
제4편(朝鮮前期 太祖~宣祖, 10권)	修史官 中村榮孝, 申奭鎬
	修史官補 潮田富貴藏, 鶴見立吉
	囑託 川口卯橘, 權重翼, 周藤吉之, 丸龜金作, 黑田省三, 藤井誠一
제5편(朝鮮中期 光海君~正祖), 10권)	修史官 稻葉岩吉, 洪憙, 末松保和
	修史官補 高橋琢二
	囑託 瀨野馬熊, 具瓚書, 趙漢稷, 石原俊雄, 李能和, 田中牛次郎
제6편(朝鮮後期 純祖~甲午改革, 4권)	囑託 田保橋潔
	修史官補 高橋琢二, 田川孝三
	囑託 瀨野馬熊, 園田庸次郎, 李能和, 趙漢稷

136) 『朝鮮史』 第3編 第1卷, 1~3쪽의 凡例.

타의 史籍과 함께 日本·中國의 사료에 미친다.

3) 年序는 干支로 通記하고 王 在位年을 병기하며, 관계 諸國의 紀年을 注記한다.

4) 王 在位紀年은 高麗史·高麗史節要에 채용된 踰年稱元法을 따르지 않고 卽位年稱元法을 따른다.

5) 關係 諸國의 紀年은 高麗史 年表에 따르며 宗主國의 正朔을 主로 하고 나머지는 괄호로 附記한다.

6) 月朔 및 月의 大小는 高麗史에 따라 揭記한다. 단 月次가 逸脫되었거나 月朔, 月의 大小가 불분명한 것은 當代 宗主國의 曆記나 당시 中國의 曆日에 비추어 추정한다. 月朔이나 月의 大小가 명료하여 當代 宗主國이나 中國의 曆日에 부합되지 않는 경우 각각 이를 병기하고 후자에 괄호를 붙여 밝힌다. 日次가 분명한 것은 干支가 명료한 先行의 日을 채택하여 편의적으로 함께 수록한다. 先行의 日에 干支로서 혹은 순서가 바뀌었거나 오기한 흔적이 인정될 경우 訂僞 가능한 경우를 제외하고 이를 해당의 月條에 수록한다. 순서가 바뀐 흔적이 분명한 경우는 이를 바로 잡는다.

7) 本編에 속하는 사료 중 天文·律曆·五行에 관한 기사는 필요하다고 인정되는 경우 외에 대개 採錄하지 않는다.

8) 본문 중의 중요사항 및 지명·인명·기타 주의해야 하는 것은 이를 鼇頭에 제시한다.

9) 본문 중 년기·지명·인명·기타에 관하여 참고될 것은 注記한다.

10) 사료명의 注記는 상세하게 編次條目을 밝혀 참고에 편리하도록 한다.

11) 本編의 사료는 京城帝大 所藏本과 本會가 採訪 수집하여 작성한 複本과 기타의 備用本을 主로 하고 특히 高麗史와 高麗史節要는 京城帝大 奎章閣 소장의 古活字本으로 한다.

이는 史料의 採錄, 稱元, 編年에 따른 수록 및 서술의 방법 등을 밝힌 것이다. 이를 통해 대개 高麗史와 高麗史節要를 위주로 수록하면서도 이를 전적으로 신뢰하지 않으려는 자세를 알 수 있다. 이 중 稱元法은 고려사, 고려사절요의 踰年稱元法과는 달리 卽位年稱元法으로 새롭게 구성하고 있으며,137) 일본, 중국측 사료와의 대비

---

137) 『高麗史』가 채택한 踰年稱元法을 '假空의 新法'이라고 稱元 체재를

를 강조하고 있다. 특히 연기를 중국의 正朔을 위주로 한다거나 일
본·중국 제국의 년기를 注記한다고 하며 '宗主國'이라는 용어를
사용, 고려의 자주성을 부정하려는 의도를 노골적으로 드러내고 있
다. 이는 10항에서 밝힌 것처럼 철저한 인용이라는 실증주의적 역사
서술 원칙의 미명하에 고려사를 왜곡하려 한 것으로 보인다.

高麗編은 고려사와 고려사절요가 主史料로 인용되고 있는데, 그
중에서도 고려사절요가 더욱 많이 인용됨을 알 수 있다. 이는 『朝
鮮史』가 編年體 체재였기 때문에 고려사절요가 보다 활용되고 있
음은 당연한 결과인 것이다 고려편 제1, 2권에서 특히 강조되고 있
는 부분은 대외관계로서 渤海人의 投化,[138] 女眞과의 관계, 遼宋
間의 高麗, 宋金間의 高麗 등이 상세히 서술되고 있다. 그러나 大
藏經 彫印 등 문화적 측면이 간과되고 있음을 지적할 수 있겠
다.[139]

제3권에서는 穆宗朝의 무인정권의 성립과 反武人亂, 崔氏政權
의 성립과 崔忠獻에 의한 왕위교체 및 문인의 등장 등 국내 상황
과, 宋과의 斷交, 金의 正朔을 奉함과 사신의 파견, 蒲鮮萬奴의 自

비판하고 당시의 현행법을 復古한 것이란 논리를 펴고 있다(1933. 1,
『靑丘學叢』 第11號, 164쪽).

138) 渤海는 우리 민족사로 인정하지 않고 있다. 이는 제4회 위원회(1930
8. 22)에서 崔南善이 "… 渤海같은 나라도 朝鮮史에서 중요한 역할을
하는 것입니다만 이들은 어떻게 선택할 방침입니까?"라 질문하자 촉
탁 今西龍은 "… 渤海도 朝鮮史에 관계가 없는 한에서는 생략합니다.
…"라 하여 분명히 제외할 것임을 밝혔다(『朝鮮史編修會事業槪要』,
46쪽).

139) 이는 이미 末松保和에 의해 지적된 바 있다. 그러나 그는 大藏經 彫印
이 기재되지 않은 것에 불만을 표하면서도, 명확한 연월을 알 수 없는
것이라서 編年史에 採入하기 곤란하였을 것이라 하고, 오히려 이러한
태도가 本編이 아주 주의 깊게 편찬된 것을 의미하는 것이라는 모순
된 견해를 보이고 있다(『靑丘學叢』 第11號, 165쪽).

立, 거란의 침입 등 외교관계에 대해 상술하고 있다. 제4권에서도 對元關係가 특히 강조되고 있다. 여기에서는 고려사, 고려사절요를 기본사료로 하면서도 元史와 元史 高麗傳의 藍本인 元高麗紀事 및 國朝文類를 채록하고, 魏默深의 元史新編까지 널리 인용하고 있다. 또한 東國李相國集도 많이 인용되고 있다. 이 권에서는 政房의 幕府로서의 의의, 江都時代의 日本 鎌倉幕府 시대와의 비교, 家兵의 문제, 元宗 8년 이후 日元關係가 본편의 주요 부분으로 인식되고 있다.[140]

제5권은 忠烈王代 이후 元과의 관계를 다루며 더욱 중국 및 일본측 사료의 채입이 늘고 있다. 물론 고려사, 고려사절요와 함께 稼亭集, 益齋集 등 우리측 자료가 주이긴 하나, 元史, 元史新編, 元文類, 元高麗紀事, 慧因寺志를 비롯, 단편적인 詩文, 寫經, 刊經의 跋文, 刊記까지 널리 채입되고 있다. 여기에서는 충렬왕 8년 원의 제2차 일본정벌을 특기하고 있고, 고려왕의 즉위와 퇴위를 중심으로 한 元 조정의 君臣과 고려 重臣과의 複雜多岐한 관계를 중점 서술하고 있다. 그런데 이 시기를 고려말 조선초 문예진흥의 구체적 기초기로 주의하고 있어 주목된다.[141]

제6권에서는 빈번한 王位交替, 정치제도 및 전제의 문란 등 통치기강의 해이, 整治都監의 설치, 倭寇와 紅巾賊 등 外寇 邊患 등이 주목되고 있다. 이 부분 서술의 사료로는 고려사, 고려사절요를 비롯하여 元史, 稼亭集, 益齋亂藁, 拙藁千百, 牧隱集, 謹齋集 등 문집류와 治平要覽, 太祖實錄, 中京志 및 金石文 등이 널리 이용되고 있다.[142]

---

140) 稻葉岩吉, 1933. 11, 『靑丘學叢』 第14號, 188~189쪽의 書評.
141) 末松保和, 1934. 8, 『靑丘學叢』 第17號, 210~211쪽의 書評.
142) 丸龜金作, 1935. 5, 『靑丘學叢』 第20號, 177~199쪽의 書評.

마지막 제7권은 禑王 2년(1375)부터 고려 멸망까지의 18년 간을 서술하고 있다. 여기에서도 倭寇의 빈번한 출몰기사가 주를 이루며, 고려 멸망의 과정을 서술하고 있다. 고려사, 고려사절요가 기본사료인데, 그 중 고려사 列傳이 주로 인용되고 있음은 禑, 昌王 기사가 列傳으로 강등된 데 기인하는 것이다. 특히 東國通鑑이 상당부분 인용되고 있어 주목된다. 東國通鑑에는 忠烈王 이후 사론이 많이 첨입되어 있는데, 이를 분석해 보면 몽고간섭 이후 고려말기를 고려사, 고려사절요보다 한층 더 비판적으로 서술하고 있기 때문에 자연히 이 시기가 부정적으로 서술될 수밖에 없는 것이다.[143]

2) 歪曲記述된 高麗史像

(1) 時期區分에 나타난 高麗史의 認識

식민사학에 있어서 고려시대는 독자적 역사성을 지니지 못한 上古史와 近世史의 과도적 단계로 규정되고 있다.[144] 이는 서양사의 중세개념에 따른 것으로 보이며, 따라서 고려시대사의 서술은 긍정적인 면보다 부정적인 면이 비판적으로 서술되어 있다.

고려사의 시기구분에도 이러한 경향이 명확하게 드러난다.

『朝鮮半島史』는 6편 가운데 제4편의 고려를 제1기 隆盛時代, 제2기 遼藩附時代, 제3기 武臣專權時代, 제4기 元服屬時代의 4시기로 구분하고 있다.[145] 또한 『朝鮮史』 高麗編의 촉탁이었던 今西龍은 「朝鮮史槪說」[146]에서 제4편 고려를 1장 高麗 建國・宋朝文物

---

143) 韓永愚, 1981, 『朝鮮前期史學史研究』, 194~216쪽.
144) 『朝鮮史大系』 中世史, 1~2쪽의 序言.
145) 中樞院編, 1938, 『朝鮮舊慣制度調査事業槪要』, 145~147쪽.
146) 이는 今西龍이 1919년 8월 4일부터 9일까지 京都帝國大學 夏期講演會에서 강연한 내용을 정리한 것으로 제1편 上古, 제2편 漢의 郡縣 및

의 수입, 2장 契丹(遼)에의 복속과 여진과의 관계, 3장 金에의 服屬
과 令公의 정치, 4장 元에의 服屬과 日本과의 관계 등 4장으로 서
술하고 있다. 그는 고려를 왕실과 정치변동에 주안을 두고 전·후
기로 양분하고, 다시 다음과 같이 5시기로 세분하고 있다.[147]

前期(太祖~毅宗 : 918~1170) : 王室이 隆興하고 文物이 興起
　제1기(太祖~成宗 : 918~993) : 宋을 宗主國으로 받들며 그 문물을
　　수입
　제2기(成宗~毅宗 : 994~1170) : 遼, 金에 服屬하여 文物 隆盛, 文
　　臣 政權
後期(明宗~恭讓王 : 1170~1392) : 日本關係로부터 본다면 爭鬪의 시
　　기
　제1기(明宗~高宗 : 1170~1259) : 武臣專權時代
　제2기(元宗~恭愍王 : 1260~1374) : 元에 服屬한 時代
　제3기(禑王~恭讓王 : 1375~1392) : 滅亡時代

　한편『朝鮮史大系』도 전·중·후 3시기로 나누고, 후기를 다시
상·하반기로 양분한 5시기 구분법을 택하고 있다. 이를 정리하면
다음과 같다.

三韓, 제3편 三國, 제4편 新羅王朝, 제5편 高麗王氏朝, 제6편 李氏朝
鮮의 6편으로 구성되어져 있다. 그런데 漢郡縣을 독립편으로 설정하
고 있고, 三國을 高句麗와 百濟의 南下, 新羅의 興起, 日本과 韓種族
과의 관계, 日本과 南韓과의 관계, 神功皇后의 新羅征伐과 百濟의 服
屬, 半島에 있어서 高句麗와 日本과의 爭覇, 新羅의 强大, 支那 南北
의 統一과 半島 壓迫, 新羅의 唐兵誘致라고 分章한 바 章名에서 분명
히 알 수 있듯이 한국사를 타율성론에 입각하여 서술하고 있다(1935,
「朝鮮史概說」『朝鮮史の栞』, 63~166쪽 所收).
147) 今西龍,「朝鮮史概說」, 137~138쪽.

前期(太祖 元年~穆宗 末年 : 918~1008) : 創成時代
中期(顯宗 元年~仁宗 : 1009~1146) : 隆昌時代
後期(毅宗 元年~滅亡 : 1147~1392) : 衰亡時代
　上半期 : 武臣專權時代~蒙古에의 服屬
　下半期 : 元의 日本征伐~高麗 滅亡

　이밖에도 小田省吾는 『朝鮮小史』에서 한국사를 上世·中世·
近世·最近世로 나누어 설명하며, 중세에서 고려를 창업과 盛時,
外戚의 專權과 무인의 跋扈, 고려와 몽고, 고려의 末路 등 4장으로
설명하고 있다.[148] 또한 朝鮮總督府 官房文書課에서 발간한 『朝
鮮史のしるべ』는 총 25장 가운데 12~16장에 걸쳐 고려시대를 서
술한 바, 고려의 國基, 외란과 李·崔 二氏의 專權, 江華遷都, 元
寇와 고려, 高麗로부터 李朝에 등으로 章名을 설정하고 있다.[149]
　이를 보면 몇 가지 공통점을 발견할 수 있다. 첫째, 다분히 작위
적으로 시기구분을 하고 있다는 점이다. 즉 '편의상'이란 단서를
붙이거나,[150] 통상적으로 서양사, 일본사와 같이 특별한 의미가 있
는 것이 아니라고 전제한 것 등이 그것이다.[151] 이는 한국사를 세

---

148) 1932. 2, 『靑丘學叢』 第7號, 140~142쪽. 『朝鮮小史』는 식민사학을 주
　　도한 小田省吾가 1931년 재단법인 魯庵記念財團에서 발행한 것으로
　　본문은 105면에 불과하나, 많은 사진도판과 도표, 지도기 첨부되어 있
　　고, 평이하게 서술되어 있어 중등학교 교과서로서의 성격을 지니고
　　있다.
149) 『朝鮮史のしるべ』는 1936년 朝鮮總督府官房文書課에서 한국 강점
　　25년을 기념하기 위하여 의도적으로 25章으로 편성, 간행한 것이다
　　(1936. 8, 『靑丘學叢』 第25號, 166~167쪽). 이 책의 수준은 책명에서
　　알 수 있듯이 기초 교양용 정도이며, 그나마도 한국사의 진실을 서술
　　하기보다는 일본인의 입장에서 편의적으로 가감 개작한 흔적이 역력
　　하다(李萬烈, 『韓國近代歷史學의 理解』, 270~273쪽 참조).
150) 『朝鮮史大系』 中世史, 2쪽의 序言.
151) 『靑丘學叢』 第7號, 140쪽의 末松保和의 『朝鮮小史』 書評. 그는 각각

계사적 보편성으로부터 격리시키고 특수성을 강조하려는 것으로 한국사를 왜소한 것으로 전락시켜 식민사학의 테두리 안에서만 논의하려 한 것으로 해석된다.

둘째, 시기구분의 분기점으로 宋·遼·金·元·日本 등 이민족과의 관계사가 주목되고 그 관점에서 설정되고 있는 점이다. 이는 고려시대의 독자성과 자주성을 부정하고 타율적 성격을 강조하려 한 것으로 이해된다. 따라서 고려시대사를 서술하면서 주체는 中國 諸國이나 일본이 되는 모순으로 점철되어 있다.

셋째, 이른바 興亡史觀의 논리가 분명하다는 점이다. 시기구분이나 章節의 설정시 전기는 隆盛·興起·創成·隆昌·盛時 등의 용어를 사용하면서도 무인정권 이후는 한결같이 服屬과 衰亡의 시기로 일관하고 있어 고려 멸망의 필연적 상황을 강조하고 있는 것이다.

넷째, 고려사의 문화적 측면이 배제되고 정치사, 특히 對外關係史에 치중하고 있다는 점이다. 일부 문화적 사상을 다룬 것도 있으나, 이는 소략하고 피상적 설명으로 그치고 있어 부록 이상의 의미는 없다. 이 또한 고려사의 타율성을 강조하기 위한 의도라 보인다.

마지막으로 후기 부분이 강조되고 있는 점을 들 수 있다. 대부분의 경우 무인정권의 성립을 전·후기의 분기점으로 인식하되, 전기를 2시기, 후기를 3시기로 구분하여 후기를 보다 세분하고 있고, 章節의 編次에 있어서도 후기에 대한 서술부분이 많아 후기를 상술하고 있음을 알 수 있다. 이는 무인정권 이후 元에의 복속 등 파행적 정치형태의 설명을 통하여 결국 멸망으로 연결되는 부정적 역사전개의 도식을 도출하려 한 것이다.

―――――――――――――――

의 시기 앞에 '所謂'라는 접두어를 덧붙여 세계사와의 차별성을 부각시키고 있다.

(2) 高麗 太祖와 초기의 정치에 대한 평가

고려는 문벌지위가 하찮은 北邊의 一武將이 역시 문벌지위가
없는 호걸을 모아 건국한 것에 불과하다는 今西龍의 견해는 고려
의 건국과 太祖에 대한 식민사학의 시각을 대변한다.[152] 또한 高麗
란 國號는 宋朝 사가가 高句麗의 再興이라 한 잘못이 답습되어 온
것이라 하여 고려의 역사적 정통성을 부정하려 하고, 마치 고려의
건국이 百濟의 내분을 틈타 女眞에서 수입한 1만 필의 말로 기병
을 조직하였기 때문에 가능하였다는 강변을 하고 있다.[153]

太祖에 대하여는 世系가 명백치 않다고 하며『高麗史』卷頭와
金寬毅의『編年通錄』을 인용하며 소개한 뒤, 이를 황당무계하고
고대 민족 간에 왕왕 존재하는 無邪氣한 傳說로 목적을 가지고 고
의로 조작한 것이라 보고 있다.[154] 또한 太祖의 시책 가운데에는
조세감면과 빈민구제책 등 인정을 베푼 것이 많다고 인정하면서도
訓要十條의 역사적 진실성을 강력히 부정하고 있다. 훈요십조의
後代僞作說은 今西龍의 제기이래 모든 식민사학의 서술에서 추종
되고 있는 것이다.[155] 반면 훈요십조의 내용을 중요하게 취급하는

---

152) 今西龍,「朝鮮史概説」, 141쪽.
153) 今西龍,「朝鮮史概説」, 139쪽. 그러나『朝鮮史大系』中世史, 序言에
　　　서는 '山高水麗'의 뜻을 취한 것이라는 설에 의문을 제기하고 弓裔와
　　　마찬가지로 高句麗를 계승한 것이라고 덧붙이고 있다.
154)『朝鮮史大系』中世史, 3~5쪽. 한편 虎景을 聖骨將軍이라 한 것은 신
　　　라 왕족처럼 꾸미기 위함이고, 唐 肅宗과 관계가 있는 것처럼 위작하
　　　여 唐 왕실과의 혈연적 관계를 보이려 한 것으로 해석하고 있다.
155) 今西龍, 1918,「高麗太祖訓要十條に就きて」『東洋學報』第8卷 3號,
　　　419~427쪽. 그는 이미 1912년에 위작설을 제기한 바 있다(「新羅僧道
　　　詵に就て」『東洋學報』第2卷 2號, 247~263쪽). 그러나 이는 李丙燾
　　　에 의해 상세히 논박되고 역사적 사실성이 입증되었다(1980,『高麗時
　　　代史의 研究』, 55~74쪽).

이중적 견해를 보이는 부분도 없지 않다.[156] 이는 태조와 고려 초
기의 역사적 상황을 폄하하려 한 것으로 보인다.

따라서 비교적 대외관계가 안정적이고 평온하였던 고려전기의
상황에 대하여 건국이래 60여년은 대륙으로부터 억압이 없어 '사
실상의 독립을 보전하였다'거나, 이 시기의 예술이 아직 '타락의
기미를 나타내지는 않았다'는 식으로 부정적인 서술을 하고 있
다.[157] 이는 고려를 從屬的 국가로 규정하고자 한 의도를 보여주는
것이다.

한편 光宗대의 科擧制度 시행 등에 주목하면서도 이를 中國文
物 移植의 성행과 중국인이 歡迎重用된 것으로 설명하고 있다.[158]
또한 光宗代 光德, 峻豊의 독자 연호의 존재도 주목되고 있다. 이
는 당시의 국제정세에서 중요한 의미를 지니는 것으로 光德의 사
용년간과 峻豊의 사실성 여부가 논란이 되었다. 그런데 식민사학
에 있어서는 연호가 상징하는 고려의 자주독립국가로서의 성격이
문제가 된 것으로, '이상한 史實'로 의미를 축소 해석하거나, 이를
'宗主國의 宗主權'을 거부한 결과 거란의 침입을 받아 초토화 된
것으로 보고 있다.[159]

---

156) 『朝鮮史大系』에서는 訓要十條가 今西龍의 "精細한 고증으로 그 위
  작임이 명백하다"고 하면서도 자못 저명한 것이라 하며 그 全文을 소
  개하고 있고(16~17쪽), 妙淸의 난을 설명하면서 다시 이를 제기하며 위
  작임을 부연설명하고 있으며(117쪽), 고려의 불교를 설명하면서 제1조의
  내용을 소개하며 다시 부정하고 있다(265쪽). 한편 秋浦秀雄은 光宗이
  중국 년호를 준용치 않고 독자 년호를 사용한 것은 太祖의 遺訓을 어긴
  것이라 하여 訓要十條의 역사적 진실성을 인정하고 있다(1933. 5,「高
  麗光宗朝に於ける國際事情を檢覈す」『靑丘學叢』第12號, 111쪽).
157) 今西龍,「朝鮮史槪說」, 140쪽.
158) 『朝鮮史大系』中世史, 21쪽, 31~32쪽.
159) 이에 대하여 今西龍은 1911,「正豊峻豊等の年號」『東洋學報』第1卷
  1號 ; 1912,「高麗の年號光德の年號」『考古學雜誌』3 - 1 ; 1912,「光

고려의 문물제도가 정비된 成宗代는 별다른 논평 없이 관제, 지방제도, 산업의 장려 등으로 나누어 개혁 사실을 설명하고 있다.[160] 그러나 귀족문화가 가장 발달하였던 文宗에 대한 李齊賢의 王贊을 비판하고 있다.[161] 이는 고려사를 비판과 부정으로 일관, 서술하고자 한 그들의 관점을 보여준다. 이러한 시각은 경제적 상황을 서술하는데도 큰 차이가 없다. 즉 肅宗代의 錢貨鑄造를 尹瓘의 女眞征伐과 연계 해석하며, 고려시대 뿐만 아니라 한국사의 전 과정에 있어서 획기적 대사건으로 보면서도 한국경제의 史的 發展이 정체된 것은 화폐경제가 원시적 단계였기 때문이라거나, 肅宗에게 錢貨鑄造를 獻策한 것이 渡來한 宋商일 것으로 추측하며 자료상 인물을 확인할 수 없음을 크게 아쉬워하는 등 경제적 정체성과 중국으로부터의 영향을 강조하고 있다.[162]

德年代考補」『考古學雜誌』3 - 3 등을 연속 발표하며 깊은 관심을 보이고 있다. 그는 光德 연호의 사용년간을 949년 3월부터 951년 12월까지의 2년 9개월로 보고 峻豊은 宋太祖年號建隆說, 避諱年號說을 제기하며 사실성을 부정하였다. 그러나 光德 연호의 사용도 고려의 독립사상으로부터 비롯된 것이 아님을 강조하고 있다(「朝鮮の文化」, 『朝鮮史の栞』, 187~188쪽). 한편 秋浦秀雄은 이를 비판하며 光德의 사용년간을 949년 3월부터 952년 12월까지의 3년 9개월로 보고 峻豊 역시 고려의 독자적 연호로 인정하고 있다(「앞의 글」, 112~130쪽). 그런데 근래에도 光德의 존재는 인정하되 峻豊은 인정하지 않는 견해가 있다(朴龍雲, 1985, 『高麗時代史(上)』, 54~55쪽).

160)『朝鮮史大系』中世史, 24~28쪽.
161)『朝鮮史大系』中世史, 78~82쪽. 여기에서는 李齊賢의 王贊을 "… 다소 支那 一流의 상투적 찬사와 같은 느낌이 있고, 또 지나치게 칭찬한 것 같으나, 어쨌든 왕의 재위 시에 문물제도도 크게 정비되었고 인민은 대개 태평함을 즐겼다"라 서술하고 있다.
162) 秋浦秀雄, 1932. 2,「高麗肅宗朝に於ける鑄錢動機に就て(上)」『青丘學叢』第7號, 39쪽 ;『青丘學叢』第8號, 85~87쪽 ;『青丘學叢』第9號, 74~75쪽.

(3) 高麗前期의 對外關係를 보는 시각

고려전기의 대외관계는 비중있게 다루어지고 있는데, 특히 일본과 관계된 부분의 서술은 크게 왜곡되어 있다. 즉 그들은 後百濟 甄萱이 漂民送還의 '은혜에 감사하며 三韓 舊例에 따라 入貢을 請'하는 등 2차의 交聘을 요구해 왔으나 이를 거절하고 사신에게 양식을 주어 却還시켰다고 하고 있다.163) 이는 고려의 후삼국 통일 이전의 양국관계사에서 일본의 우월을 강조하고 한반도의 경제적 저열함을 나타내고자 한 의도로 보인다.

또한 太祖時 2차의 교빙 요구를 '允許'하지 않고 각환시켰다고 하고, 이후 일본 舊記를 인용, 반도로부터 해구가 출몰하여 수차 민가를 却掠하자 고려 성종이 보낸 牒狀도 返牒시켰다고 하였으나, 穆宗朝 苛政에 못 견디어 일본이주를 청한 고려인의 投下는 허락하였다고 서술하고 있다.164) 이는 고려의 외교 청원을 거절한 듯한 오만한 서술이며, 고려의 苛政이란 어두운 면을 부각시키려 한 것이다. 결국 사료에 충실한 실증주의적 역사서술 방식을 표방하면서 실제는 분명한 선입견의 개재 속에서 고려시대사를 왜곡한 것이다.

對中國과의 관계는 전술한 광종대의 '文化模倣'이 중복 서술되고 있고, 역대 왕들의 사신 파견사실 등을 나열하며 계속적으로 중국문화의 모방과 이식이 相變하지 않고 치열하였다고 하고 있어 정치적, 문화적 종속성을 강조하고 있다.165)

---

163) 『朝鮮史大系』 中世史, 29쪽.
164) 『朝鮮史大系』 中世史, 29~31쪽. 한편 여기에서는 附記란을 통해 고려초기 長德·長保의 海寇의 실체에 대해『百錬抄』에는 高麗人으로,『日本紀略』에는 南蠻賊으로 상위함을 지적하고, 池內宏의 연구 결과 東女眞族의 일부로 밝혀졌다고 소개하면서도 본문에서는 '半島의 海寇'라 하여 高麗人으로 단정하는 모순된 서술을 하고 있다.

한편 앞의『朝鮮史大系』목차에서 살펴 본 바와 마찬가지로 현
종대는 2개의 節로 거란의 入寇에 대하여 설명하고 있고, 덕·정
종대의 치세도 거란과의 관계사가 크게 다루어지고 있다.[166] 또한
여진과의 관계를 東北疆의 開拓이라 하여 하나의 章으로 독립시
켜 관계기사를 열거하며 상세히 설명하면서 윤관이 축조한 九城의
위치를 남으로는 定平, 서북으로는 咸關嶺 또는 西大川 流域에 이
르는 것에 불과하다고 하여 가능한 규모를 축소시켜 설명하려고
하였다.[167]

이처럼 고려전기의 대외관계를 비중있게 서술함은 고려의 자주
적 성격을 부정하고 周邊 諸國 속에서 지니는 종속적 성격을 강조
하려 한 것이다. 특히 일본과의 관계를 사실 이상으로 과장하여 크
게 다루고 일본이 상위국이고 고려가 속국인양 서술하고 있는 것
은 이른바 任那日本府說을 연장하여 결국 일제의 식민지 지배를
합리화하고 식민사학의 체계 속으로 고려사를 용해하려 한 것으로
이해된다.

(4) 李資謙, 妙淸의 亂에 대한 評價

李資謙과 妙淸의 난은 고려의 귀족적 지배질서를 붕괴시켜 결
국 무인정권의 성립으로까지 연결되는 중대한 사건으로 식민사학
에서도 주목되고 있다. 먼저 藤田亮策은 慶源李氏를 일본 平海朝

---

165)『朝鮮史大系』中世史, 31~32쪽.
166)『朝鮮史大系』中世史, 57쪽에는 本編 유일의 지도로「契丹成宗進軍
　　路及高麗顯宗南走路略圖」가 있어 對契丹關係를 보는 그들의 시각을
　　반영해 준다.
167)『朝鮮史大系』中世史, 92~99쪽. 이는 池內宏이『朝鮮總督府大正八
　　年度古蹟調査報告書』에 게재한 글을 인용하여『高麗史』地理志의
　　내용을 반박한 것이다.

초기의 藤原氏와 비교하고 있다. 그는 공통점으로 문학·예술·
공예·유학·불교 등 문물제도가 정비된 점을 든 반면, 平海朝는
太平柔弱하였으나 고려의 이 시기는 契丹, 女眞의 압박과 이에 대
한 투쟁, 文武의 암투 등으로 태평시대는 아니었다는 차이점을 지
적하면서도 경원이씨의 시대를 고려의 중심시기로 파악하고 있
다.168) 또한 신라 이전부터 복잡하게 얽힌 근친혼에 주목하며 慶源
李氏 출세의 배경을 왕실 및 大姓巨族과 인척관계의 수립 속에서
검토하였다.169)

『朝鮮史大系』에서는 이들을 각각 節로 독립시켜 비중 있게 서
술한 바, 李資謙의 난은 논평없이 서술하였으나, 妙淸의 난은 李資
謙의 난 보다 더 자세하게 설명하고 있다. 그러나 정작 妙淸과 그
일파를 '敵', '賊長'으로 표현하고 있고, 妙淸이 내세운 金國征伐의
기치와 이에 대한 민중의 호응은 전혀 언급하지 않고 있다. 오히려
陰陽地理說과 金富軾 등 사대파들의 진압과정을 상술하고 있어
조선초 유학자들의 고려사관을 보다 강화하고 있는 느낌을 준
다.170) 이는 묘청의 난이 지니는 자주적 성격을 은폐하기 위한 것
으로 보인다.

(5) 武人政權에 대한 評價

앞의 시대구분에서 살펴 본 바와 마찬가지로 무인정권의 성립은
고려의 시기를 구획하는 사건으로 인식되었다. 식민사학에서 무인
정권시대는 대개 부정적으로 서술되고 있으나, 반란의 원인으로

---

168) 藤田亮策, 1933. 8,「李子淵と其の家系(上)」『靑丘學叢』第13號, 1~2쪽.
169) 藤田亮策,「李子淵と其の家系(上)」, 5~27쪽 ;「李子淵と其の家系(下)」,
    109~133쪽.
170)『朝鮮史大系』中世史, 109~124쪽.

문무의 차별, 毅宗의 실정으로 인한 정사의 황폐, 役卒의 궁핍 등
을 들며 당시 무인의 실제적 세력을 주목하고 있다. 즉 제도상 문
인의 하위였으나, 빈발한 군사행동으로 힘이 커졌고 군사를 보유
하고 있었던 그들을 억압으로 일관하였기 때문에 무인이 폭발하여
'恐怖時代'가 도래함은 당연한 것이라 하고 있다.[171]

결국 무인정권의 성립은 평생의 울분이 파열한 狂暴한 武夫들
이 흡사 피에 굶주린 맹수같이 살육을 자행하여 이룩한 것이라 보
고, 鄭仲夫 등의 무인을 淺慮麤笨하고 貪婪刻薄하며 다소의 猾智
만 있는 자들이라 폄하하고 있다. 또한 초기 무인간의 권력쟁투를
'豺狼으로서 豺狼을 제압한 것에 지나지 않는다'라며 무인들을 豺
狼의 徒, 逆臣, 群狼, 虎狼의 徒로 표현하고 있다.[172] 한편 무인 난
의 원인을 불교, 유교, 무인간의 상호관계에서 파악하고 정치, 문학
상의 변화를 추출한 논고는 주목된다.[173]

그러나 崔忠獻 정권에 대한 평가는 이와는 다르다. 즉 鄭仲夫,
李義旼 등에 비하여 智慮가 있고 용의주도하다고 하여 이전의 무
인정권과 차별성을 부여하고 있다.[174] 그런데 崔瑀에 대하여는 특
별한 평론없이 사실을 편년적으로 서술하고 있고, 崔沆은 성품이
잔인하다고 하고, 그의 貢稅減免 등도 일시의 술책에 불과한 것이

---

171) 『朝鮮史大系』 中世史, 125 133쪽.
172) 『朝鮮史大系』 中世史, 135~147쪽.
173) 尹瑢均, 1930. 11, 「高麗毅宗朝に於ける鄭仲夫亂の素因とその影響」
　　 『靑丘學叢』 第2號, 91~106쪽. 그는 무인난의 결과 정치상으로는 武
　　 斷政治가 시행되었고 문학상으로는 문인이 寺院派 詩人과 仕宦派 文
　　 人으로 나뉘어졌다가 元에 복속된 직후 朱子學派의 조류로 흡수되는
　　 것으로 보고 있어 이채롭다. 이 논문은 당시 고려시대 문화사의 일면
　　 을 밝힌 우수한 논문으로 평가되기도 하였다(1935. 5, 『靑丘學叢』 第
　　 12號, 185~186쪽).
174) 『朝鮮史大系』 中世史, 148쪽, 153~154쪽. 여기에서는 安鼎福의 崔忠
　　 獻에 대한 긍정적 평가를 '至評'이라 하고 있다.

라고 폄하하고 있다. 崔竩도 年少暗劣하여 庸隷經躁한 자들을 親信하고 飢民을 구제하지 않아 人望을 잃어 결국 金俊 등에 의해 주륙된 것이라 평가하고 있다.175)

한편 開京還都를 반대하고 반란을 일으킨 三別抄에 대하여도 비판적으로 서술하고 있다. 즉, 三別抄의 對蒙抗爭的 성격을 전혀 도외시하고 단지 중앙조정에 대한 반란으로 성격을 규정하고 있다. 또한 江華와 珍島 부근 및 忠淸道 일원으로의 이동, 투쟁양상을 '掠', '侵掠', '寇'로, 三別抄를 '賊'으로 서술하고 있다. 반면 三別抄의 진압을 위해 전개된 고려와 몽고의 연합작전을 상세히 설명하고 있음은 대조적이다.176) 또한 江華遷都時 麗朝의 君臣이 曲宴이나 즐기고 단지 외란을 佛力에만 의지하고자 한 '不思議'한 행동을 강조하고 있는데,177) 이러한 서술은 무인정권 및 삼별초 대몽항쟁의 자주적 정신을 부정하고자 한 것으로 보인다.

(6) 元 支配下의 高麗에 대한 敍述

對元關係의 수립과 元의 간섭은 매우 특필되고 있다. 『朝鮮史大系』는 11장 26, 27節을 통해 몽고의 고려 침공을 상세히 서술하고 있고, 13, 14장에 걸쳐 대원관계를 상·하로 설명하고 있다. 특히 고려와 元室과의 관계를 '駙馬國이란 아주 특수한 관계'임을 중복 서술함으로서 고려의 對元 從屬的 성격의 부각에 노력하였음을 알 수 있다.178)

원의 고려에 대한 간섭은 구체적 사례를 적시하며 서술하고 있

---

175) 『朝鮮史大系』 中世史, 158~160쪽.
176) 『朝鮮史大系』 中世史, 165~167쪽.
177) 『朝鮮史大系』 中世史, 183쪽.
178) 『朝鮮史大系』 中世史, 218쪽.

는데, 원의 부녀요구에 따라 婚姻都監을 설치한 것이나 관제의 개
정을 그 대표적 사례로 들고 있다. 그런데 忠烈王 10년의 관제개혁
에 대해 원의 압력에 의해서 뿐만 아니라 실제 고려가 불합리하다
고 여겨 개정한 것도 있을 것이라고 자주적 개혁의 일단을 인정하
는 것 같으면서도 이후는 모두 원의 압박에 의한 것으로 서술하고
있다.[179]

한편 內藤儁輔는 원의 영향 하에 전개된 兵制의 개정에 주목하
고 있다. 그는 고려말 몽고풍의 병제를 萬戶, 忽赤附怯薛, 迁達赤,
連古赤, 阿加赤・波岩赤・詔羅赤・八加赤, 愛馬, 翼軍 등 7항으
로 상술하고 이를 고려말기 병제의 특징으로 지적하고 있다.[180] 또
한 元 간섭하에 크게 증가한 農莊에 관한 周藤吉之의 견해도 거의
같은 논조이다. 즉 원의 農莊은 문화적 기능과 경제적 기능이 있으
나, 이는 고유의 것이 아니라 漢代이래 宋, 元代까지의 莊園을 모
방한 것으로 해석하고 있다.[181] 나아가 결국 중국문화가 한국사회
에 미친 영향은 단순히 표면적인 것이 아니라 근본적인 것이라는
결론의 도출에 이르고 있다.[182]

(7) 麗蒙聯合軍의 日本征伐에 대한 敍述

이 부분은 고려 후기에서 상당히 중요하게 취급하고 있다.[183] 우

---

179) 『朝鮮史大系』 中世史, 219~220쪽.
180) 內藤儁輔, 1934. 5, 「高麗兵制管見(下)」 『靑丘學叢』 第16號, 1~37쪽.
　　　이 논문은 『靑丘學叢』 第15號의 上編에 연속되는 것으로 부제로 「主
　　　として麗末蒙古の影響を受けたる兵制に就いて」라 하고 있고, 고
　　　려의 병제를 三種으로 분류하되 고려의 독자적 병제보다 中國 本土
　　　의 병제, 蒙古의 병제를 강조하고 있어 중국의 영향을 강조하고 있다.
181) 周藤吉之, 1934. 8, 「麗末鮮初に於ける農莊に就いて」 『靑丘學叢』
　　　第17號, 34~56쪽.
182) 周藤吉之, 「麗末鮮初に於ける農莊に就いて」, 72~73쪽.

선 蒙古帝에게 일본과 교통하기를 권유한 사람이 고려인 趙彝임을 들어 원의 일본정벌에 고려가 관련되었음을 은연중에 암시하고 몽고가 누차 교빙을 요구하는 사신을 보내 왔으나, 일본 조정은 書辭가 無禮하여 返翰하였다고 驕傲함을 보이고 있다.[184]

또한 정벌군의 규모를 가급적 확대하려는 경향을 보이고 있는데, 제1차 정벌시 몽고군의 규모를 2만 5천명, 船艦의 수를 9백여 척이라 하고 있다.[185] 이는 그들이 일정한 목적 하에 사료를 선택적으로 채택한 것으로 실증사학의 방법론으로 위장하여 일본의 피해를 확대 서술하고, 역사적 사실을 호도하려는 의도였다.

전투과정과 결과를 설명함에 있어서도 원군은 누차의 전투경험으로 戰法과 火器가 발달하여 결국 일본이 패배할 수밖에 없었음을 인정하면서도 일본군이 사기면에서는 뒤지지 않았다거나, 鎌倉幕府에서 外征을 계획하여 비록 실행치는 않았으나 九州의 士氣를 크게 앙양하여 훗날의 전투에서 큰 효과를 보았다고 하여 패배를 합리화하고 있다. 또한 정벌의 결과를 설명함에 일본과 원의 피해상은 언급하지 않고 고려의 凋弊함만을 강조하고 있다.[186]

그런데 麗蒙聯合軍을 蒙古軍, 元軍, 高麗軍으로 칭하면서도 이를 통칭하여 '敵軍', '敵船'이라 표현, 서술의 주체가 일본이 되어 역사서술의 객관성을 상실하고 있다.[187] 이는 한국사를 서술하되

---

183) 『朝鮮史大系』는 元의 일본정벌을 高麗後期(下)의 분기점으로 삼을 만큼 중요한 역사적 사실로 인식하고 있다.

184) 『朝鮮史大系』 中世史, 204~210쪽. 1차 정벌 이후에도 元이 계속하여 일본 조정에 사신을 보냈으나 書辭가 무례하여 참살하였다고 서술하고 있다(213쪽).

185) 『朝鮮史大系』 中世史, 211쪽. 『元史』, 『高麗史』, 『八幡愚童紀』 등 이설을 倂註하고는 있으나, 이 중 본문에서는 많은 숫자를 채택하여 피해상황을 강조하고 있다.

186) 『朝鮮史大系』 中世史, 211~214쪽.

일본사를 위주로 하는 식민사학의 일관된 경향인 것이다.

(8) 倭寇에 대한 歪曲

고려와 일본의 관계사를 설명함에 있어서 倭寇의 실체와 성격 규정에 깊은 관심을 보이고 있음은 주목된다. 그런데 그 요지는 고려와 일본과의 평화적 관계를 강조하며 왜구의 실체를 부정하거나 역사적 의미를 축소서술하고 있는 것이다.

먼저 倭寇에 대해 강도 살인을 목적으로 한 不逞漢의 집단으로 倭人의 寇라 서술하고 있는 중국과 우리 사서의 기사가 하등의 연구를 거치지 않고 믿어지고 있음에 불만을 표하고 있다.[188] 또한 설령 그들의 소행임을 인정한다 하더라도 倭寇는 통일된 지휘체계가 없었고 연락체계도 없었으며 숫자도 많지 않았다고 폐해상을 축소시키려 하고 있다. 특히 일본 조정과는 직접적인 관계가 없는 壹岐, 對馬를 비롯한 五島, 平戶 등의 諸島, 四國, 九州 등지의 沿海邊民들의 團隊라 규정하여 무관함을 강조하며,[189] 그들의 기록인 『東鑑脫漏』, 『百鍊抄』 등을 인용하여 일본 조정에서 '對馬國의 惡徒'이며 '我朝의 恥'인 왜구를 금압하려 했던 사실을 강조하고 있다.[190]

따라서 수만의 寇徒가 수백척의 배를 타고 외서 襲來하였다 한 『高麗史』의 기록이 심히 과장된 것이라고 비판하고 있다. 오히려 모두 일본인의 所爲로 기록된 중국과 우리측 사서를 정면으로 반박하고 있다. 즉 '海寇'라는 막연한 표현을 사용, 倭人의 소위임을

---

187) 『朝鮮史大系』 中世史, 211쪽, 216쪽.
188) 栢原昌三, 「日鮮關係史」 『朝鮮史講座分類史』, 10~11쪽.
189) 『朝鮮史大系』 中世史, 254쪽.
190) 『朝鮮史大系』 中世史, 202쪽.

부정하며, 사실은 조선내의 不逞의 徒가 일본인의 흉내를 내어 倭
寇란 이름 하에 橫行掠奪한 이른바 '假作倭寇'가 대부분이고 실제
왜인의 소위는 한 두건에 지나지 않는다는 것이다.[191]

　倭寇의 실체를 부정하거나 왜구에 의한 폐해를 축소하려는 경향
은 조선초의 경우도 마찬가지이다. 여기에서는 明의 遼東과 山東
沿岸에까지 賊徒의 횡행함이 미쳐 마침내 韓中간 외교문제로까지
비화되었다고 하여 중국에 대한 朝鮮人 賊徒의 寇掠狀을 강조하
고 있다. 결국 당시 왜구에 관한 기사는 모두 실제보다 과장되게
기록되었을 뿐만 아니라 조선인에 의한 亂暴狼藉한 것조차 모두
倭寇란 이름하에 일본인의 소위로 기록된 것이 많다는 것이다.[192]

　倭寇를 서술함에 '海寇, 所謂 倭寇問題'라 하거나 倭寇 앞에 거
의 '所謂'를 붙임으로서 역사적 실체를 부정하려 하고 있다. 이처럼
고려말 조선초의 한국사 서술에 있어서 왜구문제가 크게 부각되고
있음은 전술한 바와 같이 왜구의 폐해상을 축소 은폐하거나 아예
그 실체를 부정함으로써 역사를 호도하려는 의도임이 분명하다.

(9)　高麗의　文藝

　고려의 文藝는 별도로 언급하지 않고 있다. 瀨野馬熊이『朝鮮史
大系』中世史를 저술하며 말미에 부록의 형식이나마 불교와 학문
을 다루고 있음은 전술한 바와 같다.

　이러한 일부의 서술에서조차 문화적 저열성을 강조하고 있으며,
고려조에 이르러 더욱 중국 문화를 수입, 채용하였기 때문에 中國
風化 된 것으로 보고 있다.[193] 따라서 광종, 성종조 관료정치 체제

---

191)『朝鮮史大系』中世史, 254~256쪽.
192)『朝鮮史大系』近世史, 26~28쪽. 이는 조선초기의 외교를 강조하며
　　부기로서 강조되어 있다.

의 구축을 전적인 중국문화 수입의 결과로 보았고, 이후에도 중국
으로부터 문화의 모방은 더욱 치열해진다고 하였다.194) 특히 高宗
이전의 문화는 신라시대 수입된 唐 문화를 기초로 宋의 문화를 첨
가한 것이나, 高宗 이후는 순전히 宋 특유의 문화로서 이것이 조선
조 문화의 기초로 된 것이라 하여 고려 문화의 독창성을 전혀 부정
하고 이를 조선조 문화의 종속적 성격의 도출로까지 연결시키려
하고 있다.195) 이는 정치적 종속성과 함께 문화적 종속성을 강조하
고자 한 것이다.

   佛敎에 대하여는 大悲院, 濟危寶 등의 사회사업을 사회에 기여
한 공적으로 평가하고 있고, 2차에 걸친 大藏經의 주조를 불교사
를 장식하는 일대사업임은 물론 문화사상 일대 공적이라 하며 상
세히 설명하고 특히 해인사 소장의 八萬大藏經을 世界의 至寶라
극찬하고 있다. 그러나 고려시대 승려와 사원의 증가에 반비례하
여 貢賦를 부담하는 서민의 고통이 가중되어 결국 고려멸망의 요
인이 된 것이라 보고 있다. 또한 대장경의 주조도 단지 佛力에 의
존하여 적병을 물리치고자 한 '畢竟은 迷信의 結果'라 폄하하여
평가의 양극상을 보인다.196)

   한편 학문은 太祖의 학교 설립에 대한 관심, 國子監의 창설, 國學
의 설치와 養賢庫, 鄕校, 私學의 발달과 崔沖, 고려말 성리학의 수용
과 연구 등을 서술하고 있으나,『舊唐書』職官志를 인용하며 국자

---

193) 今西龍,「朝鮮の文化」『朝鮮史の栞』, 208쪽. 그는 鄕歌와 같은 고유
    문화도 외래문물의 수입에 급급한 결과 當代에 종식되고 말았다고 하
    며(141쪽), 이를 일본과의 차이점으로 지적, 은연중에 일본문화의 우월
    성을 나타내고 있다.
194)『朝鮮史大系』中世史, 31~32쪽.
195) 今西龍,「朝鮮の文化」, 213쪽.
196)『朝鮮史大系』中世史, 265~272쪽.

감이 당의 학제를 모방한 것임을 강조하고, 특히 元 順帝의 학교 설립 조칙에 따라 학술이 진흥되었다 하여 元의 영향을 지적하고 있다.[197] 즉 주체적 측면은 외면하고 영향만 부각시키고 있는 것이다.

제5절 맺음말

일제하 日人의 史學會는 식민지 지배이론을 창출하여 식민통치를 직접 지원한 하수적 조직이었다. 일제가 이들 학회를 통해 한국사를 왜곡하기에 혈안이었던 것은 일차적으로 우리 민족의 독립정신을 둔화시켜 식민통치에 순응케 하기 위함이었으나, 궁극적으로는 이른바 同化政策의 실현으로 민족의 말살을 획책한 것이다.

江戶時代부터 한국사에 대해 관심을 기울여 온 일제는 明治時代이래 본격적인 한국사 왜곡에 돌입하였고, 랑케의 실증주의 역사연구방법론을 도입, 제국주의 침략전쟁의 수행에 따라 日鮮同祖論, 滿鮮史論 등의 식민사학 이론을 수립해 나갔다.

일제는 강제병탄 이후 각종의 조사사업과 함께 中樞院 - 朝鮮史編纂委員會 - 朝鮮史編修會로 식민사학 기구를 확대 개편하거나 독립시키는 한편 京城帝大의 설치후 일본의 저명한 학자를 초빙, 한국사 왜곡을 통해 식민지 지배 이데올로기를 창출하도록 하였다.

朝鮮史編修會, 京城帝大의 양대 기구 조직원을 중심으로 구성

---

197)『朝鮮史大系』中世史, 272~281쪽.

된 朝鮮史學會・京城讀史會・靑丘學會・史談會・朝鮮史學同攷會・貞陽會 등의 日人 史學會는 江戶時代이래 한국에 대한 침략적 관심의 연장선상에서 3・1운동으로 식민통치의 방향을 수정하지 않으면 안되었던 일제가 고등의 통치술책이자 적극적인 同化政策의 일환으로 조직한 것이었다.

日人 史學會 중 朝鮮史學會는 總督의 발의로 조직되고 양대 기구의 관변학자는 물론 政務總監과 總督府 고위관료 및 식민지 수탈기구의 수뇌들을 중심으로 운영되고 있어 침략사학의 전형적 성향을 보여주고 있다. 여타의 학회도 마찬가지이나, 다만 靑丘學會의 경우 일반회원의 참여를 허용하고 있으나 다수의 일본인과 식민통치 조직의 구성원들이 참여한 정도라서 성격상 큰 차이는 없으며, 1930년대 이후 식민통치 후반기의 지배 이데올로기를 제공한 대표적 학회라 할 수 있다.

이들은 例會라는 발표와 공동토론의 장을 통하여 한국사에 대한 공동관심의 문제를 제기하여 왜곡의 방향을 설정해 나가는 한편 스스로 한국사에 대한 이해의 폭을 넓혀 나갔다. 또한 朝鮮史學會의 「朝鮮史講座」 一般史, 分類史, 特別講義와 朝鮮史學同攷會의 『朝鮮史學』, 靑丘學會의 『靑丘學叢』 등의 학술지는 그들이 왜곡 날조한 식민사학 체계를 일반에 유포하던 선전기관지였다.

京城讀史會의 예가 대표하듯이 日人 史學會는 일본내 역사연구 학회의 직접적인 영향과 지도 하에 조직된 것이라서 일본내 학회의 韓國分會나 支會로 성격을 규정할 수 있을 것이다. 다만 본격적이고 정책적으로 한국사의 왜곡을 전담하고 일부의 한국인을 참여시킨 정도의 차이밖에는 없는 것이다. 日人 史學會는 관학 아카데미즘의 대표격인 京城帝大와 총독 직할의 朝鮮史編修會와의 유기적인 관계 속에서 조직된 바, 식민통치 기구를 학회 체제로 재편한 것에 불과한 것이다.

朝鮮史學會의「朝鮮史講座」는 일제 주도하에 전개된 한국사연 구 경향을 대변하고 있다. 이중 一般史講義는 시대사를, 分類史講 義는 정치·경제·사회 분야를, 特別講義는 문화사 분야로 三分 하여 다룬 것이다. 일반사강의는 林泰輔의『朝鮮史』이래 일인의 시각에서 한국사를 정리한 최초의 통사이며, 분류사와 특별강의는 한국사를 주제별로 분류하여 검토를 시도하였다는 점에서 제한적 이나마 한국사학사에서 의미를 부여할 수 있을 것이다.

그러나 여기에는 한국사의 자주성과 주체성을 부정하고 타율성 ·정체성·사대성 이론으로 일관하고 있다. 이는 실증주의 사학의 역사연구방법론으로 미화, 포장하여 식민지 지배란 현실적이고 실 제적인 필요성에서 한국사를 왜곡한 것이었다. 또한 例會의 내용 이나,『靑丘學叢』所收 論文도 침략사학적 성향의 맥락을 같이 하 고 있다.

일제가 한국사의 통사적 체계에서 고려시대사를 처음 서술한 것 은 瀨野馬熊이 집필한「朝鮮史講座」一般史講義 中世史이고, 자 료집의 성격으로 정리한 것은 수西龍이 촉탁으로 주도한『朝鮮 史』제3편 1~7권이다. 전자는 고려시대사를 서술하면서도 일본사 가 주체가 된 모순하에 고려의 정치적 혼란상과 이민족의 침입과 지배를 중복 편제함으로서 고려시대를 식민사관 논리에 입각하여 해석하고 있다. 또한 대외관계사를 강조함으로서 의도적으로 종속 적 성격의 부각을 노리고 있고, 특히 후기 부분을 비판적으로 강조 함으로서 고려 멸망의 당위성을 추구하고 있다. 후자도 '통치방침' 이나 '시정상 자료획득'을 위해 정리된 것인 만큼 식민사학 체계 속에서 식민통치에 유리한 자료를 선택적으로 취사한 것이다. 따 라서 여기에서도 고려의 정치적 혼란상과 中國 諸國 및 日本에 대한 종속적 성격이 악의적으로 강조되고 있음은 물론이다.

식민사학의 체계 속에서 고려시대사가 왜곡 기술됨은 당연한 결과일 것이다. 여기에서 一般史講義 中世史와『靑丘學叢』소수 논문 및 기타 고려사 관련 논고를 중심으로 시기구분에 나타난 고려사 인식, 고려 태조와 초기정치에 대한 평가, 고려전기의 대외관계를 보는 시각, 李資謙과 妙淸의 난에 대한 평가, 무인정권에 대한 평가, 元 支配下의 고려에 대한 서술, 麗蒙聯合軍의 일본 정벌에 대한 서술, 倭寇에 대한 왜곡, 고려의 文藝에 대한 평가 등 9개항으로 나누어 검토하였다.

결과 고려시대사도 고대사나 근대사와 마찬가지로 '宗主國의 콜로니'란 대전제 하에 대외관계를 큰 비중을 두고 서술함으로서 독립성과 자주성을 부정하고 종속적이고 부용적인 측면을 강조하고 있을 뿐만 아니라, 문화상으로도 독창성이 부정되고 모방만이 강조되고 있다. 또한 李資謙, 妙淸의 난 및 무인정권 등의 서술을 통하여 고려정치의 단점을 검출하기에 노력하였음을 알 수 있다. 그러나 麗蒙聯合軍의 일본정벌에서는 정벌군의 규모와 일본의 피해상을 과장하여 서술하고 있고, 倭寇에 관하여는 중국사와 우리 사서의 기록을 반박하며 그 실체를 부정하는 한편 설령 일부를 인정한다 하더라도 축소 지향적으로 서술함으로서 역사를 호도하고 있다.

제2부

獨立運動家의 著述과 歷史認識

제1장

白巖 朴殷植의 古代史 認識論

제1절 古代史 著述의 발굴

백암 박은식은 단재 신채호와 함께 近代民族主義歷史學을 정립한 인물로 평가되고 있다. 박은식은 독립운동의 전 시기를 통해 신문과 잡지에 170여편의 논설을 발표하였고, 21종의 저술을 남겼다. 이들 저술 가운데의 상당수는 민족주의 역사인식에 바탕한 역사저술이다.

박은식의 역사저술은 한말에도 있었으나 난편적인 논설류에 그쳤다. 그러나 그는 1911년 망명 직후 西間島에서 여러 편의 고대사 저술을 하며 역사연구를 본격화하였고, 上海로 와서는 『韓國痛史』와 『韓國獨立運動之血史』를 집필하여 근대사를 체계화하기에 이르렀다. 뿐만 아니라 그는 말년에는 '光復史'와 '建國史'에 대한 집필 의욕을 보이기도 하였다. 이로써 보면 박은식의 역사연구는 고대사로부터 시작하여 근대사는 물론 현대사에 이르기까지 민족사의 전 시기에 걸친 것이라 할 수 있다.

지금까지 박은식의 역사인식과 역사학에 대하여는 비교적 많은 연구가 이루어져 왔다. 그러나 대표적인 저술인『한국통사』와『한국독립운동지혈사』에 초점이 맞추어진 나머지, 그의 고대사 저술과 인식론에 대하여는 비교적 소홀하게 취급된 것이 사실이다. 그런데 그의 역사인식도 시기별로 차이를 보인다. 특히 고대사와 근대사 연구는 역사연구의 방법론이나 인식론에 있어서 분명히 구별되고 있음에 유의하여야 한다. 뿐만 아니라,『한국통사』와『한국독립운동지혈사』에서조차 차이를 보인다. 이는 그의 역사인식의 변화를 의미하며, 따라서 그의 역사인식도 단계별 검토와 이해가 필요하다고 사료된다.

더구나 최근 박은식의 전집이 새로이 발간되며, 그가 망명 직후 서간도에서 저술한『渤海太祖建國誌』・『明臨答夫傳』・『檀祖事攷』등의 고대사 관련자료가 새로이 발굴 공개되었다.[1] 따라서 그의 역사인식, 특히 고대사 인식론은 재검토하여야 할 필요가 있다. 이를 통해 백암의 역사인식 뿐만 아니라, 초기 민족주의사학에 대한 이해의 심화에도 도움이 될 것으로 기대해 본다.

제2절 亡命과 古代史研究

박은식은 망국의 현실을 한탄하며 "國體는 雖亡이나 國魂 不滅하면 부활이 가능한데 지금 國魂인 國史册마저 焚滅하니 痛嘆不

---

1)『白巖朴殷植全集』(이하『全集』으로 약칭함)은 전6권으로 2002년 8월 동방미디어에서 출간되었다.

己라. 一言一字의 자유가 없으니 오로지 해외로 나가서 사천년 문
헌을 모아서 편찬하는 것이 吾族의 國魂을 유지하는 유일한 방법
이다"라고 생각하며 망명을 결심하였다.[2] 박은식은 1911년 4월, 부
인 車氏의 장례를 마치고 압록강을 건너 서간도 桓仁縣 興道川으
로 망명하여 尹世復의 집에서 기거하였다.[3]

그는 이곳에서 1년간 머물며 대종교 교도가 되었고, 고대사와 관
련된 유적지를 답사하는 한편 다수의 고대사 저술을 남겼다. 박은
식은 이 시기에 자신이 8개월 동안 6, 7종의 책자를 저술, 등사하여
학생들의 교재로 사용하였다고 밝힌 바 있다.[4] 이 6, 7종의 저술이
란 『大東古代史論』·『東明聖王實記』·『明臨答夫傳』·『泉蓋蘇
文傳』·『渤海太祖建國誌』·『夢拜金太祖』·『檀祖事攷』를 말하
는 것이다.[5] 이를 간략히 정리하면 다음과 같다.

朴殷植의 古代史 著述 目錄

저서명	저자명	집필년도	발행형태	집필지	면수
泉蓋蘇文傳	朴箕貞	1911. 9	프린트본	서간도	44
明臨答夫傳	朴箕貞	1911. 9	프린트본	서간도	44
渤海太祖建國誌	朴箕貞	1911. 10	프린트본	서간도	66
夢拜金太祖	朴箕貞	1911. 11	프린트본	서간도	125
大東古代史論	朴箕貞	1911	프린트본	서간도	22
東明聖王實記	?	1911	프린트본	서간도	미확인
檀祖事攷	大倧敎	1911?	프린트본	서간도?	73

이 가운데에 최근 『明臨答夫傳』과 『渤海太祖建國誌』가 새로

---

2) 檀國大 東洋學研究所, 1975, 『朴殷植全書』下, 299쪽의 「年報」.
3) 朴杰淳, 「해제」 『全集』 제5권. 종래에 박은식의 처는 延安李氏로 알려
   져 왔으나, 「戶籍表」(1906년 6월, 漢城府 작성)에는 차씨로 되어 있다.
4) 「與島山安昌浩書」 『全集』 제5권, 135쪽, 142쪽.
5) 尹炳奭, 「해제」 『全集』 제4권.

발굴되어 소개된 바 있고,6) 또한『檀祖事攷』도 박은식의 저술로
확인되어 전집에 수록되었다. 이로써『東明聖王實記』를 제외한
그의 고대사에 관한 저술은 거의 찾아진 셈이다. 한편 그가 1914년
을 전후하여 상해의 淸 제독 吳長慶의 손녀 吳亞蘭의 집에 머물며
집필하였다고 하는『大東民族史』는 아직 확인되지 않는다. 그러나
제명으로 미루어 볼 때『대동고대사론』에 이어 단군 - 고구려 - 발
해로 이어지는 민족사를 체계화하고, 특히 '大東'의 관점에서 우리
민족사의 종족과 영토의 범위를 확대 외연하여 서술하고자 하였던
것으로 짐작된다.

　박은식의 고대사에 대한 저술은 시기적으로는 고대사에, 지리적
으로는 만주 일원에, 서술 대상은 영웅에, 종교적으로는 대종교와
관련된 공통점을 발견할 수 있다. 박은식이 불과 8개월만에 망명지
에서 이처럼 많은 고대사 관련 저술을 할 수 있었던 것은 첫째, 그
의 해박한 역사 지식, 둘째, 만주의 故土에 남아있는 유적지 답사
를 통한 고대사에 대한 자긍심과 열정, 셋째, 윤세복 등 대종교도
와의 교유를 통한 자료이용과 의견 교환, 넷째, 현지 학교에서 역
사 강의를 위한 교재의 필요 등으로 정리해 볼 수 있을 것이다.

---

　6) 이 자료는 金度亨 교수가 발굴, 공개하였다(2001,「1910년대 朴殷植의
　　　사상 변화와 歷史認識」『東方學志』114집).

제3절 古代史의 著述

1. 『泉蓋蘇文傳』

본서는 朴箕貞[7]이 저술하고 尹世復이 교열한 것으로, 서론에 이어 제1장 천개소문의 幼年志望, 제2장 천개소문의 활동, 제3장 唐國과 開戰, 제4장 安市城主의 大勝捷, 제5장 唐兵이 再來又敗, 제6장 各國과 競爭, 제7장 唐將의 敗還, 제8장 천개소문의 종교사상, 제9장 천개소문의 考終 등 9장과 결론으로 구성되었다.

박은식은 삼국시대의 대표적인 인물로 泉蓋蘇文과 金庾信, 薛仁貴 등 3인을 꼽았다. 그는 김유신은 國家主義를 견지한 자이나, 一種 依賴性을 전수하여 큰 나라를 섬겨 구차하게 안녕을 구하여 자강을 꾀하지 않는 국민의 선조가 되었다고 하였고, 설인귀는 個人主義를 견지한 자이나, 자기의 공명을 탐하여 조국을 배반하였으니 매국노의 괴수라고 비판하였다. 그러나 천개소문은 個人主義에도 獨立自主者요 國家主義에도 獨立自主者이니 그들과는 비교가 되지 않는다고 높게 평가하였다. 나아가 그는 천개소문을 인류도덕의 기준에서 평가할 때에는 실로 숨길 수 없는 죄가 있으나, 그의 독립자주의 자격과 대외경쟁의 담략은 우리나라 4천년 역사에 다시 짝할 자가 없을 것이라고 하였다. 더구나 일제에 망국을

---

7) 박은식의 본관은 密陽, 자는 聖七, 호는 謙谷이라고 하였는데, 망명 이후 仁植・寅植・彦植・箕貞・承彦 및 白巖(白岩, 白菴)・太白狂奴・無恥生・滄海老紡室・白痴(白癡)・鷄林冷血生 등의 많은 이명과 필명을 사용하기도 하였다. 그가 망명 직후인 1911년 서간도에서 발간한 7종의 고대사 저술은 필자명이 모두 朴箕貞으로 되어 있다.

당한 지경에서 천개소문 같은 영웅이 눈을 부릅뜨고 일갈하는 기세와 뛰어오르는 동력만 얻는다고 해도 효력이 있을 것이라고 하였다.[8]

그는 英雄은 國家의 干城이고 人民의 司令이라고 하며, 우리 민족이 일제에 패망한 원인은 영웅을 냉대한 결과라고 지적하였다. 본서의 서문에서 그는 "… 대저 영웅은 나라의 간성이요 인민의 사령이거늘 영웅을 냉담히 대우하는 것은 나라의 간성을 해치고 인민의 사령을 멸시함이니 어찌 생존의 기초와 활동의 무대를 얻으리요. 이는 우리나라와 우리 인민이 금일의 지경에 빠진 원인이다."라고 영웅관을 피력하였다. 이어 그는 영국의 크롬웰과 일본의 풍신수길이 모두 윤리도덕상으로 커다란 잘못을 범한 죄가 있음에도 불구하고 영국인들은 크롬웰을 天人으로, 일본인들은 풍신수길을 國祖와 같이 숭배하고 있다고 하며, 우리는 구차하고 곡학하는 선비의 편견과 얕은 학식으로 만세에 둘도 없는 영웅의 정신을 말살한 것이라고 개탄하였다. 그는 영웅의 정신이 있고 없는 것은 그 나라 사람의 사상계에 달린 것이니, 과거 영웅을 숭배할 만하고 현재 영웅을 갈망할 만하다고 하였다.[9]

이로써 보면 박은식은 비록 인류와 윤리, 도덕적 관점에서 볼 때 죄가 있다 하더라도 독립자주의 자격과 대외경쟁의 담략이 있다면 그를 영웅으로 평가하여야 한다는 인물평가의 기준을 지니고 있음을 알 수 있는 것이다. 이는 역사의 영웅을 숭배하는 관념을 통하여 일제의 식민지로 전락한 조국의 현실을 匡濟할 영웅의 출현을 待望한 것이라 할 수 있다. 결국 박은식은 천개소문을 통해 나라의 승패와 존망이 땅의 크고 작음과 인민의 많고 적음에 있지 않고 그 나라의 인재 여하에 있다는 것을 강조하고자 한 것이다.

---

8)『全集』제5권, 332~333쪽.
9)『全集』제4권, 289~295쪽.

2. 『明臨答夫傳』

본서는 그간 박은식의 저술로 제명만 알려져 왔으나, 최근에 본문이 공개되었다. 본서는 『夢拜金太祖』와 합철되어 있는데, 책의 겉표지에 興東學校 소장인이 찍혀 있다.[10] 興東學校는 1914년에 설립된 학교로서 본서는 박은식이 서간도를 떠난 이후에도 계속 교재로 사용되었음을 알려준다.

본서 또한 박기정이 저자이고 윤세복이 교열자로 되어 있으며, 서론에 이어 제1장 명림답부의 출생지와 시대, 제2장 명림답부의 초년 행동, 제3장 皂衣大仙의 지위, 제4장 遂成王의 역사, 제5장 大仙師巫의 先見, 제6장 遂成의 簒位, 제7장 大仙師巫의 被禍, 제8장 明臨答夫의 활동, 제9장 王軍과 民軍의 충돌, 제10장 遂成王 被弑와 신대왕 즉위, 제11장 명림답부의 세력과 정치, 제12장 명림답부의 무공으로 구성되어 있다. 그런데 결론이 없는 대신 말미에 「歷史歌」가 첨부되는 독특한 편제로 되어 있다. 「歷史歌」는 박은식의 고대사 인식론을 집약적으로 노래한 것이라 할 수 있다.[11]

---

10) 金度亨, 「1910년대 朴殷植의 사상변화와 歷史認識」, 256쪽.
11) 「歷史歌」는 『渤海太祖建國誌』의 말미에도 수록되어 있는데, 그 내용은 다음과 같다.

어화 우리 靑年덜아	故國山川 이땅이라
北扶餘의 檀君子孫	二千餘年 享國일세
神祖遺澤 無窮하여	萬世 萬世 億萬世라
渾江 一帶 滔滔하니	東明聖王 北來하여
高句麗를 建設하니	虎視 天下 宏壯하다
丸都古城 차자보니	廣開土王 碑文이라
南征北伐 所向處에	東洋大陸 震動하네
蓋世英雄 蓋蘇文은	山海關의 古墓로다

박은식은 산하가 변천될지라도 종교의 사상은 변천되지 않고 천지가 번복할지라도 종교의 사상은 번복하지 아니하는 까닭으로 세계가 종교사회를 최고등의 사회로 공인하는 것이라고 하며, 단군 대황조 자손의 신성한 4천년 역사에서 공자의 仁과 석가모니의 法身과 노자의 谷神과 예수의 靈魂은 변천과 번복이 없을 것이라고 자신하였다.

한편 그는 우리 역사에서 가장 자주독립의 자격이 완전하여 신성한 가치가 있는 것은 고구려라고 하며, 비록 史籍이 결여되었다 하더라도 추상적이던지 이론적이던지 고구려의 철인과 위인의 역사를 숭배하고 기념하여 민족의 뇌수에 祖先의 역사정신을 불어넣는 것이 제일 급선무라고 강조하였다.

> "… 우리가 4천년 역사 중에서 가장 고구려 역사를 숭배하고 기념하자면 고구려시대의 철인과 위인의 역사를 숭배하고 기념하는 것이 더욱 필요할 것이다. 王室에는 東明聖王 大武神王 太祖王 故國川王 廣開土王 長壽王의 역사이며, 將相에는 扶芬奴 乙豆智 明臨答夫 乙巴素 高奴子 密友 紐由 溫達 乙支文德 泉蓋蘇文 梁萬春 諸公의 역사가 다 光明俊偉하여 만고에 照耀하는 자들이다. 비록 史籍이 殘缺하여 全豹의 일반만 존재하였을지라도 우리가 아무쪼록 추상적으로 하던지 이론적으로 하던지 힘써 발휘하고 천명하여 우리 민족 뇌수에 祖先의 역사정신을 불어넣는 것이 제일 급선무이다. …"12)

이는 박은식의 고구려 중심의 역사관을 보여주는 동시에, 그의

龍泉府를 도라보니	渤海太祖 事業일세
四十萬衆 一號令에	海東盛國 일어났네
우리 同族 金太祖는	白頭山에 터를 닦아
二千五百 精兵으로	橫行天下 足足허네
우리 오날 건너온 일	上帝 命令 아니신가
아무쪼록 精神차려	祖上 歷史 繼述하세

12)『全集』제4권, 220~221쪽.

인물관을 보여주는 부분이라 할 수 있다. 그는 고구려의 허다한 영
웅 가운데에서도 명림답부를 최고의 인물로 평가하였다. 즉, 명림
답부는 仙敎界 출신으로 救國救民主義를 실행한 자로서 동양의
크롬웰이라고 비견하였다. 특히 그는 명림답부를 인격적으로도 훌
륭하나, 특별히 종교가의 생활로 비상한 큰 활동이 있는 것은 세계
인물사의 특이한 자격이라고 극찬하였다.[13]

결국 박은식은 본서에서 명림답부의 입을 빌려 무력을 바탕으로
한 强國策을 말하고자 한 것이며, 종교 출신으로 왕위 찬탈자를 제
거하여 전왕의 원수를 갚고 구국구민주의를 실천한 명림답부의 사
적을 통하여 일제 치하의 현실을 타개하고자 하였던 것이다.

3. 『渤海太祖建國誌』

본서는 최근에 발굴 공개된 것으로 『明臨答夫傳』과 유사한 형
태이다. 필자는 박기정, 교열자는 윤세복으로 되어 있으며, 서론에
이어 제1장 발해 이전의 고구려 末運, 제2장 태조의 가계와 인격,
제3장 고구려 유민의 生氣, 제4장 영웅의 藏身, 제5장 활동시기, 제
6장 天門嶺의 대승첩, 제7장 태조 건국, 제8장 발해의 강역, 제9장
발해의 종교와 풍속, 제10장 발해의 문학, 제11장 태조의 외교, 제
12장 태조의 裕後 및 결론으로 구성되어 있고, 말미에 『명림답부
전』과 같은 내용의 「歷史歌」가 첨부되어 있다.

박은식은 우리 역사에서 이미 잃은 국토를 회복하고 이미 망한
국민을 다시 살게 한 분은 東明聖王과 渤海 太祖라고 하며, 금일
의 정신교육계에서 가장 중요한 것은 조국 위인의 역사이기 때문

---

13) 『全集』 제4권, 220~225쪽.

에『東明聖王實記』에 이어 본서를 저술하여 교재로 삼고자 한다고 밝혔다.

본서의「序論」에서 박은식은 우선 "국가란 것은 인류 사회 중에 가장 세력이 위대하고 기초가 공고하고 명의가 존중되는 단체"라고 정의하고 가족주의나 세계주의보다 국가주의의 중요함을 강조하였다. 박은식은 도덕의 시대가 가고 智力에 이르러 국가경쟁이 극렬해져 우승열패와 약육강식을 公例로 인정하여 행사하게 되었다고 하였다. 그러나 常勝과 常敗가 없고 "其强其弱이 互相循環하고 其勝其敗가 迭相報復하여 세계상 대연극의 奇觀을 드러낸 것"이라며, 동명성왕과 발해 태조를 命世偉人으로 꼽은 것이다.

그러나 박은식은 동명성왕과 발해 태조를 誦恩함이 적은 것은 역사학이 발달하지 못한 때문이라고 하며, 금일의 지경에 빠뜨린 책임은 '國民敎育界의 文學家'에게 있다고 지적하였다. 즉, "地理는 국민의 신체요 歷史는 국민의 정신"이나, 본국역사와 본국지리를 무시하고 중국 중심의 교육에 치중한 결과 자국정신・국가사상・조국위인 숭배사상이 소멸한 것이라고 개탄하였다. 한편 그는 고려가 발해사를 편찬하지 않았음은 제일 可悲可痛한 일이라고 질타하며, 소손녕에 대한 서희의 항변을 소개하였다.[14]

그런데 박은식은 국가주의를 강조하였으나, 국가가 비록 파멸되었다고 하더라도 그 백성의 생기가 죽지 않아 정신상 국가를 存得하면 반드시 흥복의 기운을 만회하는 날이 있을 것이라고 하였다. 따라서 그는 가장 경애하고 奇節壯絶하고 大快大樂한 일은 偉人의 建國史라고 하였다.

그는 발해를 고구려의 계통을 계승한 나라로 인식하고 신라와의 병립시기를 南北朝時代로 인식하였다. 그가 발해 태조의 건국사를

---

14)『全集』제4권, 398~408쪽.

저술하며 고구려 말부터 서술한 이유도 여기에 있는 것이다. 또한 본서는 비록 제명이 『渤海太祖建國誌』이지만, 발해의 종교·풍속·문학·외교 등 전반을 서술하고 있어 사실상 渤海史 전체를 저술한 것이다. 이는 박은식이 발해사를 민족사의 정통으로 인정하고 중시한다는 의지의 표시라고 할 수 있다. 「결론」 부분은 그의 발해사관을 집약적으로 보여준다.

> "대저 조국 역사는 정신상 학문이라. … 발해 태조는 우리 조국 역사의 건국 위인이다. 국가의 계통으로 말하면 檀祖 이하 고구려 역사를 계승한 것이요, 민족의 파벌로 말하면 마한 종족이 白山 동부에 뻗어 나린 자이요 판도의 구역과 선민의 유적으로 말하면 우리 祖先 舊疆을 역력히 입증한 것이요 우리 선민 제공의 활약하는 유풍을 가히 상상할 수 있을 것이다. … 우리의 자강심과 진취심과 희망심을 鼓發하고 激昻하는 큰 효력이 있는 것이니 정신상 학문에 하등 필요하고 緊切한 것 아닌가 …"15)

이로써 보면 본서는 박은식이 고구려 멸망 후 그 전통을 계승하여 건국한 발해 태조의 위업과 발해의 역사를 통하여 일제의 식민지로 전락한 조국을 다시 건국할 것을 갈망한 것이라 할 수 있다. 본서에 보이는 박은식의 國家主義와 社會進化論도 이런 관점에서 이해가 가능하다.

4. 『夢拜金太祖』

본서 또한 박기정이 저술하고 윤세복이 교열한 것으로, 윤세복의 「序」가 실려 있다. 본서는 박은식이 1911년 음력 10월 3일 개천

---

15) 『全集』 제4권, 459~461쪽.

절 기념식을 마치고 백두산 정상에서 금태조를 만나 구국의 방략
에 대해 문답을 나눈 꿈속의 이야기를 역사소설의 형태로 기술하
였다.

윤세복은 「序」에서 "대개 지금의 소위 제국주의자는 다아윈이
강권론을 주장한 이래로 전 세계가 휩쓸려서 우승열패를 자연의
섭리로 받아들이고 약육강식을 그의 법칙으로 삼아 남의 나라를
멸망시키고 종족을 멸하는 것을 정치가의 좋은 본으로 삼고 있다.
… 그렇지만 주장하는 바는 평등주의로서 현 세계의 패권을 독점
한 강권주의자와 도전하고자 하니 그 정신의 집중하는 바가 어느
곳이든지 이르지 않겠는가?"라고 박은식을 칭송하였다.

본서는 박은식이 "역사·지리·민족의 관념에서 선조시대의 영
예를 회복"하기 위해 첫째, 단군대황조 자손으로서 대동민족의 범
주를 밝히고, 둘째, 과감성·자신력·모험심의 단련과 단합심·활
동심을 계발하며, 知恥心과 知痛心을 격발하기 위한 교육을 강조
하고, 셋째, 제국주의와 강권주의를 극복하고 평등주의를 주창한
것으로 요약할 수 있을 것이다.

박은식은 朝鮮族과 滿洲族은 모두 檀君大皇祖의 자손이라 보
고, 이를 大東民族이라고 이름하였다.

> "… 오호라. 우리 朝鮮族과 滿洲族은 모두 다 檀君大皇祖의 자손
> 으로 오랜 옛날에는 南北으로 나뉘어 서로 경쟁하기도 했고 또 서로
> 통하기도 했는데 필경은 統一이 되지 못하고 분리되면서 두만과 압록
> 을 경계로 이루어 양쪽의 인민이 왕래도 하지 못하고 각기 살은 지가
> 천여년이 되었다. 이에 따라 風俗이 같지 않게 되고 言語가 통하지 않
> 아 서로 남같이 생각하면서 다른 種族처럼 되었다. 여기에 더하여 鎖
> 國時代에 폐쇄된 정책으로 인하여 서로 넘나드는 것을 法으로 엄히
> 다스려 혹 越境하는 자가 있으면 誅戮을 행하였는데 貪官은 이를 이
> 용하여 인민의 재산을 약탈할 목적으로 潛商이라 또는 犯越이라는 죄
> 명을 씌워 무고한 인민의 피를 두만, 압록강변에 뿌린지 삼백여년이
> 되었다. …"16)

이는 그가 『大東古代史論』에서 강조한 '滿韓一國', '滿韓同族'
사관과 일치하는 것이다. 본서에서 가장 주목을 끄는 부분은 각종
학교이다. 그는 학교를 ① 시대적인 관계로 일반 청년의 과감성과
자신력과 모험심을 단련하는 天設學校, ② 지리적인 방면으로 일
반 백성의 단합심과 활동심을 계발하는 등 국민의 성질을 개량하
는 金 太祖가 건립한 해상보통학교와 대륙보통학교, ③ 단군대황
조가 건립한 사천여년 역사학교로 구분하였다. 그는 各科 교육이
일치 발달하는 날이면 九地 아래에 빠져 버린 조선의 국기가 다시
九天 위에서 펄럭이는 것을 볼 수 있을 것이라고 하였다.17) 이들
학교는 박은식이 역사적 위인을 교사진으로 하여 가상적으로 만들

---

16) 『全集』 제4권, 49~51쪽.
17) 『全集』 제4권, 146~159쪽. 四千餘年歷史學校와 교사진은 다음과 같다.
  小學校 : 무수히 많음
  大東中學校 : 箕子(校長), 安裕(校監), 善德女王·保孫(天文學), 彭吳(地
      文學), 小連·大連·朴堤上(倫理學), 泉蓋蘇文(體操), 薛聰(國語),
      居柒夫·李文眞·安鼎福(歷史), 崔致遠·梁士彦(化學), 于勒·玉
      寶高(音樂), 率居·曇徵(圖畵), 夫道(算術), 徐敬德(物理), 崔冲(修身)
  陸軍大學校 : 廣開土王(校長), 乙支文德·姜邯贊(教師)
  海軍大學校 : 新羅 太宗大王(校長), 鄭地·李舜臣(教師)
  政治大學校 : 渤海 宣王(校長), 柳馨遠·丁若鏞(教師)
  法律大學校 : 新羅 法興王(校長), 新羅 孝昭王 때의 律學博士 6人
  農業專門學校 : 百濟 多婁王(校長), 智證王·新羅와 百濟의 王宮夫人·
      新羅 大廉·高麗 文益漸(教師)
  工業專門學校 : 盖鹵王(校長), 智證王·威德王·新羅 異斯夫·百濟 高
      貴·高麗 崔茂宣, 기타 삼국의 각종 工師
  醫學專門學校 : 百濟 聖王(校長), 新羅 金波鎭·記武·高句麗 毛治·朝
      鮮 許浚(教師)
  哲學專門科 : 鄭夢周·李滉·李珥(支那哲學), 順道·元曉·大覺禪師
      (印度哲學)
  文學專門科 : 世宗大王(校長), 高興·任强首·李齊賢·張維·王仁(漢文)
  宗教學 : 大皇祖의 神教, 東明聖王의 仙教, 支那의 儒教, 印度의 佛教

어 낸 것이지만, 교사진을 통하여는 그의 역사인식을, 각종 학교와
교수과목을 통하여는 그의 구국방략을 보여주기에 충분하다.

한편 본서에는 그의 人權平等主義가 잘 나타나 있다. 이는 윤세
복이 「序」에서도 강조한 바가 있다. 박은식은 20세기에 들어와서
열국 멸종을 공례로 삼는 제국주의를 정복하고 세계 인권의 평등
주의를 실행하는 데에 있어서 대동민족이 선창자, 주맹자가 될 것
을 희망하였다. 또한 그는 사회진화론의 관점에서 추론해 보더라
도 강권주의는 평등주의로 바뀔 것이라고 전망하였다. 즉, 사회진
화론을 사회진화론의 관점에서 극복하고자 한 것이라 할 수 있다.
그리고 강권주의가 평화주의로 바뀌는 시기에서 평화주의의 기치
를 대동민족이 가장 먼저 세우고 호령할 것이라고 자신하였다.

> "… 오늘날은 강권주의와 평등주의가 바뀌는 시기이다. 따라서 이
> 때를 맞이하여 그것이 극도로 된 상황에서 극심한 압력을 받는 것이
> 우리 대동민족이며, 또 압력에 대한 감정이 가장 극렬한 것도 우리 대
> 동민족이다. 그러한 이유로 장래에 평화주의의 기치를 높이 들고 세
> 계를 호령할 자가 바로 우리 대동민족이 아니고 그 누구이겠는가?
> …"18)

이는 전 세계피압박민족 해방투쟁의 선구적 운동인 3·1운동을
예견한 것으로서, 그의 독립 의지와 함께 예지력과 통찰력을 잘 보
여준다. 마지막으로 그는 賣國賊黨의 惡籍과 애국지사의 善籍은
이미 상제의 재가를 받아 매국적당은 아비규환의 지옥에 던져 혹
심한 극형을 받을 것이고, 애국지사는 生生世世에 無量福樂을 받
을 것이라고 하였다.

---

18) 『全集』 제4권, 159~161쪽.

5. 『大東古代史論』

본서 역시 박기정이 저술하고 윤세복이 교열한 것으로서, 서론에 해당하는 간략한 부분과「檀君朝鮮」과「箕子朝鮮」으로 구성되었고, 말미에 윤세복의 간단한 평론이 있다.

본서는 대동민족이라는 종족의 범주와 혈통을 제명으로 삼아 고대사를 체계화하였다는 데에 의미가 있다. 박은식은 본서의 편찬목적을 다른 민족에게 동화되지 않기 위해서는 민족의 명칭과 신성한 역사를 보존해야 하기 때문이라고 밝혔다.

박은식은 당시를 민족경쟁의 시대라고 하고, 경쟁에서 생존하기 위해서는 역사가 꼭 필요한 것이라고 하며 역사가 없으면 민족도 없는 것이라고 강조하였다. 또한 그는 독립적인 역사가 있어야 독립적인 정신이 있으며, 자존적 역사가 있어야 자존의 정신이 있게 된다고 하였다.

> "민족이 있은 이후에 역사가 있으나 역사가 없으면 민족도 없게 된다. 역사란 민족의 정신을 말하는데 먼저 조국의 역사가 있고 그 후에 애국정신이 있게 되며 동족의 역사가 있어야 민족을 사랑하는 정신이 있게 되며 독립적인 역사가 있어야 독립적인 정신이 있게 되며 자존의 역사가 있어야 자존의 정신이 있게 된다. 이 때문에 신성한 민족은 꼭 신성한 역사가 있는 법이다. 만약 한 민족이 역사적인 정신을 소유한 것이 없고 애국애족의 정신, 독립적인 자존의 정신 등이 없으면 여러 민족과의 경쟁 속에서 생존할 수 없게 되며 다행히 생존할지라도 다른 민족의 노예 혹은 賤種으로 전락하지 않으면 다른 민족에 동화될 것이다. 이 때문에 역사가 없으면 민족도 존재할 수 없다고 말할 수 있으니 그 관계가 진실로 어떠한가? …"19)

---

19)『全集』제4권, 383쪽.

그는 민족경쟁의 수단을 勢力의 방법(부국강병, 천하무적)과 精神의 방법(종교, 역사)으로 구분하였다. 그런데 우리는 전자의 방법으로 경쟁할 수 없으니 후자의 방법으로 경쟁하여 다른 민족을 교화 복종케 하여야 한다고 하였다. 이는 박은식의 宗敎民族主義, 歷史民族主義를 보여주는 것이라 할 수 있다.

한편 본서는 박은식의 '滿韓一國', '滿韓同族' 사관을 보여주고 있어 주목된다. 그는 제명에서도 '能稱滿韓'이라고 덧붙일 정도로 이 사실을 확신하며 강조하였다. 즉, "만주와 한국은 원래 한 나라이고 그 백성은 원래 동족이며 모두 단조의 신성한 후예이다(滿韓原是一國 其民原是同族 皆均檀祖神聖之裔也)"라고 한 것이다. 이는 『夢拜金太祖』 등 일련의 저술에서 공통된 인식이다. 그는 修山 李種徽와 星湖 李瀷의 저술을 인용하며 이를 입증하였는데, 이로써 그가 실학적 역사인식의 영향을 받았음을 보여준다. 물론 그가 여진족까지 동족으로 간주한 것은 申采浩가 부여족을 主族으로 설정하고 여진족을 客族으로 이해했던 것과는 다른 인식체계이나, 문헌에 입각하여 종족과 고대사의 범위를 大同=滿韓으로 외연하였던 것이다.

또한 박은식은 본서에서 고대사의 체계화를 시도하였다. 즉, 그는 우리 민족의 유래는 두 개 파의 구별(兩派之別)이 있다고 하며 단군조선과 기자조선과의 관계를 정리하되, 결국 대동민족사는 단군을 시조로 삼고 기원으로 삼아야 할 것을 주장하였다.

"… 하나는 단군이 백두산에서 내려온 것을 시작으로 우리나라 生民의 시작으로 삼고, 다른 하나는 기자가 중국에서 옴으로부터 華人이 이주한 시작으로 삼으니 … 그 派系는 다르지만 주체 민족이 객족을 동화시키면 으레 동족으로 인식한다. 단군과 기자의 후예를 놓고 보아도 수천년간 피가 섞이고 동화되어 기자의 후예를 단군의 후예가 아니라고 할 수 없다. 그러나 단군이 먼저이고 기자가 나중이다. 우리의 본원을 따지면 단군을 시조로 삼는 것이 옳다. 우리 대동민족사도 단군이 인간 세상에 내려 온 해를 기원으로 삼는 것이 옳다. 이것이 우리의 신성한 역사를 발휘하기를 구하는 이유이다. …"[20]

박은식은 단군조선에서는 단군이 대동민족의 시조라는 것과 그 역사와 강역, 그리고 신교가 후에 대종교가 된 사실을 강조하였다. 그런데 기자조선에서는 기자가 내도한 곳이 平壤이 아니라, 遼西 의 幽州에 위치한 永平府로서, 후에 평양으로 도읍한 것이라고 하였다. 특히 周 武王의 기자 封爵을 부정하여 주목된다. 이는 무왕 이 단군조선을 정복하지 않았을 뿐만 아니라, 기자가 終身토록 自靖하였기 때문이라고 보았기 때문이다. 그런데도 箕子陵과 宮이 평양에 있다고 하는 것은 고구려 시조 동명성왕의 예와 같이, 후손 이 선조의 유적을 추모하여 상상하여 이름한 것이 오래 유전되어 國粹가 된 까닭이라고 하였다. 그는 우리나라의 고래로부터 전해 내려오는 국명·지명·산명·수명은 이름은 같으나 사실이 다른 것(名同實異)이 많은 것도 유의하여야 한다고 주의를 환기시켰다.

결국 본서는 제명과 같이 단군을 수위에 놓고 우리 고대사를 체계화한 것으로서, 그의 민족주의적이고 실증적인 역사서술 태도가 돋보인다.

6. 『檀祖事攷』

본서는 김교헌의 저술 또는 대종교 계통에서 편찬한 것으로 알려져 왔다. 그러나 본서는 박은식의 저술로 보는 것이 타당할 듯하다.[21] 본서는 단군에 관한 여러 기록이 이지러지고 완전하지 못하

---

20)『全集』제4권, 384쪽.

여 惇史가 없음을 한탄하며, 널리 여러 기록을 고증하고 요약하여
채록한다고 서술목적을 밝혔다.

본서는 「倍達族源流」와 「三千團部」란 도표와 內·外篇으로 구
성되어 있다. 「倍達族源流」(檀君血統)는 대동민족의 계통도이며,
「三千團部」(檀君疆域)는 대동민족의 강역도이다. 內篇은 '檀祖의
탄생을 상고하고 승천한 연대의 통계에 이르기까지의 사실'을 19
개 항목으로 기록한 것이고, 外篇은 '역대의 역사책에 단조를 숭상
하여 받들고 유속이 오래 전해진 것'을 모아 17개 항목으로 서술한
것이다.

본서는 범례에서 밝히고 있는 바와 같이 綱目體로 서술되었다.
단군에 관한 각종 기록을 대비 검토하기 위해서는 강목체의 방법
이 효과적이었을 것이다. 또한 본서는 철저한 고증과 인용의 원칙

---

21) 본서는 최근 박은식의 저술이란 주장이 제기되었다(尹炳奭, 「해제」
『全集』제4권, 23~24쪽). 종래에 본서는 대종교 계통의 저술로 알려져
왔다. 또한 김교헌의 저술로 주장되기도 하였다(韓永愚, 1994, 「1910年
代 李相龍·金敎獻의 民族主義 歷史敍述」『韓國民族主義歷史學』, 一
潮閣, 151쪽). 이같은 주장에 대해 대종교 계통의 저술로 보는 것이 옳
다는 주장이 다시 제기되었다(金度亨, 「1910년대 朴殷植의 사상 변화
와 歷史認識」, 269쪽). 그런데 본서는 첫째, 박은식이 서간도로 망명하
여 고대사를 연구하던 1911년경에 저술된 점, 둘째, 당시 박은식이 대
종교적 역사인식의 영향 하에서 추구한 일련의 주제와 일맥하는 점,
셋째, 박은식이 자신의 저술로 밝힌 6, 7종의 저술의 하나로 볼 수 있
는 점, 넷째, 본서 冒頭의 '견문이 좁고 소략하여 미래의 어질고 밝은
사람을 기다리니'라는 구절은 개인의 저술임을 알려주는 것이며, 이는
『韓國痛史』의 결론 부분에서 박은식이 말한 내용과 유사한 점, 다섯
째, 『獨立新聞』1925년 11월 11일자의 「白岩先生略歷」과 『朴殷植 全
書』하권에 수록된 「白巖朴殷植先生略歷」, 박은식과 독립신문에 함께
참여하였던 金承學이 主編한 『韓國獨立運動史』(1959, 애국동지원호회)
등 문헌에 박은식의 저술로 밝히고 있는 점, 여섯째, 박은식전집편찬
위원회에서 수차의 회의를 거쳐 본서를 박은식의 저술로 정리한 점 등
으로 미루어 볼 때, 박은식의 저술로 보는 것이 타당할 듯하다.

을 표방하여 본서에 인용된 서목은 73종이고, 논급된 중요인물만
하여도 51명에 달한다. 또한 본문과 구별하여 저자의 견해를 '案'
으로 하여 한 글자 낮추어 쓰는 전통적 방식을 취택하였다. 따라서
본서는 철저한 고증과 인용, 述而不作의 객관적 원칙에서 서술된
것이라 할 수 있다.

두 개의 도표는 박은식의 단군 인식을 체계적으로 보여준다. 「배
달족원류」는 배달족의 단군혈통이 후세에 분파하는 과정을 설명
한 것으로, 처음에는 조선·예·맥·북부여·옥저·숙신의 여섯
파로 분화가 시작되어, 신라족이 여러 분파를 흡수하여 조선족을
형성하고 고구려 - 발해 - 여진으로 이어지는 북부여족이 만주족을
형성한 것으로 설명하고 있다. 이런 점에서는 김교헌이 저술한 『神
檀實記』의 「족통원류」와 유사하다. 또한 『神檀民史』의 「족통계보」
와도 유사하나, 조선족과 부여족을 일원적으로 체계화하였다는 점
에서는 차이를 보인다. 한편 기자 - 마한 - 탐라를 半倍達族으로
보는 것도 같다. 배달족의 원류를 이와 같이 인식하였기 때문에 단
군 강역도 이에 따라 작성된 것은 물론이다. 그러나 발해의 민족사
적 의의와 고구려 계승자임을 강조하면서도 조선족이 아닌 만주족
으로 계통이 이어지는 것으로 설명한 것은 의아하다.

여기에서 그는 桓因·桓雄·檀君의 三世說을 부정하였다. 즉,
삼세설은 '三神一體'와 '一性三神'의 묘함을 알지 못하는 소치라
고 지적하고, 비록 '聖諱'와 '聖號'는 다르나 사실은 단군을 이름하
는 것이라고 한 것이다. 또한 桓國=檀國=배달나라이며, 檀君은
檀國의 임금으로 배달임검이라고 하였다. 특히 본서는 단군을 '開
國首君之祖'로서의 위치를 명확히 정립하였고, 강역을 확대 해석
한 점을 특징으로 들 수 있을 것이다.

단군에 관하여는 고대국가 이래 일제하에 이르는 시기에 수많은

인식의 변천이 있어 왔다.22) 그런데 본서의 단군 인식은 내편에서
는 개국과 생민의 역사공동체의 시조로서, 외편에서는 문화공동체
의 시조로서 파악한 것이라 할 수 있다. 이같은 단군 인식은 혈통
성과 문화적 일체감을 강조함으로써 민족주의적 역사인식을 앙양
하였으며, 곧 독립운동의 정신적 기저로 작용하였다는 점에서 근
대민족주의역사학에서 의미를 부여할 수 있을 것이다.

제4절 古代史 認識論

박은식의 고대사 저술을 검토 분석한 결과, 그의 고대사 인식론
은 다음과 같이 정리할 수 있다.

첫째, 박은식은 한반도와 만주를 우리 민족사의 무대로 외연하
여 설정하는 광대한 영토인식을 지니고 있었다. 이른바 大東史觀
·滿韓史觀이라고 이름할 수 있는 이같은 영토인식은 특히『夢拜
金太祖』·『大東古代史論』·『檀祖事攷』에서 더욱 명확하게 보인
다. 이는 한말에도 일부 보였던 인식이나, 서간도 망명이후 현지
답사와 대종교적 역사인식의 영향으로 더욱 확신하게 되었던 것이
라 할 수 있다. 따라서 일제 어용사가들이 주장한 이른바 滿鮮史觀
과는 비교할 필요조차 없는 민족주의 사관이다.

둘째, 박은식은 大東民族이라는 개념 하에 만주와 한국은 본래
동족이며 단군대황조의 신성한 후예라는 혈통인식을 지니고 있었

---

22) 각 시기별 단군 인식의 변천에 대하여는 朴光用, 1997,「檀君 認識의
變遷」『韓國史學史研究』, 于松趙東杰先生停年記念論叢 참조.

다. 이러한 인식은 『대동고대사론』과, 『단조사고』의 「배달족원류」
에 잘 나타나 있다. 즉, 배달족의 단군혈통은 처음에 여섯파로 분
파하여 신라족이 조선족을, 북부여족이 만주족을 형성한 것으로
설명하였다. 비록 신채호의 주족·객족 개념과는 다르나, 대종교
의 역사인식과 완전히 합치되는 것으로, 大東=滿韓史觀의 연장선
상에서 당연한 주장이라 하겠다.

셋째, 박은식은 단군을 '開國首君之祖'로 내세우고 고대사를 체
계화함으로써 대동민족의 혈통성과 문화적 일체감을 정립하였다.
그는 우리 민족의 유래는 두 개 파의 구별이 있다고 하며 단군조선
과 기자조선과의 관계를 정리하되, 결국 대동민족사는 단군을 시
조로 삼고 기원으로 삼아야 한다고 주장하였다. 즉, 派系는 다르지
만 단군이 주체민족으로서 객족인 기자의 후예를 동화시켰다며 동
족의 개념으로 이해한 것이다.

넷째, 박은식은 고대사에 관한 실증적·객관적 연구 방법을 통
하여 새로운 역사해석을 제시하였다. 그는 철저한 고증과 술이부
작의 원칙에서 '三神一體'와 '一性三神'을 내세우며 三世說을 부
정하고 단군으로 일원화하였으며, 기자가 來到한 곳을 平壤이 아
닌 永平府로 비정하고 周 武王의 箕子封爵說을 부정하는 등 새로
운 학설을 제시하며 고대사의 체계화를 시도한 것이다.

다섯째, 박은식은 고구려중심의 역사인식을 지니고 있었다. 그
는 우리 역사에서 독립자주의 자격이 완전하여 신성한 가치가 있
는 왕조는 고구려라고 하며 고구려의 인물과 고구려를 계승한 발
해를 주목하였던 것이다.

여섯째, 박은식의 고대사 연구는 영웅사관과 밀접히 연관되어
있다. 그는 당시의 정신계에서 가장 중요한 것은 '조국위인의 역
사' 즉, 영웅의 역사라고 하였고, 우리나라가 일제에 패망한 원인

은 영웅을 냉대한 결과라고 하였다. 그는 영웅이 비록 윤리도덕상으로 결점이 있다고 하더라도 救國救民主義를 지니고 있고, 독립자주의 자격과 대외경쟁의 담략이 있다면 사료가 부족하더라도 이론적이고 추상적인 방법까지 동원해서라도 숭배해야 할 것을 강조하였다. 특히 그가 동명성왕과 발해 태조의 건국사를 주목한 것은 國魂論的 歷史認識에 기인한 것이라 할 수 있다.

일곱째, 박은식은 社會進化論的 세계 질서를 비판하고, 대동민족이 강권주의를 타도하고 평등주의의 기치를 내세우는 선창자이자 주맹자가 될 것임을 확신하였다. 그런데 그는 제국주의와 강권주의를 비판하였으나, 사회진화론의 관점에서 볼 때에도 인권평등주의 시대가 도래할 것이라는 독특한 주장을 하였다.

여덟째, 박은식은 宗教와 歷史民族主義를 지니고 있었으며, 국혼론적 역사인식에 바탕하여 고대사를 정립하였다. 그는 민족경쟁의 시대에서 우리 민족이 생존하기 위해 선택할 수 있는 방법은 宗教와 歷史로서 다른 민족을 교화 복종케 하는 정신의 방법이라고 하였다. 그는 종교사회를 최고등의 사회라고 강조하고 영웅과 종교, 고구려와 발해의 종교를 중시하는 등 宗教民族主義를 보이고 있다. 또한 국혼론의 관점에서 기존의 역사학을 질타하고 독립적인 역사와 자존적인 역사가 국가에 우선한다는 歷史民族主義를 보이고 있다. 이는 그가 한말부터 지녀왔던 국혼론적 관념을 망명 직후 고대사의 연구를 통해 정립한 것이라 할 수 있다.

아홉째, 박은식은 教育救國主義를 지니고 있었다. 그는 한말에도 학교의 설립에 직접 관여하고 學政의 중요성을 강조한 바 있다. 그러나 그는 '四千餘年歷史學校'에서 알 수 있는 바와 같이 국망 이후에는 구국의 방략으로서 知恥心과 知痛心을 激發하기 위하여 다양한 학교와 교사진 및 교수과목까지 제시하는 등 더욱 교육구국주의를 강조하였다.

마지막으로, 박은식의 고대사 연구는 日帝에 同化를 거부하고 독립을 쟁취하기 위한 관념적 수단이었다. 그의 고대사 연구는 종교와 역사민족주의, 교육구국주의의 연장선상에서 진행되었고, 이를 통해 그는 독립에의 확신을 지니게 되었다. 그가 일찍이 3·1운동을 예견할 수 있었던 것은 고대사의 연구에서 확인한 대동민족의 저력을 자신한 결과였다. 또한 그가 곧 바로『韓國痛史』와『韓國獨立運動之血史』를 저술하여 한국근대사를 최초로 체계화하고, 光復史와 建國史의 집필까지 구상했던 것도 고대사의 연구로부터 비롯된 것이었다.

□ 附 錄

『白巖朴殷植全集』
第6卷(關聯資料) 解題

I

이 편은 박은식이 직접 저술한 이외의 관련자료로 구성되었다. 관련자료는 박은식이 망명 이후 露領과 上海에서 활동한 상황에 대한 일제의 보고문서와 신문기사 등이 중심이 되어 있다. 자료는 編年順으로 배열하였다. 따라서 그의 실제의 민족운동과 선후가 바뀌거나, 일부 중복되는 부분이 있는 경우도 없지 않다. 또한 그가 주도하고 참여한 민족운동 중 자료에 나타난 것만 정리한 관계로, 그의 민족운동의 전모를 이해하는 데에는 충분하지 못할 것이다.

여기에서는 그의 민족운동의 궤적을 따라 중요한 자료를 중심으로 간단히 해제하기로 한다. 단, 필요한 경우에는 목차상의 자료번호를 괄호 안에 기입해 둔다.

지금까지 박은식은 父喪을 마치고 1879년(21세) 延安 李氏와 혼인한 것으로 알려져 왔다. 이는 『朴殷植全書』下卷(단국대학교 동양학연구소, 1975)에 부록된 「白巖朴殷植先生略歷」과 「年譜」에 의해서이다. 그런데 여기에서 소개하는 戶籍表에는 그의 妻가 車

氏로 되어 있다. 이 호적표는 그가 48세이던 光武 10년(1906) 6월 漢城府에서 작성한 것인데, 그의 직업은 前 敎官으로 되어 있다. 그런데 同居親屬 난에 보면 처는 車氏로서 44세이며, 그에게는 당시 15세 된 딸이 있었던 것으로 기록되어 있다(자료번호:1).

박은식은 전형적인 위정척사적 성향을 지닌 유학자였다. 그러나 그는 40세가 되던 1898년 "世界 學說이 수입되고 言論 自由의 시기"를 만나 "一家 學說에 膠泥되었던 思想이 적이 變動"되기에 이르렀다. 즉, 박은식은 위정척사적 유학자로부터 개화자강적 사상가로 전환하였던 것이다. 「獨立協會沿歷略」은 필자가 불명하고 일부의 오류도 있으나, 1927년에 독립협회의 혁신파 인사가 필사한 것으로서 독립협회를 연구하는 데에 귀중한 자료로 평가된다. 이 자료를 통해 박은식의 독립협회 활동 사실을 확인할 수 있는데, 이 자료는『創作과 批評』1970년 봄호에 소개된 바 있다(자료번호:116).

독립협회가 강제해산 당한 뒤인 1900년, 박은식은 일시 성균관의 후신인 經學院의 강사로서 經學을 강의하였고, 漢城師範學校의 교관을 지내기도 하였으며, 이해에『學規新論』을 저술하였다. 그런데 柳子厚가 지은『李儁先生傳』(東邦文化社, 1947)에는 박은식이 1902년에 조직된 비밀결사 改革黨에 閔泳煥・李儁・李商在・李相卨・李道宰・李容翊・李東輝・李甲・盧伯麟・南宮檍・梁起鐸・張志淵 등과 함께 '中心核體'의 인물로 설명되어 있다. 그러나 이 사실은 검토의 여지가 많다고 보인다(자료번호:122).

계몽운동가로 변신한 박은식은『皇城新聞』과『大韓每日申報』의 주필을 역임하는 한편, 학회를 조직하고 주도하는 등 활발한 활동을 펼쳤다. 1906년 3월에는 張志淵・尹孝定・沈宜性・林珍洙・金相範・尹致昊 등이 大韓自强會를 조직하자 이에 참가하여 활동하였고, 그 기관지『大韓自强會月報』에 「大韓精神」(제1호,

1906. 7) 등 다수의 논설을 게재하였다. 1906년 10월에는 동지들과 함께 西友學會를 조직하고 평의원으로서 지도하는 한편 기관지인 『西友』의 주필로서 발간을 주도하며 「敎育이 不興이면 生存을 不得」(제1호, 1906. 12) 등 많은 논설을 수록하였다. 또한 1908년 1월에는 신민회의 방침에 따라 자신이 주도하던 西友學會와 이준·이동휘 등이 조직한 漢北興學會가 통합되어 西北學會로 되자, 이때에도 평의원으로서 학회를 지도하는 한편 기관지인 『西北學會月報』의 주필로서 「勞動同胞의 夜學」(제15호, 1908. 2) 등 수많은 계몽적 논설을 수록하였다. 『統監府文書』 헌병대 기밀문서 제620호 「京城政界ノ現情」(1919. 3. 22)과 제2177호 「西北學會員 名簿提出」(1919. 11. 11)은 박은식과 서북학회 관련보고 문건이다(자료번호:3－4).

한편 그는 1908년 1월 동경에서 유학생들이 국권회복을 목표로 大韓學會를 조직하자 김규식·권동진·남궁억·이갑·노백린·이동휘·안창호·윤치호 등과 함께 발기인이 되어 「大韓學會贊成會趣旨書」(『大韓學會月報』 제4호, 1908. 5)를 발표하는 등 국내외 계몽단체의 조직과 활동에 관여하였다(자료번호:2).

Ⅱ

국내에서 계몽활동을 펼치던 박은식은 1911년 4월 망명길에 올라 압록강을 건너 만주의 桓仁縣 興道川에 있는 尹世復의 집으로 갔다. 윤세복은 후에 대종교 제3세 교주를 지낼 만큼 독실한 대종교도였다. 박은식은 그의 영향을 받아 대종교 신도가 되었고, 이곳

에 1년간 머물며 고대사와 관련된 주요 유적을 직접 답사하고 고
대사에 관한 다수의 저술을 남겼다. 그의 초기 사학의 경향을 잘
알려주는 『東明聖王實記』·『渤海太祖建國誌』·『夢拜金太祖』·
『明臨答夫傳』·『泉蓋蘇文傳』·『大東古代史論』 등은 박은식이
만주에 머물 때 저술한 것이다.

1912년 3월 박은식은 봉천을 거쳐 북경으로 가서 曺成煥의 집에
서 머물렀다. 박은식은 곧 天津을 경유, 上海로 갔다. 상해에 도착
한 박은식은 신규식 등 동지와 함께 同濟社를 조직하고, 교민의 자
제 교육을 위해 博達學院을 설립하였다. 한편 그는 이곳에서 『安
重根傳』·『韓國痛史』·『李舜臣傳』 등을 집필, 간행하였다.

한편 박은식은 1914년 말경 동제사 지도자 및 북경 중심의 독립
운동가들과 함께 新韓革命黨을 조직하였다. 신한혁명당은 제1차
세계대전에서 독일이 승리할 것으로 예견하고 이를 독립 쟁취의
절호의 기회로 활용하기 위하여 조직된 단체였다. 즉, 전쟁이 끝나
는 대로 韓·中·獨이 연합하여 일본을 응징한다는 계획을 세우
고, 먼저 독일정부의 승인 아래 중국과 韓中誼邦條約(19조)이란 밀
약을 체결하고자 시도하였다. 이들은 밀약 체결에 따른 권한을 광
무황제로부터 위임받기 위해 외교부장 成樂馨을 국내로 밀파하였
다. 당의 본부장은 이상설이 맡았고, 박은식은 감독으로 추대되었
다. 또한 박은식은 신한혁명당의 규칙과 취지서의 기초를 맡았다.
그러나 1915년 7월 26일 국내로 밀파된 성낙형이 일제에 피체됨으
로 말미암아 신한혁명당의 활동은 무위로 그치고 말았다. 그러나
신한혁명당은 제1차 세계대전이라는 급격한 상황 변화 속에서 외
교론 중심의 상해 세력과 무장투쟁론 중심의 북경 세력이 연합을
추구하였다는 점에서 민족운동사에서 차지하는 의미는 적지 않다.
성낙형 등의 이른바 「朝鮮保安法違反事件」은 이러한 정황을 설명

해 주는 자료이다(자료번호:5‐6).

신한혁명당 계획이 실패로 돌아가자 박은식은 신규식 등과 1915년 大同輔國團을 조직하였다. 단의 본부는 프랑스 조계지인 明德里에 두고 시베리아, 간도방면 및 국내와의 연락을 취하며 조직의 확대에 노력하였다. 박은식은 대동보국단의 단장으로 추대되었다.

1917년 7월 박은식은 신규식 등 14인과 함께「大同團結宣言」을 발표하였다. 14명은 申檉(圭植)·趙鏞殷(素昂)·申獻民(錫雨)·朴容萬·韓震(鎭敎)·洪煒(命憙)·朴殷植·申采浩·尹世復·曺煜(成煥)·朴基駿·申斌·金成(奎植)·李逸(靑櫹) 등이다. 이 선언은 대동단결의 필요성, 국내의 참상, 해외 동지의 역할, 국제환경, 提議의 강령, 제의에 대한 답장 관계 및 발기인명 등으로 구성되어 있다. 이 선언에서 주목되는 것은 광무 황제가 왕권을 포기했으므로 왕권의 행사와 권리는 국민에게 있다고 천명한 것이다. 이 점에서 대동단결선언과 신한혁명당 계획은 명백히 대비된다. 또한 해외 각지에 현존하는 단체들이 규합 통일하여 유일무이의 최고기관을 조직할 것을 천명한 점이다. 즉, 정부의 수립을 제창하였던 것이었다(자료번호:8).

일제는 대동단결선언을 크게 주목하였다. 朝憲機 제298호(1917. 10. 6)와 朝憲機 제360호(1917. 11. 21)의「浦潮情報(浦潮派遣員報告)」, 機密 제58호「朝鮮人ノ近狀ニ關シ報告ノ件」(1917. 10. 8), 동 11월 10일자의「排日鮮人ノ大同團結ノ宣言ニ關スル件」등은 이와 관련된 일제의 보고 문건이다(자료번호:10‐13). 이 자료들은 일본 외교사료관에 소장된『不逞團關係雜件‐朝鮮人ノ部‐在西比利亞』에 수록된 것으로서, 국사편찬위원회에서 CD‐ROM으로 출간한『한국독립운동사자료』제36집(2000)에 수록되어 있다.

Ⅲ

상해에서 활동하던 박은식은 1918년 노령지방 교포들의 요청에
따라 宋王嶺으로 가서 『韓族公報』의 주간으로 활동하였다. 그러
나 이 신문은 재정 곤란 등의 이유로 곧 폐간되었는데, 박은식은
계속 노령에 머물며 『渤海史』와 『金史』를 한글로 역술하고, 『李
儁傳』을 저술하였다. 한편 한인촌의 여러 학교들을 순회하며 한국
역사를 강연함으로서 노령 동포들의 민족의식과 독립사상을 일깨
웠다.

在間島總領事 代理領事 鈴木要太郎이 外務大臣에게 보고한 機
密 제46호「在露不逞鮮人ノ現況ニ關シ報告ノ件」(1918. 10. 1)과,
朝憲機 제631호(1918. 11. 9)는 '在露不逞鮮人首領者'로서 박은식
등 20명(李東輝・金立・李漢英・文昌範・尹海・吳永善・南公
善・柳東說・金河球・金甫・李興三・全一・太貞奎・李範允・
秦檀仙・白純・李敏馥・鄭在寬・張基永)을 지목하고, 이들의 年
齡・原籍・現住・經歷의 槪略 등을 표로 작성하여 보고한 것이
다. 이에 의하면 당시 박은식은 일제에 의해 노령지방의 주요 독립
운동가로 지목되었음을 알 수 있는데, 여기에는 그가 니콜리스크
에 거주하고 있었고, 皇城新聞 주필, 韓國痛史 저술, 한족공보 주
필을 지냈다는 경력 등이 기술되어 있다(자료번호:14‒15).

박은식은 3・1운동을 노령에서 맞이하였다. 국내에서의 3・1운동
소식은 곧 노령으로 전파되었다. 3월 8일경에는 블라디보스톡의
한인촌에 한국이 독립되었다는 소문이 나돌았고, 3월 10일을 전후
하여 러시아 볼셰비키가 봉기한다는 풍설도 나돌았다. 이에 한인
촌 전체가 술렁거렸으며, 일본과 러시아 당국은 경계를 삼엄하게

하였다.

국내의 3·1운동 소식을 접한 大韓國民議會에서는 국내에 호응하여 만세운동을 전개하기 위하여 독립선언서를 작성하고자 하였다. 대한국민의회의 선언서는 박은식이 기초하였다. 機密 제48호 「鮮人ノ行動ニ關スル件」(1919. 4. 1)은 대한국민의회 선언서의 기초자가 박은식이었음을 밝히고 있다. 이에 의하면 박은식은 독립선언서를 한문으로 기초하여 南公善과 金喆訓에게 보여 주었으나, 그들은 문장이 너무 온화하다고 하며 그가 기초한 선언서에 과격한[讒誣的] 문구를 가하여 박은식에게 다시 보여주었다고 한다. 한문으로 작성된 선언서의 러시아어 번역은 서울로부터 블라디보스톡으로 와서 활동하고 있던 정교회 牧師 姜漢澤이 맡아 하였고, 러시아어에 익숙한 金萬謙이 자구의 오류를 교정하였다. 단, 러시아문 선언서에는 부회장인 알렉산드르 金의 서명이 빠져 있는데, 이는 그가 선언서의 문구가 지나치게 과격하다고 하여 서명을 거절한 때문이었다. 이 때문에 일부 한인들은 알렉산드르 김이 변절하였다고 규탄하기도 하였다(자료번호:19).

대한국민의회는 처음에는 3월 15일을 기하여 블라디보스톡에서 대규모의 독립선언 축하식과 시위운동을 벌이고자 계획하였다. 그러나 러시아 당국의 정식 허가를 받고 실행하려던 계획이 불가하자, 대한국민의회는 3월 17일 니콜리스크에서 러시아 당국에 사전 통고하지 않고 독립선언과 시위운동을 단행하였다. 이후 러시아에서는 연해주는 물론 한인이 거주하는 거의 모든 지방에서 만세시위가 일어났다.

대한국민의회의 선언서를 기초하는 등 노령의 만세시위를 주도한 박은식은 3월 23일경 니콜리스크로부터 블라디보스톡으로 와서 老人同盟團을 조직하고 민족운동을 주도하였다. 노인동맹단의 발

단식은 1919년 3월 27일 단장으로 추대된 金致寶의 집에서 거행되
었다. 노인동맹단은 남녀를 불문하고 46세 이상 70세까지의 한인
을 회원 자격으로 하였다.

박은식은 노인동맹단의 발기인으로서 장문의 취지서를 작성하
였다. 이 취지서에서 박은식은 독립을 회복하지 못하면 해외에서
각고 끝에 田宅과 금전을 마련하여 자손에게 남겨주거나 학문과
기예를 전수하더라도 근본적으로 다른 민족의 노예를 벗어나지 못
할 것이므로 노인동맹단을 구성한 것이라고 밝혔다. 機密 제50호
「鮮人ノ獨立運動ニ關スル件」(1919. 4. 9)과, 騷密 209호 「獨立運
動ニ關スル件」(1919. 4. 17)에 의하면 박은식은 서기인 徐相矩의
집에 머물며 늘 간부들과 회합을 갖는 등 노인동맹단을 주도하였
음을 알 수 있다(자료번호:20, 22).

그가 노령에서 민족운동을 주도하는 동안 각지에서 임시정부가
조직되었다. 그는 이른바 한성정부의 평정관으로 추대되었다. 騷
密 제782호 「獨立運動に關する不穩文書發見の件」(1919. 4. 24)은
이 사실을 알려준다(자료번호:24). 이는 당시 국내외의 독립운동계
에서 그가 차지하는 위상을 알려주는 자료라 할 수 있다.

노인동맹단은 5월 5일 李承喬 등 7명의 대표를 선정하여 국내로
파견하였는데, 이들은 일본에 보내는 문서 2통과 취지서 수백여매
를 지참하였다. 그러나 이들은 5월 31일 서울에 도착하여 활동하던
중 일제에 피체되고 말았다.

노인동맹단은 金致寶・朴熙平・韓承羽 등 3인을 總代로 선발
하여 일본 왕에게 조선의 독립을 요청하는 청원서를 일본 총영사
관을 통해 전달하고자 하였다. 이 청원서 또한 박은식이 집필하였
다. 機密 제54호 「不逞鮮人ノ動靜ニ關スル件」(1919. 4. 17), 機密
제66호 「鮮人ノ行動ニ關スル件」(1919. 6. 3), 騷密 제4002호 「獨
立運動ニ關スル件」(1919. 6. 12) 등에 의하면 박은식이 노인동맹단

의 청원서를 집필하였음을 알 수 있다. 그런데 이로 인하여 노인동
맹단 내에서 內訌이 발생하였다. 즉, 박은식이 기초한 청원서의 내
용 중에 '天皇 陛下'라는 문구에 대하여 김치보가 강력히 반발하여
청원서를 찢어버린 일이 발생한 것이다. 이 소식을 들은 단원들은
크게 격앙하였고, 결국 5월 25일 개최된 평의원 회의에서 단장인
김치보를 배척하고 새로운 단장을 선출하기로 하였고, 박은식도
위원직을 사임하기에 이르렀다(자료번호:23, 26, 27).

機密 제68호「鮮人ノ行動ニ關スル件」(1919. 6. 13)은 이후 이
사건이 무마되었으며(자료번호:28), 機密 제69호「鮮人等ノ行動ニ
關スル件」(1919. 6. 19)은 박은식이 다시 청원서를 立案하고 서예
가인 吳周爀으로 하여금 淸書하도록 하였음을 알려준다(자료번
호:29). 機密 제76호「老人團ニ關スル件」(1919. 6. 26)은 박은식이
일본 大臣에게 보내기 위해 기초한「在露大韓民國老人同盟團謹
瀝血襟夷干」의 번역본을 첨부하여 보고한 것이다. 여기에 서명한
노인동맹단의 대표는 박은식을 비롯하여 金致寶・朴熙平・金舜
若・姜文伯・徐相矩・韓承羽・金炳洽・玄必濟・崔秉琡・李斗
璋・崔秉周・金玄五・朱干漸・金鎰千・徐奎善・姜錫基・劉瑞
五・延秉佑・韓耆榮・金錫豊 등 21명이다(자료번호:30).

박은식의 노령에서의 활동은 機密 제95호「鮮人ニ關スル件」
(1919. 9. 3)에서 알 수 있는 바와 같이 8월 29일의 國恥日을 맞이하
여 이날 정오 韓民學校에서 개최된 모임에서 회장으로 추대되어
연설하는 것으로 그친다. 박은식은 이날 연설을 통해 우리 민족은
유사이래 유구한 역사를 지닌 동방 예의지국으로서 세계 여러 나
라로부터 至極 尊榮한 바임을 강조하고, 일제에 패망한 것은 세계
에 대하여 수치스러운 일이며, 광복을 위하여 실력을 배양하여 노
예생활의 치욕을 씻어낼 것을 강조하였다(자료번호:32).

IV

노령에서 활동하던 박은식은 1919년 9월 26일(陰 8월 3일) 중국인 복장으로 변장하고 철도편으로 하얼빈을 경유하여 상해로 돌아갔다. 機密 제109호 「鮮人ノ行動ニ關スル件」(1919. 10. 16)은 이 사실을 알려준다(자료번호:36). 그런데 機密 제110호 「鮮人ニ關スル件」(1919. 10. 24)에 의하면 당시 박은식은 일본으로 건너가 일본 정부에 대하여 조선 독립을 청원하기 위하여 블라디보스톡의 일본 총영사관에 渡日을 위한 증명서를 얻고자 하였으나 여의치 않았음을 알 수 있다(자료번호:37). 박은식의 상해 도착은 『獨立新聞』1919년 9월 30일자의 「人事消息」란의 '朴殷植氏(謙谷) 西伯利亞로 붓허 來滬'라는 기사에서 확인된다(자료번호:34).

상해로 돌아 온 박은식은 노인동맹단과 계속 관련을 맺었던 것으로 보인다. 高警 제32501호 「浦潮ニ於ケル老人團ノ行動」(1919. 6. 13)은 상해로 돌아 온 박은식이 노인동맹단의 위촉에 따라 미주에 있는 서재필에게 전보를 보내 그가 노인동맹단의 대표로서 聯盟會議에 대하여 독립운동을 펼쳐 줄 것을 교섭하였음을 보여준다(자료번호:28). 또한 그는 노인동맹단의 위임에 따라 '侃侃愕愕의 言'으로 임시정부를 鞭撻할 것이라는 『獨立新聞』의 보도 기사도 이를 입증한다(자료번호:35).

박은식은 상해 도착 직후 『韓國獨立運動之血史』의 편찬에 착수하였다. 『獨立新聞』 1919년 10월 14일자의 「朴殷植 先生과 獨立運動史」라는 기사는 박은식이 상해로 온 목적이 독립운동사의 편찬을 위한 것이라고 하였고, 亡國 遺民으로 天涯에 流離한지 十餘 星霜만에 독립운동사를 쓰게 된 것을 天幸이라고 하며 죽어도 한

이 없다고 말하였음을 보도하였다(자료번호:35).

당시 임시정부는 『韓日關係史料集』을 편찬하였다. 『韓日關係
史料集』의 편찬은 안창호에 의해 계획되고 임시사료편찬회를 구
성하여 추진되었는데, 안창호가 총재를 맡고 이광수가 실무책임자
인 주임을 맡아 진행하였다. 임시사료편찬회는 1919년 7월초부터
활동을 개시하여 8월 하순에 『韓日關係史料集』의 편찬을 일단락
하고 9월 23일에 1백질의 등사를 완료하였다. 박은식이 『韓國獨立
運動之血史』의 집필에 착수하여 조속히 완료할 수 있었던 것은 임
시사료편찬회가 수집, 정리한 자료를 이용한데 힘입은 바 컸을 것
이다.

1915년 『韓國痛史』를 저술하여 일제의 주목을 받은 박은식의
『韓國獨立運動之血史』 저술은 또 다시 일제의 촉각을 곤두세우게
하였다. 機密 제4호 「鮮人ノ行動ニ關スル件」(1921. 1. 20)은 박은
식의 『韓國獨立運動之血史』 저술이 완료되어 저렴한 가격으로 널
리 발매할 예정임을 보고하고 있다(자료번호:47). 또한 機密 제53호
「鮮人ノ行動ニ關スル件」(1921. 8. 11)은 상해로부터 우송되어 온
『韓國獨立運動之血史』를 입수하여 목록 등을 상세히 보고하고 있
다(자료번호:59). 뿐만 아니라, 1921년 7월 5일자로 在香港 總領事
가 외무대신에게 전보한 문서에 의하면 이 책은 독립운동계의 유
력자들이 소지하고 있고, 배부되지 않은 책은 프랑스 조계지 내의
미국인이 보관하였음을 알 수 있는데, 특히 이 보고서는 이 책의
권두에 수록된 상해 임시정부의 수뇌와 독립선언자의 사진을 주목
하였다(자료번호:56).

1921년 8월 1일자로 조선총독부 경무국장이 외무차관에 통보한
요지와, 密受 제33호 其228의 「國外情報」(1921. 8. 1)에 의하면 박
은식의 아들 朴始昌이 『韓國獨立運動之血史』를 판매하기 위하여

이 책 수백 부를 지니고 북경에 간 사실을 확인할 수 있다. 특히 이 보고는 박은식이 이 책의 출간 직후 '자기에 대한 親疎의 別이 있고 褒貶에 正當을 얻지 못했다 하여 獨立運動者 사이에 不快의 念을 품고 있는 자가 있다'고 하여 주목된다. 이는 아마도 당시 상해 독립운동계의 세력간 대립과, 독립운동에 대한 역사인식의 차이를 말한 것으로 보인다(자료번호:58).

1919년 11월 22일(음력 9월 30일), 박은식은 상해에서 회갑을 맞이하였다. 이날 정오에 상해에 거주하는 독립운동가들이 성의껏 마련한 회갑연이 漁陽里 自由館에서 백여명이 참석한 가운데에 개최되었다. 회갑연은 李東輝 · 金嘉鎭 등의 축사가 있었고, 唱歌와 詩曲으로 성황을 이루었다. 『獨立新聞』1919년 12월 2일자는 「白巖翁回甲日」이란 기사로 이 사실을 보도하였다(자료번호:40).

한편 박은식은 獨立新聞社의 사장에 추대되어 재정의 궁핍으로 말미암아 어려움에 처한 신문사의 유지와 신문의 발간을 위해 애썼다. 高警 제36044호 「不穩文書發見の件」(1919. 12. 22)은 박은식이 사장 명의로 독립신문사가 처해 있는 어려움을 호소하고, 비밀리에 안전하게 송금할 수 있는 방법을 제시하는 문서를 국내로 우송하였음을 알려준다. 여기에서 그는 2천만 동포가 각각 1전씩 惠投하면 2십만원이 된다고 하며, 이 문서를 여러 사람에게 회람시키고 후원해 줄 것을 요망하였다(자료번호:41). 그럼에도 불구하고 독립신문사의 사정은 그리 호전되지 못하였다. 따라서 독립신문사는 주식회사로 전환하고 5개항으로 된 「獨立新聞 株金 募集 規定」을 마련하여 자금의 마련에 나서기도 하였다. 이때 發起人은 10명(위원장:안창호), 찬성원은 11명(위원장:이동휘)이었는데, 박은식은 찬성원으로 되어 있다(자료번호:43).

박은식은 오래지 않아 독립신문사 사장직을 그만 두었으나,

1924년 다시 사장으로 추대되었다.『東亞日報』1924년 12월 6일자
는 상해 특신으로『獨立新聞』이 새로운 진용으로 개편된 사실을
보도하였는데, 이에 의하면 사장은 박은식, 주필은 賓光國, 경리는
崔天浩로 구성되고, 인쇄는 三一印刷所에서 金承學이 담당하였음
을 알 수 있다(자료번호:78). 당시 獨立新聞社의 경영 현황과 출판
현황, 지국 현황, 신문의 논조 등에 대한 내용은 在間島總領事가
외무대신에 보고한 요지「上海에서 發行되는 獨立新聞의 經營에
關한 件」(1924. 2. 23)에 잘 나타나 있다. 이 내용은 독립신문사 지
방 특파원이었던 金炳九가 일제에 피체되어 1924년 2월 15일 총영
사관 경찰부에서 심문관 芥川 警部의 심문에 대한 답변의 요지이
다(자료번호:75).

박은식은『獨立新聞』외에 다른 신문에도 관여하였다. 密受 제
33호 其228의「國外情報」(1921. 8. 1)는 박은식이 중국 신문의 기자
가 되기 위하여 활동 중이란 사실을 보고하였으며(자료번호:58), 密
受 제33호 其308의「國外情報」(1921. 11. 4)는 박은식이 南方政府
에서 곧 창간할 신문의 주필이 될 약속이 있다는 說을 보고하며,
이 신문을『光明日報』로 추측하기도 하였다(자료번호:62). 한편 박
은식은『四民報』편집부의 '繙澤'으로서도 활동하였다. 이는 同報
의「本報同人表」에서 확인된다. 그는『四民報』에 白癡, 또는 白痴
란 필명으로 많은 논설을 게재하였는데, 여기에『李舜臣傳』을 연
재하였다(자료번호:60). 일제는『四民報』를 상해 공동조계의 望平
街 261호에서 廣東人 부호 林澤豊이 발간하던 신문으로서, 임택풍
이 친교가 있던 박은식과 제휴하여 배일선전을 한 신문으로 파악
하였다. 당시 박은식은 四民報 사내에 朴始昌·朴景山·朴泰河·
金文世·李英雲 등과 함께 기거하기도 하였다. 일제는 이 신문에
대해 '同 신문은 宛然 不逞鮮人의 經營으로 이루어진 觀이 있다'

고 보았다(자료번호:64).

일제는 박은식이 한문과 중국문에 능통한 인물로 파악하였다. 임시정부는 외국어에 능통한 사람을 확보하여 선전활동을 하기 위하여 노력하였다. 당시 일제는 임시정부와 관련된 인사들 가운데에 외국어에 능통한 사람들을 주시하였다. 조선총독부 경무국장이 외무성 아세아국장에게 통보한 요지 「上海 在住 韓人獨立運動者의 近況」(1921. 10. 14)에 의하면 일제는 외국어에 능통한 중요한 인물로서 英語는 安昌浩·金奎植·玄楯·呂運亨·呂運弘·李喜儆·金輿濟를, 中國語는 박은식과 함께 金弘敍·曺成煥·申圭植 등을 주목하였음을 알 수 있다(자료번호:61).

블라디보스톡에 체류할 당시에도 국치일을 맞이하여 동포들에게 독립의 당위성을 역설하였던 박은식은 1920년 8월 29일, 국치일 10주년을 맞이하여 오전 11시부터 오후 2시까지 民團에서 개최된 기념식에서 다시 한번 독립을 역설하였다. 高警 제28811호 「倂合記念日に於ける在外鮮人の動靜」(1921. 11. 4)은 이날의 기념식에서 박은식이 단군이래 유구한 역사를 지닌 우리 민족이 일제에 나라를 빼앗긴 지가 10년이나 된 것은 치욕스런 일이며 동포들이 일치 단결하여 최후의 1인까지 혈전을 벌여 국권을 회복하자고 연설하였음을 알려준다(자료번호:63).

그러나 온 민족의 지지와 성원으로 수립된 임시정부는 1920년대에 들어 여러 난제에 봉착하였다. 이는 일제의 탄압으로 인한 국내의 연통제와 교통국의 파괴, 독립운동 세력간의 대립과 알력도 원인이 되었으나, 임시대통령 이승만이 미주에 거주하며 미주지역의 자금을 독점하고 일부만 임시정부로 보내는 등의 처사에 대한 불만도 큰 요인이 되었다. 더구나 이승만은 현지 실정에 맞지 않는 지시를 하였을 뿐 아니라, 윌슨에게 우리나라를 국제연맹의 위임

통치하에 둘 것을 청원한 사실이 드러나면서 임시정부 내는 물론 전체 독립운동계에서 그의 지도권에 대한 논쟁을 촉발하였다.

이같은 이승만에 대한 불만은 결국 1920년 5월 임시정부 次長회의에서 임시대통령 불신임결의안으로까지 비화하였다. 임시의 정원은 침체해 가는 임시정부를 수습하기 위해 이승만에게 정부유지 방안을 제시할 것과 上海로 올 것을 촉구하였다.

결국 이승만은 1920년 12월 8일 상해에 도착하였다. 상해의 한인 및 독립운동계는 커다란 기대를 가지고 이승만을 열렬히 환영하였다. 이승만의 환영회는 12월 28일 오후 7시부터 민단에서 개최되었다. 高警 제189호 「上海に於ける李承晩歡迎會の狀況」(1921. 1. 14)은 환영회를 생생히 보고하고 있다. 환영회장의 천정에는 일장기를 제외한 만국기가 펄럭였고 사방의 벽에는 태극기와 영·미·불·중 등 국가의 국기가 걸렸다. 이날 박은식은 "오늘 저녁 환영하는 바의 이승만 박사는 수십년래의 애국자로서 오늘에 이르기까지 시종일관 국사에 진력한 사람으로서 우리가 언제나 희망해 오던 공화정치를 이끌어 나갈 사람이 되어 우리 역사상의 정치를 개조하게 된 것은 여러분들이 숙지하는 바이다. 우리들은 더욱 노력하여 서울에서 속히 이승만 박사를 환영하게 되기를 바란다"고 환영사를 하였다(자료번호:46).

그러나 이승만의 현상유지론 주장으로 정국은 해결의 실마리를 찾지 못하였다. 게다가 독립운동 노선상의 문제와, 국무총리 이동휘가 몰고 온 사상상의 문제 등으로 인해 임시정부는 더욱 혼란에 빠져들게 되었다. 이에 임시정부는 민족운동의 주도적 위치를 상실하고 말았다.

박은식은 독립운동에 있어서 전민족적 연합과 통일노선을 무엇보다도 중요하게 생각하였다. 따라서 그는 이같은 임시정부의 분

열 사태를 매우 안타깝게 여겼다. 드디어 박은식은 1921년 2월 14
명의 동지들과 함께 「我 同胞에게 告함」이라는 성명을 발표하고
國民代表會를 소집할 것을 제창하였다. 高警 제5192호 「國外情報」
(1921. 2. 18)는 이 상황을 보고한 것이다. 이 성명서에는 박은식을
비롯하여 高一彪·金昌淑·金振宇·金剛山·鄭寅敎·柳振昊·
柳健赫·劉禮均·李民昌·孫永稷·安秉瓚·崔東旿·王三德·
元世勳 등이 서명하였다. 이들은 이 성명서를 통해 자신들이 국민
대표회를 제창하게 된 이유를 첫째, 全 國民의 意思에 의하여 統
一的인 穩固한 政局을 企圖하고, 둘째, 群策과 群力을 복합하여
獨立運動의 最良한 方策을 樹立하기 위한 것이라고 밝혔다. 이는
임시정부의 권위를 부정하고 국민대표회를 통하여 임시정부에 대
체되는 기관을 만들자고 주장한 것이었다(자료번호:48).

  이 선언서가 발표되자, 3월 5일에는 趙琬九, 尹琦燮 등 이승만을
지지하는 45명이 임시정부를 절대 유지해야 한다고 주장하면서 선
언서를 발표하였다. 또한 이들은 이승만을 중심으로 하고 이동녕,
신규식 등으로 하여금 임시정부를 옹호하기 위한 단체를 만들도록
하였다. 이에 3월 중순에 協成會가 결성되기에 이르렀다. 高警 제
14378호 「上海情報一束」(1921. 5. 11)은 협성회에 관한 보고 내용
이다(자료번호:54).

  협성회는 「我 同胞에게 告함」에 서명한 인물에 대하여 물리적
압력을 가하기도 하였다. 김규식·김구·서병호 등은 박은식을 불
러 번갈아가며 힐난하며, 그를 이완용 이상의 國賊이라고 매도하
였다. 또한 이 사실을 항의하러 김규식의 집으로 찾아간 박시창을
김구 등이 구타하여 박시창이 병원에 입원하는 불상사까지 발생하
였다. 이같은 보복은 여운형에 대한 집단구타로 이어지기도 하였
다. 高警 제6658호 「上海情報一束」(1921. 3. 3) 및 高警 제13706호

「上海在住不逞鮮人の狀況」(1921. 4. 29)은 이를 알려준다(자료번호:49, 53).

박은식 등의 국민대표회의 요구 외에도 북경 군사통일주비회의 선언, 만주 액목현회의의 결의, 모스크바에서 열린 극동인민대표회의의 결의 등은 국민대표회를 개최하게 하는 직접적인 계기를 만들었다.

그러나 국민대표회는 여러 요인으로 인하여 곧 개최되지 못하였다. 그런데 在上海總領事가 外務大臣에 보고한 요지 「上海에 있어서 國民代表會 開催 準備와 其他의 件」(1922. 6. 13)은 국민대표회 주창자들이 정부를 조직하려는 움직임이 있었던 것으로 보고하고 있어 주목된다. 즉 이들은 일시 朴殷植이나 金嘉鎭, 白俊을 대통령으로 추대하고 정부를 委員制로 하여 內務에 孫貞道, 南亨祐, 李裕弼을, 外務에 申翼熙, 玄楯을, 財務에 韓亨權, 申肅을, 交通에 金澈 외 1명을, 國務院 秘書에 李圭洪, 趙琬九를 선출하려 하였다고 한다(자료번호:68).

1922년 5월 10일 國民代表會籌備委員會는 회의 소집을 선언하였다. 高警 제405호 「國民代表會에 關한 件」(1923. 1. 9)은 籌備會側이 본 회의가 소집되면 박은식을 비롯하여 이동녕과 이시영 등 십여명 정도로 元老院을, 윤해와 원세훈 등 5명으로 委員部를 설치하여 최고기관을 조직하려고 내정하였음을 알려준다(자료번호:70). 그러나 이 계획은 여기에 참가하지 못한 주비회원과, 이 계획에 찬성하지 않는 각 지역 대표자들이 있어서 일찍이 분란의 조짐이 있었던 것으로 보인다. 또한 高警 제266호 「國民代表會에 關한 件」(1923. 1. 28)은 籌備會側이 회의 개최에 앞서 박은식을 명예회장으로 하고 안창호를 부회장으로 하며, 실무를 안창호로 하여금 처리케 하기로 묵계가 되어 있었음을 보여준다(자료번호:71 - 72).

드디어 1923년 1월 3일, 우여곡절 끝에 국민대표회가 개최되었다. 개최일에 참석한 인원에 대하여는 이견이 있으나, 최소 62명 이상이 참가한 것으로 보이며 안창호가 임시의장으로 선출되었다. 2월 3일에는 상해교민단이 민단장 都寅權의 주최로 회의에 참가한 각 대표를 초치하여 환영회를 개최하였는데, 환영회에서 박은식은 환영사를 하였다.

그러나 국민대표회의는 개조파, 창조파, 중립파, 임정고수파 등으로 나뉘어져 결실을 이루지 못하였다. 결국 박은식이 강조했던 독립운동의 통일노선 수립은 실패로 돌아가고 만 것이다. 국민대표회의 양대 세력이었던 개조파나 창조파는 모두 그들의 성명서에서 박은식의 명의를 빌리고 있다. 그러나 박은식은 어느 한편에 치우치지 않고 통일노선을 견지하였던 것으로 보인다. 예컨대 창조파는 6월 7일 비밀회의를 열어 국민위원회를 구성하였는데, 이 때 박은식은 신채호, 이동휘 등과 함께 고문으로 추대되었다. 그러나 박은식은 오히려 창조파의 신정부 구성을 비난하는 성명을 발표하였다. 또한 창조파는 고문의 자격을 '독립운동에 다대한 성의와 공적이 있는 인사' 중 선거한다고 규정하고 박은식을 고문으로 추대하였으나, 그는 취임하지 않고 오히려 이동녕, 이동휘와 함께 사임을 청원하였다. 機密 제277호 「國民委員會議事錄ニ關スル件」(1924. 11. 14)은 1924년 2월 23일 블라디보스톡 新韓村 花發浦街 12호에서 개최된 國民委員會 제1회 회의 4일차 회의에서 박은식 등 3인이 제출한 고문직 사임 청원이 가결되었음을 알려주는 자료이다(자료번호:77).

국민대표회의는 독립운동사상 최대 규모의 회의로서, 독립운동계가 안고 있는 난제를 극복하고 임시정부의 체제를 정비할 수 있는 좋은 기회였다. 그러나 이 회의는 참여세력들이 근본 목표를 상실하고 주도권 장악에 치우친 나머지 실패로 끝나고 말았다.

이러한 와중에서도 박은식은 독립운동계를 주도하였으며, 일제의 주시를 받았다. 박은식은 연해주에 있던 시기에도 安泰國이 사망하자 『獨立新聞』 1919년 4월 13일자에 게재된 부고인 명의에 들어 있었다. 또한 高警 제13041호 「上海情報一束」(1921. 4. 25)은 박은식이 1921년 4월 11일 장빈로 삼일예배당에서 거행된 안태국의 추도식을 주도한 것을 보고한 자료이다.(자료번호:21, 52). 아울러 高警 제23559호의 3 「上海情報」(1921. 7. 22)는 박은식이 7월 5일 민단 사무실에서 동지들과 함께 국내에서 서거한 柳瑾의 추도회를 주도하였음을 알려준다(자료번호:57). 한편 『獨立新聞』 1922년 7월 8일자는 金嘉鎭이 사망하였을 때 역시 그가 부고인 명의에 들어 있음을 확인할 수 있다(자료번호:69).

機密 제53호 「主ナル不逞鮮人ニ關シ調査報告ノ件」(1921. 12. 10)은 1921년말 일제가 박은식을 독립운동을 주도하는 38인 중의 한사람으로 지목하며, 특히 그를 대동단결선언 등 각종 선언서의 기초자로서 파악하였음을 보여준다(자료번호:65). 이와 함께 박은식은 3·1절 기념식에서 독립선언서를 낭독하는 등 각종 기념식을 주재하였다. 高警 제816호 「所謂獨立紀念日ニ於ケル在外朝鮮人ノ動靜」(1923. 3. 13)과, 「上海 韓人 獨立運動者의 三一記念祝賀會 開催의 件」(1925. 3. 3)은 이 사실을 알려준다(자료번호:74, 86).

임시정부의 혼미한 상황이 계속되자 독립운동계는 원로인 박은식의 도움을 필요로 하였다. 그가 1924년 다시 독립신문사 사장을 맡은 것도 그러한 요청 때문이었다. 나아가 의정원은 이해 6월 '李承晩大統領有故案'을 통과시키고 박은식을 임시정부 국무총리겸 대통령대리로 추대하였다.

당시의 상황은 조선총독부 경무국이 외무성 아세아국 제2과장에게 요청한「逮捕를 要하는 上海 韓人 獨立運動者의 連名簿」
(1925. 2. 13)와, 조선총독부 경무국장이 외무차관에 통보한「在上
海 韓人 獨立運動者의 近情」(1925. 2. 13)에서 잘 나타나 있다(자료
번호:82 - 83).

1925년 3월 14일, 박은식은 임시정부의 국무총리겸 임시대통령
대리 자격으로 中國 國民黨 上海 第三支部를 방문하였다. 이 자리
에서 그는 孫逸仙의 死去에 대해 중국인들에게 충심 어린 위로의
말을 하고, 이튿날에는 중국인들의 배일단체인 國民對日外交大會
2주년 기념회에 참석하여 연설을 하였다. 이 내용은 조선총독부 경
무국장이 외무차관에 통보한「臨時政府大統領代理 朴殷植의 孫
逸仙 死亡에 대한 弔詞 및 演說」(1925. 3. 30)에서 확인된다. 박은
식은 연설을 통해 중국인들의 일본에 대한 確乎한 저항심이 부족
함을 지적하고, 양국이 연합하여 공동의 적인 일본에 대하여 知識
戰·經濟戰·武力戰을 전개하여 일본을 타도하고 독립을 쟁취할
것을 역설하였다(자료번호:88).

1925년 3월 14일, 崔錫淳 등은 연명으로 '臨時大統領 李承晚 彈
劾案'을 제출하였다. 의정원은 3월 18일 회의를 열고 이 탄핵안을
가결하였다. 드디어 의정원은 3월 23일의 회의에서 탄핵 가결을 발
표하고, 만장일치로 박은식을 후임 대통령으로 선출하였다. 박은식
은 후임 국무총리로 군무총장 盧伯麟을 천거하여 의정원의 동의를
얻었고, 나머지 각료는 유임토록 하였다.『獨立新聞』1925년 3월
23일자 및 조선총독부 경무국장이 외무차관에 통보한「臨時大統
領 李承晚 彈劾의 件」(1925. 3. 30)과,「臨時大統領 李承晚 彈劾案
決定의 件」(1925. 4. 13) 등은 이러한 상황을 보여주는 자료이다(자
료번호:87, 89, 91).

그런데 박은식은 1925년 3월 10일 臨時大統領令 제1호로서「歐

美委員部 廢止에 關한 件」을 공포하였다. 여기에서는 구미위원부가 국무회의의 결의나 의정원의 동의 등 적법 절차에 따라 설치된 법률상 정부의 정당한 기관이 아니고, 외교와 선전에도 실효가 없고 오히려 독립운동에 방해가 되는 존재라고 지적하였다. 또한 委員部通信을 통해 偏私的 기사를 게재하여 정부의 행정을 방해하고 독립운동의 통일을 파괴하며 인심을 분열케 하는 당파적 행동이 있다고 비판하였다. 이는 在間島總領事가 외무대신에 보고한 「上海 臨時政府機關 歐美委員部 廢止의 件」(1925. 4. 9)에 잘 나타나 있다(자료번호:90).

구미위원부는 1925년 1월부터 통신을 통하여 임시정부에 대해 맹공을 가하였다. 「구미위원부통신 제9 - 1호(특별호)」(1925. 1. 28)는 대통령 대리를 선출함에 대한 부당성을 4개항으로 지적하고, '음모파 십수인이 모여 칠십 노인 박은식씨에게 대리 대통령을 맡기고 제각기 총장의 이름을 차지하기에 이르렀다'고 비판하고, 대통령 대리에 선출된 박은식이 이승만에게 親翰을 보내 선후책을 써서 난국을 만회시켜 달라고 간구하였다는 사실을 공개하였다(자료번호:81). 「구미위원부통신 제9 - 2호」(1925. 2. 15)는 '우리 시국에 대하여'라는 글을 통해 계속하여 박은식을 대통령 대리로 선출한 것에 대한 부당성을 공박하였다(자료번호:84). 「구미위원부통신 제9 - 5호」(1925. 4. 15)는 '상해 박은식 등의 비법난행을 막아 정부를 바로잡고 구미위원부를 유지해 가기 위하여 분기한 전 미주동포의 여론'이라는 제하에 뉴욕·L.A·시카고 동포의 결의문을 게재하였다(자료번호:92).

박은식은 대통령 취임 직후 혼란한 사태를 수습하기 위해 헌법 개정안을 제출하였고, 이 개정안은 1925년 3월 30일의 의정원 회의에서 통과되었다. 박은식은 4월 7일 「臨時政府公報」로서 改定臨

時憲法을 공포하였다. 이는『獨立新聞』1925년 3월 23일자와, 재상해총영사가 외무대신에게 보고한 요지「臨時憲法改正案 通過 公佈의 件」(1925. 4. 16) 등의 자료에서 알 수 있다(자료번호:87, 93).

개정된 헌법은 대통령제를 폐지하고 국무령제를 신설하여 국무령 중심의 내각책임제로의 변경을 특징으로 한다. 이는 일개인의 독단에 의해 임시정부가 파행적으로 운영되는 것을 방지하고 또한 과중한 독립운동의 책임을 분담하기 위한 조치라 할 수 있다. 또한 적용범위를 人民으로부터 光復運動者로 한정한 것도 특징으로 들 수 있을 것이다.

V

박은식은 개정헌법의 발효일인 7월 7일 前西路軍政署 總裁였던 李相龍을 국무령으로 추천하여 선출케 한 다음 대통령직을 사임하였다. 이 사실은「大韓民國臨時政府公報(號外)」(1925. 7. 7)로 공포되었다. 조선총독부 경무국장이 외무차관에게 통보한 요지「上海 臨時政府側과 畿湖派 韓人과의 軋轢에 關한 件」(1925. 7. 13)과,「上海臨時政府 國務領 更迭의 件」(1925. 8. 3)은 이와 관련된 자료이다(자료번호:95, 97).

대통령직을 사임할 당시 박은식의 병은 위중한 상태였다. 그는 소화불량과 인후증이 겹쳐 기력이 쇠하여 갔다. 이에 동지들이 다소의 돈을 모아 8월 하순경에 시내의 병원에 입원 치료케 하였으나, 음식을 먹지 못하여 위독한 지경에 이르렀다.『東亞日報』1925년 10월 30일자와,『獨立新聞』1925년 11월 1일자는 그의 병세가 매우 위중한 상태임을 보도하였다(자료번호:98‐99).

그러나 끝내 그는 소생하지 못하고 11월 1일 오후 7시경 입원해 있던 병원에서 서거하고 말았다. 『獨立新聞』은 11월 2일자 호외를 발행하여 그의 서거 소식과 遺囑 내용을 보도하였고(자료번호:100), 국내에는 『東亞日報』 등에 의해 11월 4일자로 보도되었다(자료번호:101). 특히 『東亞日報』는 11월 5일자의 사설란에 「哭白庵朴夫子」, 3면에 이광수의 추모시 「哭白巖先生」, 5면에 「朴殷植氏는 가시엇다」는 등의 기사를 게재하였으며(자료번호:102‒104), 『時代日報』도 동일 자에 「白庵 朴殷植氏의 訃音을 듯고」라는 기사를 게재하였다(자료번호:105). 한편 『獨立新聞』 11월 11일자는 전면에 걸쳐 그의 추모와 葬儀 관련 기사로 구성되어 있다(자료번호:106‒107).

박은식의 서거 후 그를 추도하는 집회가 국내외에서 개최되거나 계획되었다. 이어지는 신문 기사는 12월 12일 홍명희 등 32명이 故朴殷植追悼發起會를 갖고 12월 18일 오후에 중앙기독교청년회관에서 추도회를 갖기로 결의하였으나, 돌연 12월 16일에 종로경찰서에서 금지조치를 내려 무산되었음을 알려준다. 또한 11월 14일 南京의 동명학원에서 차리석 등이 南京在留同胞들과 함께 그의 추도식을 거행하였으며, 서거 1개월이 지난 12월 1일에는 상해 지역 8개 단체가 三一堂에서 추도식을 거행하였음을 알 수 있다. 추도회는 이듬해까지 계속되어, 1926년 2월 19일에 대종교당에서 추도회가 열리기도 하였다(자료번호:109‒112, 114). 한편 이상룡과 정인보, 중국인 老梅 등은 박은식에 대한 제문과 추억록을 남기기도 하였다(자료번호:113, 120, 121).

말미의 「白巖朴殷植先生略歷」은 본래 박은식이 친필로 작성한 것을 해방 후 그의 아들 박시창이 다시 옮겨 적은 것이라고 한다. 서술내용으로 보아 박은식이 작성한 것으로 보기에는 의문이 있으나, 그의 생애와 활동상을 이해하는 자료가 된다(자료번호:125).

白巖朴殷植全集 제6권(관련자료)

목 차

11. 9)

16. 大韓獨立宣言書(1919. 2)

17. 在外不逞鮮人ノ狀況(『高等警察秘史』, 1919. 3)

18. 露領在住鮮人ノ獨立運動ニ關スル件(『韓國獨立運動史』36, 1919. 3. 26)

19. 鮮人ノ行動ニ關スル件(『韓國獨立運動史』36, 1919. 4. 1)

20. 鮮人ノ獨立運動ニ關スル件(『韓國獨立運動史』36, 1919. 4. 9)

21. 安泰國 訃告(『獨立新聞』, 1919. 4. 13)

22. 獨立運動ニ關スル件(『韓國獨立運動史』36, 1919. 4. 17)

23. 不逞鮮人ノ動靜ニ關スル件(『韓國獨立運動史』 36, 1919. 4. 17)

24. 獨立運動に關する不穩文書發見の件(『朝鮮獨立運動』 2, 1919. 4. 24)

25. 露領鮮人ノ獨立運動ニ關スル件(『韓國獨立運動史』36, 1919. 5. 5)

26. 鮮人ノ行動ニ關スル件(『韓國獨立運動史』36, 1919. 6. 3)

27. 獨立運動ニ關スル件(『韓國獨立運動史』36, 1919. 6. 12)

28. 鮮人ノ行動ニ關スル件(『韓國獨立運動史』36, 1919. 6. 13)

29. 鮮人等ノ行動ニ關スル件(『韓國獨立運動史』36, 1919. 6. 19)

30. 老人團ニ關スル件(『韓國獨立運動史』36, 1919. 6. 26)

31. 鮮人ノ行動ニ關スル件(『韓國獨立運動史』36, 1919. 7. 15)

32. 鮮人ニ關スル件(『韓國獨立運動史』36, 1919. 9. 3)

33. 韓國獨立運動史(四)(『獨立新聞』, 1919. 9. 4)

34. 人事消息(『獨立新聞』, 1919. 9. 30)

35. 朴殷植先生과 獨立運動史(『獨立新聞』, 1919. 10. 14)

36. 鮮人ノ行動ニ關スル件(『韓國獨立運動史』36, 1919. 10. 16)

37. 鮮人ニ關スル件(『韓國獨立運動史』36, 1919. 10. 24)

38. 浦潮ニ於ケル老人團ノ行動(『韓國獨立運動史』36, 1919. 11. 15)

39. 露國浦汐ニ於ケル朝鮮人ノ狀況ニ關スル件(『韓國獨立運動史』 36, 1919. 11. 29)

40. 白巖翁回甲日(『獨立新聞』, 1919. 12. 2)

41. 不穩文書發見の件(『朝鮮獨立運動』2, 1919. 12. 22)

42. 在外排日鮮人有力者名簿(하와이대학도서관, 1919)

43. 國外情報(『朝鮮獨立運動』2, 1920. 3. 24)

44. 上海大韓民國臨時政府의 組織(『韓國民族運動史料』中國篇, 1920. 6)

45. 倂合記念日に於ける在外鮮人の動靜(『朝鮮民族運動』, 1920. 11. 4)

46. 上海に於ける李承晩歡迎會の狀況(『朝鮮獨立運動』2, 1921. 1. 14)

47. 鮮人ノ行動ニ關スル件(『韓國獨立運動史』36, 1921. 1. 20)

48. 國外情報(『朝鮮獨立運動』2, 1921. 2. 18)

49. 上海情報一束(『韓國民族運動史料』3·1運動篇, 1921. 3. 3)

50. 國民代表會 開催 準備狀況의 件(『韓國民族運動史料』中國 篇, 1921. 3. 21)

51. 上海情報(『朝鮮獨立運動』2, 1921. 4. 9)

52. 上海情報一束(『朝鮮獨立運動』2, 1921. 4. 25)

53. 上海在住不逞鮮人の狀況(『朝鮮獨立運動』2, 1921. 4. 29)

54. 上海情報 一束(『朝鮮獨立運動』2, 1921. 5. 11)

55. 上海情報(『朝鮮獨立運動』2, 1921. 5. 14)

56. 韓國獨立運動血史의 件(『韓國民族運動史料』中國篇, 1921. 7. 5)

57. 上海情報(『韓國民族運動史料』3·1運動篇, 1921. 7. 22)

58. 國外情報(『韓國民族運動史料』3·1運動篇, 1921. 8. 1)

59. 鮮人ノ行動ニ關スル件(『韓國獨立運動史』36, 1921. 8. 11)

60. 四民報 繙澤 名單(『四民報』, 1921. 10. 1)

61. 上海在住 韓人獨立運動者의 近況(『韓國民族運動史料』 中
　　國篇, 1921. 10. 14)

62. 北京과 上海의 不逞鮮人 狀況(『韓國民族運動史料』3·1運動
　　篇, 1921. 10. 27)

63. 倂合記念日に於ける在外鮮人の動靜(『朝鮮獨立運動』2, 1921.
　　11. 4)

64. 在上海不逞鮮人の狀況(『朝鮮獨立運動』2, 1921. 11. 7)

65. 主ナル不逞鮮人ニ關シ調査報告ノ件(『韓國獨立運動史』36,
　　1921. 12. 10)

66. 朝鮮民族運動年鑑 중 朴殷植 관련기사(『朝鮮獨立運動』2,
　　1921)

67. 李㒵第二回會見ニ關スル件(『韓國獨立運動史』36, 1922. 2. 7)

68. 上海에 있어서 國民代表會 開催準備와 其他의 件(『韓國民
　　族運動史料』中國篇, 1922. 6. 13)

69. 金嘉鎭 訃告(『獨立新聞』, 1922. 7. 8)

70. 國民代表會에 관한 件(『韓國民族運動史料』中國篇, 1923. 1. 9)

71. 國民代表會에 관한 件(『島山安昌浩資料集』2, 1923. 1. 28)

72. 國民代表會에 관한 件(『島山安昌浩資料集』2, 1923. 1. 28)

73. 李舜臣傳發行(『東亞日報』, 1923. 2. 26)

74. 所謂獨立記念日ニ於ケル在外鮮人ノ動靜(『韓國獨立運動史』
　　36, 1923. 3. 13)

75. 上海에서 發行하는 獨立新聞의 經營에 關한 件(『韓國民族

運動史料』中國篇, 1924. 2. 23)

76. 憶謙谷老人(鄭寅普, 『東亞日報』, 1924. 9. 3)

77. 國民委員會議事錄ニ關スル件(『韓國獨立運動史』 36, 1924. 11. 14)

78. 上海의 獨立新聞(『東亞日報』, 1924. 12. 6)

79. 臨時政府幹部 更迭에 關한 件(『韓國民族運動史料』中國篇, 1924. 12. 27)

80. 朝鮮民族運動年鑑 중 朴殷植관련(『朝鮮獨立運動』 2, 1925)

81. 구미위원부 통신 제9 - 1호(특별호)(『美洲韓人獨立運動資料』, 1925. 1. 28)

82. 逮捕를 要하는 上海韓人獨立運動者 連名簿(『韓國民族運動史料』中國篇, 1925. 2. 13)

83. 在上海 韓人獨立運動者의 近情(『韓國民族運動史料』 中國篇, 1925. 2. 13)

84. 구미위원부 통신 제9 - 2호(『美洲韓人獨立運動資料』, 1925. 2. 15)

85. 要視察人名簿(『要視察人名簿』, 1925. 2. 17)

86. 上海韓人獨立運動者의 3·1記念祝賀會 開催의 件(『韓國民族運動史料』中國篇, 1925. 3. 3)

87. 臨時議政院消息(『獨立新聞』, 1925. 3. 23)

88. 臨時大統領代理 朴殷植의 孫逸仙 死亡에 對한 吊詞 및 演說(『韓國民族運動史料』中國篇, 1925. 3. 30)

89. 臨時政府大統領 李承晚 彈劾의 件(『韓國民族運動史料』中國篇, 1925. 3. 30)

90. 上海臨時政府機關 歐美委員部 廢止의 件(『韓國民族運動史料』中國篇, 1925. 4. 9)

91. 臨時政府大統領 李承晩 彈劾案 決定의 件(『韓國民族運動史料』中國篇, 1925. 4. 13)

92. 구미위원부 통신 제9 - 5호(『美洲韓人獨立運動資料』, 1925. 4. 15)

93. 臨時憲法改正案 通過 公佈의 件(『韓國民族運動史料』中國篇, 1925. 4. 16)

94. 上海臨時政府議政院議員 召集의 件(『韓國民族運動史料』中國篇, 1925. 5. 21)

95. 上海臨時政府側과 畿湖派韓人과의 軋轢에 관한 件(『韓國民族運動史料』中國篇, 1925. 7. 13)

96. 介潔無垢의 朴殷植先生(鄭寅普, 『開闢』, 1925. 8)

97. 上海 臨時政府 國務領 更迭의 件(『韓國民族運動史料』中國篇, 1925. 8. 3)

98. 朴殷植氏危篤(『東亞日報』, 1925. 10. 30)

99. 白巖先生의 患憂(『獨立新聞』, 1925. 11. 1)

100. 前臨時大統領朴殷植閣下逝去(『獨立新聞』號外, 1925. 11. 2)

101. 朴殷植氏長逝(『東亞日報』, 1925. 11. 4)

102. 朴殷植氏는 가시엇다(『東亞日報』, 1925. 11. 5)

103. 哭白巖先生(長白 李光洙, 『東亞日報』, 1925. 11. 5)

104. 哭白庵朴夫子(『東亞日報』, 1925. 11. 5)

105. 白庵 朴殷植氏의 訃音을 듯고(『時代日報』, 1925. 11. 5)

106. 悼白巖朴殷植先生(『獨立新聞』, 1925. 11. 11)

107. 朴殷植先生略歷(『獨立新聞』, 1925. 11. 11)

108. 暗淚에 어리인 故朴殷植氏 葬式(『東亞日報』, 1925. 11. 13)

109. 故朴殷植氏追悼會(東亞日報 1925. 11. 15)

110. 白巖追悼式禁止(『東亞日報』, 1925. 11. 19)

제2장

東山 柳寅植의 歷史認識

제1절 머리말

東山 柳寅植(1865~1928)은 革舊維新의 개혁사상을 지니고 구국계몽운동에 앞장섰던 혁신유림이다. 한말 계몽운동을 전개한 유학자의 경우, 대개는 완고하고 보수적인 유림사회로부터 탈피하여 혁신을 시도하였으나, 유인식은 유림 내부에서 혁신을 실천한 대표적 인물이라 할 수 있다.

그러나 그는 舊學과 新學은 농질의 것이라고 인식하였고, 구학을 혁신의 대상으로 설정하되, 구학에 바탕을 두고 신학을 지향한 儒學改新論者였다. 그는 '차라리 한 고을의 완고한 유림들에게는 죄를 지을지언정 한 나라의 사회에는 죄를 짓지 않겠으며, 일시 鄕愿에 죄를 지을지언정 百世의 公議에는 죄를 짓지 않겠다'는 신념을 가지고 계몽운동에 헌신하였다.[1]

---

1) 「與族姪德允」『東山文稿』, 東山先生紀念事業會(1978), 20쪽. "… 寧得

유인식은 1900년대 초기부터 사거하기 직전까지 교육과 사회운동 등 광범한 분야에서 국권회복을 모색하였다. 그가 활동한 지역은 安東을 중심으로 하되, 중앙과 국외에까지 미쳤다. 그렇기 때문에 그는 민족운동사의 방법론에서는 혁신성과 다양성을, 공간적으로는 전국적 성격을 지닌 지도자라 할 수 있을 것이다.

유인식은 이미 당대의 민족운동계에서 주목받던 인사였다. 그러나 근래에는 1978년 全集 발간을 전후하여 비로소 주목을 받게 되었고,[2] 1980년대에 들어 연구가 시작된 실정이다. 그에 대한 연구는 최근에 본격화되었으나, 주로 協東學校를 중심한 민족교육과 1920년대의 사회운동에 초점이 맞추어졌다.[3] 따라서 유인식에 대한 연구는 운동사의 관점에서는 어느 정도 정리되었으나, 개신 유학자로서의 사상과 역사인식에 대한 연구는 만족스럽지 못한 형편

罪於一鄉之頑固 而非得罪於一國之社會也 寧得罪於一時之鄉愿 而非得罪於百世之公議也 …".

2) 柳寅植의 遺著는 1965년 결성된 東山先生紀念事業會가 詩書雜著 등을 모아『東山文稿』로 간행한 바 있다. 동 사업회는 1978년『大東史』와『大東詩史』 등을 補編하여『東山全集』(上·下)으로 간행하였다. 상권은『大東史』11권으로, 하권은『東山文稿』2권과『大東詩史』2권으로 구성되었다.

3) 다음의 연구업적이 참고된다.
宋贊植, 1978,「解題」『大東史』(『東山全集』上), 東山先生紀念事業會 ; 趙東杰, 1978,「安東儒林의 渡滿經緯와 獨立運動上의 性向」『大丘史學』15·16(1989,『韓國民族主義의 成立과 獨立運動史硏究』, 지식산업사, 재수록) ; 丁淳睦, 1980,「東山 柳寅植의 開化教育運動」『韓國開化教育의 理想과 展開』, 한국정신문화연구원 ; 玄季順, 1992,「東山 柳寅植의 社會思想 小考」『한국학연구』4, 인하대학교 한국학연구소 ; 金貞美, 1995,「東山 柳寅植의 國權恢復論과 民族教育運動」『大丘史學』50 ; 安東青年儒道會, 1995,『東山 柳寅植先生 學術講演會 要旨文』; 金喜坤, 1997,「東山 柳寅植의 생애와 독립운동」『한국근현대사연구』제7집 ; 金喜坤, 1999,『안동의 독립운동사』, 안동시 ; 심상훈, 1999,「1910년대 안동지역의 교육구국운동」『安東史學』제4집.

이다. 그의 민족운동을 보다 명확하게 이해하기 위해서 그의 사상
과 역사인식을 심도있게 천착하는 연구는 중요하다.

유인식의 역사인식을 잘 보여주는 자료로는 그가 저술한 통사인
『大東史』와, 일부 역사와 관련된 글들이 있다. 『大東史』는 유인식
의 사거를 보도한 언론에도 소개된 바 있을 정도로 당시에도 널리
알려진 史書였다.[4] 기존의 유인식 관련 연구에서 『大東史』가 부분
적으로 언급된 바는 있다. 그러나 이는 그의 생애와 민족운동을 논
의하는 과정에서 부분적으로 거론된 정도이다. 뿐만 아니라, 한국
근대사학사에서도 『大東史』는 매우 간략히 소개하거나 간과하는
경우가 대부분이다.

1910년대의 민족주의 사학은 대종교와의 밀접한 연관 속에서 연
구가 이루어졌다. 이 시기의 민족주의 사학은 朴殷植과 申采浩에
의해 주도되었고, 국내에서는 崔南善의 역사연구와 그가 운영한
朝鮮光文會의 국학보전을 통한 문화계승운동[5] 및 黃義敦·張道
斌 등의 역사연구와 교육활동이 특기할 만하다.[6] 또한 망명 및 해
외거주 인사 가운데에서 李相龍·金敎獻의 사학과,[7] 桂奉瑀의 일
련의 역사연구가 주목된다.[8]

유인식은 의병 및 계몽운동의 경험자로서 통사를 저술하였다.
이는 매우 드문 경우이다. 또한 그는 1910년대의 민족주의 사학에

---

4) 『東亞日報』 ; 『朝鮮日報』 1928년 5월 4일자.
5) 李萬烈, 1981, 「民族主義史學의 成立」 『韓國近代歷史學의 理解』, 文
   學과 知性社, 125~128쪽.
6) 朴杰淳, 1998, 『韓國近代史學史研究』, 國學資料院, 193~200쪽.
7) 韓永愚, 1994, 「1910年代 李相龍·金敎獻의 民族主義 歷史敍述」 『韓
   國民族主義歷史學』, 一潮閣, 85~122쪽.
8) 尹炳奭, 1993, 「桂奉瑀의 生涯와 著述目錄」 『仁荷史學』 第1輯, 仁荷歷
   史學會 ; 趙東杰, 1996, 「北愚 桂奉瑀의 생애와 저술활동」 『北愚 桂奉
   瑀資料集(1)』, 독립기념관 한국독립운동사연구소.

깊은 영향을 끼친 대종교도였으며, 이 시기의 사학을 대표하는 신채호·이상룡과 교우했던 인물이다. 따라서 유인식의『大東史』는 1910년대 민족주의사학을 이해하기 위해서 반드시 검토되어야 할 사서이다.

　본고는 이러한 문제의식에서『大東史』를 사학사적으로 살펴보고자 한 것이다. 먼저 선행 연구업적에 힘입어 그의 생애와 민족운동, 저술을 간단히 검토하고자 한다. 그리고『大東史』의 분석을 통하여 유인식의 역사인식을 검출하고 한국근대사학사에서『大東史』의 위치를 자리매김 하고자 한다. 이로써 유인식의 민족운동은 물론, 1910년대 민족주의사학에 대한 이해를 도울 수 있을 것으로 기대된다.

제2절 生涯와 著述

1. 生涯와 民族運動

　유인식의 민족운동은 격정적이었으며 다양하였다. 전통 유림가문에서 생장한 유인식은 30세에 접어 든 시기에 을미의병 참여를 시작으로 민족운동에 투신하였다. 그의 의병 참여는 "五百年 宗社가 거의 망할 지경에 이르렀는데도 어찌 三千里 疆域에 한사람의 義士도 없는가"라는 비분강개로부터 비롯되었다.[9] 이는 유학자로서 유인식의 대의명분과 勤王的 斥邪論을 잘 보여준다.

---

9)「略歷」『東山文稿』, 143쪽.

민족운동의 첫 장인 乙未義兵에 참여했던 유인식은 사거하기
전년인 1927년 8월 설립된 新幹會 安東支會 초대 회장에 추대되기
까지 30여년간 오로지 민족운동의 외길을 걸었다.[10]

그의 생애와 활동에서 일대 전기를 이룬 시기는 1903년경이다.
당시 서울에 체류 중이었던 그는 申采浩와의 만남을 통해서 개화
사상에 눈을 뜨게 되었고, 露日戰爭의 기운을 느끼며 계몽운동의
필요성을 자각하여 교육구국운동을 실천적 지표로 설정하고 실행
하였던 것이다. 그는 러일전쟁이 발발하자, 柳瑾·張志淵·申采
浩 등과 時事에 대해 논의하였다. 이때 그는 러일전쟁의 본질을 우
리나라에 대한 쟁패권 다툼으로 인식하고 砲煙과 彈雨 속에서도
사람들이 이를 깨닫지 못하는 현실을 안타까워하며 敎育이 急務임
을 강조하였다.[11] 그는 당시의 상황을 다음과 같이 말하였다.

　… 癸卯年(1903년:필자)에 다시 서울에 가서 申采浩라는 사람과 교
　우하였습니다. 그는 청주 사람인데 재주가 뛰어나고 古今에 博通하였
　으며 말하고 논의함이 바람이 일듯이 議論이 잇달아 나오는 사람이었

---

10) 유인식의 생애와 민족운동은 몇단계로 시기구분하여 이해할 수 있다.
즉, 宋贊植은 제1기(탄생~29세) : 평범한 유생으로서의 修學期, 제2기
(29세~39세) : 애국적 유림활동기, 제3기(39세~56세) : 개화사상가로
서 애국적 계몽운동기, 제4기(56세~64세) : 전국적 민중운동 지도자로
서 정치운동기 등 4시기로 구분하였고(「解題」, 7쪽), 玄季順은 1903년
을 분기로 이전을 전통적인 유학 수학기, 이후를 구국활동계몽기로 구
분하였다(「東山 柳寅植의 社會思想 小考」, 136쪽). 한편 吳世昌은 제1
기(출생~29세) : 유생 수학기, 제2기(30세~38세) : 의병활동기, 제3기
(39세~48세) : 계몽활동기, 제4기(49세 이후) : 전국적인 계몽운동가로
구분하였고(「社會的 活動에 대하여」, 『東山 柳寅植先生 學術講演會 要
旨文』, 72쪽), 金貞美는 유인식의 민족운동을 1919년을 기준으로 전·
후기로 양분하였다(「東山 柳寅植의 國權恢復論과 民族敎育運動」, 56
~57쪽).
11) 「略歷」『東山文稿』, 143쪽.

습니다. 그 사람은 嶺南의 학술을 개혁하지 않으면 안되고 또한 西學
을 연구하지 않으면 안된다고 말하였습니다. 저는 抗論不服하여 여러
날을 다투었습니다. 하루는 申采浩가 新書 몇 권을 주면서 나를 믿지
못하면 이 책을 한번 읽어보라고 하였습니다. 나는 처음에는 마음이
내키지 않았으나 그의 권하는 성의가 고마워 순순히 책을 펴 읽어보
았습니다. 그랬더니 全 지구상의 史志에서 보지 못했던 것이며 牛馬
가 미치지 않은 형형색색이라 놀라 눈이 휘둥그래지고 정신이 어리둥
절하여 형상을 이름하여 말할 수 없었습니다. 또 얼마 안되어 러일전
쟁이 일어나고 포탄의 연기와 탄환이 비오듯 쏟아지는 광경을 보고
한꺼번에 완고한 꿈을 깨뜨리고 비로소 평일에 사사로운 지혜를 어루
만지던 가슴속에 어두운 구름은 사라지고 맑은 물이 흐르는 것 같이
새로운 것을 깨달은 듯 유신의 뜻이 생기고 사상이 변하게 되었습니
다. …12)

　이로써 보면 유인식이 유신의 뜻을 지니고 사상을 轉回하게 된
계기는 첫째, 상경하여 신채호를 비롯하여 유근, 장지연 등의 계몽
운동가와 교유하며 시사에 대한 논의과정에서의 자각, 둘째 신채
호를 통한 신문화의 수용, 셋째, 러일전쟁이라는 정세의 변동 등으
로 정리할 수 있을 것이다. 그런데 1900년대의 구국계몽운동이 위
정척사의 사상적 바탕이 상대적으로 미약했던 관서지방 유학자들
을 중심으로 전개된 사실을 감안하면, 이같은 유인식의 思想的 轉
回는 특기할만하다.13)

　유인식은 신채호와 함께 성균관 南齋에 기숙하며 몇 달간을 淸
나라 사람이 경영하는 서점에 가서 종일토록 新書籍을 탐독하였
다.14) 당시 유인식의 개화사상 형성에 큰 영향을 끼친 것은 梁啓超

---

12)「上金拓菴先生」『東山文稿』, 9~10쪽. 한편 유인식은 「與恬庵族叔」
　　『東山文稿』, 38~39쪽에서도 申采浩와 교우하며 唱酬하였던 사실을 회
　　고한 바 있다.
13) 李光麟, 1991,「舊韓末 關西地方 儒學者의 思想的 轉回」『開化派와 開
　　化思想 研究』, 一潮閣, 297쪽.
14)「略歷」『東山文稿』, 143~144쪽.

의『飮氷室文集』으로 보인다. 이 사실은 그의 저술 중 교육구국사
상이 잘 나타나 있는 「學範」과 「李退溪先生歷史大槪」가 양계초
의『飮氷室文集』에 수록된 「時務學堂學約」과 「南海康先生傳」의
체재와 내용을 거의 모방하고 있음에서 확인할 수 있다.[15]

유인식의 현실인식과 계몽사상은 스승이었던 金道和에게 보낸
「上金拓菴先生」에 잘 나타나 있다. 여기에서 그는 자신이 처해 있
던 당시를 '불행하게도 新舊交替의 시기'라고 보았다.[16] 그리고 당
시의 세계정세를 '弱肉强食 優勝劣敗의 大變局'으로 진단하였
다.[17] 그는 자신이 계몽운동으로 인해 부친인 柳必永으로부터 의
절 당하고 스승인 金道和로부터 파문을 당하는 현실을 괴로워하기
도 하였다.[18] 그러나 그는 자신이 門下에서 끊어진 것이 아니라 스
스로가 끊은 것이라고 하였다.[19] 또한 나라가 이 지경에 이르기까
지는 스승의 책임도 있는 것이라고 당당하게 말하였고,[20]『周易』
의 '隨時變易'을 거론하며 維新할 것을 건의하기도 하였다.[21] 결국
그는 時勢에 합당한 것은 維新을 하는 것이며, 그 방법은 新學을
교육하는 것이라고 믿었다.[22] 그는 교육과 사회발달, 국권회복과의

---

15) 玄季順, 「東山 柳寅植의 社會思想 小考」, 138~139쪽.
16) 「上金拓菴先生」『東山文稿』, 12쪽.
17) 「上金拓菴先生」『東山文稿』, 9쪽. 한편 그는 「與鄭可範」『東山文稿』,
    13쪽에서도 優勝劣敗 弱肉强食의 시대를 당하여 革新만이 국가와 민
    족을 보존할 수 있을 것이라고 강조하였다.
18) 「上金拓菴先生」『東山文稿』, 10쪽.
19) 「上金拓菴先生」『東山文稿』, 8쪽.
20) 「上金拓菴先生」『東山文稿』, 11쪽.
21) 「上金拓菴先生」『東山文稿』, 11쪽. 유인식이『周易』의 '隨時變易'을
    사상변동의 논리로 삼은 것은 朴殷植의 경우와 같다(檀國大 東洋學研
    究所, 1975, 「讀恒卦」『朴殷植全書』中, 429~430쪽).
22) 「上金拓菴先生」『東山文稿』, 12쪽. 그는 地志·歷史·法律·算術·農商
    學·氣化學·體操·語學 등을 新學의 구체적인 과목으로 제시하였다.

관계를 다음과 같이 설명하였다.

> … 社會를 組織하고 人心을 團結하여 敎育을 발전시키고 人才를 양성하여 民權을 신장시키고 學術을 진흥시키며 農業을 진작시키고 工務와 商利를 발달시켜 국민의 실력을 기른 후에라야 民族을 維持할 수 있으며 國權을 回復할 수 있는 것이다. …23)

1903년 이후 유인식은 개화사상을 지니고 계몽운동에 진력하였다. 신문화를 수용하여 계몽운동가로 전환한 유인식은 먼저 교육구국운동에 착수하였다. 유인식의 교육운동은 보수적인 유림들의 반발로 좌절을 겪기도 하였으나, 1907년 李相龍·金東三 등과 협심하여 協東學校를 설립하기에 이르렀다.24) 이와 함께 1900년대에 유인식이 전개한 민족운동으로 大韓協會의 발기와 안동지회의 설립(1907), 嶠南敎育會의 조직(1908)도 특기할만하다. 그러나 유인식은 1910년 의병들이 협동학교를 습격하여 교사를 살해하는 참상을 겪으며 放聲號哭하는 비운도 겪었다.25)

그러나 유인식은 망국의 사태에 처하여 협동학교의 유지책을 상의하기 위해 임원회를 연 결과, 自由精神의 교육을 위해서는 渤海의 옛 땅이 우리들이 돌아갈 곳이라고 판단하고 만주로 망명할 것을 결심하였다.26) 드디어 1910년말 유인식은 이상룡을 필두로 김동삼 등과 만주로 망명하였다. 안동 유림의 渡滿은 新民會의 독립운동 방략에 따라 新韓村 건설과 독립군 기지 개척을 목표로 한것인데, 戚族 인맥을 통하여 실행된 점에서 한국독립운동사에서

---

23)「答李炳鯤」『東山文稿』, 25쪽.
24) 協東學校에 대하여는 趙東杰,「安東儒林의 渡滿經緯와 獨立運動上의 性向」및 金喜坤, 1997,「安東 協東學校의 독립운동」『韓國民族運動史研究』, 于松趙東杰教授停年紀念論叢Ⅱ, 나남출판.
25)『皇城新聞』1910년 7월 23일자「弔協東學校」;「略歷」『東山文稿』, 145쪽.
26)「略歷」『東山文稿』, 145쪽.

특이한 사례로 평가된다.[27]

　1912년 귀국한 유인식은 다시 협동학교를 통한 교육운동과『大東史』의 집필 등 저술활동을 하였다. 1920년대에 들어 그의 활동은 더욱 광범하고 다양해졌다. 그는 계속 교육운동을 펼치는 한편 조선민립대학설립운동, 조선교육협회, 청년운동, 조선노동공제회, 물산장려운동, 형평사운동, 신간회운동 등 다방면의 민족운동을 주도하였다. 이같은 유인식의 민족운동은 혁신과 통합을 추구하였고, 활동범위가 안동지역에 국한되지 않고 전국적 지도자로서 활동하였다는 점이 특징으로 이해되고 있다.[28]

2. 著　述

　유인식의 생애와 민족운동을 이해하는데 있어서 운동사적 측면과 함께, 그의 저술 분석을 통한 사학사적 검토도 중요한 과제의 하나이다. 그의 저술 가운데에 본격적인 역사서로서 서술된 것은 『大東史』이다. 이와 함께 여타의 저술 가운데에도 그의 역사인식을 보여주는 것이 다수 있기 때문에 면밀한 분석을 요한다.

　유인식은 사거하기 직전까지『大東史』11권과『大東詩史』2권 등의 저서와,「太息錄」과「學範」등의 논설, 그리고 詩作 수백 편을 남겼다.[29] 그의 저술 가운데 現傳하는 것은 절반도 되지 않는 분량이라고 한다. 유인식의 저술이 유실된 까닭은 계몽운동가로 변환하기 이전에 저술한 문장은 '無實한 空言'이라고 여겨 스스로

27) 趙東杰,「安東儒林의 渡滿經緯와 獨立運動上의 性向」, 252쪽.
28) 金喜坤,「東山 柳寅植의 생애와 독립운동」, 53~65쪽.
29)『東亞日報』;『朝鮮日報』1928년 5월 4일자.

불태워버렸고, 나머지 저술마저 6·25때 또 한차례 유실되는 비운을 겪었기 때문이다.[30] 그가 사상전회를 하기 이전에 저술한 문장을 스스로 불태웠다는 사실은 그의 개화사상과 계몽운동에 대한 단호한 실천적 의지를 보여주는 것이라 할 수 있다.

현재 유인식의 遺著로 남아있는 것은 『大東史』11권과 『大東詩史』2권 및 『東山文稿』2권 등 모두 15권이다. 이 중 『大東史』는 다음 장에서 상론하기로 하고, 여기에서는 기타의 저술 가운데 역사인식과 관련된 내용을 중심으로 검토하기로 한다.

『大東詩史』는 『大東史』의 저술을 마치고 난 뒤 1924년 겨울에 완성한 것이다. 본서는 고려말부터 조선말까지 500년간의 302人의 詩 445首를 선정, 편년순으로 평론을 붙이고 원문을 소개한 것이다. 이러한 구성은 종래의 詩話集에서는 볼 수 없는 독특한 편제이다.[31]

본서의 서문에는 유인식의 역사인식이 잘 나타나 있다. 그는 여기에서 『大東詩史』의 저술목적과 詩와 歷史와의 관계에 대해 다음과 같이 설명하였다.

> 詩라는 것은 한 사람의 性情을 나타낸 것이고 史라는 것은 한 나라의 政治를 기술한 것이다. 詩와 史는 體裁는 각기 다르나 지금 편집하며 명칭을 詩史라 이름한 것은 어찌된 것인가. … 國家의 治亂과 풍속의 높고 낮음, 백성의 苦樂, 사람의 현명하고 사악함이 하나도 詩에 깃들어지지 않은 것이 없다. … 詩를 보면 그 나라의 歷史를 알 수 있는 것이다. … 그 文章은 詩이지만 그 뜻은 歷史이다. 이름을 詩史

---

30) 裵東煥, 「跋」 『東山文稿』, 164쪽. 한편 柳基元(柳寅植의 孫, 1920년생)의 증언에 따르면, 그가 소장하고 있던 『大東史』의 등초본과 『大東詩史』는 6·25때 분실하였고, 이후 고향에서 수소문한 끝에 族孫이 소장하고 있던 것을 어렵게 구하였다고 한다.

31) 安秉烈, 「柳寅植의 文學思想」 『東山 柳寅植先生 學術講演會 要旨文』, 90쪽.

라 한 것은 열람하는데 도움이 되고 또 幼學의 선비들로 하여금 때때로 외워 詩를 통하여 史學의 要所를 얻게 하고 史를 통하여 詩學의 지름길을 알게 하고자 하는 것이다. …32)

이로써 보면 유인식이 『大東詩史』를 저술한 것은 幼學을 대상으로 시를 통해 역사를 이해시키고, 역사를 통해 시를 이해시키고자 한 것임을 알 수 있다. 즉, 유인식은 시와 역사는 모두 시대의 상황과 인식을 반영하는 산물로서 동일시하였던 것이다. 이같은 유인식의 인식은 詩史一體論이라 정의해도 무리는 아닐 듯 싶다. 따라서 유인식이 이름한 詩史는 곧 일반적 의미로 사용하는 '詩의 歷史'가 아니라 '詩와 歷史의 相互關係'란 의미로 해석할 수 있을 것이다. 우리나라를 大東이라고 이름한 것은 후술할 『大東史』 부분에서 언급하기로 한다.33)

『大東詩史』는 이런 관점에서 저술된 만큼 作者의 選詩의 기준이 명확하다. 그는 그 기준을 첫째, 忠臣義士들이 적개심을 품고 몸을 버려 殉國한 詩, 둘째, 名臣碩輔가 讒訴의 禍를 당하여 머리를 늘어뜨리고 죽으며 지은 시, 셋째, 山林高蹈의 선비가 벼슬을 천히 여기고 산중에 숨어살면서 바깥 세상을 그리워하지 않는 마음을 읊은 시라고 밝혔다.34)

결국 『大東詩史』는 유인식이 『大東史』라는 역사 저술을 완료한

32) 『大東詩史』 「序」 참조.
33) 柳寅植은 우리나라의 詩에 대하여 큰 자긍심을 지니고 있었다. 그는 "생각컨대 우리 조선은 바다를 둘러 城으로 삼고 있어 넓디 넓은 大國의 風을 지니고 있으며 聖神이 이어져 儒賢이 배출되었으며 禮義 仁賢의 敎化와 文章 經術의 盛함이 천하에 떨쳤는데 詩學은 더욱 크게 열려 士林 鴻碩들이 어울려 이으며 번갈아 순수하고 雜스럽지 않으며 바르고 어지럽지 않아 순수하게 大雅의 音과 中和의 聲이 가히 노래의 城에 集大成되었다 말할 수 있다"고 자부하였다(『大東詩史』 「序」).
34) 『大東詩史』 「序」 참조.

뒤, 詩史一體論에 의해 그 후속편으로 정리한 것이라 할 수 있다.
다만 유인식이 1920년대에 經史一體的 인식에서 크게 벗어나지 못
한 詩史一體論의 인식을 지니고 있음에는 문제가 제기될 수 있다.
그러나 이는 단순히 중세적 인식에서 벗어나지 못했던 조선시대
성리학자들의 역사인식과는 분명히 구별되어져야 할 것이다. 왜냐
하면『大東史』에서 보여준 그의 역사인식은 이미 근대적인 면모
를 보여주기 때문이다.

따라서 이는 이미 그가『大東史』의 저술과정에서 일제의 감시
하에 역사저술의 어려움을 경험한 바 있기 때문에, 본격적인 역사
서술이 아니라 은유적인 시를 통해 역사를 말하고자 했던 것으로
이해하여야 할 것이다. 시대상황은 역사저술과 인식에 예민하게
반영된다. 고려후기에 무인정권 하에서 탄압 받던 문인들이 본격
적인 역사서술을 기피한 대신, 詠史詩를 통해 역사를 말하고자 했
던 歷史의 文學化 현상에 유의할 필요가 있다.35) 곧『大東詩史』는
역사서술의 변형된 형태로서, 문학사적 접근과 함께 사학사에서도
검토의 대상이 되어야 하는 것이다.

한편 유인식은 그 자신이 '愛國詩人'으로서 25수의 시(輓詩 12수
포함)를 남겼다.36) 이 중「此夜寒十絶」은 그의 대표작으로 평가되
는 시이다.37) 이 시는 1920년 1월 10일 밤에 작성한 것으로, 3·1운
동이 좌절되고 난 직후의 심경을 잘 보여준다. 그는 이 시를 통하

---

35) 金相鉉, 1985,「高麗後期의 歷史認識」『韓國史學史의 硏究』, 乙酉文化
社, 86~89쪽.
36) 徐守鏞,「東山 柳寅植의 歷史認識과 詩」『東山 柳寅植先生 學術講演會
要旨文』, 126~130쪽.
37) 李家源, 1998,『韓國漢文學史』, 보성문화사, 349쪽. 그는「此夜寒十絶」
을 소개하며 유인식을 한문학자로서 사회주의를 고창한 인물로 평가
하였다. 한편 이가원은 이 작품을 처음 접하고 사실적인 작품으로 推
崇하였다고 말하였다(『東山文稿』「重刊序」 참조).

여 국내외 각계 각층의 동포들에게 아무리 지금의 현실이 일제의 압제로 인해 차갑다고 하더라도 결국은 '봄바람이 대지를 흔들어 뿌리가 죽어 마른나무 가지에도 새움이 돋을 것이다(次第春風煽大地 死根枯木向榮欣)'라는 마지막 구절을 통하여 독립에의 희망을 불어넣어 주려 하였던 것이다.[38)]

이 시에서 '民國 元年의 아침해가 鮮然하다(民國元年朝日鮮)'라고 한 부분은 매우 주목하여야 할 대목이다. 왜냐하면 그가 民國이란 용어를 사용한 것은 "반드시 서양과 같이 민주공화정치나 군주입헌정치 제도를 시행한 후에야 국가와 민생이 보전될 수 있다"[39)]고 주장한 내용과 함께 3·1운동 이후 그의 政體論을 시사해 주기 때문이다. 「此夜寒十絶」 외에도 「述懷」·「感歎」·「險難」·「聞國恤」·「山齋雜詠」 등은 나라 잃은 민족의 애환과 독립에의 강한 의지를 표현한 시이다.

『東山文稿』는 1965년에 2권 1책으로 간행되었다. 본서의 구성은 전통적 문집 체재를 따르고 있는데, 1권에는 詩 12수·輓 12수·書 28통을 비롯하여 祭文 13 ·誄文 1·墓誌銘 1·遺事 1건이 수록되어 있고, 2권에는 「太息錄」을 비롯하여 8개의 논설로 구성된 雜著와, 부록으로 「略歷」 등 17개 기사와 발문과 후기 등으로 구성되어 있다. 이 가운데에 유인식의 사상과 활동 및 역사인식을 잘 보여주는 것은 書와 雜著이다.

書는 그가 척족과 문인 사이에 주고받은 서한이다. 書에서 가장

---

38) 이 시에서 그가 대상으로 설정한 계층은 海外同胞·學界諸君·社會諸公·商業諸君·勞動諸君 등 각계 각층을 망라하고 있다. 따라서 이 시는 사회변혁의 주체를 유림으로 인식하였던 그가 3·1운동으로 민중의 저력을 목도하며 독립의 주체를 유림으로부터 각계 각층의 민중으로 확대 인식하였음을 알려주는 자료라 할 수 있다.

39) 「太息錄」『東山文稿』, 90쪽.

특기할 것은 그의 스승인 金道和에게 보낸 장문의「上金拓菴先生」
이다. 이 서한은 스승으로부터 파문 당한 제자의 비감한 自己辨白
이기도 하지만, 思想轉回의 과정, 弱肉强食·優勝劣敗의 大變局
에 처한 시국인식, 新學을 연구하고 舊學의 弊端을 改革해야 하는
당위성 등을 단호하고 통렬한 어조로 주장하였다.[40] 기타의 서한
에서도 유인식은 완고한 유림을 신랄하게 비판하고 개화와 개혁의
필요성을 역설하였다.

雜著는「太息錄」·「學範」·「金史記誤」·「南征日錄」·「朝鮮
與日本關係」·「通白鶴書堂士林」·「友人難」·「李退溪先生歷史
大槪」등 8개의 논설로 구성되었다. 이 가운데에「太息錄」은 유인
식의 현실인식과 역사인식을 가장 잘 보여주는 논설로서, 정부와
유림의 부패를 우리나라의 積弊와 망국의 원인으로 규명한 논설이
다.[41] 유인식은 이 논설의 서두에서 다음과 같이 말하였다.

> 내가 분주하게 지낸 지 10여 년이 지났는데 시간은 빌릴 수 없고
> 총명함은 날로 떨어져 時勢의 변천을 슬퍼하고 뜻과 일이 제대로 이
> 루어지지 않음을 개탄하였다. 가끔 옛 종이조각을 뒤지다가 古今 歷
> 史의 因果와 東西 哲學의 格言을 얻었으며 감상에 젖기도 하고 말로
> 표현한 것이 마침내 격앙 비분하여 무릇 수 십편을 얻게 되었다. …
> 지금 우리 민족의 경우는 어떠한가? 4천년의 神明種族이 남의 노예로
> 희생당하고 危辱이 날로 심해져 殄滅 당하는 것을 앞에 두고 있으니
> 그 감정을 촉발하고 말로 표현되는 것이 어찌 격분스럽지 않겠는가?
> …[42]

---

40)「上金拓菴先生」『東山文稿』, 8~13쪽.
41)「太息錄」『東山文稿』, 88쪽. 이 논설은 제3장의 중간 부분 이하가 缺落
    되어 자세한 내용은 알 수 없다. 그 목차는 다음과 같다.
    第1章 論政府之腐敗
    第2章 論儒林之腐敗
    第3章 今日民族之責專在於儒林
42)「太息錄」『東山文稿』, 87쪽.

유인식은 제1장에서 정부의 부패를 10가지로, 유림의 부패를 8
가지로 조목조목 제시하고 비판하였다.[43] 정부의 부패를 비판한
대목 가운데에서는 '黨論之禍'가 가장 신랄하다. 결국 그는 망국은
정부가 시초를 이루고 유림이 마무리 한 것이고, 정부가 원인을 제
공하였고 유림이 그 결과를 얻은 것이라고 하였다.[44] 따라서 유인
식은 본서에서 망국과 민족이 도탄에 빠진 책임은 전적으로 儒林
에게 있다고 지적하며, 개혁의 대상과 과제 및 방향을 제시하였던
것이다.

「學範」은 1919년 겨울에 新學을 공부하는 李源博과 金東澤이
구학과 신학에 대해 질의한 내용을 1920년 1월에 정리한 것이다.
전술한 바와 같이 「學範」은 유인식의 교육사상이 梁啓超의 영향
을 받았음을 입증하는 논설이다. 여기에서 유인식은 우리나라 청
년들이 힘써야 할 바를 15개항에 걸쳐 설명하였다.[45] 유인식은 학
자는 시세의 추이에 따라 변하여야 하며, 時宜에 합당하고 쓰임새
가 있어야 한다고 하였다.[46] 결국 유인식은 「學範」을 통해 舊學인
儒學思想과 新學인 開化思想을 어떻게 이해할 것인가에 대해 솔
직한 견해를 피력하였던 것이다.[47] 또한 교육문제와 학문의 방법
은 물론, 시대변화에 적응하기 위해 청소년들이 갖추어야 할 것들

---

43) 유인식은 정부의 부패로 ①君權太重, ②勳戚世臣之禍, ③黨論之禍, ④尊
待學者, ⑤疎武備, ⑥科擧之弊, ⑦用人尚閥, ⑧事大主義, ⑨田賦民籍之
弊, ⑩吏胥之弊를 지적하였고, 유림의 부패로 ①經學家, ②科學家, ③
崇拜儒賢, ④儒院, ⑤經學家之專制, ⑥豪家之專制, ⑦家庭教育範圍之
狹窄, ⑧薄生財 등을 지적하였다.
44)「太息錄」『東山文稿』, 100쪽.
45)「學範」『東山文稿』, 110~119쪽. 15개 조항은 ①立志, ②養心, ③倫理
學, ④公德心, ⑤熱誠, ⑥毅力, ⑦涵畜, ⑧治身, ⑨讀書, ⑩窮理, ⑪學文,
⑫合群, ⑬經世, ⑭理想, ⑮宗教思想 등으로 구성되었다.
46)「學範」『東山文稿』, 119쪽.
47) 宋贊植,「解題」, 14쪽.

을 제시한 것이라 할 수 있다.[48]

「金史記誤」는 1923년 김택영이 저술한『韓史綮』[49]을 비판한 평론으로 그의 역사인식을 집약적으로 보여준다. 유인식은 이 글의 저술 목적을 다음과 같이 설명하였다.

　　김택영은 개성사람이다. 재주가 뛰어나고 스스로 古文에 힘써 이전 사람들을 답습하지 않고 근세의 가볍고 화려한 문체로 고치고자 노력한 뛰어난 선비이다. … 일찍이 우리 나라 역사가 제대로 기술되지 않음을 걱정하여 東史輯略을 엮어 세상에 내놓았는데, 사직이 망하자 중국의 회남으로 도망하였다. 輯略이 미완인 곳이 많으므로 韓國歷代小史 4책으로 개편하여 檀箕부터 고려시기까지 서술하였고, 또 本朝史를 3책으로 서술하였으니 이를 韓史綮라 하는데, 우리나라와 관계되는 다른 나라의 역사를 널리 참고하여 많은 것을 서로 비교하여 입증하였으니 가히 공이 있는 사가라 하겠다. 그러나 그 책이 당국의 금압으로 나라안에 널리 유포될 수 없었으니 내가 일찍이 보지 못한 것을 한으로 여겼는데 癸亥年(1923년:필자) 봄에 京城에 머물 때 한 권을 구하여 여러 차례 읽어보니 비록 잘된 곳도 있었으나, 고증과 근거가 완전치 못하고 議論이 엉뚱하게 틀린 곳이 많다. 만일 이 책이 잘된 사서라고 여겨져 후세에 전해지면 幼學의 선비들이 잘못된 것을 그대로 이어받아 自國精神이 결핍될 것이다. 이에 특히 심한 것을 들어 조항별로 아래에서 바로잡는다. …[50]

金澤榮은 한말의 사학을 대표하는 사가이다. 특히 그가 1905년 『東史輯略』(1902)을 증보하여 발간한『歷史輯略』은 당시까지 한국사 연구를 집대성한 사서로 평가[51]되는 반면, 식민사학을 무비

---

48) 玄季順,「東山 柳寅植의 社會思想 小考」, 145쪽.
49)『韓史綮』은 1918년 중국에서 간행된 조선시대사이다. 그런데 본서의 발간 직후 국내 유림들은 이 史書의 일부 내용을 문제삼아 金澤榮을 史賊으로까지 몰아 붙이며 심하게 반박하였다. 이에 대하여는 崔惠珠, 1981,「滄江 金澤榮 硏究」『韓國史硏究』35 참조.
50)「金史記誤」『東山文稿』, 119~120쪽.
51) 金容燮, 1976,「우리나라 近代歷史學의 成立」『韓國의 歷史認識(下)』,

판적으로 수용한 사서로 비판을 받기도 한다.[52]

유인식은 『大東史』를 저술할 때 김택영 사학의 영향을 많이 받았다. 그러나 유인식은 김택영의 『韓史綮』 가운데에서 종족과 영토문제, 단군과 기자조선 문제 등 고대사 부분과, 특히 조선 太祖와 世祖紀의 簒位기술을 집중적으로 비판하였다. 이는 당시 『韓史綮』을 비판하기 위해 유림들이 저술했던 『略弁韓史綮』과 『韓史綮弁』과 비교해 보면 여타의 유림들이 『韓史綮』의 先王(太祖·世祖) 모욕 부분에 비판을 집중한 반면,[53] 유인식은 고대사 부분까지 비판하고 있어 차이를 보여준다. 유인식은 김택영이 중국으로 망명한 후 自國精神이 결여되고 事大主義에 빠져 근거도 없이 억설로서 민족사를 운위한다면서 이같은 사서는 하루도 단군 강역에 존재해서는 안된다고 신랄하게 비판하였다.[54]

김택영에 대해서는 유인식의 부친인 柳必永도 매우 혹독하게 비판한 바 있다.[55] 이들 부자가 김택영을 비판하였다는 점에서는 공

創作과 批評社, 425쪽 ; 金興洙, 1990, 『韓國近代歷史教育研究』, 三英社, 138쪽.

52) 趙東杰, 『韓國民族主義의 成立과 獨立運動史研究』, 175~179쪽 ; 朴杰淳, 『韓國近代史學史研究』, 75~80쪽.

53) 崔惠珠, 「滄江 金澤榮 研究」, 116~117쪽.

54) 「金史記誤」, 『東山文稿』, 119~124쪽.

55) 「記金澤榮史綮誤」, 『西坡先生文集』 五, 29~31쪽. "開城人 金澤榮이 韓史綮이라는 책 한권을 撰出하였다. 澤榮은 본래 見識이 없으나, 참람되게도 修史를 하였는데, 史例가 差舛하여 괴이하고, 史例가 差舛함 외에도 또 滅倫하고 絶悖함이 있다. 太祖紀와 世祖紀에 모두 簒弑字를 썼는데 아아, 지나치도다 그 敢함이여. 澤榮이 이 책의 저술을 하며 망령되게도 直筆을 자처하였으나 … 澤榮은 스스로 直이라 하나 直은 볼 수 없고 다만 悖理만 보일 뿐이다. … 만일 고려 舊臣들이 目見한 革命時事들을 요즘 세상의 著史들이 심하다고 탄식할 것이고 후래 簒史 또한 취하지 아니하고 … 天命이 도운 것은 폄하할 수 없으며, 인심이 돌아온 것은 거스릴 수 없는 일이다. 하물며 澤榮은 한국인이다. … 그러

통되며, 유인식이 부친으로부터 역사인식에 영향을 받았음을 추론
케 해준다. 유필영은 전통적인 유학자의 입장에서 김택영의 史例
등 체재와 사관에 대해 비판하며 그의 사가로서의 존재까지 부정
하였다. 그런데 유인식은 사가로서 김택영은 인정하였고, 비록 유
림적 관점에서 가한 비판이지만 종족과 민족문제에까지 미치고 있
는 점에서 차이점이 발견된다. 이같은 유인식의 역사인식은 대종
교의 역사인식이나 신채호의 영향으로 볼 수 있으며, 근대 민족주
의 사학의 관점에 입각하였음을 입증하는 것이다.

「朝鮮與日本關係」는 고대이래 양국의 관계사를 기술한 논설이
다. 여기에서 유인식은 주로 우리 문화의 일본 전파와, 근대이래
일본의 침략과정을 상술함으로서 일본의 배은망덕함을 지적하였
다. 그는 말미에서 일본이 오래 전부터 한국에 대한 침략 야욕을
지니고 있던 중 明治維新 후 외국의 눈치를 살피다가 청일전쟁과
러일전쟁을 거치며 거리낌없이 乙巳五條約(一轉), 丁未七條約(二
轉), 庚戌國恥(三轉)로서 우리나라를 併吞하였으니 슬픈 일이라고
개탄하였다. 이 논설은 그의 일본에 대한 인식을 잘 보여준다.[56]

이로써 보면 그의 저술은 『大東史』와 『大東詩史』는 물론 상당
부분이 역사적 내용과 관련이 있음을 알 수 있다. 따라서 유인식은
격변의 大變局에 처해 치열한 역사인식을 바탕으로 기록을 남기는
한편, 이를 직접 실천한 知行合一의 표본으로 평가할 수 있을 것이
다. 또한 이같은 역사인식 - 역사저술 - 구국운동 전개로의 추이는
儒林 處變의 한 방법론으로 유형화 할 수 있을 것이다.

나 어제 나라가 망하였다고 하여 오늘 나라를 배반하고 先君을 貶辱하
는 것이 이처럼 극심하니, 그 마음은 나라가 이미 망하였으니 두렵고
꺼릴 것이 없다고 하겠으나, 오로지 蒼天에 白日이 내려 쬐는 것은 두
려워하지 않으니 슬프도다 …."
56) 「朝鮮與日本關係」『東山文稿』, 126~132쪽.

제3절 『大東史』의 著述

1. 著述 目的

유인식은 어려서부터 역사에 관심이 많았고 재질이 뛰어났던 것
으로 보인다. 그는 6, 7세 되던 때에『史略』을 읽었다는데, 湯武를
聖人이 放伐한 기사를 보고 君王이 백성에게 잔학하면 성인이 아
니라 백성도 왕을 내쫓을 수 있는 일이라고 해설하여 주위 사람들
을 놀라게 하였다고 한다. 또한 10세 때에는「劉項優劣論」을 지었
으며, 15세 때에는 사서삼경과 우리나라의 역사와 유현들의 전기
를 섭렵하여 역사의 지식과 인식이 점점 깊어졌다고 한다.[57]

유인식은 1911년 초 만주로 망명하였다가 이듬해 7월 귀국하였
다.[58] 이후 유인식은 다시 강습소 설치 등 교육활동에 전념하였고,
1913년경 대종교에 가입하였다.[59] 그는 이때를 전후하여『大東史』
의 저술에 착수한 것으로 보인다.

현재『大東史』는 등초본 1부가 전해지며 1978년에 활자로 출판
된 바 있다.[60] 그런데『大東史』의 저술시기는 대개 유인식이 만주

---

57)「略歷」『東山文稿』, 142쪽.
58) 金喜坤,「東山 柳寅植의 생애와 독립운동」, 52~53쪽 ;『안동의 독립운
    동사』187~202쪽 참조.
59)「略歷」『東山文稿』, 146쪽.
60) 등초본은 19×29㎝ 크기이며, 11책으로 되어 있고 모두 1,728쪽에 달하
    는 방대한 분량이다. 각 책은 대개 10행으로 등초되었으나, 11행이나
    12행으로 등초된 부분도 있다. 또한 서체가 다른 것으로 보아 5명 이
    상이 등초하였을 것으로 추측된다. 한편 1978년에 활자본으로 출판
    (『東山全集』上)하였는데 오자가 너무 많아 이용 시 원본과의 대조가

에서 귀국한 직후 저술에 착수하여 1917년경에 일단 완성된 것으로 이해되고 있다.[61] 『大東史』의 완성과정과 시기는 유인식의 서한에서 추측해 볼 수 있다. 즉, 그는 1917년 洪致裕에게 5, 6개월만 틈을 내어 교정하면 釐整할 수 있을 것이니 한번 와서 檢看하여 달라고 하였고,[62] 1920년 李漢杰에게 '隨手竄改'한 것을 종이를 얻어 다시 한 권을 엮으려 하고 있다며 한문을 잘하는 사람에게 謄抄하여 달라고 부탁하고 있다.[63] 또한 權魯燮에게는 완성된 초고를 아직 寫出하지 못하였다고 하였고,[64] 族孫 圭元에게는 抄寫를 할 때 오탈자를 교정할 것과 연대표를 『燃藜室記述』 체제에 따라 줄 것을 지시하는 한편,[65] 다른 서한에서는 檢看하여 등사할 때 몇자를 첨가해도 무방하다고 하였다.[66]

이로써 보면 『大東史』는 만주에서 귀국한 1912년경 저술에 착수하여 1917년경 일단 초고가 완성되었으나, 이후에도 '고증이 정

반드시 필요하다. 또한 활자본은 등초본과 연대표기 및 註의 처리방식이 다르다는 사실도 유의하여야 한다. 본고는 등초본과 영인본을 대조하며 이용하였는데, 본고에서는 편의상 활자본의 면수로 기재하기로 한다. 필자에게 등초본 이용의 편의를 제공해 주신 유기원 선생께 지면을 빌어 감사 드린다.

61) 『大東史』의 착수시기는 유인식이 만주에서 귀국한 직후로 일치되고 있으나, 완성시기는 논자에 따라 약간씩 다르다. 즉, 宋贊植은 1919년 3·1운동을 전후한 시기로(「解題」, 16쪽), 柳基元은 1917년으로(「後記」 『東山文稿』, 165쪽), 金喜坤은 1917년 이전으로(『안동의 독립운동사』, 184쪽), 玄季順은 1917년에서 1919년 사이로(「東山 柳寅植의 社會思想 小考」, 146쪽), 金貞美는 1917년 무렵(「東山 柳寅植의 國權恢復論과 民族敎育運動」, 32쪽)으로 보았다.

62) 「答洪致裕」 『東山文稿』, 30쪽.

63) 「答李德純」 『東山文稿』, 31쪽.

64) 「與權魯燮」 『東山文稿』, 52쪽.

65) 「與族孫圭元」 『東山文稿』, 53~54쪽.

66) 「與族孫圭元」 『東山文稿』, 55쪽.

밀하지 못하고 유례가 완전하지 못하다'고 판단하여 門人 '賢史'들
에게 검토를 요청하며 1920년경까지도 계속 수정 보완하였음을 알
수 있다.[67] 이는 유인식의 역사저술이 매우 신중한 태도로 진행되
었으며, 『大東史』가 그의 50대 내내 걸친 著史의 산물임을 알려주
는 것이라 할 수 있다.

유인식은 우리 민족이 단군 자손이라는 사실에 큰 자부심을 지
니고 있었다.[68] 그러나 고유문명을 지닌 민족사가 奴隷史家들에
의해 하나도 완전한 것이 없이 말살 당한 것을 痛恨으로 여겨 『大
東史』를 저술하였던 것이다. 그는 『大東史』 저술의 목적을 다음과
같이 말하였다.

> … 우리나라가 立國한 지 半萬年이 되어 예의와 武强의 기풍이 천
> 하에 떨쳐졌는데 고유문명의 역사가 奴隷史家들의 의해 말살되어 한
> 部도 완전한 것이 없다. 내가 일찍이 이를 痛恨으로 여겨 年前에 책
> 한 권을 모았는데 위로는 檀君 戊辰으로부터 아래로는 朝鮮 庚戌年
> 에 이르기까지 編年으로 서술하여 대략적으로 편찬하였는데 10여권
> 이다. 견식이 모자라고 고증이 넓지 못하여 헤아려 생각함이 정돈되
> 지 못한 날이 허다하다. … 오늘날의 젊은이들은 도무지 歷史觀念이
> 없어 檀箕三國이 어떤 역사인지 알지 못하고 祖國精神이 나날이 없
> 어지니 작은 걱정거리가 아니다. 만약 이 일로 인하여 系統 沿革과 種
> 族의 源委 및 英雄烈士의 장한 업적과 위대한 행동을 통찰하여 능히
> 國粹를 발휘한다면 단지 ᄀ 사람의 思想에만 도움이 될 뿐이 아니다.
> …[69]

여기에서 보면 『大東史』는 유인식이 역사관념이 박약해지는 젊
은이들에게 祖國精神을 심어주고 國粹를 발휘하게 하기 위하여
저술한 것이었음을 알 수 있다. 그런 점에서 유인식의 사학은 1910

67) 「答洪致裕」 『東山文稿』, 30쪽.
68) 「與族姪德允」 『東山文稿』, 16~20쪽.
69) 「答李德純」 『東山文稿』, 31쪽.

년대 민족주의 사가의 관념론 사학과 궤를 같이 하는 것이라 할 수 있다. 또한 유인식은 비록 여러 권의 사서가 있으나, '詳略不同 體裁未備'함을 지적하였다.[70] 결국『大東史』는 유인식의 종래 사서의 잘못을 바로 잡고, 祖國精神과 國粹를 발휘하게 하고자 하는 의지의 산물인 것이다.

일제의 무단통치하에서 민족의식을 고취하는 사서를 저술하는 것은 어려운 일이었다. 따라서 유인식은 일제의 가택수색에 대비하여『大東史』를 저술하며 그때그때 완성된 원고는 종가의 마루를 뜯어내고 그 속에 숨겨 둔 나무궤짝에 비밀리에 보관하였다고 한다.[71]

유인식은 "『大東史』는 처음에 私家에서 열람하려 했던 것일 뿐이며 어찌 세상에 널리 전하겠는가"라고 한 바 있다.[72] 따라서 본서는 유인식이 당초에 사가용으로 저술하였던 것으로 이해된다. 한편 본서는 협동학교 교재용으로 편찬되었을 가능성도 없지 않다. 그러나 협동학교는 3·1운동으로 폐교 당하였고, 이때까지『大東史』의 등초가 완성되지 않았기 때문에 사실상 교재로 사용되지는 못하였다. 그러나 본서는 1920년대 안동의 청년 지식인층에게 회람되며 영향을 끼쳤던 것으로 보인다.[73]

---

70)『大東史』의「凡例」참조.
71) 柳基元 증언.
72)「答洪致裕」『東山文稿』, 30쪽.
73) 유인식은 1920년대에 안동시 옥정동에 소재한 진성이씨 두루파 종가인 松齋 愛蓮亭에 도서관을 만들고『大東史』를 비롯한 서적을 비치하였는데,『大東史』는 이곳을 출입한 청년운동가들에게 널리 읽혔다고 한다(柳基元 증언).

2. 體裁와 敍述原則

『大東史』는 단군이래 경술국치까지의 통사를 순한문의 편년체로 서술한 사서이다. 한말이래 역사 교과서는 순한문체를 지양하고 국한문체로 바뀌었고, 1920년대의 통사 가운데에는 南宮檍의 『朝鮮니약이』를 제외하고는 모두가 국한문체로 서술되었다.[74]

그러나 한글을 중시하던 유인식이 본서를 한문으로 서술한 것은 나름대로 이유가 있었다.[75] 그것은 곧 그가 革舊維新의 대상으로 상정하였던 계층이 유림이었고, 『大東史』가 유림을 대상으로 집필되었기 때문이다.[76] 따라서 그가 『大東史』를 한문으로 서술하였다고 하여 이를 한문의 권위를 인정한 전근대적 역사인식의 소치라고 보아서는 안될 것이다. 유인식은 新學과 舊學은 氷炭의 관계처럼 判然한 것이 아니며, 구학에서 신학이 나오고 신학은 구학과 연결되어야만 民氣를 기를 수 있다고 하였다.[77] 그렇기 때문에 『大東史』를 한문으로 저술한 것은 그의 적극적인 舊學改新論으로 이해하는 것이 옳을 것 같다.

한편 편년체로 기술하였다는 점에서 근대적이지 못하다는 지적이 있을 수 있다. 역사서술에서 편년체 서술방식은 한말 개화파 인사들에 의해 극복되며 이른바 新史體가 등장하게 되었다.[78] 그러

---

74) 朴杰淳, 『韓國近代史學史研究』, 243~282쪽.
75) 柳寅植은 孔孟의 가르침을 國語로 교수하여 깨우치게 하여야 한다고 주장한 바 있고(「答李炳鯤」『東山文稿』, 23쪽), 실제 자신이 협동학교 교재로서 「李退溪先生歷史大概」를 국한문체로 저술한 바 있다(『東山文稿』, 134~141쪽).
76) 宋贊植, 「解題」, 8~9쪽.
77) 「與族孫圭元」『東山文稿』, 54쪽.
78) 韓永愚, 「民族主義 史學의 成立과 展開」『韓國民族主義歷史學』, 6쪽. 그

나 한말의 사서는 여전히 편년체가 주류를 이루었다. 그런데 학부
에서 1895년에 편찬한 『朝鮮略史』가 편년체 대신 생활사와 문화
사 중심의 분류사를 지향하며 변화를 시도하였으나, 새로운 서술
방식은 곧 단절되고 말았다.[79]

한말 사서로서 근대적 서술을 하였던 최초의 통사는 황의돈이
1909년 필사본으로 정리한 『大東靑史』였다. 편년체 서술방식은
1920년대 초기에 수종의 통사류가 저술되며 극복되었지만,[80] 『大
東史』가 편년체로 기술된 것은 시대적 추세와는 맞지 않는 것이
다. 그러나 유인식이 『大東史』를 편년체로 기술한 것은 그 자신이
유림적 체질에서 벗어나지 못하였기 때문만이 아니라, 독자층을
유림 계층으로 상정하였기 때문에 유림들의 정서와 부합하는 사체
로서 선택한 것으로 생각된다.

본서는 3권 11책으로 구성되었는데, 「大東沿革地總圖」・「大東
沿革國次圖」・「大東族總圖」・「大東歷代一覽圖」 등 4개의 圖와,
「凡例」 17條, 「引用書目」, 「檀氏朝鮮紀」와 「南北朝紀」, 「高麗紀」,
「朝鮮紀」 및 附錄(歷代王室系譜)으로 구성되었다.[81]

卷首에 있는 4개의 圖는 유인식의 역사인식을 집약적으로 보여
준다. 이는 申采浩의 大朝鮮主義와, 大倧敎 역사인식의 특징인 汎

런데 新史體는 申采浩에 의해 '韓裝本을 洋裝本으로 바꾸어 놓은 사학'
이라거나, '賣國奴性을 지닌 사학'으로 비판받았다(1982, 『朝鮮上古史』,
「總論」 『改訂版丹齋申采浩全集』 上, 丹齋申采浩先生記念事業會, 61~
66쪽).

79) 趙東杰, 1998, 『現代韓國史學史』, 나남출판, 22쪽 ; 朴杰淳, 『韓國近代
史學史研究』, 63~66쪽.

80) 趙東杰, 『現代韓國史學史』, 25~35쪽.

81) 『大東史』 3권 11책의 구성은 다음과 같다.
卷一 檀氏朝鮮紀와 南北朝紀(1~3책, 3책에서 卷二 高麗紀가 나뉘어 짐)
卷二 高麗紀(3~5책)
卷三 朝鮮紀(6~11책)

東北亞細亞中心 史觀과 일맥 상통한다.[82] 또한 「凡例」 17조는
『大東史』의 서술방향을 유인식 스스로가 제시한 것으로서 주목된
다. 「凡例」 17조의 내용을 요약 정리하면 다음과 같다.

○ 著述 目的(제1조) : 비록 현재 여러 권의 東國史가 있으나 상
　세하고 소략함이 같지 않고 체재가 갖추어져 있지 않아 유감
　인 바, 여러 권을 합하고 가려내어 여기에 자신의 의견으로
　義例를 바로 잡아 열람에 편리하도록 하겠다고 하였다. 이는
　한말 사가들의 저술의 변과 유사하다.

○ 書名(제2조) : 東史에 '大'字를 加하여 國體의 尊重함을 표하
　겠다고 하였다. 史書에 '大東'을 명칭으로 사용한 것은 한말
　사학에 이르러서이다.[83] 그러나 이 명칭은 경술국치 이후에
　는 거의 사용하지 않았다. 그러나 유인식은 사서인 『大東史』
　뿐 아니라 『大東詩史』에서도 '大東'이라는 용어를 사용함으
　로서 강렬한 국가의식을 표방하였다.

○ 南北朝史觀(제3조) : 유인식은 기자가 직접 단군을 이었다고
　하는 舊史와, 기자를 外族으로 貶黜하여 統緖를 인정하지 않
　는 근세사가들을 양비론적 입장에서 비판하였다.[84] 유인식은

---

82) 大倧敎徒의 역사인식 체계는 ①白頭山 부근이 세계문화의 발상지요
　중심이라는 문화의식, ②이른바 汎東夷民族主義에 의해 扶餘族・女
　眞・蒙古・契丹을 倍達族으로 보는 민족의식, ③민족의 활동무대를
　한반도는 물론 만주와 중국 동북지역까지 확대하려는 영토의식, ④민
　족문화의 핵을 단군 이래의 神敎로 보는 選民意識으로 정리할 수 있다
　(韓永愚, 「民族主義 史學의 成立과 展開」, 10~11쪽 참조).
83) '大東'은 조선시대의 '東國'에서 한말 민족주의적 요소가 가미되며 붙
　여진 이름이다. '大東'을 서명으로 사용한 사서로는 『大東古代史論』・
　『大東靑史』・『大東歷史』・『普通敎科大東歷史略』・『初等大東歷史』・
　『大東紀年』 등이 있다.
84) 『大東史』, 5~6쪽.

단군 이후를 南北朝로 나누되, 北朝(扶餘)는 箕氏 - 衛氏 - 四
郡二府 - 高句麗 - 渤海로, 南朝(箕氏)는 馬韓 - 百濟, 駕洛,
新羅로 나뉘었다가 고려와 조선으로 統緖가 이어지는 것으
로 해석한 것이다. 이같은 유인식의 남북조 사관은 민족주의
사가들이 삼국 멸망 이후의 발해와 신라를 남북조 개념으로
이해했던 것과는 큰 차이를 보이는 매우 독특한 것이다.

○ 紀年 紀事의 서술(제4조) : 『東史輯略』의 예가 타당하다고 하
며, 檀紀를 기원으로 大書하겠다고 하였다. 여기에서도 그의
단군 자손의 자부심이 표현되어 있다.

○ 卷首의 圖(제5조) : 권수에 붙인 4개의 圖는 애국심을 일으키
기 위한 것이라고 하였다. 그의 역사서술의 목적을 잘 드러내
고 있다.

○ 荒誕事의 서술(제6조) : 단군과 삼국사가 荒遠하여 믿기 어려
운 것이 많으나, 오랜 전승을 지닌 것이기 때문에 沒實할 수
없어 기사 아래에 주를 달아 고사에 대비케 한 것이라고 하였
다. 이는 『朝鮮歷代史略』이나 『東史輯略』과 같은 것으로서
김택영 사학과의 관련성을 시사해 준다.[85]

○ 中國 紀年의 표기(제7조) : 舊史에서 중국 기년을 首書하거나
後書하여 주객이 뒤바뀐 듯 하였는데, 모두 없애고 改元한
곳이나, 우리나라의 기사가 끝나는 곳에만 밝혀 열람에 편하
게 하겠다고 하였다. 역시 자주의식의 발로라고 할 수 있다.

○ 稱元法(제8조) : 卽位年 稱元을 한 『東國通鑑』은 잘못이며,
踰年 稱元을 한 『東史輯略』의 예를 따를 것을 밝혔다.

○ 外國 紀年의 표기(제9조) : 일본·몽고·거란 등의 국가도 우
리나라와 관계되는 부분은 중국의 예에 따라 본 기사 아래에

---

85) 朴杰淳, 『韓國近代史學史硏究』, 59쪽, 77~78쪽.

기년을 기록한다고 하였다.

○ 疆域의 표기(제10조) : 舊史가 菌莽하여 檀箕三國의 疆域을
  제대로 서술하지 못하여 幼學의 선비들을 혼란스럽게 하였
  으나, 정약용의 『疆域考』가 정밀하고 상세하며 해박하여 이
  를 인용한 『東史輯略』을 따를 것임을 밝혔다.

○ 高麗 以上의 서술(제11조) : 고려 이상은 『東國通鑑』이 비록
  立論이 많이 잘못되고 考證이 정밀하지 못한 부분이 있으나,
  紀年 紀事가 갖추어져 있고, 『東史輯略』도 이를 따랐으므로
  두 사서를 참조하여 기술한 바 자신도 이들의 범위를 넘지
  못하였다고 밝혔다.

○ 引用 原則(제12조) : 論議考據 부분은 인용자를 밝혀 사가들
  의 뜻을 범하지 않겠다고 하였다.

○ 本人 의견의 구별(제13조) : 자신의 의견을 피력하는 곳은
  '按'字로 구별한다고 밝혔다.

○ 朝鮮時代史 서술 원칙(제14~제17조) : 조선시대사는 朝野雜
  錄을 두루 조사하고 國朝故事와 大東紀年을 표준으로 삼아
  서술한다고 하였다. 黨論은 痼弊를 가져 온 것으로 公私文籍
  을 두루 고찰하여 直筆하겠으며, 어느 당론에도 치우치지 않
  은 公心에서 서술한 것임을 강조하였다.

이상의 「凡例」를 보면 계통론이나 기년 기사의 표기방식, 칭원
법 등은 『東國通鑑』 등 전통사서나 『東史綱目』 등 실학 사서의
범례와 유사하다. 또한 김택영의 『東史輯略』의 범례를 참작하였던
것으로 짐작된다. 따라서 1910년대의 역사서술로는 시대적 추세와
맞지 않는 내용들이 있다. 그러나 그런 사서들과는 달리 망국의 현
실을 감안하여 계몽운동과 독립투쟁을 전개하던 시점에서 애국심

을 강조한 것은 분명한 차이로 이해해야 할 것이다. 결국「凡例」에 나타난 유인식의 역사인식은 유림으로서 전근대적인 면모를 완전히 탈피하였다고 볼 수는 없으나, 근대를 지향하는 과도적 단계로 평가할 수 있을 것이다.

한편 본서는「引用書目」에서『東史古記』등 32권의 참고문헌을 제시하였다.[86] 여기에 의하면 실학자와 대종교 관련 사서를 많이 인용하였음을 알 수 있다. 그런데 유인식은 대종교에 가입하였었고, 대종교 역사인식의 영향을 받았음에도 불구하고, 그가 '二千年 國粹'로 여긴 것은 오직 孔敎였다. 그는 孔子의 道가 百王의 으뜸이라 하였고, 우리나라가 이를 가장 숭상하여 예의의 나라로 천하에 알려진 것이라고 하였다. 비록 그는 大倧敎와 天道敎가 孔敎의 범위를 벗어난 것은 아니라고 보았으나, 결국은 邪敎나 佛敎와 같은 존재에 지나지 않는다고 하였다. 따라서 유인식은 청년들이 孔敎를 國粹로 신앙하여 第一 主旨로 삼아야 한다고 주장하였다. 또한 그는 경술국치 이후 종교계에 대하여 다음과 같이 말한 바 있다.

---

86)「引用書目」은 활자본은 물론 등초본에도 누락되어 있다. 다행히 필자는 유기원 선생으로부터 별도로 보관하고 있던「引用書目」을 건네 받아 이를 확인할 수 있었다.「引用書目」에는『東史古記』·『神檀實記』·『東國通鑑』·『東史綱目』·『疆域考』·『輿地勝覽』·『三國遺事』·『三國史記』·『高麗史』·『神檀民史』·『東國通鑑提綱』·『麗史提綱』·『麗史彙纂』·『大東韻玉』·『倍達族歷代疆域形勢分圖』·『國朝寶鑑』·『朝野會通』·『燃藜室記述』·『國朝故事』·『黨議通略』·『大東紀年』·『鵝洲雜錄』·『朝警記』·『李朝五百年史』·『熱河日記』·『桐巢謾錄』·『擇里志』·『辛壬撮要』·『玄駒記聞』·『東史輯略』·『東國史略』·『日本史』등 32권의 우리나라와 중국, 일본의 참고문헌이 제시되어 있다. 그런데 실제 본문에서는 인용하였으나「引用書目」에는 누락된 사서도 많다. 이처럼「凡例」뒤에「引用書目」을 제시한 것은 金澤榮이 찬술한 『東史輯略』의 편제를 참고한 것으로 보인다.

> … 庚戌國恥 이후 위대한 思想을 지니고 절대적 名譽를 이룬 자가
> 우뚝우뚝 많으나 이는 모두 邪教나 혹은 佛教나 혹은 大倧教나 혹은
> 天道教(大倧教와 天道教는 孔教의 범위를 벗어나지 않음)에서 나온
> 것이다. 그러나 儒教는 적막하여 들리는 바 없으니 드디어 유교는 쓸
> 모 없는 것으로 천하에 알려졌다. 이는 儒教가 他教만 못해서가 아니
> 라 信者가 他教 信者만 못해서 그런 것이다. … 다만 國粹를 保守하
> 여 來世에 끊이는 일은 없어야 할 따름이다. …87)

이로써 보면 여전히 유인식 사상의 主旨를 이루고 있는 것은 孔
敎요 儒學이었다. 따라서 그가 대종교의 영향을 받았다고 하여도
孔敎를 國粹로 인식하고, 그런 관점에서 역사를 서술하였던 것이
다. 이러한 사실은 『大東史』의 서술내용에서도 확인된다. 즉, 대종
교의 역사인식 체계에서 箕子는 모호하게 위치시키거나 아예 삭제
하였고, 族統은 半倍達族으로 설명하여 왔다.88) 그러나 유인식은
기자를 남조의 정통으로 간주하였다. 이는 유인식의 역사인식이 유
교적인 토대에 입각하였음을 알려주는 좋은 사례라고 할 수 있다.

『大東史』는 단군이래 1910년의 경술국치까지를 서술한 통사이
다. 동 시기의 대표적 민족주의 사가인 신채호나 박은식이 통사를
저술하지는 못하였고, 또한 1910년대에 경술국치까지를 대상으로
서술한 통사가 거의 없다는 점에서 본서의 사학사적 위치를 설정
할 수 있을 것이다.

본문은 檀氏朝鮮紀 - 南北朝紀 - 高麗紀 - 朝鮮紀 등 4부분으로
구성되었다. 이같은 구분은 그의 系統論과 관련된 것이다. 즉, 유
인식은 단군 이후 936년(태조 19년)의 고려의 후삼국 통일까지를
南北朝紀로, 이후를 통일 왕조로서 高麗紀와 朝鮮紀로 명명하였

---

87) 「學範」『東山文稿』, 118쪽.
88) 예컨대 金敎獻은 『神檀實記』의 「檀君世紀」에서 箕子·衛滿·四郡二府를
삭제하였으며, 「族統源流」에서는 箕子를 半倍達族으로 설명하였다.

던 것이다. 이처럼 시기구분을 단순히 왕조를 기준으로 한 것은, 1909년 黃義敦의 『大東靑史』이래 1910년대와 1920년대의 통사가 거의 上古 - 中古 - 近古(世)로 시기구분을 하였음과 대비해 보면 근대사학으로서의 면모는 갖추지 못한 것이다.[89]

제4절 『大東史』의 歷史認識

1. 檀氏朝鮮紀

유인식은 檀君을 國祖로 하고 倍達族을 種族으로 하는 단일 민족사를 체계화하였다. 그는 우리 민족이 단군 자손이라는 점을 수차 강조하였으며, 檀君血統에 큰 자부심을 지니고 있었다.[90]

유인식이 정리한 「大東沿革國次圖」는 아래의 표와 같다.[91]

여기에서 알 수 있듯이 유인식의 역사인식 체계에서 가장 주목되며 독특한 것은 그의 南北朝 史觀이다. 남북조 개념은 실학자 유득공의 구분이래 신라의 삼국통일을 부정하고 발해를 민족사로 수용하려 한 민족주의 사가들에 의해 일반화된 시기구분이다. 그러나 유인식의 남북조 사관은 이와는 전혀 다르다. 유인식이 개념화한 南北朝는 北朝 扶餘와 南朝 箕氏 아래에 통일 왕조인 고려로

---

89) 朴杰淳, 『韓國近代史學史硏究』, 243~300쪽. 시기구분은 黃義敦・張道斌・安廓・權悳奎・李鍾楨・崔南善 등 通史를 저술한 거의 모든 사가들에 의해 시도되었다.
90) 『大東史』, 12쪽, 22쪽 등.
91) 「大東沿革國次圖」 『大東史』 卷首.

이어지기까지 존재했던 정치 세력과 집단을 族統의 전개와 남·
북의 방위에 따라 구분한 것이다. 이는 단순히 방위개념에 따른 남
북조 개념이 아니라 민족사의 진폭을 넓혀 이해하고자 한 것으로
이해된다. 즉, 국가사 중심의 국가사가 아니라 민족사 중심의 국가
사 서술을 지향한 것이라 할 수 있다.

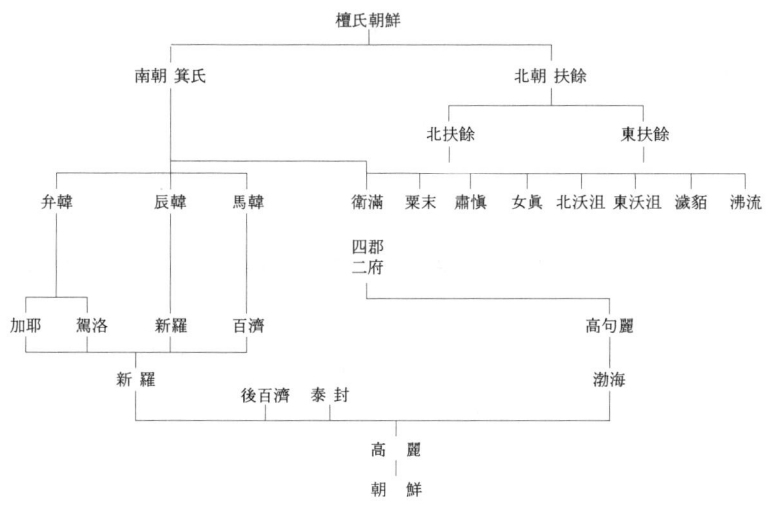

이러한 유인식의 역사인식은 우리의 고대사를 단군 - 부여 - 고
구려로 이이지는 계통과, 기자 마한(삼한) - 삼국으로 이어지는
계통으로 이해하였던 李種徽의 古代史觀의 영향을 받은 것으로
보인다.[92] 좀 더 구체적으로 말하면 李種徽의 고대사 인식에 영향
을 받은 신채호나 대종교 계열 사가들의 영향을 받았다고 하는 편
이 정확할 듯하다.[93]

92) 신용하, 1984,『신채호의 사회사상연구』, 한길사, 185쪽.
93) 韓永愚, 1989,「18세기 중엽 小論 李種徽의 歷史認識」『朝鮮後期史學
史硏究』, 一志社, 275쪽.

이같은 유인식의 남북조 사관은 金敎獻이 『神檀民史』의 권수에서 제시한 「南北疆統一國系表」와 비교할 필요가 있다. 金敎獻은 배달족이라는 族統系譜를 중심으로 만주와 한반도가 하나의 국가로 통합된 시대를 통일시대로 보고, 그렇지 않았던 시대는 列國時代 또는 南北朝時代라고 보았다.[94] 따라서 神市時代와 倍達時代만이 통일시대이며, 三國은 列國時代, 統一新羅와 高麗는 물론 朝鮮까지를 南北朝로 보았던 것이다. 물론 김교헌의 남북조 사관은 열국시대란 구분과, 고려와 조선까지를 남북조로 설정한 점에서 유인식의 남북조 사관과는 차이가 있다. 그러나 남북조의 개념을 족통의 전개를 기준으로 하였다는 점에서는 일치된다. 결국 유인식의 남북조 사관은 대종교 계통 사가의 역사이해 체계와 관련성은 인정되나, 이를 그대로 수용하지 않고 변형한 독특한 구분이라 할 수 있다.

따라서 『大東史』에서는 1895~1905년간의 사서에서 고대사를 체계화 할 때 압도적 논리였던 三韓正統論[95]이 자연히 부정되었던 것이다. 뿐만 아니라 渤海가 당연히 민족사의 정통 왕조로 포함될 수 있었던 것이다.

한편 유인식의 남북조 사관은 族統의 해석과 밀접한 연관성을 지니고 있다. 그는 倍達族을 朝鮮族·北扶餘族·濊貊族·沃沮族·肅愼族 등 5개의 支派로 나누고, 다시 이들 지파가 분파한 것으로 보았는데, 처음 분파된 조선족이 고려와 조선족으로 연계되

---

94) 韓永愚, 「1910年代 李相龍·金敎獻의 民族主義 歷史敍述」, 107쪽. 한편 『神檀民史』의 「南北疆統一國系表」에서는 北疆國家(기씨조선 - 위씨조선 - 부여 - 고구려 - 발해 - 요 - 금 - 청)와 南疆國家(마한 - 백제 - 가락 - 신라 - 고려 - 조선)로 구분하였다.
95) 鄭昌烈, 1985, 「韓末의 歷史認識」 『韓國史學史의 硏究』, 乙酉文化社, 214~220쪽.

는 도식으로 설명하였다.96) 이 도식에서는 鮮卑·契丹·遼·金·
女眞·後金·靺鞨은 물론 日本 北海島까지를 倍達族의 범주에서
논의하고 있어 주목된다. 이는 이른바 大倧敎의 汎東夷民族主義
의 역사인식 체계와 같은 것이다. 실제로 유인식의 「大東族統圖」
는 김교헌의 「族統源流」와 매우 흡사하다.97)

　본서 「檀君朝鮮紀」의 단군 세기에 대한 서술은 김교헌의 『神檀
實記』와 『神檀民史』의 내용과 같다.98) 그런데 단군이 아들 扶婁
를 夏禹의 塗山會에 보낸 기사에서 이를 외국과 교제한 시초라고
하였고, 三郞城 축성 기사에서 이를 後人의 잘못이라고 지적한 金
澤榮의 주장을 註記하였다. 그러나 김택영은 단군조선을 '記'로,
단군이 백성들의 추대를 받아 '主'가 되었다고 하고 단군의 죽음을
'沒'이라고 표현한데 반하여,99) 유인식은 이를 각각 '紀', '君', '薨'
이라 표현하여 차이를 보인다.100) 이는 김택영이 단군의 실재를 부
정하고 서술에 소극적이었던 반면,101) 유인식은 檀君國祖論과 檀
君血孫論을 주장하였던 인식의 차이에 기인한 것으로 보인다.

---

96) 「大東族統圖」 『大東史』 卷首.
97) 「族統源流」 『神檀實記』 卷首.
98) 유인식은 본문에서 인용서적을 註記하였는데, 대부분 김교헌의 저서
　　가 인용되었다.
99) 金澤榮, 『歷史輯略』(1977, 亞細亞文化社, 『韓國開化期敎科書叢書』 15),
　　1쪽. 본고에서는 『東史輯略』을 일부 수정 보완한 『歷史輯略』을 이용
　　하였다.
100) 『大東史』, 1쪽.
101) 朴杰淳, 『韓國近代史學史研究』, 77~78쪽. 金澤榮은 1899년에 찬술한
　　『東國歷代史略』(學部 간행)에서는 檀君의 실재를 인정하였으나, 『歷
　　史輯略』의 凡例 2항에서는 "檀君史는 荒遠하여 믿기 어렵지만 春秋
　　筆法에 따라 모두 빼지 않고 篇末에 한자 적어 둔다"고 하여 부정하
　　였다. 이처럼 김택영이 단군을 부정한 것은 실증적 태도라기보다는
　　일본 사서의 영향을 받은 것이라 할 수 있다(趙東杰, 『現代韓國史學
　　史』, 90쪽 ; 朴杰淳, 『韓國近代史學史研究』, 74쪽).

「檀君朝鮮紀」를 서술하며 유인식은 많은 사가의 견해를 인용하였다.[102] 특히 『神檀實記』를 인용하여 檀君辨・檀君陵辨・太白山辨・平壤浿水辨・檀君疆域考・古俗拾遺・族統源流 등을 고증하고 부연 설명하였다.[103] 이 또한 유인식의 역사인식이 대종교의 역사인식 체계와 밀접히 연관되어 있음을 시사하는 것이다. 이로써 보면 유인식이 『大東史』를 저술하며 특히 관심을 두었던 범위는 종족과 영토에 집중되어 있음을 알 수 있다. 이는 신채호 사학의 유형과 유사한 것으로서, 초기 민족주의 사학의 성격과 일맥하는 것이다.

유인식은 말미에서 단군과 삼국 이상의 역사가 근거가 없거나, 혹은 野人 口傳이나 僧家雜記 등에 있더라도 荒誕不經한 것은 유감이라고 하였다. 그러나 그는 鹵莽荒誕한 기사는 사마천의 『史記』에도 있는 등 만국 사가들에 공통된 일이므로, 유독 우리나라 역사에서만 미비함을 한탄할 것이 아니고, 不經하다고 하여 말살한다면 천하의 사서 가운데 믿을 것이 얼마나 되겠냐고 반문하였다. 따라서 우리나라의 野乘稗史와 중국 사서에서 관련 사실을 널리 채록하여 편집한 후 博古한 자가 선택하기를 기다리겠다고 하였다.[104] 즉, 그는 단군 기사의 사실성을 부정하지 않으면서도, 평가는 후대에 유보하는 신중한 자세를 보인 것이다. 대부분의 한말

---

102) 여기에서 거명된 사가는 權近・李種徽・李瀷・朴趾源・安鼎福・丁若鏞・朴殷植 등이며, 사서로는 『古史』・『古記』・『春官通攷』・『大東韻玉』 등이 인용되었다. 『古史』가 어떤 사서인지는 알 수 없으나, 『古記』는 내용으로 보아 『三國遺事』로 추측된다.

103) 金敎獻은 이 내용을 安鼎福의 『東史綱目』, 朴趾源의 『熱河日記』, 許穆의 『記言』, 丁若鏞의 『疆域考』, 『臥遊錄』, 『東方地名辨』 등을 참고하여 정리한 것이다(고증내용에 대하여는 韓永愚, 「1910年代 李相龍・金敎獻의 民族主義 歷史敍述」, 103~104쪽 참조).

104) 『大東史』, 5쪽.

의 사가들이 단군의 서술에 소극적이거나 부정적이었던 것과는 대
비되는 부분이며, 단군에 대한 그의 인식을 잘 보여준다.

2. 南北朝紀

「南北朝紀」는 기자 원년(단기 2112년, B.C. 222년)부터 고려 태
조 18년(935년)까지를 6부분으로 구분하여 서술하였다.[105] 여기에
서 신라가 편책과 시기구분의 기준이 된 것은 역사인식의 봉건적
잔영을 보여주는 것이나, 「南北朝紀」의 하한을 고려의 후삼국 통
일로 설정한 것은 근대적이고 민족주의적 역사인식을 보여주는 것
이라 할 수 있다.

유인식은 箕子東來說을 취하였다.[106] 그가 신채호에 의해 부정
된 기자동래설을 취한 것은 의아하나, 그의 箕氏朝鮮에 대한 해석
은 주목된다. 즉, 유인식은 기자가 직접 단군 계통을 이었다고 서

---

105) 南北朝紀는 다음과 같이 6부로 구성되었다.
　　① 南朝 箕氏朝鮮　　北朝 扶餘(箕子 元年, B.C. 222년~箕王準 27
　　　　년, B.C. 194년)
　　② 南朝 箕氏馬韓　　北朝 衛滿平壤(箕準 元年, B.C. 193년~馬韓 滅
　　　　亡, 9년)
　　③ 南朝 新羅 百濟　　北朝 高句麗 扶餘(新羅 南解王 7년, 10년~新
　　　　羅 助賁王 17년, 246년)
　　④ 南朝 新羅 百濟　　北朝 高句麗(新羅 沾解王 元年, 247년~新羅
　　　　眞興王 36년, 575년)
　　⑤ 南朝 新羅 百濟　　北朝 高句麗(新羅 眞智王 元年, 576년~新羅
　　　　神文王 11년, 691년)
　　⑥ 南朝 新羅(後百濟) 北朝 渤海(泰封)(新羅 孝昭王 3년, 694년~高麗
　　　　太祖 18년, 新羅 敬順王 9년, 935년)
106) 『大東史』, 1쪽.

술한 조선시대 사가와, 기자를 外族이라고 貶黜하여 傳國 統緒에
서 배제한 근세사가를 양비론적 입장에서 비판하였다. 그는 箕子
가 殷의 宗親이나, 周에 臣服하지 않았고, 또한 受封한 사실도 없
다고 강조하였다. 또한 우리나라 사람들이 오랫동안 기자에게 仁
賢의 교화를 받았으므로 남북조로 나누어 존중해 주는 것이 史體
에 합당한 것이라고 주장하였다.107)

여기에서 몇가지 주목되는 사실이 있다. 유인식은 八條之教에
대한 안정복의 견해를 탁견이라 하며 8조의 내용을 소개하였는데,
이 사실을 그대로 믿을 수는 없으나 기록해 둠으로서 후대에 博攷
를 기다린다고 하였다.108) 또한 기자의 죽음을 '薨'이라고 표현하
였으나, 평양에 있는 箕子陵은 사실이 아니라고 부정하였다.109) 衛
滿의 죽음을 '卒'이라 표현한 것과 대비되는 부분이다.110)

이 부분에서 그의 역사서술은 실증적이고 합리적인 면모를 보인
다. 즉, 그는 김택영이 『東史輯略』에서 근거도 없이 箕子부터 馬韓
까지의 紀年 紀事에서 某王幾年을 칭한 사실과, 中國紀年을 懸註
한 사실을 비판하였다. 그는 중국 기년을 사용하는 것은 아무런 의
미가 없는 것이라서 國祖 檀君紀元을 사용하겠다는 것을 다시 강
조하였다.111) 그런데 孔子의 탄생을 본문에서 서술하며, 유독 우리
나라가 그를 가장 尊信한다고 서술하였다.112) 이는 예수의 탄생을
별도로 서술113)한 부분과 대비해 볼 때, 유학자로서 타종교와 비교

---

107) 『大東史』, 5~6쪽. 여기에서 유인식이 지칭한 近世史家는 箕子를 부
    정한 申采浩나 大倧教 계열의 史家를 말하는 것으로 이해된다.
108) 『大東史』, 6쪽.
109) 『大東史』, 7쪽.
110) 『大東史』, 10쪽.
111) 『大東史』, 8쪽. 그는 玄采가 저술한 『東國史略』의 箕子 관련 기사도
    믿을 수 없는 것이라고 비판하였다.
112) 『大東史』, 5~6쪽.

적 측면에서 유교의 우월함을 나타내고자 한 의도로 여겨진다.

漢四郡에 대하여는 조선인이 漢法을 따르지 않은 자주적 측면 과, 한사군으로 인한 풍속과 仁賢 敎化 등에서의 부정적 측면을 서 술하였다. 그러나 玄菟郡의 소재를 국내로 비정하였다.114) 한사군 의 소재 비정은 신채호 등에 의해 많은 논의가 이루어진 바 있 다.115) 이에 대하여는 조선 후기에 洪汝河·李瀷·李種徽 등이 眞 番·玄菟郡의 압록강 이북 소재설을 주장한 이래 한말 사학에서 수용되는 것이 일반적이었으며, 崔景煥·鄭喬가 공저한『大東歷 史』(1905)에서는 樂浪 이외의 三郡이 만주에 있었다고 해석하였 다.116) 따라서 그가 어떤 근거로 현도군의 국내 소재를 주장하였는 지는 알 수 없다.

삼국시대는 干支·檀紀·新羅·高句麗·百濟의 王年 순으로 서술하였다.117) 이는 김택영의 편사 체재와 같은 것이다. 그가 단 기를 강조하면서도 간지를 수위에 내세운 것은 역사인식의 전근대 성이라 지적할 수도 있으나, 유림들을 대상으로 한 사서라는 점이 감안되어야 할 것이다. 삼국의 서술은『三國史記』의 편년에 준거 하였다. 삼국시대를『三國史記』의 편년에 따라 서술하는 것은 한 말까지 일반적 경향이었다.118) 그러나 玄采가『普通敎科東國歷

---

113)『大東史』, 18쪽.
114)『大東史』, 11쪽. 등초본이나 활자본에 臨屯郡에 대한 설명은 누락되 어 있으나, "… 一曰 樂浪(今平安黃海道地) 治朝鮮(平壤) … (臨屯 누 락) … 治東暆縣(未詳) 一曰 玄菟(今咸鏡南道) 治沃沮城(今咸興) 一曰 眞番(今中國寧古塔近地) 治霅縣(未詳)陰陜等 …"이라 하여 玄菟郡까 지 국내에 소재한 것으로 비정하였다.
115) 申采浩,『朝鮮上古史』『改訂版丹齋申采浩全集』上, 113~114쪽.
116) 崔景煥·鄭喬,『大東歷史』「馬韓紀」, 孝王 6年條(B.C. 108년). "漢武 帝置四郡 玄菟眞番臨屯俱在遼左 而獨樂浪在鴨江之南浿水之右".
117) 활자본에는 등초본에 없는 紀元年까지 표기하였다.
118)『三國史記』의 편년을 추종한 것은 1895년 學部에서 편찬한 史書로부

史』(1899)의 「歷代王都表」에서 고구려 - 백제 - 신라 순으로 설명
한 이래,[119] 1910·1920년 민족주의 사학에서는『三國史記』의 편
년을 무시하거나, 설령 따르더라도 고구려 중심으로 서술하였
다.[120] 그럼에도 유인식이『大東史』에서『三國史記』의 편년을 준
거한 것은 그의 역사인식의 전근대성으로 지적하지 않을 수 없다.

유인식의 고대사 인식이 봉건적 범주 속에서 탈피하지 못하였
는 것을 보여주는 사례로서 신라의 善德·眞德·眞聖 등 三女王을
'女主'로 표기한 것을 들 수 있다.[121] 女王을 女主로 표기한 것은
『東國通鑑』에서『三國史節要』를 계승하며 체계화 된 것이다. 이
체계는 철저하고 엄격한 정통론을 전개한『東史綱目』의 「凡例」(名
號)에서 더욱 강화되었지만, 한말 사학에서는『朝鮮歷代史略』(「總
目法例」) 외에는 수용되지 않은 중세적 역사인식의 잔재였다.[122]
그런데 유인식 자신이 의욕적이고 독창적으로 설정한 남북조 사관
과는 정면으로 배치되는 정통론에 입각하여 춘추의례의 도덕적 명

터 1905년에 편찬된 金澤榮의『歷史輯略』에 이르기까지 공통된 경향
이었다.

119) 朴杰淳,『韓國近代史學史硏究』, 74쪽.

120) 예컨대 黃義敦과 張道斌은『三國史記』의 편년을 따르되 이른바 '大
高句麗史觀'에 의해 高句麗 - 百濟 - 新羅의 순으로 서술하였고, '大
新羅史觀'을 지니고 있던 安廓 또한 고구려를 首位에 놓고 삼국시대
(中古 大分立時代)를 정리하였다. 한편 崔南善은『三國史記』의 삼국
개창년대를 무시하고 高句麗 - 百濟 - 新羅 순으로 설명하였고, 특히 權
悳奎는『三國史記』와는 전혀 다른 삼국의 개창년대를 제시한 바 있다
(이에 대하여는 朴杰淳,『韓國近代史學史硏究』, 243~285쪽 참조).

121) 유인식은 중국을 제외한 주변국가들의 왕을 '主'라고 하여, 日主·金
主·契丹主·遼主 등으로 표기하였다. 그런데 신라 三女王은 '女主'
라 하면서도 죽음을 '薨'이라고 표기하여『東史綱目』에서 '卒'이라
표기한 것과 대비된다. 따라서 반드시 正統論에 따른 용어의 선택이
라고 볼 수는 없다.

122) 朴杰淳,『韓國近代史學史硏究』, 59~60쪽.

분론에 치우친 역사서술을 하였다는 것은 이해할 수 없는 일이다.
결국 그의 역사인식과 서술의 괴리이자 한계라 할 것이다.

한편 다방면에서 독립투쟁을 주도하였고,「朝鮮與日本關係」란
논설에서 일본의 배은망덕함을 꾸짖은 그가 任那日本府說을 무비
판적으로 수용한 것도 이해할 수 없는 일이다. 그는 본서에서도 우
리 고대 문화의 일본 전파를 상세히 설명하였고 일본의 침략상도
소홀히 취급하지 않았다. 그러나 신라 奈解王 4년조에서『日本史』
를 인용하여 卑彌呼의 신라 침공기사를 註記하였고,[123] 助賁王 17
년조에서는 역시 倭의 대가야 공격과 '置行府駐兵'한 사실을 서술
하였다.[124] 뿐만 아니라 眞興王 23년조에서는 임나일본부가 315년
간 존속하다가 毀廢된 것이라고 하였다.[125] 유인식은『大東史』는
물론「朝鮮與日本關係」에서도 任那日本府를 역사적 사실로 서술
한 바 있다.[126]

일본 사서를 인용하여 임나일본부설을 무비판적으로 수용한 것
은 한말 사학의 큰 결점으로 지적되는 것이다.[127] 申采浩는 그 대표
적인 사례로 金澤榮의『東史輯略』과 張志淵의『大韓疆域考』를 지
적하고 이를 신랄하게 비판한 바 있다.[128] 유인식이『大東史』를 저
술한 시기는 신채호의 임나일본부 비판이 공개된 지 훨씬 이후이
고, 또한 그는 史書와 愛國心의 상호관계를 강조한 만큼 일본과 관
련된 서술에 신중을 기했을 것이다.[129] 더구나 '朝鮮與日本關係」

---

123)『大東史』, 33쪽.
124)『大東史』, 36쪽. 여기에는 "日本史云 任那卽大伽倻 神功之征韓 置政
　　府於任那 後新羅滅而取之"란 註記도 첨기되어 있다.
125)『大東史』, 53쪽.
126)「朝鮮與日本關係」『東山文稿』, 127쪽.
127) 趙東杰,『現代韓國史學史』, 91~95쪽.
128) 申采浩,『朝鮮上古史』「總論」(『改訂版丹齋申采浩全集』上, 57~68쪽).
129)『大東史』, 75쪽. 그는 李世勣과 蘇定方이 고구려와 백제를 멸망시키

는 물론 본서에서도 일본의 침략상을 비판했던 그가 임나일본부설
을 그대로 수용하였다는 것은 의아한 일이다. 이는 아마도 유인식
이 일본 사서를 참고한 때문이기도 하겠으나, 김택영 사학의 영향
으로 보는 것이 타당할 듯하다. 즉, 그의 항일투쟁과는 별개로 史
實의 이해에 미흡한 결과 제국주의 사학에 침몰하여 간 김택영 사
학의 오류를 그대로 답습하였던 것이라 할 수 있다.

그러나 삼국시대의 서술에서도 그의 실증적이고 비판적인 태도
를 확인할 수 있다. 그는 卵生說話 등의 誕荒함을 지적하여 이를
모두 删定하였다.130) 또한 그는 김부식이래 김택영 등 많은 사가의
견해를 인용하면서도 자신의 의견과 다른 부분은 반드시 사론을
註記하였다. 이 가운데에 가장 많이 인용하며 이견을 제시한 것은
김택영의 사론이었다.

유인식은 삼국시대를 대개 긍정적으로 인식하였다. 그는 단군이
문화를 개창하고 覇國을 이룬 이래 자손들이 용맹하게 강역을 지
켜 自强自大하였고, 삼국시대에는 중국과 오랫동안 혈전을 치렀으
니, 동양에서 武强의 나라로는 으뜸이라며 강한 자부심을 표현하
였다.131)

유인식의 삼국시대에 대한 인식을 단적으로 보여주는 것은 신라
의 삼국통일에 대한 서술이다. 그는 양만춘을 不世出의 豪傑이고
수천년간 歷史上 光彩를 띤 인물로 극찬하였고,132) 연개소문을 意

<hr>

고 먼저 史書를 燒燬한 사실을 거론하며, 이는 백성들의 愛國心을 차
단하려 한 행위라고 지적하였다.

130) 『大東史』, 13쪽, 25쪽.

131) 「太息錄」 『東山文稿』, 88쪽. 그는 우리나라가 고려 중기까지는 武强
한 국가였으나, 고려 중기 이후 조선에 이르기까지 중국과 밀접한 관
계를 유지하며 文弱의 氣風이 조성되어 결국 亡國에 이르고 만 것이
라고 해석하였다.

132) 『大東史』, 66쪽.

氣傑驚한 인물로서 평가하며, 그가 축성한 천리장성을 특서한다고
주기하였으며,133) 백제와 고구려의 멸망을 안타까워하였다.134) 따
라서 신라의 당군 청병과 삼국통일에 대해서는 비판적이다. 즉, 그
는 고구려와 백제는 모두 단군으로부터 나온 扶餘에서 系出한 왕
조로서 삼국이 輯和親睦하고 互相維持하였더라면 동방에 웅거할
수 있었을 터이나 판단을 잘못하고 생각이 짧아 서로 전쟁을 한 것
을 개탄하였다. 이어서 그는 신라가 당에 병력을 '乞'하여 7백년 역
사를 지닌 양대 강국을 하루아침에 폐허로 만든 것은 '外寇'를 불
러들여 同室의 사람을 죽인 것과 무엇이 다르냐고 반문하였다. 따
라서 '新史家'들이 金庾信을 同族에게 죄를 지고 歷史에 汚辱을
끼친 것으로 貶黜한 것이라고 하였다.135) 또한 견훤과 궁예 등이
擧旗倡亂하게 되는 빌미가 되기도 하였다고 해석하였다.136)

이처럼 신라의 삼국통일에 대하여 비판적이었으나, 신라가 통일
의 대업을 이룬 것은 나름대로 평가되어야 한다는 견해를 피력하
였다. 한편 삼국인의 인물평을 山川風氣와 관련지어 설명하고, 이
를 당시의 關西·湖南·嶺南人의 인물평과 대비한 것은 흥미롭
다.137)

유인식의 발해에 대한 인식과 서술도 주목된다. 그의 발해에 대
한 인식은 전술한 바와 같이 그가 만주로 망명할 때 "우리가 돌아
갈 땅은 발해 뿐"이라고 한 데에서 일단을 읽을 수 있다. 그는 卷
首의 「大東沿革國次圖」·「大東族總圖」·「大東歷代一覽圖」에서

---

133) 『大東史』, 73쪽.
134) 『大東史』, 71~74쪽. 백제와 고구려의 멸망 직전에는 災異기사를 기재
　　하여 이를 멸망의 예언적 전조로 서술하였다.
135) 『大東史』, 75쪽.
136) 『大東史』, 75쪽, 94쪽. 여기에서 말한 '新史家'란 申采浩를 지칭한 듯
　　하다.
137) 『大東史』, 75쪽.

발해를 우리 민족사로 수용하여 설명하였음은 물론이다. 또한 그는 본문의 서술에서도 발해왕의 죽음을 '薨'이라 하여 신라와 동격으로 서술하였고,[138] 신라와 발해를 南北朝라 한 金澤榮의 史論을 소개하였다.[139] 그는 이 부분에서 많은 史論을 전개하였는데, 이를 통해 발해의 강대함과 문화 발전상 등을 강조하였다.

발해의 서술에 있어서 유인식이 중점을 준 것은 발해와 신라사이에 사신이 왕래하였던 사실을 입증하는 것이었다. 그는 文王 53년조에서 신라가 一吉湌 伯魚를 발해에 사신으로 보냈는데, 발해가 신라의 북쪽에 위치해 있었기 때문에 신라인이 발해를 北國으로 불렀다고 설명하였다.[140] 이어 사론을 통하여『三國史記』元聖王紀에서 使臣을 보냈다는 '北國'은 곧 渤海라고 단정지었고, 정약용이나 홍석주가 미처 파악하지 못한 것을 안정복이『東史綱目』에서 최치원의 表文을 인용하여 특서한 것은 우리나라 역사에서 공을 세운 것이라고 칭송하였다.[141] 발해 멸망을 다룬 사론에서도 신라와 발해가 相接하고 백성들이 交股하였음에도 신라의 역사 기록에 발해와 서로 왕래한 사실이 없음에 의혹을 제기하고, 발해의 사료가 전해지지 못하고, 先儒들이 발해를 외국으로 간주하여 硏究考據하지 않아 결국 湮滅되고 만 것을 애석해 하였다.[142]

후삼국에 대한 서술도 부정적이다. 물론 그는 태봉과 후백제를 「大東沿革國次圖」와「大東歷代一覽圖」에서 설명하기는 하였다. 그러나 본문에서는 궁예와 견훤을 부정적이고 비판적으로 서술하

---

138) 한편 渤海의 紀年 표기에서는 王과 年號를 병행하여 사용하였고 建元과 改元 사실을 반드시 설명함으로서 자주성을 강조하고자 하였다.
139)『大東史』, 80쪽.
140) 또한 그는 定王 3년조에서도 신라가 급찬 崇正을 발해에 사신으로 보내 通好하였다고 서술하였다(『大東史』, 87쪽).
141)『大東史』, 85쪽.
142)『大東史』, 99쪽.

여 왕건을 긍정적으로 서술한 것과 대비된다. 특히 유인식은 태봉
과 후백제를 '僭號'한 왕조라고 해석하였다.[143] 이는 正統論에 의
해 후삼국을 僭國이라 규정한 安鼎福의 사론을 계승한 金澤榮의
논리와 같은 것이다.

「南北朝紀」는 고려의 후삼국통일에서 끝을 맺었다. 이는 그가
단군 이후 후삼국 통일까지를 남북조로 인식하고 고려부터를 통일
왕조로 보았음을 의미한다. 유인식의 남북조 사관은 이종휘나 대
종교 계열의 역사해석과 공통점이 있다. 그러나 그의 남북조 사관
은 여타 민족주의 사가들에게도 놀라운 사실로 받아들여질 만큼
매우 독특한 것이었다.[144] 요컨대 유인식의 「南北朝紀」 서술은 민
족주의 사학으로서의 근대적 면모도 보이나, 전근대적인 요소가
적지 않다고 할 것이다. 특히 任那日本府說을 수용한 것은 식민사
학에 함몰된 한말 사학의 오류를 무비판적으로 답습한 것으로 지
적할 수 있을 것이다.

3. 高麗紀

「高麗紀」는 3권 중 제2권으로 11책 중 3책의 중간부터 시작되어
5책까지 기술되었다.[145] 분책은 시기구분을 시도한 것이 아니라 등

---

143) 『大東史』, 96쪽, 104쪽.
144) 1930년대 중반에 黃義敦이 安東에 왔다가 『大東史』를 열람한 적이
　　　있다고 한다. 이때 黃義敦은 卷首의 「大東沿革國次圖」·「大東族總
　　　圖」·「大東歷代一覽圖」를 보고는 매우 놀라며 잘 간수하여 두었다
　　　가 후에 출판하도록 당부하였다고 한다(柳基元 증언).
145) 「高麗紀」의 제3책은 태조 19년~헌종, 제4책은 숙종~충렬, 제5책은
　　　충선~공양왕 년간을 서술하였다.

초시 분량을 감안한 것으로 여겨진다.「高麗紀」의 서술체계는 이
전과는 다르다. 즉, 각 왕별로 廟號·諡號·名·字·先系·在位
年·壽年 순으로 서술하고, 年紀는 干支와 王年만을 표기하였다.
이는 김택영의 편사 체계와 같은 것이다.

유인식은「凡例」에서 고려 이상은『東國通鑑』과 김택영의『東
史輯略』을 표준으로 서술한다고 밝힌 바 있다. 그런데「高麗紀」는
체계뿐만 아니라 서술내용까지도『東史輯略』과 대동소이하다. 그
까닭은 아마도 유인식의 관심이 고대사와 조선시대사에 있었던 때
문으로 이해된다. 그렇다고 하여『東史輯略』을 그대로 모방한 것
만은 아니며, 또한 고려의 역사를 소홀하게 취급하지도 않았다. 따
라서「高麗紀」는『東史輯略』과의 비교를 통하여 유인식의 역사인
식을 검출할 필요가 있다.

양서를 비교하면 몇가지 차이점이 발견된다. 첫째 용어 사용의
차이가 있다. 즉, 김택영은 왕에 대하여 卽位, 昇遐라고 표현한데
반하여, 유인식은 立, 薨이라고 표현하였다. 정통론에 있어서는 이
들 용어가 正統과 無正統 왕조에 따라 선별되었고 엄격성을 지녔
었다.146) 김택영은 정통론을 추종하였기 때문에 그렇다 치더라도
정통론을 부정한 유인식이 굳이 정통론적 관점의 용어를 사용한
의도는 알 수 없다. 특히 禑王과 昌王에 대한 표기는 더욱 그러하
다. 김택영은 廢王·後廢王이라 하였으나, 유인식은 前廢主·後
廢主라고 서술하여 춘추의례의 도덕적 명분론이 강화되었음을 보
여준다.147) 한편 김택영은 문종 34년 9월조에서 '日皇'이라 하였으
나, 유인식은 '日主'라고 폄하하여 일본에 대한 인식의 대비를 이

---

146)『東史綱目』은「凡例」에서 正統과 無(非)正統 왕조를 용어를 가지고
　　구분한 바, 名號는 각각 王·國王·國君·女主·廢王 등으로 구분
　　하였고, 卽位는 卽位·立·嗣 등으로 구분하였다.
147)『大東史』, 193쪽, 203쪽. 그런데 활자본에는 '主'를 '王'으로 誤記하였다.

른다.148)

둘째, 서술방식의 차이가 있다. 대표적인 차이 가운데 하나는 김택영이 편년체 방식에 충실한 반면, 유인식은 편년체로 서술하되 동일 사건과 인물에 관한 내용을 紀事本末式으로 類聚하였다는 점이다.149) 이는 유인식이 사실의 緣起的 추구와 因果關係의 이해를 중시했음을 보여주는 것이라 할 수 있다.

셋째, 첨입된 史論을 통해 유인식의 역사인식을 검출할 수 있다. 유인식은 『東史輯略』을 모본으로 「高麗紀」를 저술하되, 별도의 사론을 전개하고 있다. 그는 사론에서 契丹을 배척한 태조의 對契丹政策을 옛 강토를 회복하고 발해를 멸망시킨 원수에 대한 당연한 정책이라고 옹호하고, 태조의 북진정책이 후대 왕들에 의해 계승되지 못한 것을 안타까워하였다.150) 또한 그는 최승로가 시무책을 올려 선왕의 죄를 기탄없이 지적하였으나, 성종이 이를 가납한 것을 칭송하며 후대인이 諱親諱尊을 구실로 이를 비판하는 것이 잘못된 것임을 지적하였다.151) 특히 그는 사론에서 崔瑩의 요동정벌과 身殉社稷함을 칭송하고, 고려와 조선의 1천년 역사에서 최영에 미치는 사람이 없었다고 극찬하였다.152) 이같은 사론은 그의 역사인식을 잘 보여주는 것이다.

넷째, 『東史輯略』에는 있으나 본서에서 삭제한 기사가 있다. 유인식이 김택영의 저술 내용 가운데에 삭제한 주요내용은 중국 諸國이나 女眞, 契丹 등과의 사신왕래 사실이다. 특히 契丹과의 사신

---

148) 『大東史』, 125쪽. 유인식은 '日主'라는 용어로 일관하여 서술하였다.
149) 예컨대 우왕 8년조에서 열녀에 대한 기사를 한군데로 모아 서술하거나(『大東史』, 197쪽), 의종 12년조에서 申淑의 上疏 및 卒 기사를 모은 것(『大東史』, 138쪽) 등이 그것이다.
150) 『大東史』, 105쪽.
151) 『大東史』, 111쪽.
152) 『大東史』, 203쪽.

왕래는 상당 부분을 삭제하였다.153) 이는 그의 契丹에 대한 부정적
인 인식을 보여주는 것이다. 아울러 천재지변 기사와, 왕이 政事에
힘쓰지 않고 수렵이나 유희에 빠진 기사도 삭제 대상이 되었으
며,154) 箕子陵에 제사를 지냈다는 기사를 삭제155)한 것은 기자릉
이 아니라는 그의 견해에 따른 것으로 보인다.156) 특히 김택영이
예의를 갖춰 서술한 조선 태조의 선대에 대한 칭송과, 私田革罷에
대한 상세한 설명도 삭제하였다.157) 이로써 보면 유인식은 『大東
史』의 독자들에게 國粹와 祖國精神을 심어주기 위해 『東史輯略』
의 기사 중 교훈적이지 못하다고 판단한 기사를 의도적으로 삭제
한 것이라 할 수 있다.

다섯째, 『東史輯略』에는 없으나 본서에서 첨입한 기사가 있다.
유인식은 옛 지명의 고증과 비정에 주력하여 이를 註記로 첨입하
였다.158) 또한 유인식은 유학자와 신하들의 활동을 많이 첨입함으
로서 그들의 사상과 활동을 통해 고려사의 이해를 돕고자 하였
다.159) 김택영 또한 인물 중심의 역사서술을 하였으나,160) 유인식

---

153) 契丹과의 사신 왕래 기사에서 삭제한 것은 성종 15년 3월, 현종 2년
　　4월, 정종 3년 12월, 문종 17년 3월의 기사 등이다. 한편 유인식은 사
　　신 왕래 기사를 서술하는 경우, 고려가 일방적으로 사신을 보낸 것이
　　아니라 중국으로부터도 報聘이 이루어졌음을 서술함으로서 자주성과
　　주체성을 강조하려 하였다(『大東史』, 138쪽).
154) 대표적인 기사는 예종 15년과 충숙왕 4년 2월의 기사이다.
155) 金澤榮은 숙종 7년 10월 기사에서 禮部의 奏請에 따라 箕子陵에 제사
　　를 지낸 사실을 기술하였다.
156) 『大東史』, 7쪽.
157) 金澤榮은 공민왕 4년조에서 李成桂의 先代를 극진한 예의를 갖추어
　　서술하였고, 昌王 元年條에서 私田革罷에 대해 상세히 기술하였다.
158) 그러나 김택영의 견해와 다른 곳도 있다. 예컨대 김택영은 黃山炭嶺
　　을 黃澗으로, 木浦를 務安으로, 鐵利를 豆滿江北으로 비정하였으나,
　　유인식은 이들을 각각 未詳, 羅州, 渤海舊府라고 주기하였다(『大東
　　史』, 104쪽, 106쪽, 117쪽 참조).

은 일층 인물 평가의 강화를 통하여 역사의 교훈성을 추구한 것이
라 할 수 있다.

양서에서 가장 큰 역사인식의 차이를 보이는 부분은 이성계 및
조선 건국과 관련된 기사이다. 전통사서는 물론 김택영을 비롯한
한말 사가들은 고려 멸망의 필연성을 도출하고 조선 건국의 당위
성을 추구하는 입장에서 고려말의 상황을 서술하였다. 따라서 李
成桂와 그의 先代의 업적이 긍정적으로 서술되며 강조되었고 崔
瑩의 誅殺을 합리화하였다.161) 더구나 김택영은 전통사서의 서술
체계처럼 태조와 그 선대를 설명할 때에 줄을 바꾸어 서술하는 예
를 표하였다.

그러나 유인식은 이같은 중세적 역사인식을 극복하고 객관적 서
술을 하고 있어 주목된다. 유인식은 위화도회군을 4천년 단군 강역
을 다른 나라에 복속하게 한 원인을 제공한 사건이었다고 폄하하
였다. 또한 이성계가 혁명에 급급하여 崔瑩을 죽임으로서 事大主
義가 腦髓에 깊이 배어 조선의 5백년 역사가 明과 淸에게 受制 당
한 것이라고 비판하였다.162) 이는 申采浩・張道斌・文一平 등 민
족주의 사가들이『高麗史』의 誣錄을 지적하며 요동정벌을 주장한
崔瑩의 자주정신을 칭송하고, 위화도회군을 고려의 북진정책의 좌
절로 해석한 견해와 일맥하는 것이다.163)

뿐만 아니라, 그는 김택영이 이성계의 선대를 桓祖大王 등 諡號
와 大王이라는 칭호를 붙여 사용하고, 그들의 죽음을 昇遐라고 하

---

159) 첨입된 인물은 柳邦憲・崔惟善・崔思全・郭預・李混・崔有渰・金
怡・李兆年・羅益禧・蔡河中・李寶林・尹可觀 등이다.
160) 朴杰淳,『韓國近代史學史研究』, 94쪽.
161) 朴杰淳,『韓國近代史學史研究』, 109~110쪽.
162)『大東史』, 203쪽.
163) 朴杰淳,『韓國近代史學史研究』, 329~330쪽.

였으며, 이성계를 我太祖高皇帝라 존칭하였던 반면, 유인식은 이성계의 선대를 李子春 등 이름으로 서술하였으며, 죽음을 卒이라 하였고, 이성계를 太祖라고는 하였으나, 줄을 바꾸는 예는 표하지 않았다.164)

이같은 유인식의 조선 건국과정에 대한 기술은 고려의 독자성과 개체성을 회복한 것이라 평가할 수 있다. 또한 1920년대 민족주의 사가들의 역사인식과 궤를 같이하며 근대사학으로서의 면모를 보여주는 것이라 할 수 있다. 곧, 유인식은 고려를 통일왕조로 인식하는 역사체계를 지니고 있었던 만큼 조선의 건국을 유교적 관념에 사로잡혀 과잉된 서술을 할 이유가 없었던 것이다. 또한 망국에 처해 냉철한 자기반성이 필요한 시점에서 조선을 굳이 긍정적으로 서술하는 것은 무의미한 일이었을 것이다.

4. 「朝鮮紀」

「朝鮮紀」는 제3권에 해당하며 6책 이하 11책까지 모두 6책으로 구성되었다.165) 「朝鮮紀」의 분책 또한 시기구분이 아닌 단순히 분량을 감안한 것으로 보인다.166) 그런데 「朝鮮紀」에서는 紀年의 표

---

164)『大東史』, 182~184쪽.
165)「朝鮮紀」제6책은 태조 - 명종, 제7책은 선조 - 광해군, 제8책은 인조 - 현종, 제9책은 숙종 - 영조21년, 제10책은 영조22년 - 철종, 제11책은 경술국치까지의 고종 년간을 서술하였다.
166) 그러나 「太息錄」에서는 조선시대를 創業文明時代(太祖 - 成宗)·萎靡不振時代(中宗 - 宣祖)·閏位渾濁時代(燕山·光海 兩朝)·黨禍分爭時代(仁祖 - 肅宗)·勳戚竊命時代(景宗 - 太上王) 등 5시기로 구분하였다(『東山文稿』, 89쪽). 편년별로 시기구분을 하되, 연산군과 광해군 양조를 편년을 뛰어 넘어 閏位渾濁時代로 구분한 것은 특이하다.

기 방식이 변화하였다. 즉, 대부분은 간지 - 단기 - 왕년순으로 표
기하였으나, 단기 대신 중국 기년만을 표기하거나, 단기와 함께 중
국 기년이 계속 표기된 책이 있다. 이는 「凡例」의 기년 표기 원칙
에서 표방한 강렬한 자주의식과 배치되는 것이다.[167]

전술한 바와 같이 유인식은 조선의 건국을 그리 긍정적으로 보
지만은 않았다. 그렇다고 하여 부정적으로 비판한 것은 아니었다.
그는 김택영이 『韓史綮』에서 태조가 二王을 弑害하고 恭讓王의
왕위를 簒位했다고 기술한 것을 반박하며, 고려말에 失德이 누적
되어 天命과 인심이 이반되었을 때, 태조가 寇賊을 소탕하고 弊政
을 除革하자 하늘과 백성이 그에게 돌아와 국가를 차지한 것으로,
혁명 때의 허물은 어쩔 수 없는 것이라고 옹호하였다.[168] 따라서
그는 고려 멸망의 필연성을 강변하지 않았을 뿐 아니라, 조선의 건
국도 객관적 사실에 입각하여 서술하고자 한 것이라 할 수 있다.

유인식은 「朝鮮紀」에 많은 비중과 관심을 두고 서술하였다. 이
는 그가 망국의 원인을 규명하고, 독립의 방법론을 모색하기 위해
본서를 저술한 의지를 반영한 것이라 여겨진다. 따라서 본서에는
전통사서에서 중시한 義理論이나 禮論 등에 관한 사론은 거의 없
고, 대신 王贊이나 당쟁과 외척·훈신의 폐해, 武備 등에 관한 사
론이 주류를 이루고 있다.[169] 「朝鮮紀」에서는 사론을 중심으로 유

---

167) 「朝鮮紀」의 7·9·10·11책의 紀年은 干支 - 檀紀 - 王年順으로 표
　　기하였다. 그러나 6책에서는 단기 다음에 중국 기년이 표기되었으며,
　　8책에서는 단기 대신 중국 기년이 표기되었다. 이는 여러 명이 분담하
　　여 등초하는 과정에서 발생한 차이일 가능성도 있다.

168) 「金史記誤」 『東山文稿』, 123쪽. 한편 그는 太祖에 대한 贊에서 '東方
　　不世之英主'라 칭송하면서도 건국과정에서 많은 朝臣과 王氏 遺族을
　　죽이는 등 허물이 있음을 지적하며 정당성에 문제를 제기하였고, 정치
　　상의 실책으로 후세의 웃음거리가 된 것을 애석해 하였다(『大東史』,
　　216쪽).

인식의 역사인식을 검출해 보기로 한다

첫째, 유인식은 고종과 순종을 제외한 모든 왕들에 대해 王贊을 붙였다. 王贊은 이전 부분에는 없던 사론이다. 이는 그가 참고한 문헌의 구성과도 관련이 있을 것이나, 그가 조선시대를 평가를 중심으로 서술하였음을 알려주는 것이다. 대부분의 王贊은 襃貶이 동시에 진행되었다. 왕찬 중 몇 사례를 보면 세종은 王道政治를 실현하여 비단 東方의 賢主일 뿐 아니라, 중국의 역대 왕 가운데에서도 그에 비견할 왕이 없다고 칭송하였다.[170] 단종은 '仁明之主'라 하며 죽음을 애도하였고,[171] 세조는 '英明之主'이나 왕위를 濫竊하고 '廢死舊君'한 사실을 비판하였으며,[172] 성종은 '太平守文之主'로서 功業이 세종에 버금가나 人倫의 變에 處한 사실을 비판하였다.[173] 그러나 연산군과 광해군은 '主'로 격하하여 서술하였다. 이후 南宮檍과 崔南善의 통사에서도 이들을 '主'로 격하하여 서술한 바 있으나, 이는 정통론의 관점에 입각한 서술용어라 하겠다.[174] 또한 선조는 붕당의 폐해가 있었고, 島夷를 막아내지 못한 사실을 비판하였으며, 이때부터 國是가 傾倒되었다고 평가하였다.[175] 따

---

169) 유인식의 사론은 宋秉璿이 저술한 『東鑑綱目』과 좋은 대비를 이룬다. 『東鑑綱目』에 대하여는 김경수, 2000, 「湖西山林 宋秉璿의 東鑑綱目」 『제43회 전국 역사학대회 발표 요지문』 참조.

170) 『大東史』, 223쪽. 한편 세종을 '東方堯舜之主'라고 극찬하기도 하였다(『大東史』, 460).

171) 『大東史』, 228~229쪽.

172) 『大東史』, 230쪽. 이같은 사론은 김택영이 『韓史綮』에서 直筆을 명분으로 세조를 '簒弑盜位'하였다고 한 것을 비판(「金史記誤」 『東山文稿』, 123~124쪽)했던 견해와는 다른 것이다.

173) 『大東史』, 236쪽. 그는 성종을 '不世出之賢主'로 평가하기도 하였다(『大東史』, 460쪽).

174) 朴杰淳, 『韓國近代史學史研究』, 282쪽.

175) 『大東史』, 297쪽.

라서 王贊은 王道政治의 시행 등 유교적 가치관을 기준으로 비교적 객관적으로 평가한 것이라 할 수 있다.

둘째, 유인식이 사론에서 가장 강조한 것은 당쟁의 폐해였다. 전술한 바와 같이 유인식이 「太息錄」에서 망국의 원인으로 가장 신랄하게 비판한 부분은 '黨論之禍'이다. 그는 "黨論을 빼고나면 國事, 身名, 喜怒, 毁譽, 義理, 是非 등이 없다"고 비판하였다.[176] 그는 선조와 인조이래 패망의 원인이 맹아하였고(萌), 숙종과 경종 때에 무성하였으며(茂), 정조와 순조 때에 이삭이 영글어(穗), 고종 이후 드디어 결실을 맺은 것이라고 파악하였다.[177] 즉, 그는 國亡의 시기를 고종 때로부터 보는 견해를 반박하며, 이미 조선 중엽에 맹아한 당쟁으로부터 보았던 것이다.

그런데 그는 黨論書인 野史雜乘은 편견에 의한 것이므로 정론이 없고 믿을 수 없다고 하며 公心直筆할 것을 천명하였다.[178] 그는 崔永慶의 기사에 붙인 己丑獄 관련 사론에서 이를 牛溪의 사주에 의한 것이라고 한 野史雜乘의 기록을 반박하며 정당화하였다.[179] 또한 西人이 일시의 권력 장악을 빙자하여 '半國'의 여론을 억압한 것을 비판하면서도 이에 반대하였던 남인의 주장도 동시에 비판하였다.[180] 한편 南人인 윤휴와 허견의 이른바 '騙姦禁松事'를 탄핵한 南九萬의 처사가 정당하다고 해석하고, 護黨에 급급하여 남구만을 구하지 않은 廷臣을 비판하였다.[181] 아울러 소론이 노론을 역모로 몰아 정권을 장악하였던 辛壬士禍의 역사를 읽으면

---

176)「太息錄」『東山文稿』, 92쪽.
177)「太息錄」『東山文稿』, 89쪽.
178)『大東史』, 371쪽. '公心直筆'은 이미 「凡例」에서도 강조한 바 있다.
179)『大東史』, 274~275쪽.
180)『大東史』, 339쪽.
181)『大東史』, 361쪽.

'噴飯叫號'하게 된다고 말하였다.[182] 즉, 그는 당론과 당쟁을 派黨에 편중되지 않고 객관적으로 서술하고자 하였던 것이다. 대부분의 한말과 일제하 민족주의 사가들도 黨派亡國論을 전개하였으나,[183] 그들은 단지 이를 망국의 원인으로 지적하는데 그쳤다. 그러나 유인식은 유림으로서 망국에 대한 책임을 통감하고 자성하며, 革舊維新을 통해 실천적인 국권회복의 방법론을 모색하였던 점에서 커다란 차이가 있다고 하겠다.

셋째, 당쟁의 폐해와 함께 外戚과 勳臣의 폐해를 망국의 주요 원인으로 지적하였다('動戚世臣之禍').[184] 그는 태종의 처남인 閔無咎의 죄상이 명확치 않다고 의심하면서도, 이를 외척의 시초로 이해하고 고종 때 민씨의 발호와 연계 해석하였다.[185] 또한 인조에 대한 사론에서는 인조의 실책이 훈신을 등용하였기 때문이며, 勳臣의 전횡이 亡國과 연결되는 것이라고 주장하였다.[186] 특히 정조의 외종조부로 외척의 위세를 부리다가 세손의 즉위를 반대했던 洪麟漢의 復官 기사에 이은 사론에서는 賜死 逆臣인 그를 복관한 것은 是非가 전도된 것이고 忠逆의 구분이 없어지고 倫常이 끝난 것이라고 개탄하였다.[187] 고종 때의 민씨의 폐해에 대하여는 더욱

---

182) 『大東史』, 422쪽.
183) 물론 安廓과 같이 당파와 당쟁을 근대 民主共和政 실현을 위한 정치진화사의 한 단계라고 긍정적으로 해석한 사가도 있다(朴杰淳, 『韓國近代史學史研究』, 261~263쪽).
184) 유인식은 태조부터 성종 때까지는 정치·법률·학술·풍속이 眞實하여 백성이 편안하고 국가가 흥성하였는데, 선조이래 숙종과 영조에 이르러 動戚이 발호하고 黨爭이 격화되어 實이 虛로 변하고 眞이 僞로 변하여 광무와 융희 년간에는 慘極할 정도였다고 평가하였다(「太息錄」 『東山文稿』, 107~108쪽).
185) 『大東史』, 216쪽.
186) 『大東史』, 328~329쪽. 그는 정조 원년의 史論에서도 이같은 주장을 하였다.

신랄하게 비판하였다. 그는 아무리 어리석은 백성이라도 민씨들이
망국의 주범이라는 사실을 다 알며, 민씨 중에서 閔泳煥만이 충직
한 인물이었다고 하였다.[188]

넷째, 人物 史論이 있는데, 대개 유학자에 대한 평가이거나 당쟁
과 관련된 것이다. 즉, 그는 후학들이 본받을 사람은 이황 뿐이라
고 하였고, 이이의 평가를 빌어 이황을 조광조와 대비하며 '深究義
理'함을 칭송하였다.[189] 이는 유인식의 처지에서 본다면 당연한 평
가일 것이다. 한편 李浚慶의 卒에 이은 사론에서는 그가 임종하며
朋黨이 있을 것임을 예견하며 이를 타파해야 한다는 遺箚를 올린
것을 설명하였다.[190] 이이에 대한 사론에서는 그가 외적의 침입에
대비하였고 경제에 밝았음을 칭송하며, 그의 죄를 상소한 三臣의
책임을 따졌다.[191] 한편 李珥와 成渾의 文廟 배향에 관한 사론에
서는 兩賢에 대한 陞黜이 당파의 정치적 세력 여하에 따라 좌우됨
을 지적하고 이를 '士林의 羞辱'이라고 개탄하였다.[192]

인물 사론 가운데에서 가장 주목되는 것은 宋時烈에 관한 부분
이다. 유인식은 이 사론에서 송시열을 의례적으로 평가하면서도
'半國'은 그를 존경하고, '半國'은 그를 배척한다고 하였다. 이어
그는 사람을 평가하는 방법은 문장과 학식이 아니라 먼저 '心術'을
보아야 한다고 주장하며, 송시열의 '心術不正'함을 5가지 사례를
들어 구체적으로 비판하였다.[193] 뿐만 아니라 北伐論은 전혀 근거

---

187) 『大東史』, 429쪽.
188) 『大東史』, 454~455쪽.
189) 『大東史』, 264쪽.
190) 『大東史』, 264쪽.
191) 『大東史』, 270~272쪽.
192) 『大東史』, 374쪽.
193) 『大東史』, 371쪽. 유인식이 지적한 송시열의 '心術之不正' 사실 5가지
를 간단히 정리하면 첫째, 李景奭과 가까이 지내다가 그를 오해하여

가 없는 것으로서, 효종이 瀋陽에 인질로 갔을 때 그들 國力의 威武를 보고 겁을 먹어 감히 항전할 마음을 갖지 못하였으나 단지 치욕을 씻기 위해 名義와 文章으로만 주장한 것이라고 하였다. 또한 儒臣들도 효종에 영합하기 위해 實心과는 달리 북벌론을 주장하였기 때문에 상하가 기만한 것에 불과하다고 보았다.194) 매우 날카롭고 비판적인 견해이다. 송시열에 대한 비판적인 견해는 많이 있었으나, 파당에 치우치지 않은 비판으로서는 유인식의 평가가 가장 구체적이고 신랄한 것으로 여겨진다. 이같은 사론은 朋黨論에 입각한 역사인식의 극복이라는 점에서 평가할 수 있는 부분이다.

다섯째, 외적에 대비하지 못함을 지적하였다('疎武備'). 그는 김성일에 대한 사론에서 그가 일본에 통신부사로 갔다가 귀국하여 賊情을 잘못 보고하여 임진왜란을 초래한 사실을 따졌다.195) 또한 임진왜란의 사론에서 우리나라가 천부의 地利를 가지고 있음에도 적절한 武備를 하지 못하고 붕당에만 몰두한 사실을 지적하였다.196) 특히 정묘호란 관련 사론에서 맹자가 말한 自治를 거론하며 우리도 땅이 넓지 않은 것이 아니고 병사가 부족한 것도 아니어서 능히 진력하여 自治하면 부강한 나라를 만들 수 있었고, 외적의 침략도 받지 않았을 것이라고 안타까워하였다.197) 또한 당시 主和論

임금에게 疎斥한 일, 둘째, 윤휴와 윤선거를 무고하여 시비를 일으킨 일, 셋째, 戚里를 배척한다고 하였으나 儒者로서 戚里와 결탁하여 外戚의 禍를 초래한 일, 넷째, 이미 완료된 太祖의 加諡事를 주청하여 尊周大義를 거역한 일, 다섯째, 효종은 특별한 功業이 없고 단지 조선왕의 한사람에 불과한데 지나친 미사여구로 마치 그를 宋孝宗처럼 서술하고 자신을 朱子로 자처한 일 등이다.

194)『大東史』, 370~371쪽.
195)『大東史』, 276쪽.
196)『大東史』, 292~293쪽.
197) 여기에서 말한 自治란 自主國으로서 主權을 지니고 스스로 통치하는 것을 말하는 듯하다. 이는 고종이 외국에만 의뢰하고 自治를 생각하

者들을 비판하며 血誠으로 나라를 위해 투쟁한 인물은 오직 崔鳴吉 한사람뿐이었다고 칭송하였다.[198] 유인식이 본서를 망국의 현실을 극복하기 위한 목적으로 저술한 만큼 이 부분에 대한 비판도 매우 통렬하다.

여섯째, 明나라에 대한 의리를 강조하였다. 그는 임진왜란 때 명의 구원이 아니면 三韓 민족이 모두 멸족하였을 것이라며 명나라에 감사의 뜻을 표하였다.[199] 그러나 1667년(현종 8) 탐라에 표류해 온 漢人 백여명을 燕京으로 縛送한 사실에 대한 사론에서 明에 百世不忘의 은혜를 입었음에도 불구하고 明이 멸망하였다고 하여 北伐論과 春秋尊攘을 주장하던 우리들이 이토록 잔인한 일을 한 것은 천년을 두고 욕을 먹을 짓이라고 비판하였다.[200]

「朝鮮紀」에서 또한 주목하여야 할 것은 근대사에 관한 서술이다. 유인식은 대원군과 민비에 대해 매우 부정적으로 기술하였다. 그는 崔益鉉에 대한 비판에서 고종과 대원군과의 관계를 堯와 皐陶와의 관계에 빗대어 설명하며, 최익현이 고종의 면전에서 왕의 과실을 直諫하지 못하고 대원군의 죄상을 論斥함으로서, 舅婦와 父子 사이를 이간한 것이라고 해석하였다. 이로써 고종이 대원군의 喪을 당하고도 臨喪하지 않게 만든 無倫을 범하게 하였다고 하여 최익현의 논척을 '大不敬'한 것이라고 비판하였다. 유인식은 대원군의 과실을 인정하면서도 민씨의 '殃民蠹國 亂常蔑倫'한 죄는 대원군의 열배도 넘는다고 하였다. 따라서 그는 최익현의 대원군 논척을 대원군에 감정을 지니고 있던 老黨의 사주를 받아서 한 것이라며, 그를 '戚家의 鷹犬'에 불과한 인물로 악평하였다. 결국 그

지 않았다고 비판한 데에서 그 의미를 알 수 있다(『大東史』, 461쪽).
198) 『大東史』, 329쪽.
199) 『大東史』, 292쪽.
200) 『大東史』, 350~351쪽.

는 최익현이 만년에 立節함이 뛰어났으나, 죄를 면할 수 없을 것이라고 하였다.[201] 이 또한 당시 면암에 대한 일반적 평가와는 크게 다른 것이라 할 수 있다.

그러나 이같은 대원군에 대한 평가는 민비를 중심한 민씨 일가와 대비의 결과일 뿐이다. 즉, 그의 대원군에 대한 평가도 매우 비판적이었다. 그는 대원군에 대한 사론에서 그가 혁명가의 자질이 있어 維新을 빨리 하였다면 富强의 業을 이루고 세계의 維新 大家들과 겨룰 수 있었으나, 攘夷斥和論을 크게 제창하여 鎖國을 고집하였기 때문에 '一世의 人傑이나 亡國의 元功'이라고 폄하하였다.[202] 개화사상을 지녔던 유인식의 사안에서 볼 때 당연한 평가였을 것이다. 고종 또한 대원군에 壓勒 당하고 민비에 欺蔽되어 결국 망국을 초래한 용렬한 군주로 서술하였다.[203]

유인식이 동학농민운동을 보는 시각은 대개의 유림들이 그러하였듯이 부정적이었다. 이는 '聚徒作亂', '魁首', '匪魁', '匪徒', '賊徒', '賊兵'와 같은 서술용어에서도 확연히 드러난다. 그러나 이같은 관변적 시각과는 달리 동학군이 봉기한 원인으로 탐관오리의 탐학으로 백성이 도탄에 빠진 현실과 閔族의 蠹國病民의 죄상을 지적하였다.[204] 물론 이 사실이 동학군 봉기의 정당성을 부여한 것은 아니다. 그러나 동학봉기에 대해 비판 일색이었던 당시의 사서와는 구별되는 것이다. 이같은 유인식의 사유는 홍주 관내의 동학농민군을 진압하였던 李偰과 金福漢이 후에 의병으로 봉기하였던

---

201) 『大東史』, 435쪽.
202) 『大東史』, 450~451쪽.
203) 『大東史』, 451쪽. 그는 고종이 민씨 일족을 배척하는 조치를 내린 것을 서술하면서도, 이는 자신의 의지가 아니라 대원군과 민씨 일족의 알력으로 인한 것으로 註記하였다(『大東史』, 449쪽).
204) 『大東史』, 443~447쪽.

사실과 상통하는 것이다.205)

그러나 그는 이때부터 일본의 침략이 본격화한 것으로 파악하였다. 즉, 일본이 조선 출병을 이용하여 내정에 간섭하고 淸을 배제하려 하였다고 본 것이다.206) 또한 일본이 러일전쟁을 발발하며 이 전쟁이 한국의 독립을 보호하려는 것이라고 거짓말을 하였다고 지적하였다.207) 그의 날카롭고 정확한 역사인식을 보여주는 것이다.

한편 斷髮令에 대한 서술은 매우 주목된다. 그는 고종의 단발 사실과 兪吉濬의 단발 榜諭를 상세히 설명하였다. 또한 李道宰와 金炳始의 단발 반대 상소를 고종이 윤허하지 않은 사실도 기술하였다.208) 그러나 당시 단발에 대한 민중의 반발이 컸고 의병 봉기의 한 요인이 되었으나, 이러한 내용은 전혀 기술하지 않았다. 이는 그 자신이 단발을 결행하고 계몽운동을 전개하였던 사실과 관련이 있을 것이다.

그는 일본의 침략과정과 국권회복운동을 비교적 간략하지만 빠짐없이 기술하고자 하였다. 대부분의 경우는 특별한 사론없이 사실의 기술로만 그쳤으나, 각종 침략 조약문을 반드시 주기함으로서 일제 침략의 실상을 구체적으로 서술하려 하였다. 그러나 유인식은 乙巳五條約의 勒結과정은 매우 상세하게 기술하였다. 그는 조약 늑결의 부당성을 지적하고 이에 대한 항의 상소와 의병 봉기, 자결 순국 등 민중의 저항을 기술하였다.209) 경술국치를 간단히 서

---

205) 金祥起, 1994,「復菴 李偰의 抗日民族運動에 대한 고찰」『于江權兌遠敎授定年紀念論叢』, 世宗文化社 ; 1995,「金福漢의 學統과 思想」『韓國史硏究』88 참조.

206)『大東史』, 444쪽.

207)『大東史』, 453쪽. 그는 이를 '聲言'이라고 표현하였다.

208)『大東史』, 449쪽.

209)『大東史』, 454~455쪽. 특히 유인식은 러일전쟁의 결과 많은 일본인이 살상당하고 民財를 낭비한 것에 대한 일본내의 비판적 여론이 격앙되

술[210]한 것과 대비해 보면 유인식은 乙巳五條約을 사실상의 망국
으로 본 것으로 이해된다.[211]

한편 유인식은 일제의 침략에 저항한 국권회복운동에 대하여도
빠짐없이 기술하고자 하였다. 그는 명성황후가 시해 당하자 復讐
保形을 위해 각지에서 의병이 봉기하였다고 하며 민종식·최익현
·허위·이남규·기삼연·민긍호 등 의병장의 활동과 피살, 일제
의 강제에 의해 해산 당한 군인들이 의병으로 참전한 사실 등을 서
술하였다.[212] 그런데 여기에서 의병의 주체를 '紳士'라고 표현하고
있어 주목된다. 아울러 그는 계몽운동의 주체도 '紳士'라고 표현하
였다.[213] 비록 의병 참여계층에 대한 이해의 한계는 있으나, 국권
회복의 주체를 유림적 시각에서 해석한 것이라 할 수 있다.

유인식은 계몽운동에 대해서도 긍정적으로 해석하였다. 그는 독
립협회의 대정부 비판 기능을 긍정적으로 기술하였고, 고종이 보
부상을 동원하여 해산시킴으로서 '自由言論'은 끝나고 말았다고
비판하였다.[214] 아울러 고종의 양위를 반대하는 대한자강회 등의
집회와 활동을 소개하였고, 계몽운동가들이 신문을 통해 정부를
견제하였으나, 탄압 당함으로서 사기가 沮喪되었다고 하였다. 특

자, 伊藤博文이 조선 전부를 식민지화하여 배상할 것이고 20일 이내
에 반드시 계약을 맺어 돌아오겠다고 약속한 연설 내용을 註記하였
다. 이는 일본이 러일전쟁을 한국 침략의 전제로 도발한 것이고, 한국
침략이 각본대로 진행된 것으로 파악한 것이다.
210) 말미의 '歷年圖曰' 부분에서 庚戌國恥의 비통함을 표현하였지만, 간
단히 기술하는데 그쳤다.
211) 「朝鮮與日本關係」에서 그는 일제의 침략을 乙巳五條約(一轉) - 丁未
七條約(二轉) - 庚戌國恥(三轉)의 3단계로 구분하여 파악하였다.
212) 『大東史』, 449~458.
213) 『大東史』, 456~457쪽. 그는 大韓自强會·同友會 등 계몽운동 단체의
회원과 언론활동을 한 자들도 '紳士'라고 표현하였다.
214) 『大東史』, 450~451쪽.

히 경향 각지에 학교가 설립되고 학풍이 성하여 革舊維新의 목소
리가 국내에 가득하고, 출판사에서 수백 종의 교과서를 역술하자,
정부가 學則을 반포하여 革命思想을 기술한 교과서를 압수하는
등 탄압한 것을 비판하였다.215)

그는 일련의 일제 침략에 맞선 의열투쟁에 대해서도 빠뜨리지
않고 기술하였다. 즉, 乙巳五條約 직후 민영환과 조병세의 순국,
나인영・오기호의 을사오적 처단, 헤이그 밀사의 활동, 박승환의
순국, 전명운・장인환 의거, 안중근 의거 등을 기술하였다.216) 또
한 大倧敎에 대해서도 단군 이래의 神敎가 나인영과 오기호 등에
의해 國祖를 闡明하고 人心을 維繫하기 위해 설립된 것이라고 하
였다. 특히 신채호・이종호・안창호・이동휘・이갑 등이 망국이
가까워지고 어찌할 도리가 없자 망명하여 나라가 텅 빈 지경에 이
르렀다고 서술하였다.217) 이는 그의 대종교 가입과, 문중 차원의
만주 망명 사실과 연계하여 해석할 대목이다.

유인식은 의병과 계몽운동을 先驗한 인물이다. 또한 본서의 집
필기간은 그가 혁신적인 계몽운동에 진력했던 시기이다. 따라서
그가 을미의병에 참가한 이래, 특히 1903년 계몽운동으로 轉回한
이후의 근대사 기술은 자신의 경험을 바탕으로 격랑의 한 가운데
에 서서 실증적이고 생동적으로 정리한 일제침략사요 민족운동사
라 할 수 있을 것이다.

---

215) 『大東史』, 456~457쪽.
216) 『大東史』, 454~458쪽. 그는 헤이그 특사를 설명하며 李儁의 割腹自
決을 주장하였다. 또한 안중근 의거를 상술하며 7억이나 되는 露와 淸
에 무적자였던 伊藤博文이 '大韓의 一寒士'에 처단되었다는 것과, 그
가 저술하였다는 東洋平和論을 구해 보지 못해 안타깝다는 사실을 註
記하였다.
217) 『大東史』, 459쪽.

제5절 맺음말

柳寅植은 혁신 유림으로서 乙未義兵 참여를 시작으로 사거하기 직전까지 격정적으로 민족운동을 전개한 인물이다. 그는 1903년경 申采浩와의 만남을 통해 開化思想에 開眼하였고 『飮氷室文集』 등 신서적을 통해 思想 轉回의 이론을 정립해 나갔으며, 러일전쟁을 겪으며 계몽운동의 구체적 지표를 설정하고 실천하여 나갔다.

당시의 세계정세를 '弱肉强食 優勝劣敗의 大變局'으로 파악한 그는, '隨時變易'의 논리에 따라 維新을 혁신적으로 추구하여 협동학교의 설립 등 교육구국운동을 전개하였다. 그러나 망국 사태를 당하여 만주로 망명했던 그는 곧 귀국하여 다시 계몽운동에 진력하였다.

이같은 그의 현실인식과 민족운동의 주도는 치열한 역사인식에 기인한 것이다. 따라서 그는 적지 않은 저술을 남겼다. 그러나 그는 계몽운동으로 전회하기 이전에 저술한 문장을 '無實한 空言'이라며 스스로 불태울 만큼 저술에서도 계몽운동에 단호한 실천적 의지를 보였다.

유인식의 유저로 현전하는 것은 『大東史』 11권과 『大東詩史』 2권 및 『東山文稿』 2권 등 모두 15권이다. 그런데 『大東史』를 제외한 나머지 저술들도 그의 역사인식을 반영하고 있어 사학사적 검토를 요한다. 『大東詩史』는 詩史一體論에 의해 독특한 편제로 정리된 것으로, 역사 저술의 변형된 형태였다. 한편 『東山文稿』에 수록된 「上金拓菴先生」은 비감한 自己辨白이기도 하지만, 그의 현실인식과 개혁의지가 통렬한 어조로 잘 표현되어 있다. 또한 「太

息錄」은 망국의 원인을 정부와 유림의 부패로 인식하고 개혁의 대상과 과제를 제시한 논설이다. 특히 「金史記誤」는 그의 역사 저술에서 많은 영향을 끼쳤던 金澤榮을 신랄하게 비판하고 있어 주목되며, 「朝鮮與日本關係」는 그의 일본에 대한 비판적 인식을 잘 보여준다.

『大東史』는 그의 역사인식을 대표하는 사서이다. 본서는 그가 만주에서 귀국한 1912년경부터 저술에 착수하여 1917년경 일단 초고를 마쳤으나, 1920년경까지도 계속 수정 보완이 진행된 것이다. 본서의 저술 목적은 반만년의 고유문명을 지닌 역사가 奴隷史家들에 의해 말살된 현실을 개탄하고, 젊은이들에게 祖國精神을 심어주고 國粹를 발휘하게 하기 위함이었다.

『大東史』는 단군이래 경술국치까지의 통사를 편년체의 순한문으로 정리한 사서이다. 본서를 편년체 방식의 순한문으로 저술한 것은 근대사학의 방식과 부합되지 않으며 그의 유림적 체질을 반영하는 것이기도 하지만, 그가 개혁의 대상과 독자층을 유림으로 설정하였다는 점에서 이해될 수 있을 것이다.

본서는 3권 11책으로 구성되었다. 卷首에는 「大東沿革地總圖」·「大東沿革國次圖」·「大東族總圖」·「大東歷代一覽圖」 등 4개의 圖와, 「凡例」 17條, 「引用書目」이 제시되어 있고 본문은 「檀氏朝鮮紀」-「南北朝紀」-「高麗紀」-「朝鮮紀」 순으로 정리하였으며, 말미에 歷代王室系譜가 부록으로 첨부되어 있다. 卷首의 圖는 申采浩의 大朝鮮主義와, 大倧敎 역사인식의 특징인 汎東北亞細亞中心 史觀과 일맥 상통한다. 또한 「凡例」 17조는 비록 계통론, 기년 기사의 표기 방식, 칭원법 등에 있어서 전근대적 역사인식을 완전히 탈피하였다고 볼 수는 없으나, 근대사학으로서의 면모가 보인다.

『大東史』를 중심으로 유인식 사학의 특징을 정리하면 다음과 같다.

첫째, 種族과 領土 중심의 역사서술을 하였다는 점이다. 그는 단군을 국조로 하고 배달족을 종족으로 하는 단일 민족사를 체계화하였다. 그는 領土와 國次, 族統을 강조하였다. 그가 추구한 것은 정치조직과 단위 중심의 국가사가 아니라 종족 중심의 국가사였던 것이다.

둘째, 檀君에 대해 적극적 해석을 하고 있는 점이다. 한말의 사가들이 단군의 서술에 소극적이거나 부정적인 자세를 보인 반면, 그는 대종교 사서를 참고하여 단군 기원을 기년으로 삼는 등 적극적으로 해석하였다. 그러면서도 鹵莽荒誕하다는 비판을 염두에 두고, 평가를 후대에 유보하는 합리적 자세를 견지하였다.

셋째, 독특한 南北朝 史觀을 전개하고 있는 점이다. 그는 단군 이후 고려의 후삼국 통일까지를 남북조로 구분하였다. 이는 그의 족통을 중심한 계통론과 관련된 것이나, 실학자 이래의 남북조 개념은 물론 민족주의 사가들의 관점과도 크게 다른 것이다. 따라서 그는 신라의 삼국통일 보다 고려의 후삼국 통일에 민족사적 의미를 부여하였던 것이다.

넷째, 발해에 대해 적극적 해석을 하고 있는 점이다. 이 또한 族統論을 중시한 그의 관점에서는 당연한 일이다. 그는 先儒들이 발해를 외국으로 간주한 것을 개탄하며, 특히 발해와 신라 사이에 사신이 왕래하였음을 규명함으로서 발해가 우리 민족사임을 입증하였다.

다섯째, 기존 사서를 參用하되 자신의 주관적 사론을 논리적으로 전개하고 있는 점이다. 이는 본서 전반에서 두드러진 현상인데, 특히 「高麗紀」는 거의 金澤榮의 저술을 모방하였으나, 양자간에는 분명한 역사인식의 차이가 보인다. 특히 편년체의 한계를 극복하고, 인과관계의 규명을 위해 부분적이나마 기사본말식 서술을 한 점은 평가될 수 있을 것이다.

여섯째, 조선시대를 망국의 원인 규명 차원에서 논의하고 있다는 점이다. 그는 한말 사가들이 고려 멸망의 필연성을 도출하고 조선 건국의 당위성을 부여하려 했던 자세와는 달리 객관적 서술 태도를 보이고 있다. 그는 망국의 현실에서 냉철한 자기반성 위에서 국권회복의 방법론을 강구하고자 하였다. 따라서 조선을 굳이 긍정적으로 서술할 필요는 없었던 것이다. 이는 史論에서 명확해진다. 그는 왕도정치를 기준으로 王贊을 하였고, 당쟁에 대해서는 朋黨論을 극복하고 公心直筆로서 그 폐해를 구체적으로 지적하였고, 또한 외척과 훈신의 폐해도 비판하며 이를 망국의 원인으로 이해하였다. 한편 인물의 평가는 공정성에 유의하였으며, 외적에 대비하지 못하였음을 지적하였고, 명나라에 대한 의리를 강조하였다.

일곱째, 근대사에 대한 기술이 돋보인다는 점이다. 그는 일제의 침략과 이에 대항한 민족운동에 대하여 간략하지만 빠짐없이 기술하였다. 그는 일제의 침략을 乙巳五條約(一轉)·丁未七條約(二轉)·庚戌國恥(三轉)로 이어지는 단계로 이해하였고, 비록 유림적 시각을 벗어나지는 못하였으나 의병과 계몽운동, 의열투쟁에 대해 그 자신의 경험을 토대로 실증적이고 생동적으로 서술하였다.

마지막으로, 통사의 체계로 저술되었다는 점이다. 한말 사학을 대표하는 金澤榮은 물론, 당대의 민족주의 사가인 申采浩와 朴殷植이 통사를 저술하지 못하였고, 대종교의 역사인식을 주도한 金敎獻도 경술국치까지의 통사를 저술하지는 못하였다. 그런 점에서 『大東史』가 지니는 한국근대사학사에서의 선구적 위치를 자리매김할 수 있을 것이다.

그러나 그의 역사인식에서 한계로 지적될 부분도 있다. 그것은 역사인식의 전근대성을 탈피하지 못하였다는 점이다. 곧 체재나 형식은 물론, 「凡例」의 서술원칙에 보이는 봉건적 잔영, 孔敎와 儒學만을 최고의 가치로 인식하였던 경직성, 『三國史記』 편년의 준용, 중국 기년의 재등장, 正統論을 부정하였지만 용어의 엄격한 구별 사용, 춘추의례의 도덕적 명분론, 시기구분의 문제 등은 전근대적 역사인식으로 지적될 수 있을 것이다. 특히 任那日本府를 역사적 사실로 서술함으로서 무비판적으로 식민사학의 굴레에 빠진 한말 사학의 오류를 그대로 답습한 것은 큰 결점이라 지적하지 않을 수 없다. 이같은 전근대성과 오류는 근대사학을 지향하는 과정에서 나타나는 역사인식의 과도기적 양상으로 이해된다.

그러나 『大東史』는 著史의 조건이 열악하였던 국내에서 경술국치까지 서술한 통사로서 1910년대의 사학을 대표하는 사서라 할 수 있다. 또한 한말의 주류를 이루었던 교과서류의 저술을 지양하고 본격적인 사서로 저술되었다는 점에서 사학사에서 발전적 양상으로 이해할 수 있을 것이다. 유인식의 역사인식의 요체는 祖國精神과 國粹論이었다. 따라서 그의 사학은 觀念論 사학의 범주를 탈피하지는 못하였으나 그는 민족운동과 역사저술을 병행하였다는 점에서 知行合一의 표상으로 평가할 수 있을 것이다.

제3장

李源台의 生涯와 歷史認識

제1절 머리말

李源台(1899~1964)는 안동의 혁신유림 계열로서 1910년대 중반 대종교에 가입하였고, 평생을 대종교도로 일관한 인물이다. 일제하에서 그는 일시 만주로 망명하여 김동삼, 김교헌 등과 교유하였고, 대종교의 민족주의적 역사인식에 바탕한『倍達族疆域形勢圖』등을 저술하였다. 광복 후에는 대종교의 총본사와 도본사 및 지사의 주요 직임을 맡는 등 교단의 중심적 인물로 활동하였고, 향리에서 도산대학 설립운동과 육일관 건립 등 계몽운동의 선동을 세심 실천하고자 하였다.

그러나 이원태에 관하여는 대종교사나 사학사, 또는 지방사의 연구 논저에서 그의 이름이나 서명 정도가 언급되는데 불과하여 연구사는 전무한 실정이다. 그나마도 대종교 계통의 특정 자료에 의존할 수밖에 없어 정확하지 못한 경우가 많다. 이는 그의 생애와 활동 및 저술에 대한 연구가 이루어지지 못한 때문일 것이다. 반면 구체적인 검토도 없이 그의 저술의 성격을 단정짓는 오류는 반성해야 할 것이다. 필자도 사학사에 관한 연구를 진행하며 그의『倍達族疆域形勢圖』를 일별한 적은 있으나, 본격적으로 검토해 보지는 못했다. 그러면서도『倍達族疆域形勢圖』는 대종교주 김교헌의 영향하에 저술된 것이기 때문에 그 아류 정도일 것으로 추론해 왔다.

이원태가 알려지지 못한 결정적인 이유는 자료의 결핍이다. 그러나 이번에 필자는『倍達族疆域形勢圖』의 원본과 또 하나의 彩色疆域形勢圖, 그의 遺文을 모은『圓臺遺藁』와 書簡 등의 자료를 입수하고, 후손을 만나 증언을 들을 수 있었다. 이 자료를 검토하고 증언을 정리하며, 이원태는 연구의 가치가 있는 인물이라고 판단하였다.

이에 본고는 이번에 새로 발굴한 자료를 중심으로 이원태에 관한 검토를 목적으로 정리한 것이다. 본고에서는 먼저 이원태의 가계와 생애를 정리하고, 저술의 분석을 통해 그의 역사인식을 검출하고자 한다. 이로써 안동지방 혁신유림의 추이와, 대종교의 역사인식, 나아가 1920년대 한국사학사에 대한 이해를 심화하는 계기가 되기를 기대해 본다. 그러나 본고는 미비한 부분이 적지 않다. 따라서 본고는 이원태를 학계에 소개함으로서 향후 심도있는 연구가 후속되기를 기망하는 것으로 만족하고자 한다.

제2절 家系와 生涯

1. 家 系

李源台는 1899년 11월 22일(음) 慶北 安東郡 陶山面 土溪里의 退溪 宗宅 東第에서 李忠鎬와 義城金氏 사이에서 7남중 三子로

태어났다. 그의 이름은 源台, 字는 斗若, 號는 圓臺(貝坮, ◎坮)이며 본관은 眞城이다.[1]

그는 시조로부터 21세손이고, 퇴계 이황의 14세손이다. 그의 시조는 碩으로 고려말에 縣吏로서 生員試에 급제하였고, 후에 아들로 인해 奉翊大夫 密直使에 추증되었다. 2세는 子脩인데, 明書業에 급제하였고 紅巾賊 토벌의 공로로 松安君에 봉해졌다. 7세는 東方 儒宗인 李滉이다. 그의 5대조는 志淳인데, 正祖의 特任으로 永柔縣令에 임명되었고, 高祖는 古溪 彙寧으로 동부승지를 지냈으며, 東宮에 入侍할 정도로 학문이 뛰어났고 의리를 행하여 사림에 명망이 있었다고 한다. 曾祖는 芝下 晩憙로 성균관 진사였으며, 祖父는 中慶으로 思陵參奉을 지냈다.[2]

그의 부친은 霞汀 忠鎬로 章陵參奉을 지냈고, 조상의 제사를 잘 받들고 종족을 널리 번창케 하여 종문에서 시조의 가장 훌륭한 후손이라는 의미에서 '太祖賢孫'으로 불리워졌다고 한다.[3] 이충호는 1909년 12월 도산서원 내에 寶文義塾을 설립하였다.[4] 寶文義塾은 도산서원의 소유 전답과 종중 자산가의 기부금을 기본자산으로 이충호·이중태·이중한 등 진보이씨들이 건립한 것으로,[5] 한말 경북지방의 대표적인 가족학교·서원학교라 할 수 있다.[6]

이충호는 1912년경 총독의 밀명을 받아 퇴계 종가를 정탐하고 종손을 설득하기 위해 종택에 온 田中德太郎과 달포를 함께 기거

---

1) 그는 대종교의 「會三經」과 「三法會通」의 ○(圓)·□(方)·△(角)을 참작하고 한자의 형태를 조합한 ◎畓를 自號로 사용하기도 하였다.
2) 『圓臺遺藁』卷二의 「行狀」.
3) 『圓臺遺藁』卷二의 「行錄」.
4) 『皇城新聞』, 1910년 1월 12일자.
5) 김희곤, 1999, 『안동의 독립운동사』, 안동시, 128~129쪽.
6) 權大雄, 1994, 「韓末 慶北地方의 私立學校와 그 性格」 『國史館論叢』 제58집, 30~39쪽.

하였다. 이때 田中은 그에게 2만냥을 건네며 설득하려 하였으나,
그는 田中을 호통쳐 돌려보냈다고 한다. 그러나 결국 종택이 소실
되고 말자, 그는 1926~1929년 옛 규모대로 종택을 재건하였다.[7]
그가 종손은 아니나, 종문에서 '太祖賢鬱'으로 평가되는 이유가 여
기에 있는 것이다.

그의 모친은 義城金氏로 開巖 宇宏의 후손이고 진사 悳永의 딸
인데, 착한 성덕과 곧은 행실로 규문에 모범이 되었다. 繼妃는 順
天金氏로 東籬 允安의 후손이고 士人 復淵의 딸이다.[8]

李源台의 世系圖를 정리하면 다음과 같다.[9]

碩(1세) - 子脩(2세) - 云侯(3세) - 楨(4세) - 繼陽(5세) - 塤(6세)
- 滉(7세) - 寯(8세) - 安道(9세) - 崇(10세) - 命哲(11세) - 杲
(12세) - 守謙(13세) - 世德(14세) - 龜應(15세) - 志淳(16세) - 彙
寧(17세) - 晚憙(18세) - 中慶(19세) - 忠鎬(20세) - 源台(21세) -
東俊・東保・東信・東昇(22세)[10]

---

7) 李源台의 二男 李東保(1924년생) 및 孫 李鍵煥의 證言.
8) 『圓臺遺蕖』 卷二의 「行狀」과 「行錄」.
9) 『圓臺遺蕖』 卷二의 「世系之圖」.
10) 李源台는 4남 1녀를 두었는데, 장남 東俊(1915년생)은 시멘트와 제철,
중공업 회사 등을 경영하여 사업가로서 대성하여 全經聯 이사를 역임
하였다. 특히 그는 1970년 12월 20일 退溪學研究院을 설립하고 이후
國際退溪學會를 조직하였으며 1989년 1월 1일 사거할 때까지 이사장
직을 맡아 전 사재를 출연하여 퇴계학 연구의 초석을 다진 인물로 평
가되고 있다(社團法人 退溪學研究院, 2003, 『社團法人 退溪學研究院
設立25周年紀念-初代 理事長 春谷 李東俊先生追慕集-』 참조). 二男
東保(1924년생)는 형과 함께 사업을 하였으며 『倍達族疆域形勢圖』의
주해에 참여하였고, 四男 東昇(1930년생)은 서울대 독문학과 교수를 지
냈다.

2. 生 涯

李源台는 어린 시절 향리에서 한학에 정진하였다. 어려서부터 그는 모습이 단정하고 성품이 강직하였으며, 아이들과 어울려 노는 것을 좋아하지 않고 항상 부형과 어른들의 옆에서 효도와 우애를 배우고 실천하였다고 한다.[11]

그는 처음에 천자문을 배웠는데, 음과 뜻을 쉽게 이해하였다고 한다. 그는 큰형과 둘째 형을 따라 橘園翁 族兄 善求의 집에서 史書를 배워 통하였고, 또한 陽田翁 從叔父 祥鎬의 문하에서 小學을 읽는 등 친족에게 師事하였고, 이후 부모의 명령으로 淸凉精舍에 들어가 독서하였다. 이때 그는 연말이 되어서야 집에 돌아왔는데, 그가 지은 글은 사람들의 의표를 찔러 많은 이들이 경탄하였다고 한다.[12]

그러나 그가 7, 8세경이던 1906~1907년간 인근에서 의병이 봉기하고, 일제에 의해 종가와 그의 집이 소실 당하는 등 재앙을 당하였다. 이때 그는 어머니를 모시고 형제들과 함께 良坪 叔祖의 집으로 피난하였다가, 다시 沙禽丙舍로 옮겼다. 그러나 난리를 당하여 집안이 무리 지어 동행하는 것보다는 분산하여 이동하는 것이 낫다고 판단하여, 그의 가족은 친족과 헤어져 바닷가에 있는 외삼촌 댁으로 피난하였다.[13]

이러한 난리의 와중에서도 그는 학문을 게을리 하지 않았다. 세상이 어느 정도 잠잠해지자 그의 가족은 衡湖의 花川院에 모여 살

---

11) 『圓臺遺藁』 卷二의 「行錄」.
12) 『圓臺遺藁』 卷二의 「行狀」과 「行錄」.
13) 『圓臺遺藁』 卷二의 「行狀」과 「行錄」.

게 되었다. 그러던 1911년 가문의 논의로 宗第를 龍溪에 사서 太祖
(始祖)의 제사를 받들었고, 1912년에는 溪門錄을 간행하였으며,
1913년에는 波譜를 만드는 등 종문이 多事하여 빈객들의 왕래가
잦아 소란하므로 그는 제대로 학문에 전념하지 못하게 되었다. 이
에 그는 조용한 良坪田舍로 옮겨 학문에 전념하였고, 여름에는 枕
泉亭으로 옮겨 공부하였다. 이 때 동학 7~8명과 글을 지어 族祖
和聖의 집에 가서 평가를 받았는데 매번 그가 優批를 받았다고 한
다.14)

그는 14세인 1912년 4년 연상의 晋州鄭氏와 혼인하였다. 그녀는
退溪及門인 愚伏 經世의 후손이고 진사 佐默의 딸이다.15) 그런데
당시 그의 집이 너무 빈한하여 신부에게 혼수를 해줄 형편이 되지
못하였다. 이에 혼수는 물을 들인 한지로 대체하였고, 사주단자에
物目 명세만 적어 넣어갔다고 한다. 그러자 장인은 이 물목을 보증
수표라고 하며 기뻐하였다고 한다.16)

15세이던 1914년 그는 모친상을 당하였다. 이때 그는 몹시 슬퍼
하며 喪禮를 다하였다고 한다. 복상을 마치자 그와 나이가 비슷한
繼妃가 들어왔는데, 그는 생모와 같이 섬기기를 다하였다. 곧 그는
본가의 옆집으로 분가를 하였으나, 그는 형제들과 함께 조석으로
문안하는 등 부모에 대해 효를 다하였다.17)

그런데 당시 그는 宗債를 해결해야 하는 과제로 늘 고민하였다.
이에 그는 종문에서 백석지기 논을 저당 잡혀 마련해 준 돈을 지니
고 상경하였다.18) 상투를 틀고 상경한 그는 일가인 李源赫과 장래

---

14) 『圓臺遺藁』 卷二의 「行狀」과 「行錄」.
15) 『圓臺遺藁』 卷二의 「行狀」과 「行錄」.
16) 李東保, 李鍵煥의 證言.
17) 『圓臺遺藁』 卷二의 「行狀」과 「行錄」.
18) 李源台의 상경 시기에 대해 李東保는 1914년이라고 하였다. 그런데

를 협의하였다. 이때 그는 이원혁으로부터 新舊 학문을 겸수하기
위하여 서점을 경영해 보라는 조언을 듣고 서점을 개업하였다. 그
는 단발을 하고 서점을 경영하는 한편 중앙중학에도 입학하였
다.19) 또한 당시 그는 당대의 명필로서 명성을 떨치던 海岡 金圭鎭
이 운영하던 海岡書道研究室에 출입하며 글씨를 익혔다.20)

그러나 그의 상경생활은 오래가지 못하였다. 즉, 이듬해에 종문
에서 그의 단발에 분개하여 宗會를 개최하고 그를 당장 귀향시키
도록 결정한 것이었다. 종회의 결정에 따라 그의 從祖父인 李中學
이 상경하여 그를 안동으로 압송하였다. 종문에서는 그에게 솔잎
으로 만든 상투를 씌우고 門中罪人으로서 사당 앞에 무릎 꿇고 사
죄하게 하였다.21)

이는 안동지방 유림의 보수와 혁신의 양면을 보여주는 것으로
여겨진다. 그가 단발을 하고 중앙중학에 입학하고 서점을 경영한
것은 개화유림의 일면을 보여주는 것이나, 그를 강제 귀향시키고
종문죄인으로 몰아간 것은 보수적 일면을 보여주는 것으로 이해된
다. 이는 보수와 혁신적 가치관의 충돌로서, 보문의숙을 건립하였
던 그의 부친과 종문과의 의식도 일치하지는 않았을 것으로 짐작
된다.

1914년은 그가 모친상을 당한 때로서, 그의 「行錄」과 「行狀」에서 3년
간 服喪하였다는 사실과 맞지 않는다. 이 시기 문제는 좀 더 검토를 요
한다.
19) 李東保, 李鍵煥 證言.
20)『圓臺遺藁』卷二의 「行狀」과 「行錄」. 金圭鎭(1868~1933)은 淸에 유학
하여 書畵의 名蹟을 연구하였고, 글씨가 뛰어나고 山水畵와 花鳥畵,
특히 蘭竹은 절묘한 것으로 이름나 있다. 그는 英親王에게 書法을 가
르쳤으며, 최초로 사진술을 도입하여 御前 사진사가 되었다. 저서로
『海岡蘭竹譜』 등이 있다.
21) 李東保, 李鍵煥 證言.

이 사건은 그에게 큰 충격으로 작용하여 정신이상 증세로까지 발전하였다고 한다. 이에 그는 淸凉精舍 근처에 있는 金生窟로 들어가 1년간 숙식하며 서예에 몰두하였다. 그가 16~17세경의 일이다. 이때 그는 한수레 분량이나 되는 화지에 글씨를 앞뒤로 빽빽하게 썼다고 한다. 1년여에 걸친 서예에의 몰입으로 그의 정신이상 증세는 치유되고, 1916년에 귀가하였다고 한다.22)

그는 17세인 1916년 渡滿하였다.23) 그런데 그의 도만 배경과 시기, 도만 후의 활동 등에 대하여는 자료가 소략하여 잘 알 수 없다.24) 그의 도만은 안동 유림의 척족관계가 작용한 것으로 보이며, 특히 金東三과 사전 연락이 있었던 것으로 보인다.25) 안동지방 개화유림의 형성과 도만 경위 등에 대하여는 상세한 선행 연구업적26)이 있기 때문에 본고에서는 생략하기로 한다. 다만, 안동지방의 개화유림의 형성과 도만의 배경은 동산 유인식, 일송 김동삼, 석주 이상룡이 주도하였으며, 여기에는 유림 전통의 척족 인맥과 친소관계가 큰 영향을 끼치고 작용하였다는 사실을 상기할 필요가 있다.27) 따라서 이원태의 친족으로서 김동삼의 동지였던 도산면

---

22) 李東保, 李鍵煥 證言.
23) 「行錄」에는 渡滿 시기에 대해 언급이 없고, 「行狀」에는 3·1운동 직후라고 되어 있다. 그런데 李東保는 그가 17세이던 1916년에 도만하였다고 증언하였다.
24) 「行錄」과 「行狀」에는 "그가 寧古塔 밖에서 겉으로는 營農을 빙자하였고, 속으로는 光復의 뜻을 가졌다"고 하였다.
25) 李東保, 李鍵煥의 證言.
26) 趙東杰, 1989, 「安東儒林의 渡滿經緯와 獨立運動上의 性向」『韓國民族主義의 成立과 獨立運動史研究』, 지식산업사 ; 김희곤, 『안동의 독립운동사』 참조.
27) 이들의 망명과 관련한 상황은 李相龍의 『西徙錄』, 張之榮(錫英)의 『遼左紀行』, 李恩淑의 『獨立運動家 아내의 手記』(『西間島始終記』) 및 일제측 기록을 통해 알 수 있다. 특히 金大洛의 『白下日記』는 1911년부터 1913년까지의 유일한 망명일기로, 신민회 계획에 의해 柳河縣 三源

下溪洞 출신의 李源一이나, 도산면 宜村洞 출신의 李祁鎬, 李源博
의 渡滿과의 관련성도 추구하여야 할 과제이다.

　도만한 이원태는 김동삼의 집을 왕래하였고, 김교헌과도 만나
그와 함께 기숙하기도 하였다. 그는 김동삼의 휘하에서 재정 지원
을 하였고, 제2대 大倧敎主(都司敎)로 취임한 김교헌을 從事한 것
으로 알려졌다. 이때 그는 대종교에 심취하였고, 김교헌의 대종교
적 역사인식에 크게 감화를 받았다.28) 당시 그가 新興武官學校의
敎材編修委員을 맡아 『倍達族疆域形勢圖』를 저술하였다는 기록
도 보인다.29) 이에 대하여는 후술하기로 한다.

　그러나 그는 1918년에 귀국하였다. 이는 그의 건강을 염려한 부
모의 소환에 따른 것이었다.30) 귀국 이후 그는 도산면 토계동의 퇴
계가 서적을 보관하고 학문에 정진하던 寒栖庵에서 김교헌과 연락
을 주고받으며 版圖를 중심한 민족사의 연구를 계속하였고,31) 서
예로 소일하였다. 그 밖의 활동에 대하여는 자료의 부족으로 확인
할 수 없다. 광복 이후에는 대종교의 활동에 진력하였다.

　광복을 맞이한 대종교단은 敎諭 25號(1946. 2. 28)로 舊千代寺(중
구 저동 2가 7번지)를 총본사로 정한다고 공포하고 환국하였다.32)

　　浦로의 망명과 독립군기지 개척 등 정착과정을 매일 기록함으로서 亡
　　命史 연구에 귀중한 자료로 평가되고 있다(趙東杰, 2000,「白河 金大洛
　　의 亡命日記(1911~1913)」『安東史學』第5輯).

28)『圓臺遺藁』卷二의「行狀」과「行錄」.

29) 姜天奉, 1972,「倍達族疆域形勢圖 譯刊에 부침」『倍達族疆域形勢圖』,
　　서울대학교 출판부 ;『圓臺遺藁』卷一의「圓臺遺藁序」, 卷二의「行錄」
　　과「行狀」및 李東保의 證言 등.

30)『圓臺遺藁』卷二,「行錄」.

31) 1923년 8월 12일 金敎獻이 李源台에게 보낸 書簡을 확인하였다. 서간
　　의 내용은 안부와 함께 강역형세도의 작성 방법을 묻는 이원태의 질의
　　에 대한 김교헌의 회신이다.

32) 朴永錫, 1984,「民族光復 후의 大倧敎運動」『日帝下 獨立運動史研究』,

교유 공포 직전인 2월 23일 대종교는 제7회 총본사 확대 직원회의
를 열고 직원 개선을 하였는데, 이때 이원태의 敎秩은 知敎로서 經
閣 奉宣에 임명되었다.[33] 그는 곧 바로 6월 8일 總本司의 贊講으
로 임명되며 尙敎로 陞秩되었고, 1950년 1월 8일에는 典講에 임명
되었다. 이원태는 대종교의 주요 직임에 두루 임명되었다. 즉, 道本
司 및 南四道本司의 巡敎員(1946. 7. 7 및 1955. 5. 18, 2회)과 宣講
(1949. 2. 9~1949. 9. 27), 道院 倧理硏究室의 贊修(1949. 9. 19), 倧
史編輯部의 主幹(1957. 8. 15~1958. 9. 3), 元老院의 參議(1960. 2.
29) 등을 역임하였다.[34]

  그가 주간을 맡은 종사편집부는 1954년 7월 3일 교무회의의 결
의를 거쳐 大一閣 직속기관으로 설치된 것으로서, 교령 제15호로
공포되었다. 그런데 이원태가 주간을 맡았던 시기는 팔십 고령으
로 병중에 있던 윤세복이 충남 부여군 豆磨面 夫南里(鷄龍山 新都
內)에 거주하며 직접 주간을 맡아 1958년 10월 19일 총전교에 재임
하기까지 敎史資料集인 『倧史取材稿』 全15編 50여만자의 거편을
완성한 시기와 중복된다. 따라서 윤세복의 『倧史取材稿』 정리 작
업에는 이원태도 참여하였을 것으로 짐작된다.[35]

  이밖에도 이원태는 대종교의 중요한 위치에 있었다. 병중에 있

---

33) 大倧敎總本司, 1971, 『大倧敎重光六十年史』, 576~577쪽. 經閣은 후에
   大一閣으로 개칭되었고, 奉宣은 大一閣員으로 개칭되었는데, 李源台
   는 다시 大一閣員(1950. 5. 5~1952. 8. 25)으로 선출되었다. 이하 이원태
   의 대종교 직임에 관한 내용은 부록 2의 「大倧敎職員任免錄」 참조.
34) 『大倧敎重光六十年史』의 「大倧敎職員任免錄」. 그가 元老院 參議에 임
   명되었을 때의 敎秩은 正敎였다.
35) 『大倧敎重光六十年史』, 727~732쪽. 倧史編輯部의 역대 주간은 張道斌,
   李時說, 朴昌和, 鄭弼善, 李源台, 李洙學, 柳一佑, 權重陽, 申泰允, 金正
   祥, 李容兌, 鄭元澤 등이었다.

던 윤세복이 光熙洞에 소재한 이원태의 집에서 정양하고 있던
1946년 8월 24일부터 2개월간 그의 집에서 교내 중견 청년들을 중
심으로 倧學院을 조직하고 매일 야간에 윤세복이 강사로서 教理
講修會를 개최하였다.[36] 또한 1949년 1월 15일, 중광절을 기해 宗
師와 壬午教變 殉教十賢의 天殿左右에 宗師 影堂과 十賢 龕室을
세워 眞影과 位牌를 봉안하고 享祀할 때, 그는 影堂奉安 贊禮로
임명되었다.[37] 또한 동년 정월 重興會가 조직될 때 그는 鄭寬, 趙
琬九 등과 발기인으로 참여하였고, 參與와 中央執行委員으로 피
선되었다.[38]

1950년 4월 29일에 개최된 제7회 教議會는 환국 후 최초의 회의
이자, 대종교 중광사상 획기적 회의로 평가되는 것이다. 이때 그는
趙琬九·鄭寬·金承學·李顯翼·張世煥·鄭元澤 등과 7人 教
議會召集籌備委員과 실행위원으로 피선되어 모든 준비 업무를 전
담하였으며, 4월 29일 개최된 제1일차 회의에 상정된 전문 151조의
規範改正案을 심의할 때 그는 弘範規制改定審議會員으로 피선되
었다.[39] 제7회 교의회에서 개헌이 이루어지고, 5월 3일 經閣이 폐
지되고 大一閣이 성립됨에 따라 그는 5월 5일 教諭 제1호로 大一
閣員(首席)으로 피임되는 등 중요한 위치에 있었다.[40]

---

36) 『大倧教重光六十年史』, 609~610쪽.
37) 『大倧教重光六十年史』, 594~595쪽.
38) 『大倧教重光六十年史』, 616~624쪽.
39) 『大倧教重光六十年史』, 640~645쪽.
40) 당시 大一閣의 구성은 다음과 같다(『大倧教重光六十年史』, 684쪽).

總典教	司教	尹世復
南一道典教	司教	鄭 寬
南二道典教	司教	趙琬九
南三道典教	司教	趙琬九(兼)
南四道典教	司教	尹世復(兼)
閣員(首席)	尙教	李源台

한편 그는 1960년 2월 13일 尹世復이 朝天하였을 때에 葬儀委員會(위원장 金 準) 위원이 되고 輓章을 써서 그를 추도하였다.[41] 이같은 그의 광복 이후 대종교 활동을 볼 때, 그를 1960년대 초반에 대종교의 생존한 대표적 인물로 평가한 것은 과도한 것은 아닐 것이다.[42]

대종교 활동과 함께 그는 광복 직후부터 도산서원 내에 이른바 陶山大學의 설립을 추진하였다. 이는 그의 부친 忠鎬가 한말에 陶山書院을 중심으로 寶文義塾을 설립했던 정신을 현대적으로 계승한 것이라 할 수 있다. 도산대학의 설립과 관련된 내용은 그가 1947년에 작성한 「陶山大學創立趣旨問答」이 참고가 된다.[43]

이원태는 이 問答을 통해 도산대학의 설립 방법과 주안 정신, 과목, 유림의 의무, 예산조달, 참여 유림의 범위 등에 대해 설명하였다. 그는 3년여의 '窮思極慮'의 결과 도산대학을 설립하기로 결심하고, 먼저 郡內 각 儒所에 簡通을 띄우고 유생을 파견하여 이 사실을 알리고 동의를 구하고자 하였다. 그는 郡內가 합의되면 道內와 각 省의 관계 儒所에 동의를 구하고 최종적으로는 各省總會合席에서 건립 여부를 결정하고자 하였다. 그 까닭은 도산서원을 學校化함으로서 제기되는 기존 가치의 變易에 대한 유림들의 우려

閣員(經理)　　尙敎　　李在英
閣員(庶務)　　尙敎　　鄭吉龍
閣員(文書)　　尙敎　　金一洙
閣員(涉外)　　知敎　　李鍾模

41) 『大倧敎重光六十年史』, 755쪽. 그가 지은 輓章의 내용은 다음과 같다.
　　"檀崖總典敎　八十乃朝天　天下無窮恨　丁寧訴帝前　終知有此日　何以爲來年　喘蹙魂猶耿　臨風涕泗漣".
42) 李顯翼, 1962, 『大倧敎人과 獨立運動 淵源』, 16쪽.
43) 「陶山大學創立趣旨問答」은 이원태가 1947년 8월 7일 한지(150×18.5㎝)에 친필로 작성한 것인데, 9개항의 문답 형식으로 작성되어 있다.

때문이었다.

이 문답은 그에 앞서 유림들에게 설명하기 위한 자료로서 작성한 것으로 보인다. 그가 구상한 도산대학은 유교의 도덕을 주안으로 하고, 과목은 四子六經과 동서 고금의 종교·심리·철학으로 한정하였다. 예산은 건립이 결정되고 난 다음에 범위를 결정하되, 과욕을 부리지 않고 예산 규모에 따라 건립코자 하였다. 특히 주목되는 것은 유림사회에 대한 그의 견해이다. 즉, 그는 儒門의 末弊는 소극적이고 苟全만을 목표로 하기 때문에 유림들의 體系가 渙散하고 機能이 麻痺되어 死物化하고 있다고 신랄하게 비판하였다.[44] 이는 儒林을 革舊維新의 대상으로 상정하고 부친으로부터 의절 당하고 스승으로부터 파문을 당하면서도 격정적인 계몽운동을 펼쳤던 柳寅植 등 혁신유림들의 논리와 궤를 같이 하는 것이다.[45] 그는 도산대학 설립운동을 '動作不作動' 상태인 유림사회의 기능을 발동시켜 보자는 시운전이라고 하였고, 유림들이 잘못된 인습으로부터의 철저한 자기쇄신이 있어야만 장래가 있는 것이라고 단언하였다. 또한 유교의 도덕을 주안정신으로 하는 대학의 설립이 시대에 적부한가라는 우려에 대하여는 이미 동서양의 종교를 연구하는 대학이 있고, 특히 일제 식민지 교육에 의해 오도된 양심과 도덕을 회복하기 위해서는 당연히 필요한 것이라고 강조하였다. 다만 대학의 설립은 향교는 제외하고 서원이 주체가 되어 추진하여야 한다고 하였다.[46]

---

44) 「陶山大學創立趣旨問答」 참조.
45) 柳寅植의 계몽운동에 대하여는 趙東杰, 「安東儒林의 渡滿經緯와 獨立運動上의 性向」; 金喜坤, 1997, 「東山 柳寅植의 생애와 독립운동」『한국근현대사연구』제7집; 朴杰淳, 2000, 「東山 柳寅植의 歷史認識」『韓國史學史學報』2 참조.
46) 「陶山大學創立趣旨問答」 참조.

그러나 도산대학 설립운동은 성공하지 못하였다. 그 까닭은 유림 내부의 반발과 예산 문제 등에 기인한 것으로 보인다. 이에 그는 장자인 東俊에게 六一館의 건립을 지시하였다. 그는 1954년 안동 신안동 배나무골로 이사하여 이곳에다 육일관을 건립코자 하였다. 그러나 이곳이 지형적으로 유리하지 않자, 그의 회갑때인 1959년 東俊이 옥정동에 부지를 매입, 육일관을 건립하고 6천여권의 도서를 구해 두었다.[47] 육일관 건물과 장서는 그의 장례 직후 유명에 따라 안동시에 기증되어 도서관으로서 후학 양성에 크게 기여하였다.

六一館이란 이름은 이원태가 주장하는 이른바 六一理念에서 비롯된 것이다. 그는 六一의 원리를 慾惡을 깨쳐내는 마음은 自心이며, 上下 四方의 中心으로부터 如心을 바르게 뚫어서 한결같이 실천하는 것이라고 하였다.[48] 또한 "六이란 것은 六面이니 絜矩의 위와 아래의 네모이요, 一이란 것은 一貫이니 忠誠과 推恕일 뿐인 것이다"라고 설명하였다.[49] 그는 現世代의 淆亂된 情性과 脫線된 行動으로 현대사회가 붕괴될 위기에 직면하였다고 하며, 自肅自新하는 六一理念이야말로 인류평화에 이바지하는 첫걸음이 될 것이라고 강조하였다. 그리고 이를 실천하기 위하여 言語는 淳敬語를 사용하고 행동은 시간을 준수하며, 固有俗尙의 無善惡盲爆과 外來風潮의 無可否盲從을 금지사항으로 할 것 등의 강령을 제시하였다.[50]

---

47) 李源台는 東俊 등 아들에게 자신의 회갑연을 하지 못하게 하고 대신 六一館을 지어 줄 것을 요청하였고, 사업으로 성공한 東俊이 옥정동에 180여평의 부지를 매입하여 육일관을 건립하게 된 것이다(李鍵煥 證言).
48) 『圓臺遺藁』卷二, 「六一理念普及會趣旨書」.
49) 『圓臺遺藁』卷二, 「六一館記」.
50) 『圓臺遺藁』卷二, 「六一理念普及會趣旨書」.

六一館 건립은 도산대학 설립운동의 실패에도 불구하고 그의 변치 않는 교육에 대한 열정과 계몽주의적 인식을 잘 보여주는 사례라 하겠다. 이는 柳寅植이 진성이씨 두루파 종가인 松齋 愛蓮亭에 도서관을 만들어 청년들의 교육에 도움을 준 사례와 함께 안동지방의 문화적 전통으로 이해되어야 할 것이다.[51]

한편 그는 해방 공간에서 향리에 거주하며 反託運動 등에 참여하였던 것으로 보인다. 그는 陶山面 信託統治反對委員會의 부회장에 추대되었으나, 1946년 1월 8일 자신의 인격부족을 이유로 사임원을 제출하였다.[52] 기타 그의 활동에 관하여는 자료의 결핍으로 알 수 없다.

그는 노년에 천식으로 여러 해 고생하였고, 1964년 12월 10일 향년 66세로 서울 아들의 집에서 사거하였다.[53]

제3절 著述과 歷史認識

1. 著 述

이원태의 저술로는 『倍達族彊域形勢圖』와 이와 유사한 彊域形勢圖, 천도교 교리를 연구한 究極篇, 大倧敎理想, 大倧敎究竟說, 自生桐說 및 詩·書·賦·跋·銘·辭 등 그가 지은 글을 모은

---

51) 朴杰淳,「東山 柳寅植의 歷史認識」, 67쪽.
52) 그는「辭任願」에서 民族과 本會를 위한 자신의 충정을 강조하면서도 인격을 이유로 사임을 고집하였다.
53) 『圓臺遺藁』卷二의「行狀」과「行錄」.

『圓臺遺藁』 등이 전한다.54)

『倍達族疆域形勢圖』는 1923년 정월 20일, 倧經會에서 國漢文神
誥, 神理大全, 倧理問答, 神歌集 등과 함께 등사 간행된 것이다.55)
본서는 우리 민족의 역대 강역 형세를 44圖의 疆域 版圖로 分區하
고, 각 圖別로 '備考'를 두어 각종 사서에서 관련 부분을 고증하는
형태로 구성되었다. 우리 민족사를 大倧教의 汎東夷民族主義 역
사인식에 바탕하여 순수하게 강역 판도를 통해 설명한 특이한 형
태의 역사저술이라고 할 수 있다. 이원태라는 이름이 학계에 거론
되고 알려진 것은 본서의 민족주의적 역사인식 때문이다.

본서에 대해 본격적으로 분석한 연구는 아직 없다. 그러나 본서
는 申泰允의 『倍達朝鮮正史』(1928), 金洸의 『大東史綱』(1928)과
함께 1920년대에 대종교의 영향을 그대로 받으면서 아직 세련된
문헌고증의 방법을 구사하지 못한 저서로 평가되고 있다.56) 또한
본서는 김교헌 사학의 관점에서 논의되기도 한다. 즉, 본서는 김교
헌이 감수하여 민족사의 정통성을 단군조선으로부터 출발하고 있
음을 분명하게 지리적 환경과 함께 그림으로 남겨 한민족의 역사
와 문화의 유연성을 보다 견고하고 확실하게 뿌리사상으로 정립시
킨 것으로 평가된다.57) 또한 김교헌의 강역 문제에 관한 관심이 이
원태를 통해 표출되었다고 보는 관점도 있다.58)

---

54) 李源台의 저술은 후손에 의해 송암미술관에 기증되었는데, 정리되지
  않은 채 보관되고 있다. 필자가 자료를 열람할 수 있도록 편의를 제공
  하고, 증언을 해 준 李東保와 李鍵煥 선생께 감사드린다.
55) 大倧教總本司, 『大倧教重光六十年史』, 354쪽.
56) 韓永愚, 1994, 「民族主義史學의 成立과 發展」 『韓國民族主義歷史學』,
  一潮閣, 24쪽 ; 趙東杰, 1998, 「韓國史學의 발전과 方法論」 『現代韓國
  史學史』, 나남출판, 181쪽.
57) 李炫熙, 1989, 『臨政과 李東寧硏究』, 一潮閣, 177쪽.
58) 金正珉, 1990, 「金教獻 史學의 精神的 背景」 『國學研究』 第4輯, 國學研

그런데 본서와 관련하여 몇가지 검토하여야 할 사항이 있다. 즉, 본서는 이원태가 만주에서 김교헌을 종사하며 감수를 받아 등인본으로 친간하고,[59] 김교헌의 『神檀民史』와 함께 신흥무관학교의 역사교재로 채택 사용되며 항일의식 고취에 기여하였고,[60] 나아가 모든 재만 한국인 사관학교 독립군 양성소에서 교재로 채택하였다고까지 서술되어 있다.[61]

그런데 본서의 저술시기는 그의 재만 당시가 아니라, 그가 귀국하여 국내에서 저술한 후 김교헌에게 보냈고, 김교헌이 이를 감수하여 謄印하였을 가능성도 배제할 수 없다. 왜냐하면 그의 저술 가운데에는 『倍達族歷代疆域形勢圖』(11×21㎝)라는 필사의 자료가 또 하나 남아 있는데, 표지에 壬戌 臘月이라 되어 있다. 이 자료는 등인된 『倍達族疆域形勢圖』의 원고로 보이며, 현재 44圖 중 13圖와 2개의 '備考'(제5, 제7)만이 남아 있는데, 등인된 것과 내용은 대동소이하다.[62] 따라서 그가 渡滿하여 있던 시기가 1916~1918년간이 확실하다면, 이는 귀국 후 임술년(1922년)에 저술해 보냈고 이듬해에 등인된 것으로 보는 것이 타당할 것이다. 따라서 그가 만주에서 親刊 謄印하였다는 것은 사실과 다른 것이다.

본서는 1972년 서울대학교 출판부에서 영인 역간본이 출판되었다. 그런데 이 책은 1923년에 간행된 『倍達族疆域形勢圖』만 영인하여 번역한 것이 아니라, 이원태가 1952년에 저술한 究極篇을 편

究所, 16쪽.

59) 姜天奉, 「倍達族疆域形勢圖 譯刊에 부쳐」 참조.

60) 朴永錫, 「大倧敎의 民族意識과 民族獨立運動」 『日帝下 獨立運動史硏究』, 262쪽 ; 韓永愚, 「1910年代 李相龍・金敎獻의 民族主義 歷史敍述」 『韓國民族主義歷史學』, 97쪽.

61) 한국독립유공자협회 엮음, 1997, 『中國 東北지역 韓國獨立運動史』, 集文堂, 385쪽.

62) 이 자료도 송암미술관에 기증되었다.

입시키고 역주편에서는 원문에는 없는 「九族分布圖」가 補添되어 있다.

이원태가 김교헌 사학의 영향을 받았을 뿐만 아니라, 『倍達族疆域形勢圖』를 저술하며 그로부터 조언과 감수를 받았음은 확실하다. 등인본 『倍達族疆域形勢圖』의 표제에는 이원태가 짓고 김교헌이 감수하였다고 되어 있다(◎坮作 茂袁籤). 그리고 그의 유품 중에는 그가 손수 필사하여 소중하게 보관하던 『神檀民史藁本』이 있다. 또한 이원태와 김교헌과의 관계를 입증할 수 있는 결정적인 자료는 1923년 金敎獻이 李源台에게 보낸 書簡이다.[63] '員坮 知己鑒'으로 시작되는 서간은 이원태가 강역형세도를 저술하며 김교헌에게 그림과 표에 대한 초안, 서언, 경계선, 경위선 등의 문제에 대해 조언을 구하자, 김교헌이 이에 대해 회신하였음을 명확히 알려준다.[64]

그런데 본서가 신흥무관학교의 교재로 사용되었는지 여부도 확인되지는 않는다. 초기 신흥학교의 교과목으로 역사가 있었고, 玄采의 『幼年必讀』과 저자 불명인 『大韓歷史』라는 교재가 사용되었음이 확인된다.[65] 이원태가 저술한 『倍達族疆域形勢圖』가 교재로 사용되었다는 1923년경에는 李相龍이 저술한 『大東歷史』만이 확인될 뿐이다.[66] 또한 그가 담당하였다는 교재편수위원이란 직임도 신흥무관학교 직제에서 확인되지 않는다. 물론 김교헌의 개인적인 요청의 가능성 등을 배제할 수는 없으나, 그가 신흥무관학교 교재

---

63) 이 자료 또한 송암미술관에 기증되었는데, 난초로 되어 있어 한학을 전공한 학자들조차 읽기가 어렵다. 이 서간의 탈초와 번역은 독립기념관 전문위원 이충구 박사의 도움을 받았다.

64) 「金敎獻이 李源台에게 보낸 書簡(1923. 8. 12)」.

65) 朝鮮駐箚憲兵隊司令部, 「在外朝鮮人經營各學敎書堂一覽表(大正 5年 12月調)」 『現代史資料』 27, 160쪽.

66) 서중석, 2001, 『신흥무관학교와 망명자들』, 역사비평사, 214쪽.

편수위원을 역임한 사실과,『倍達族疆域形勢圖』가 실제 무관학교
의 교재로 사용되었는지에 대하여는 좀 더 검토를 요한다.

한편 이원태는『倍達族疆域形勢圖』와는 별개로 11圖로 구성된
강역형세도를 별도로 저술하였다. 이 강역형세도는 제명을 따로
붙이지는 않았으며, 한지(14.5×32㎝)에 만주와 한반도의 지도를
등사해 둔 뒤 동일 지도상에 각 도판별로 강역과 판도의 변화에 따
라 채색을 달리하여 구별하였다.[67)]

「彩色疆域形勢圖」의 정확한 저술시기는 알 수 없으나,『倍達族
疆域形勢圖』의 저술에 후속하여 진행된 것으로 짐작된다. 이 강역
형세도 역시 南北疆國 개념이라는 대종교의 민족주의적 역사인식
에 바탕하여 저술되었음은 물론이다. 그런데『倍達族疆域形勢圖』
가 종족의 消長을 중심으로 구성되었기 때문에 44圖나 되는 도면
이 필요했던 반면,「彩色疆域形勢圖」는 만주와 한반도에 生滅했
던 왕조의 변천에 따른 시기구분의 방식을 택하였기 때문에 11圖
만 가지고도 설명이 가능하였을 것이다.

이같은 강역형세도 외에 이원태는 비교적 많은 유문을 남겼다.
그러나 상당수의 유문은 散失되었고 그의 再從弟인 李家源과 아
들 東俊 등이 유문을 수습 정리하여 1975년『圓臺遺藁』2권 1책으
로 간행하였다.[68)]

『圓臺遺藁』는 목록 13쪽, 卷一 36쪽, 卷二 70쪽 등 모두 250쪽에
달한다. 卷一은 安朋彦의 序와 目錄에 이어 賦와 詩로 구성되었다.
그런데 賦는「願甦賦」1개에 불과하고 나머지는 모두 130여수의
詩로 구성되었다. 詩 가운데에는「輓尹世復」등 輓이 상당수를 차

---

67) 『倍達族疆域形勢圖』와 구별하기 위해 「彩色疆域形勢圖」라 칭하기로
    한다.
68) 『圓臺遺藁』, 李東俊의 「跋」.

지한다. 卷二는 書·雜著·記·跋·銘·辭·祝文·祭文·墓誌
銘·墓碣銘·時調·記·附錄(行狀·行錄·墓誌銘·墓碣·世
系圖·跋) 등으로 구성되었다.[69]

　본서의 「序」(安朋彦)·「行狀」(柳東銖)·「行錄」(從叔 李從鎬)·
「墓誌銘」(李會春)·「墓碣銘」[70] 등을 통해 그의 선대와 행적 등에
대해 알 수 있다. 詩는 자연을 노래하거나, 신년을 맞이하는 소감,
그리고 아들과 손녀 등 가족의 대소사를 맞이하거나, 「聞淑明女大
放送有感」을 비롯하여 정치인의 회담 소식을 듣거나 조선일보의
만물상을 보고 時事에 관해 작시하는 등 다양한 소재로 되어 있다.
書는 25개로 金芑園과 戚族, 사위 鄭元植, 아들 동준 등에 與答한
내용이 주를 이루고 있다. 특히 말미에 시조 17수가 있는데, 「歎世
四首」와 「諷政客」, 「警政黨」 등은 신랄한 세태풍자로 주목된다.

　이원태를 전인적으로 이해하기 위하여는 여타의 저술과 함께
『圓臺遺藁』를 면밀히 검토하여야 할 것이다. 그러나 본고에서는
그의 행적이나 역사인식에 관련된 한정적 부분의 이용에 그칠 수
밖에 없었음을 밝혀둔다.

2. 歷史認識

　전술한 바와 같이 이원태가 민족사에 대한 관심을 지니고, 이를
강역과 판도라는 독특한 방법으로 민족사를 지도로 구성한 것은

---

69) 『圓臺遺藁』는 이미 간행된 『倍達族疆域形勢圖』는 제외한다고 하였으
　　나(李東俊, 「跋」), 필자가 확인한 「彩色疆域形勢圖」를 비롯하여 金敎獻
　　書簡 등 많은 자료들이 누락되어 있다.
70) 「墓碣銘」은 李家源이 李源台의 遺稿를 정리하던 중 李源台가 自銘해
　　놓은 것을 발견하고 뒷부분을 추가 서술한 것이다.

만주에서 김교헌을 종사한 것이 계기가 되었던 것이다.

한국사학사에서 만주를 회고와 복고라는 개념으로 주목한 것은 1910년대부터이며, 만주사 연구의 개척은 1910년대 사학의 중요 성과로 평가되고 있다.[71] 만주사에 대한 인식은 시대와 상황의 변화에 따라 부침이 있었다. 그러나 1910년대이래 만주가 독립운동의 기지가 되고, 특히 대종교 총본사가 이전되어 교세가 확장되고 민족주의 역사인식에 바탕한 사서가 저술되며 만주는 불변의 민족의 영토로서, 주변 제 민족은 동족으로서 인식되었다. 따라서 그들에게는 경술국치만이 통탄스런 일이 아니라, 淸朝의 멸망도 '倍達民族의 國名君號가 南北疆에 皆絶한 檀君 이후 初有의 大變'으로 받아들여진 것이다.[72]

윤세복·박은식·이상룡·김교헌·유인식 등 만주로 망명하여 활동한 인사들은 자신들이 추구하던 독립쟁취의 실천적 과제로서 만주사를 포괄하는 민족사에 관심을 지니게 되었고, 이러한 인식 하에서 역사저술을 하였던 것이다. 그들은 만주를 민족의 고대사를 규명하는 근본으로 삼았을 뿐만 아니라, 당시 자신들이 망명하여 활동하던 현재적 위치에서 자기 존재를 확인하는 대상으로 여겼을 것이다.

대종교는 중광 당시에 「檀君教佈明書」를 통하여 단군이 천명을 받고 강림하여 '無極한 造化로 至道를 誕敷하고 大塊를 統治하였다'고 하며, '聖子神孫이 繼繼繩繩하여 人族이 益蕃하며 治化가 愈治'하여 단군대황조의 治化가 동북아 전역으로 퍼져나갔다고 하였다.[73] 또한 대종교 경전인 『神事記』의 「治化紀」에서 '九族分布

---

71) 韓永愚, 「1910年代 李相龍·金教獻의 民族主義 歷史敍述」, 122쪽.
72) 金教獻, 1923, 『倍達族歷史』, 말미의 「韓淸의 歷年」.
73) 『大倧教重光六十年史』, 80~91쪽.

圖'를 제시하였다.74) 이는 민족사의 영토와 종족 개념을 설정한 것으로서, 이후 대종교도 역사서술의 지침이 되었다.

따라서 대종교도로서 역사서술을 할 경우, 이 범주를 벗어날 수 없었을 것임은 자명한 사실이다. 이같은 神敎史觀으로서의 대종교의 사관을 가장 잘 정리한 인물은 김교헌이었다.75) 그러나 박은식, 이상룡, 유인식 등의 대종교 신교사관에 입각한 민족사의 저술도 주목하여야 한다.

朴殷植은 서간도로 망명한 직후인 1911년 대종교에 가입하고 불과 8개월동안 『大東古代史論』·『東明聖王實記』·『明臨答夫傳』·『泉蓋蘇文傳』·『渤海太祖建國誌』·『夢拜金太祖』·『檀祖事攷』 등 7종의 고대사에 관한 저술을 하였다.76) 당시 박은식은 윤세복의 집에서 기거하였고, 그의 저술은 모두 尹世復이 교열자로 되어 있다. 따라서 박은식의 고대사 인식론이 대종교적 성향을 지니는 것은 자연스런 일이다. 이에 따라 그는 단군을 開國의 首君으로 내세우고, 배달족 단군 혈통을 大東民族이라고 개념을 설정하며, 만주와 한반도를 모두 민족사의 무대로 외연하는 大東史觀·滿韓史觀을 정립하게 된 것이다.77)

李相龍의 경우도 마찬가지이다. 그는 망명 직전부터 국사의 연구에 관심을 지녔고, 망명 이후 「西徙錄」·「封箕子于朝鮮」·「遼東平壤」·「朝鮮平壤確有箕子墓又有井田」·「尊華攘夷辨」 등의 단편적인 사론을 남겼다. 그가 역사를 국가의 체통을 높이고 국민

---

74) 大倧敎總本司, 1996, 『大倧經典總覽』, 76~77쪽.

75) 金東煥, 2001, 「大倧敎 抗日運動의 精神的 背景」 『國學硏究』 第6輯, 國學硏究所, 162~163쪽.

76) 尹炳奭, 2002, 「解題」 『白巖朴殷植全集』 제4권, 동방미디어, 9~30쪽.

77) 박걸순, 2003, 「박은식의 고대사 인식론」 『한국사회사상사연구』, 나남출판, 223~240쪽.

의 정신을 기르는 것이라 이해한 것은 망국의 현실 인식과 관련이 있을 것이다. 그는 종래 유학자들이 계통화하였던 민족사의 체계를 부정하고, 단군조선의 혈통이 3천년간 不絶하여 단군에서 발해로 이어지는 흐름을 국사의 정통으로 간주하였을 뿐만 아니라, 肅愼과 倭國까지도 檀君에 臣屬한 것이라 이해하였다. 이는 대종교적 인식체계와 유사함을 보이기도 하나, 중국과의 同族·同文관계를 강조하며 중국을 자신의 먼 조국이라고 인식한 것과는 구별되어야 할 것이다.[78]

柳寅植의 경우는 더욱 이원태와 유사성을 지닌다. 유인식은 1911년초 만주로 망명하였다가 이듬해 7월 귀국하여 곧 『大東史』의 저술에 착수하여 1920년경 완성하였다. 그는 대종교도로서 민족사를 祖國精神과 國粹를 발양하기 위한 수단으로 인식하였다. 따라서 『大東史』는 종족과 영토를 중심으로 서술하고 단군에 대한 적극적 해석을 하였으며, 특히 국가를 기준으로 삼지 않고 민족의 족통을 기준한 南北朝史觀에 의해 서술하였다는 점에서 대종교의 역사인식과 합치된다.[79]

이원태 또한 망명인사로서 대종교에 가입하고 일정하게 독립운동 대열에 참여하며 역사저술을 시도하였다는 점에서 상기의 인사들과 상통점을 찾을 수 있다. 그의 『倍達族疆域形勢圖』는 김교헌의 지도와 감수하에 정리된 것이다. 대종교사에 있어서 김교헌의 등장은 혁신유림의 이탈을 가져온 반면,[80] 그의 적극적 포교활동

---

78) 이같은 이상룡의 인식은 민족주의자라기보다는 재만 한인의 자치권 획득을 위한 외교적 言說이기 때문에 역사인식의 진실을 찾기는 어렵다는 지적이 있다(韓永愚, 「1910年代 李相龍·金敎獻의 民族主義 歷史敍述」, 94쪽).
79) 朴杰淳, 「東山 柳寅植의 歷史認識」, 92~94쪽.
80) 趙東杰, 「大韓光復會 硏究」 『韓國民族主義의 成立과 獨立運動史硏究』, 309쪽.

에 힘입어 교세가 확장되고 倧理 연구와 敎史 편찬 및 민족사의
저술이 활발해지는 계기가 되었다.[81]

김교헌 사학의 특징은 단군조선의 역사와 문화를 무리하게 毀造
하지 않고 檀君民族主義 세계관을 투영시켜 새로운 상고사 체계
를 수립하였고, 배달족이라는 단일민족을 설정하여 민족사를 통사
로 구성한 점 등을 들 수 있다. 그가 저술한『神檀民史』는 민족주
의 사관에 입각한 통사의 효시로 평가되고 있다.[82]

『倍達族疆域形勢圖』가 김교헌의 영향하에 작성된 것이기 때문
에 기본적으로 이원태의 역사인식은 김교헌을 系한다고 할 수 있
다. 이제『倍達族疆域形勢圖』와「彩色疆域形勢圖」의 분석을 통
해 이원태의 역사인식을 검출해 보기로 한다.

『倍達族疆域形勢圖』는 44圖로 구성된 바, 각 圖는 1쪽의 지도
와 1쪽의 備考로 구성되었다. 각 圖에는 圖名과 해당하는 年紀를
병기하였다. 그런데 여기에서의 年紀는 단군기년을 중심으로 하되,
중국과 한국의 왕년을 표기하고 간지까지 혼용하는 형태를 취하고
있다. 이는 김교헌이『神檀民史』에서 연기표기 방식으로 開天紀
年과 干支를 사용하였으나, 이러한 연기표기 방식이 불편하여 후
일에 고칠 것이라고 한 바 있다.[83] 따라서 본서의 연기표기 방식은
김교헌의 연기표기에 대한 의견이 반영된 것인지는 알 수 없으나,
단군 기년이 중심이 되고 있기 때문에 큰 변화라고는 할 수 없다.
특히 우리나라와 중국(만주)의 왕년을 표기하고 있는 것은 한반도
와 만주를 민족사의 범주로 설정하고, 국가사가 아닌 민족사의 개

---

81)『大倧敎重光六十年史』, 361~363쪽.

82) 韓永愚,「1910年代 李相龍·金敎獻의 民族主義 歷史敍述」, 105, 112쪽.

83)『神檀民史』의 凡例는 9개항으로 된 바, 이 중 김교헌은 제9항에서 연
대표기 방식의 폐단을 설명하며 후일 정리되는 대로 訂正하겠다고 밝
혔다.

념으로 정리된 것임을 알려준다.

이는 김교헌의 역사인식과 합치된다. 김교헌은『神檀民史』에서 '國代를 限치 않고 民族을 표준하여 단군 민족의 전체를 統擧'하여 서술한다고 밝혔고, 서명을『神檀民史』라 한 것도 그런 연유라고 설명하였다.[84] 즉, 국가의 변천이 아니라 민족의 消長을 역사서술의 기준으로 삼았다는 것이다.

『倍達族疆域形勢圖』44圖는 이처럼 민족의 강역 판도의 변천을 지도상으로 밝히고, 이를 備考의 사서 고증을 통해 입증하고자 한 것이다. 備考에서 특별한 사론을 전개하지는 않았으나, 수많은 사서를 인용하고 있으며, 異論을 덧붙여 소개(附異論)하는 등 철저한 고증적 태도가 돋보인다.[85] 그러나 서술방식이 근대사학의 체계에 부합하지 않고 전근대적 방식을 택하고 있음은 그가 유림적 체질로부터 벗어나지 못하였음을 보여준다 하겠다.『倍達族疆域形勢圖』44圖를 정리하면 다음과 같다.

第一 東夷九種分區圖(倍達朝鮮 建國 이전시대, B.C 2333년 이전)
第二 倍達朝鮮統治圖(檀君 建國 元年부터 後檀君 北遷 扶餘 시기의 1048년간, B.C 2333~B.C 1286)
第三 倍達‐扶餘統治圖(後檀君 乙未 北遷부터 箕子 東來 시기의 165년간, B.C 1286~B.C 1122)
第四 徐濊外地拓殖圖(商 小乙 甲寅부터 秦始皇 戊寅 시기의 1105년간, B.C 1325~B.C 223)
第五 北濊寒濊地界圖(濊가 檀君 때부터 徐로 옮기기까지 시기의 1000여년 간의 B.C 23세기경~B.C 13세기경간, 北濊가 扶餘에서 濊로 옮기던 甲子‐濊 임금 南閭가 漢나라에 항복하던 癸丑까

84)『神檀民史』, 凡例 第1項 참조.
85) 史論을 전개하지는 않았으나, 제18・19・21圖에서 '附異論'이라 하여 疆域考와 海東繹史를 인용하여 중국 사서의 오류를 지적하고 위치를 고증하였다.

지 1190년간의 B.C 1317~B.C 128년간, 濊濊가 徐로 옮기던 때 - 鮮卑 全盛期까지 1600여 년간의 B.C 13세기경~A.D 3세기경)

第六 東濊不耐國邑圖(東濊가 元濊로부터 徐로 옮긴 때부터 衛右渠 때까지 1100여년간의 B.C 1210년경~B.C 110년경간, 不耐濊가 高句麗 大武神王 庚寅부터 東川太王 丙寅까지 217년간의 A.D 30~A.D 246년간)

第七 北濊胡貊異區圖(檀君 때부터 鮮卑 때까지 2300년간의 B.C 23세기경~A.D 1세기경간)

第八 沃沮郡國區域圖(檀君 때부터 衛 右渠 때까지 2000년간의 B.C 23세기경~B.C 110년경간)

第九 肅愼郡國區域圖(檀君 元年부터 解慕漱 戊申까지 2261년간의 B.C 2333~B.C 73년간)

第十 韓辰郡國區域圖(檀君 元年부터 箕準 馬韓 元年 丁未까지 2140년간의 B.C 2333~B.C 194년간)

第十一 扶餘邑落四至圖(箕子 己卯 東來부터 解夫婁 壬戌 東遷까지 1064년 간의 B.C 1122~B.C 59년간)

第十二 箕氏朝鮮全盛圖(箕子 己卯부터 箕準 丁未까지 929년간의 B.C 1122~B.C 194년간)

第十三 衛氏朝鮮全盛圖(衛滿 丁未부터 右渠 癸酉까지 87년간의 B.C 194~B.C 108년간)

第十四 三韓鼎立雜居圖(馬韓:箕準 丁未부터 學 戊辰까지 202년간의 B.C 194~A.D 8년간, 辰韓:馬韓 2년 戊申부터 赫居世 元年 甲子까지 137년간의 B.C 193~B.C 57년간, 弁韓:馬韓 2년 戊申부터 金首露 元年 壬寅까지 235년간의 B.C 193~A.D 42년간)

第十五 鮮卑部落別立圖(衛 右渠 癸丑부터 高句麗 太祖 辛卯까지 219년간의 B.C 128~A.D 91년간)

第十六 四郡二府分合圖(四郡 設置 癸酉부터 二府 僑置 己亥까지 27년간의 B.C 108~B.C 82년간)

第十七 貊種四部東徙圖(二府 僑置 己亥부터 高句麗 琉璃 明宗 甲戌까지 96년간의 B.C 82~A.D 14년간)

第十八 東貊牛首建國圖(二府 僑置 己亥부터 高句麗 太祖 戊午까지 200년간의 B.C 82~A.D 118년간)

第十九 挹婁國邑移設圖(二府 僑置 後戊申부터 高句麗 西川太王 11년 庚子까지 353년간의 B.C 73~A.D 280년간)

第二十 東北沃沮分界圖(北:二府 僑置 己亥부터 高句麗 聖祖 甲午까

지 56년간의 B.C 82~B.C 27년간, 東:二府 僑置 己亥부터 高句麗
太祖 丙辰까지 138년간의 B.C 82~A.D 56년간)

第二十一 東扶餘分界地圖(解夫婁 壬戌 遷都부터 帶素 壬午 國絶까
지 81년간의 B.C 59~A.D 22년간)

第二十二 徐菀鷄林國邑圖(徐菀:赫居世 元年 甲子부터 脫解 9년 乙丑
까지 122년간의 B.C 57~A.D 65년간, 鷄林:脫解 乙丑부터 智證
4년 癸未까지 439년간의 A.D 65~A.D 503년간)

第二十三 卒本高句麗版圖(東明聖祖 元年 甲子부터 廣開土大王 元年
辛卯까지 428년간의 B.C 37~A.D 391년간)

第二十四 百濟南扶餘版圖(太祖 溫祚 元年 癸卯부터 義慈 庚申까지
678년간의 B.C 18~A.D 660년간)

第二十五 駕洛伽倻疆域圖(首露 元年 壬寅부터 末王 仇亥 壬子까지
491년간의 42~532년간)

第二十六 北扶餘分界地圖(東扶餘 帶素 壬午부터 高句麗 文咨明太王
甲戌까지 473년간의 22~494년간)

第二十七 鮮卑疆土大拓圖(檀 石槐 때부터 莫護跋 때까지 140년의
163~302년간)

第二十八 新羅拓境定界圖(智證 癸未부터 太宗 庚申까지 158년의
503~660년간)

第二十九 勿吉七部分界圖(高句麗 西川 庚子부터 嬰陽 辛亥까지 312
년간의 280~591년간)

第三十 高句麗全盛地圖(廣開土太王 辛卯부터 寶藏 戊辰까지 278년
간의 391~668년간)

第三十一 靺鞨部落分治圖(高句麗 嬰陽 辛亥부터 渤海 武宗 甲戌까
지 144년간의 591~734년간)

第三十二 新羅統一南疆圖(太宗 庚申부터 敬順 乙未까지 276년간의
660~935년간)

第三十三 契丹八部聯邦圖(高句麗 小獸林 때부터 契丹 太祖 元年까
지 540여년의 371~916년간)

第三十四 渤海全盛疆域圖(高祖 元年 己亥부터 哀宗 丙辰까지 228년
간의 699~926년간)

第三十五 泰封疆域新拓圖(新羅 眞聖女主 辛亥부터 新羅 景明主 2년
戊寅까지 28년간의 891~918년간)

第三十六 後百濟割據地圖(新羅 眞聖女主 壬子부터 高麗 太祖 19년
丙申까지 45년간의 892~936년간)

第三十七 遼代疆域四至圖(太祖 元年 丙子부터 天祚 乙巳까지 210년

간의 916~1125년간)

第三十八 生熟女眞分界圖(遼 太祖 元年 丙子부터 金 太祖 元年 乙未
까지 200년간의 916~1115년간)

第三十九 高麗疆域四至圖(太祖 元年 戊寅부터 恭讓 4년 壬申까지
475년간의 918~1392년간)

第四十 金代疆域四至圖(太祖 元年 乙未부터 哀宗 甲午 殉社까지 120
년간의 1115~1234년간)

第四十一 西遼疆域新拓圖(德宗 元年 乙巳부터 辛酉 國絶까지 77년
간의 1245~1321년간)

第四十二 朝鮮疆域四至圖(太祖 元年 壬申부터 隆熙 4년 庚戌까지
519년간의 1392~1910년간)

第四十三 滿洲四國分域圖(朝鮮 太宗 6년 丙戌부터 淸 太祖 天命 元
年 丙辰까지 211년간의 1406~1616년간)

第四十四 淸代疆域四至圖(太祖 天命 元年 丙辰부터 宣統 3년 辛亥까
지 296년간의 1616~1911년간)

이로써 볼 때 『倍達族疆域形勢圖』44圖는 한국사학사에서 민족
사를 가장 여러 장의 지도로서 설명한 것으로 평가할 수 있다. 김
교헌의 『神檀實記』나 『神檀民史』는 지도가 전혀 없이 표와 문장
의 서술로 그쳤다. 한편 박은식은 『檀祖事攷』에서 「三千團部」 1
圖를, 유인식은 『大東史』에서 「大東沿革地總圖」 1圖를 첨부하여
강역 판도를 설명하였는데, 이들과는 엄청난 차이를 보인다. 반면
지나칠 정도로 세분 작성하여 산만한 느낌이 들 정도이다. 또한 분
계가 정확하지 못한 부분도 있으나, 제32圖처럼 탐라와 우산국을
표기하는 세심함도 보인다.

먼저 이원태는 說文·後漢書·山海經·爾雅·論語集解·竹
書紀年·東萊集·汲冢周書·風俗通·旬五志·靑鶴集·海東繹
史·九夷考 등 12권의 중국과 우리나라의 사서를 인용하여 東夷
九族의 범위와, 그들의 임금이 단군으로부터 시작된다는 사실과,
단군의 교화와 神化에 대해 설명하였다.86)

그리고 鷄林類事·陽村集·海東繹史·史記·山海經·修山集 ·
東史·世宗實錄(地理志) 등을 인용하여 檀君은 東明天帝라고 하며
배달과 조선에 대한 어의와 단군의 후손에 대한 설명을 하였다.[87]
이는 김교헌이 『神檀實記』의 「族統源流」에서 '檀君之裔는 倍達種
族이며, 白山 南北의 朝滿민족은 단군의 혈통'이라 한 것과,[88] 『神
檀民史』「民族系」의 설명[89] 및 박은식의 『檀祖事攷』의 「倍達族源
流」,[90] 유인식의 『大東史』의 「大東沿革國次圖」·「大東族總圖」와
일치한다.[91]

　그런데 이 부분에서 『修山集』과 『東史』를 인용하여 단군의 후
예에 대해 설명하고 있다.[92] 이종휘의 저술은 김교헌이 『神檀實
記』 단군세기 부분에서 『修山集』과 『東史』를 인용하며, 1910~
1920년대 대종교도들에 의해 크게 인용되었고, 이종휘는 신채호에
의해 조선후기의 가장 주체적 역사가로 평가되었다.[93] 본서에서
『修山集』과 『東史』가 중요자료로 인용되고 있는데, 이는 이원태
역사인식의 일단을 알려준다 하겠다. 한편 備考 말미에는 '四域'에
대해 설명하고 있는데, 이는 『神檀民史』의 내용과 같다.[94]

---

86) 『倍達族疆域形勢圖』, 4~5쪽.
87) 『倍達族疆域形勢圖』, 6~7쪽.
88) 『神檀實記』, 35~36쪽.
89) 『神檀民史』, 1~3쪽.
90) 『白巖朴殷植全集』 제4권, 494쪽.
91) 『大東史』 卷一의 卷首.
92) 『倍達族疆域形勢圖』, 7쪽. 그런데 번역자는 李種徽의 『東史』를 魚允迪
　　의 『東史年表』로 잘못 설명하고 있다(223쪽). 이밖에도 馬驌의 『繹史』
　　를 韓致奫의 『海東繹史』로 설명하는 등 오류가 산견된다.
93) 韓永愚, 1989, 「18세기 중엽 少論 李種徽의 歷史認識」 『朝鮮後期史學
　　史硏究』, 一志社, 275쪽.
94) 『倍達族疆域形勢圖』, 7쪽 말미에 四域이라 하여 배달조선의 판도를
　　"東南枕大海 西亘沙漠 北過黑水 東北抵于小海 西南占有朔易"라 하였
　　는데, 이는 『神檀民史』의 「四域과 郡國」에서 "九夷民族의 居住하는 土

한편 기자조선에 대하여는 尙書大傳·隋書·大明一統志 등을 인용하여 기자동래와 봉작설을 설명하였다. 김교헌은 『神檀民史』에서 「箕子의 東來」를 節로 구성하고 '他族文化의 始'라고 설명하였다.[95] 이런 인식은 김교헌과 박은식 등이 기자가 내도한 곳이 평양이 아니라, 요서의 永平과 廣寧으로 해석한 것과 같으며, 객족인 기자를 半倍達族으로 보면서도 결국은 단군에 동화되어 동족화 되었다고 이해한 점에서도 일치한다. 그러나 박은식이 『大東古代史論』에서 周 武王의 箕子 封爵을 부정했던 것과는 다르다.[96]

『倍達族疆域形勢圖』 작성의 기본이 된 것은 만주와 한반도에 존재했던 모든 국가들을 배달족의 국가로 본 인식이다. 전술한 바와 같이 이를 金敎獻은 '南北疆國'이라 하였고, 朴殷植은 '大東民族', '滿韓一國', '滿韓同族' 인식에 바탕하여 '大東史觀'과 '滿韓史觀'으로 정립하였으며, 柳寅植 역시 '大東民族'이란 인식하에 '南北朝史觀'이란 독특한 역사인식을 바탕으로 민족사를 구성하였던 것이다. 즉, 기씨조선·위씨조선·부여·고구려·발해·요·금·청을 北疆(北朝)으로, 마한·백제·가락·신라·고려·조선을 南疆(南朝)으로 인식한 것이다. 본서는 『神檀民史』의 「南北疆統一國系表」처럼 남북강 국가를 확연히 구분하지는 않았으나, 南北疆國 인식을 기본으로 작성되었다. 제32도를 「新羅統一南疆圖」라 한 것은 그 단적인 예이다.[97] 또한 제34도는 「渤海全盛疆域圖」인데, 備考에서 唐書와 崔致遠의 글을 인용하여 발해를 고구려 후

地는 總히 朝鮮 版圖에 入하니 其四域이 東으로 滄海를 窮하고 西으로 興安嶺을 挾하야 沙漠에 亘하고 南으로 渤海에 至하고 北으로 黑水를 越하야 小海에 抵하니 延裹가 萬餘里러라"(4쪽)는 내용과 동일하다.

95) 『神檀民史』, 6쪽.
96) 박걸순, 「박은식의 고대사 인식론」, 234쪽.
97) 『倍達族疆域形勢圖』, 66~67쪽.

손이 세운 국가라 하면서도, 다시 海東繹史를 인용하여 말갈의 종
족이라고 상위한 설명을 부연하였다.[98] 이는 만주와 한반도를 모
두 민족사로 보는 관점에서 군이 고구려와 말갈에 대한 종족의 구
분이 필요치 않았기 때문이었을 것이다.

이로써 보면 이원태의『倍達族疆域形勢圖』는 기본적으로는 직
접적인 영향을 받았던 김교헌의 역사인식과 유사하다고 하겠다.
또한 박은식, 유인식 등 대종교적 관점에서 민족사를 서술한 사가
들의 관점과도 접근된다.

그러나 이원태의『倍達族疆域形勢圖』를 단순히『神檀民史』의
논조에 맞추어 작성한 地理附圖 정도라고 평가[99]해서는 안될 것이
다. 왜냐하면 첫째, 김교헌이『神檀實記』와『神檀民史』등의 저술
을 통해 강역 문제에 대해 관심을 기울인 것은 사실이나, 그는 이
를 문장으로 설명하였을 뿐 지도로서 설명하지는 않았다. 더구나
이원태는 김교헌이 매우 소략하게 취급하거나 언급하지 않은 부분
도 별개의 강역도로서 그려냈다. 복잡한 종족의 계통을 강역의 변
천으로 나타낸다는 것은 용이한 일이 아니다. 더구나 44圖라는 전
무후무한 강역형세도로 세분하여 寫生해 낼 수 있는 것은 민족사
에 대한 심오한 이해와 해박한 지식이 없이는 불가능했을 것이다.
둘째, 그가 備考에서 제시하고 있는 참고문헌은 이원태가 우리나
라와 중국측 사서에 정통하였음을 알려준다. 그는 본서에서 105종
의 참고문헌을 270여회 제시하며 해당 강역도를 입증하고자 하였
다.[100] 이는 이원태의 학문의 정도를 가늠케 해주며『倍達族疆域
形勢圖』가 단순히 김교헌의『神檀民史』를 지도화 한 것은 아님을

---

98)『倍達族疆域形勢圖』, 71쪽.

99) 金正珉,「金敎獻 史學의 精神的 背景」, 16쪽.

100) 관련 자료에는 그가 참고한 도서가 수만권, 만여권 또는 470여종이었
다고 과장되어 있다.

알려준다. 셋째, 김교헌이 이원태에게 보낸 서간의 내용에 의하면 김교헌은 이원태의 요청에 대해 조언은 하되, 강역형세도의 작성에 대하여는 대부분 그의 재량에 맡기고 있음을 알 수 있다.101) 이는 비록 연령차는 많이 나지만 김교헌이 이원태의 학문과 능력을 인정한 것으로 볼 수 있다. 이러한 점 등을 감안할 때 이원태는 민족사에 대한 지식과 이해를 바탕으로『倍達族疆域形勢圖』를 작성한 것이며, 따라서 여기에는 이원태 나름의 역사인식이 용해되어 있는 것으로 해석하는 것이 타당할 듯하다. 결국 이원태가 광복 이후 대종교단의 중추적 인물로 등장하고 활동할 수 있었던 것도 이러한 배경에서 가능했던 것으로 이해된다.

그런데 이원태가 작성한 또 하나의「彩色疆域形勢圖」는 김교헌의『神檀民史』의 서술 체계와 거의 일치된다. 김교헌의『神檀民史』는 上古(神市時代・倍達時代・扶餘時代) - 中古(列國時代・南北朝時代) - 近古(麗遼時代・麗金時代) - 近世(朝淸時代)로 시기구분하고 서술하였다. 이원태의「彩色疆域形勢圖」는 이 체제에 따라 11圖로 구성되었다.102) 즉,『倍達族疆域形勢圖』가 종족의 분포와

---

101)「金敎獻이 李源台에게 보낸 書簡(1923. 8. 12)」. 서간의 내용 중 판독이 가능하고 또한 疆域形勢圖와 관련된 내용은 다음과 같다.
  "… 말씀하신 그림과 表는 조속히 草를 잡아 올릴 요량이오나, 序言은 傑作을 구하여 앞에 넣는 것이 매우 좋겠습니다. 境界線이 긴요하지 않다는 견해는 온당하지 않은 것은 아니나, 해당 경계선을 또한 근거하여 인연하지 않을 수 없습니다. 그것을 두든지 빼든지 오직 … 재량하여 처리하시는 여부에 달렸습니다. 저는 두어도 괜찮고 빼어도 괜찮습니다. 각 그림 중에 다시 經緯線을 가하는 것이 매우 좋겠습니다. …"
102)「彩色疆域形勢圖」11圖의 구성은 다음과 같다.
  第一 九夷民族居住地
  第二 檀君朝鮮時
  第三 箕氏朝鮮時

생장소멸을 기준한 이원태 나름의 分圖에 따른 도판이라면, 「彩色
疆域形勢圖」는 김교헌의 서술체계에 따라 각 종족과 그 종족에 의
해 생멸한 국가의 시대사별 도판이라 하겠다. 그런데 「彩色疆域形
勢圖」는 다양한 채색을 통해 국가(왕조)의 분계를 구분하고자 하
였으나, 고려의 북계가 잘못 표기되는 등 정확하거나 정밀하지는
못하다.

　「彩色疆域形勢圖」를 통해 이원태는 배달족은 상고시대를 제외
하고는 분열된 상태임을 강조하고자 하였다. 그 외에는 모두 列國
또는 南北朝로 여긴 것이다. 따라서 그에게는 신라의 삼국통일과
고려, 조선으로 이어지는 한반도의 역사는 단지 南疆(南朝) 왕조의
변천에 불과한 것이었다. 오히려 그는 失地인 北疆(北朝) 만주를
수복하는 것이 진정한 민족사의 통일로 인식하였다. 일제하 국내
에서 활동했던 黃義敦·權悳奎·張道斌·文一平 등이 이른바 大
高句麗史觀과 汎高麗主義를 내세우며 신라의 삼국통일은 애써 외
면하면서도 고려의 민족통일과 북진정책을 주목하고 이를 강조하
여 서술함으로서 항일투쟁의 분발을 촉망했던 역사인식과는 큰 차
이가 있는 것이다.103)

　여기에서는 列國時代를 2개의 圖로 제시하였다. 열국시대 제1은
선비·한예·북부여·동부여·읍루·북옥저·고구려·백제·

103) 朴杰淳, 1998, 『韓國近代史學史研究』, 國學資料院, 297~300쪽.

신라를, 열국시대 제2는 거란·말갈·고구려·백제·신라가 병존했던 시기를 말한다. 그리고 남북조시대는 거란·발해·신라의 병존 시기를 그렸다. 그런데 『神檀民史』가 '朝淸時代'까지 서술하였으나, 이 강역도는 '明朝時 朝滿疆域'을 하한으로 하고 淸을 제외하고 있는데, 그 까닭은 알 수 없다.

한편 『倍達族疆域形勢圖』가 저술 등인된 시기가 1923년이란 시점도 의미를 지닌다. 1923년은 한국근대사학사에서 통사의 발행이 가장 활발했던 시기이다. 즉, 국내에서 黃義敦의 『新編朝鮮歷史』, 張道斌의 『朝鮮歷史要領』, 安廓의 『朝鮮文明史』, 李鍾楨의 『東方歷史』 등이 잇달아 간행되었고, 김교헌의 『神檀民史』와 『倍達族歷史』가 상해에서 정식으로 발행되었다. 이에 대항하기 위해 일제는 총독의 발의로 최고의 정치적 권위를 지닌 朝鮮史學會를 조직하여 식민사학에 더욱 박차를 가하였다.[104] 즉, 이원태의 『倍達族疆域形勢圖』는 국내외적으로 민족주의 사학의 전성기인 1923년에 간행되며 國學民族主義를 고양하는데 기여한 것으로 평가할 수 있는 것이다.

이로써 보면 이원태의 『倍達族疆域形勢圖』와 「彩色疆域形勢圖」는 비록 본격적인 역사서술은 아니나, 민족주의적 역사인식에 바탕한 역사서라 할 수 있다. 더구나 김교헌의 지도와 감수를 받았기 때문에 김교헌 사학의 성향을 보이는 것은 불가피한 입장이었으나, 그의 독자적인 역사적 사고와 이해의 범위에서 한국사학사에서 전무후무한 44圖의 강역형세도를 완성한 것은 평가되어야 할 것이다.

---

104) 朴杰淳, 『韓國近代史學史硏究』, 118~119쪽.

제4절 맺음말

본고는 李源台의 생애와 활동을 정리하고, 『倍達族疆域形勢圖』로 대표되는 그의 저술 분석을 통해 역사인식을 검출하고자 한 것이다. 이상을 요약하면 다음과 같다.

이원태는 퇴계의 14대손으로서 정통 유학을 수학하며 유년기를 보냈다. 그의 종문은 보수적 성향이 강하였으나, 그의 부친 忠鎬는 寶文義塾을 건립하는 등 혁신유림이었다. 그는 15세경 상경하여 가계를 도모하는 한편 단발을 하고 신학문을 접하게 되었으나, 곧 宗會의 결의에 따라 宗門罪人으로 낙인찍히고 향리로 압송 당하였다. 이 보수와 혁신적 인식의 충돌은 그를 정신 이상자로까지 만드는 충격적인 사건이었다.

그는 17세인 1916년 渡滿하였다. 이는 안동 유림들이 척족이나 친소관계에 따라 도만했던 사정과 관련이 있을 것이며, 특히 김동삼과 연계가 있었던 것으로 보인다. 그는 만주에서 김동삼을 보좌하는 한편 대종교 교주 김교헌을 종사하였다. 당시 그는 대종교에 가입하였고, 김교헌 사학의 영향을 받아 민족주의 역사학에 관심을 가지게 되었다. 1918년 귀국한 그는 김교헌의 지도를 받으며 『倍達族疆域形勢圖』를 저술하였는데, 본서는 김교헌의 감수를 받은 후 1923년 謄印되었고, 김교헌의 저술과 함께 신흥무관학교의 교재로 이용된 것으로 알려져 있다.

광복 후 그는 대종교 활동에 진력하였다. 그는 총본사와 도본사 등의 주요 직임을 두루 역임하였으며, 대종교의 핵심적 인물로 활동하였다. 한편 1947년에는 도산서원을 배경으로 陶山大學의 설립을 추진하였으나 실패하였고, 그 열정은 六一館의 건립으로 구현되었다. 따라서 그의 일생은 민족주의자로서, 대종교 간부로서, 혁신적 계몽주의자로서 일관한 외길이었다.

이원태의 저술로는 『倍達族疆域形勢圖』(44圖)와 「彩色疆域形勢圖」(11圖), 「究極篇」 등 대종교 교리에 관한 저술, 그리고 유문을 모은 『圓臺遺藁』 등이 전한다. 이들 저술 가운데 『倍達族疆域形勢圖』와 「彩色疆域形勢圖」는 강역형세도라는 독특한 형태의 역사저술 방법으로서, 그의 역사인식의 일단을 보여준다. 이 중 『倍達族疆域形勢圖』는 각 종족별 판도의 변천을 44圖로 강역을 그리고, 각 판도별로 備考를 두어 많은 사서를 인용하고 이론을 부기하는 등 철저한 고증적 서술태도가 돋보인다. 본서는 김교헌의 영향하에서 정리되었기 때문에 김교헌의 사학을 系하는 것은 당연한 일이다. 따라서 배달민족의 역사를 기술하고자 하였으며 만주와 한반도에서 생멸한 종족 전체를 민족사의 범주에서 다루었다. 즉, 국가사가 아니라 민족사를 기준한 것인데, 이는 대종교적 역사인식의 관점에서 김교헌, 박은식, 유인식 등이 개념화 한 南北疆(南北朝)史觀, 大東史觀, 滿韓史觀과 일치하는 인식체계였다.

그러나 본서는 단순히 김교헌의 민족사 인식체계에 맞추어 작성한 지리부도는 아니다. 왜냐하면 본서에는 김교헌이 『神檀實記』나 『神檀民史』에서 구체적으로 언급하지 않은 내용을 포함하여 복잡다기한 종족의 계통을 세분하여 강역 판도를 寫生하였을 뿐만 아니라, 105종의 참고문헌을 인용하여 각각의 판도를 구체적으로 고증하고 있으며, 김교헌도 그의 학문과 능력을 인정하여 강역형세도의 작성에 있어 대부분 그의 재량에 맡기고 있었기 때문이다.

따라서 본서는 김교헌 사학의 영향은 인정하되, 이원태의 민족사에 대한 해박하고 심오한 지식을 바탕으로 그의 독자적인 역사인식이 용해되어 있는 것으로 해석하는 것이 타당할 것이다. 또한 본서가 국내외적으로 통사가 활발히 저술되는 1923년에 등인되었다는 점에서 국학민족주의의 발양에 기여한 점도 유념하여야 할 것이다. 한편 본서의 서술방식이 전근대적이고 강역의 분계가 정확하지 않은 점 등은 한계로 지적될 수 있을 것이다.

결국 이원태는 대종교적 역사인식의 테두리 내에서 그 나름대로의 사관을 전개하며 대종교의 역사인식을 더욱 심화시킨 인물이라 할 수 있다. 그리고 그의 『倍達族疆域形勢圖』는 한국근대사학사에서 강역형세도라는 독특한 방법론을 택하여 44圖나 되는 전무후무한 역사저술로서 평가되어야 할 것이다. 그가 광복 후에 대종교단의 주요 인물로 인식되고 활동할 수 있었던 것은 이같은 선행 업적이 있었기 때문에 가능했던 것이다.

제4장

文一平의 高麗史 敍述과 認識論

제1절 머리말

　湖岩 文一平(1888～1939)은 1920～1930년대에 사학자·교육자·언론인으로 활동한 인물이다. 특히 그는 安在鴻·鄭寅普와 함께 1930년대 한국사학을 대표하는 민족주의 사가로서 역사학의 대중화에 크게 기여하였기 때문에 사학사적으로 주목되어 왔다.[1] 그

---

1) 文一平의 史學에 대하여는 다음의 연구업적이 참고된다.
　洪以燮, 1968, 「湖岩 文一平」 『韓國史의 方法』, 探究堂 ; 李基白, 1975, 「湖岩 文一平과 그의 史學」 『湖岩史論選』, 探究堂 ; 李萬烈, 1981, 『韓國近代歷史學의 理解』, 文學과 知性社 ; 金光男, 1983, 「文一平의 人物論에 대하여」 『史學研究』 第36號 ; 1984, 「湖岩 文一平의 外交認識」 『史學研究』 第38號 ; 文喆永, 1987, 「湖岩 文一平의 歷史認識」 『韓國學報』 46 ; 李完宰, 1992, 「1930년대 民族主義史學의 發展」 『韓國學論集』 第21·22合集, 漢陽大學校 韓國學研究所 ; 尹海東, 1994, 「문일평」 『한국의 역사가와 역사학(하)』, 창작과 비평사 ; 崔起榮, 1994, 「湖岩 文一平의 생애와 저술」 『李基白先生古稀紀念 韓國史學論叢(下)』, 一潮閣 ; 韓永愚, 1994, 『韓國民族主義歷史學』, 一潮閣 ; 趙東杰, 1998, 『現代

결과 문일평의 사학은 1910~1920년대의 감상적이고 관념적인 민족주의를 민중 지향적인 민족주의로 제고시키고, 실제 민중문화에 대한 연구를 진행하였으며,2) 서양의 사회과학을 받아들여 민족주의사학을 사회과학과 조화시키려고 시도한 것이 특징으로 이해되고 있다.3)

그런데 문일평의 역사서술은 전문적인 학술성보다는 史論이나 史話의 형태로 계몽적 성격을 지닌 것이 대부분이다. 이는 그의 사학에서 한계로 지적되는 부분이기도 하다.4) 그러나 오히려 문일평이 노력한 '歷史敍述의 簡易化'는 '한국의 민족적 대중'에게 사회의 역사적 현실을 알리기 위한 방편이었으며, 이를 통하여 한국인의 정신개척의 선봉이 되었다는 긍정적 평가도 있다.5) 또한 그의 글은 '塞責하듯 쓴 글'이나, 雅醇·簡潔하며,6) '과거가 아니라 현재와 미래를 위해 역사를 서술하고자 하였던 史論家'였다는 당대의 평가에도 유의할 필요가 있다.7)

문일평은 1900년대 후반기에 『太極學報』나 『大韓興學報』등에 논설을 발표하며 저술활동을 시작한 이래 死去하기 직전까지 한국의 역사와 문화, 자연 등에 대한 수많은 저술을 남겼다.8) 그런데 그의 著史는 고대사의 연구에 치중하였던 다른 사가와는 달리, 문화사와 대외관계사 분야에서 귀중한 업적을 남겼다. 한편 그는 중세사 분야에도 깊은 조예를 지니고 있었음에도 불구하고,9) 이에

韓國史學史』, 나남출판.
2) 韓永愚, 『韓國民族主義歷史學』, 29~31쪽.
3) 李基白, 「湖岩 文一平과 그의 史學」, 183~190쪽.
4) 李丙燾, 「史家로서의 故湖岩」『朝光』1939년 6월호, 308~309쪽.
5) 洪以燮, 「湖岩 文一平」, 326~339쪽.
6) 洪命憙, 「湖岩의 遺著에 對하야」『朝鮮日報』1940년 4월 16일자.
7) 朴致祐, 「朝鮮學이 獨舞臺(上)」『朝鮮日報』1939년 12월 15일자.
8) 崔起榮, 「湖岩 文一平의 생애와 저술」, 1788~1820쪽.

대하여는 크게 주목되지 못하였다. 문일평의 중세사에 대한 역사
인식과 서술을 대표하는 것으로『高麗槪史』를 들 수 있다.

『高麗槪史』는 1939년의『湖岩全集』간행시 누락되어 그간 알려
지지 않다가, 1992년 한영우 교수에 의해 소개된 자료이다.[10] 필자
는『高麗槪史』를 검토한 결과, 이 자료가 문일평의 역사인식을 이
해하는 데에 도움이 됨은 물론, 일제하 민족주의사학에서의 고려
사 인식과 서술을 대표하는 저술이라고 평가한 바 있다.[11] 따라서
『高麗槪史』는 그 자체에 대한 철저한 사학사적 검토와 함께, 당시
식민사학자들의 고려사 서술과 비교사학적 관점에서 대비할 필요
가 있다고 판단하였다.

본고는 이같은 관점에서 문일평의『高麗槪史』를 사학사적으로
검토하고자 하는 것이다. 먼저『高麗槪史』의 체재와 내용을 분석
한 후, 今西龍·瀨野馬熊 등 식민사학자들의 고려사 저술과 대비
함으로서 본서의 사학사적 의미를 추구하기로 한다. 이로써 문일
평의 역사인식에 대한 이해를 심화할 수 있을 뿐만 아니라, 일제하
민족주의사학과 식민사학의 역사인식에 대한 구체적 실상이 밝혀
질 수 있을 것으로 기대된다.

---

9) 洪命憙는 앞의 글에서 문일평이 중세사와 최근세사에 풍부한 지식을
  지니고 있었다고 회술한 바 있다.
10) 韓永愚, 1992년 봄호,「文一平著『高麗槪史』解題」『韓國學報』第六十
  六輯. 이 자료는 조선어학회 사건으로 피체되었던 李康來로부터 일경
  이 압수한「不穩書籍 押收目錄」가운데 하나였는데, 이강래의 후손이
  서울대학교 신용하 교수에게 전수한 것이라고 한다(앞의 글, 262쪽).
  한편『高麗槪史』는 기존의 전집을 보완하여 간행한 문일평 전집(민속
  원, 1994)에 수록되었다.
11) 朴杰淳, 1993,「日帝下 民族主義史學과 植民史學의 高麗時代史 認識論
  比較」『한국독립운동사연구』제7집, 독립기념관 한국독립운동사연구소,
  279~322쪽 ; 1998,『韓國近代史學史研究』, 國學資料院, 285~296쪽.

제2절 『高麗槪史』의 체재와 서술내용

1. 일제하 민족주의사학의 고려사 서술

일제하 민족주의사학에서 고려시대사 연구는 다른 시대사와 비교할 때 매우 빈약한 실정이다. 그 까닭은 고대사와 근대사 왜곡에 주력하였던 일제 식민사학과, 이에 대응해 온 민족주의 사학계의 연구경향이 주요한 원인으로 작용하였던 것으로 이해된다. 민족주의 사학자들은 민족사의 연구라는 학문성과 함께, 일제의 극복이라는 현실참여의 성격을 동시적으로 내포하고 있었다. 따라서 민족주의 사학자들은 만주지역을 상실하여 민족사의 무대가 위축되었을 뿐만 아니라 귀족의 반란과 무인정권의 성립, 특히 몽고의 오랜 지배하에 억압당해 온 고려시대를 애써 주목하기보다는 고대사와 근대사의 연구에 편향될 수밖에 없었던 것이다.

그러나 1923년 이후 수종의 通史가 저술되며 한국사의 체계화 작업이 활발히 진행되었다. 이때 이른바 文化史觀에 의한 한국사의 해석으로 안목이 확대되며 고려시대사도 주목하게 되었다. 일제가 고대사와 근대사의 왜곡에 주력하면서도 고려의 타율적 성격을 무차별적으로 강조한 것에 비하면, 고려시대사에 대한 민족주의사학의 대응은 다른 시대사보다 늦게 이루어진 것이라 할 수 있다.

일제하 저술된 통사에서 고려사의 서술지면을 정리하면 다음의 <표 1>과 같다.

〈표 1〉 일제하 한국사 통사에서의 고려사 서술 지면

書　　名	著　　者	三國 以前	三國－南北朝	高　麗	朝鮮以後	合　計
新編朝鮮歷史	黃義敦	27	57	50	125	259
朝鮮歷史要領	張道斌	8	45	10	20	82
朝鮮文明史	安　廓	42	67	65	156	320
朝鮮史	權悳奎	68		36	126	230
朝鮮이야기	南宮檍	83		326	1004	1513
朝鮮歷史	崔南善	19		20	132	171

이로써 볼 때 통사의 체계는 1920년대에 이르러 비교적 균형있
게 정착됨을 알 수 있다. 그런데 개별적 사실의 연구에 있어 고대
사와 근대사 중심의 연구경향에서 고려시대사가 주목된 것을 단순
한 통사화 작업의 추세에 따른 것으로만 해석해서는 안될 것이다.

이처럼 민족주의 사가들이 고려시대사를 주목하게 된 것은 이제
까지 식민사학에 대응해 오던 것과는 차원을 달리하여 한 단계 발
전한 형태로 해석하여야 할 것이다. 뿐만 아니라 독립정신의 고취
라는 현실적 목적에만 집착하지 않고 좀 더 거시적으로 민족사를
조망할 수 있는 역사연구의 분위기와 역량의 성숙으로 봄이 더 타
당할 듯하다.

2. 『高麗槪史』의 체재

문일평의 『高麗槪史』는 민족주의사학에서 고려사를 斷代史로
정리한 것으로는 유일한 것이다. 『高麗槪史』는 1927년에 저술된
것으로,[12] 후삼국시대 이래 고려 멸망까지를 30여쪽으로 정리하였

다. 그런데 수정이나 첨삭한 교정내용이 그대로 있는 것을 보면 교
재로서 시급히 정리한 것으로 보인다.13) 文一平은 주로 외교사와
문화사 관계의 저술을 하였으나, 고려시대에 관한 글도 남겼는데,
그 대표적인 것으로 본서와「高麗의 國家的 理想 上, 下」를 들 수
있다.14) 본서는 그가 1925년이래 中東·中央·培材·松都 등 여
러 중학교에서 교편생활시 교재로 사용하기 위해서 저술한 것으로
보인다.

『高麗槪史』는 모두 4편 4장 17절로 구성된 바, 그 목차는 다음
과 같다.

第一編　第一章　　高麗의 創業期
　　　　第一節　羅末의 分裂
　　　　第二節　高麗의 興起
　　　　第三節　松岳에 定都

---

12)『高麗槪史』의 저술시기에 대하여 韓永愚는 1930년대 후반기로 보았다
　　(앞의 글, 262쪽). 이는 아마도 文一平이 死去하고 文集이 발간되었던
　　시기가 1939년임을 고려하여 1930년대 후반기로 본 것 같다. 한편 趙
　　東杰은 본서의 편찬시기를 문일평의 후기문화사학과 관련하여 1930년
　　대 초반으로 보았다(앞의 책, 201쪽). 그러나 본서를 검토해 보면 松岳
　　으로 遷都한 해(919년)를 '一千八年前'이라 괄호 안에서 설명하고(232
　　쪽), 睿宗 2年(1107년)을 '距今八百二十年前'이라 부기(247쪽)한 것으
　　로 보아, 1927년에 저술한 것으로 보는 것이 타당하다.
13) 그런데 자료로 소개된 부분은 처음부터 恭愍王代까지로 이후 부분은
　　낙장이 된 상태이다. 한영우는 이를 원고본의 遺稿라고 하였는데(앞의
　　글, 260~262쪽), 자료의 상태를 보면 글자가 명암의 차이가 있고, 또한
　　겹쳐진 부분이 있어 교재용의 등사본이 아닌가 한다.
14) 이 史論은『한빛』1928년 1월호와 2월호에 발표된 것으로,『高麗槪史』
　　에서 일관되게 강조한 고려의 북진정책을 '高麗의 國家的 理想'으로
　　파악하고 서술한 것이다. 그런데『한빛』1월호에는 上이라고 표기하
　　지 않았으나, 2월호에는 下라고 되어 있어 편의상 上·下로 구분하기
　　로 한다.

　文一平은 교과서는 복잡한 한문과 전문적 술어 대신 간단명료하고 평이한 술어를 사용하여 서술하여야 하고, 史實의 진상을 천명하기에 노력하되 正하고 姸한 것은 더욱 발휘하고 邪하고 醜한 것은 스스로 제거함에 힘써야 한다고 주장하였다. 나아가 그는 중등 교과서는 간명하면서도 취미있게 서술함으로서 역사의 통속화·취미화·과학화를 이루어야 한다고 주장한 바 있다.[15]

본서는 교재인 만큼 그의 이러한 지론이 반영되어 있다. 그는 학생들이 현재적 기준에서 고려사를 이해할 수 있도록 배려하였다. 예컨대 태조대의 송악으로의 천도와, 예종대의 여진 정벌을 설명하며 현재와의 시차를 설명함으로서 時空의 이해를 돕고자 하였다. 또한 괄호를 병기하여 부연 설명하는 내용이 많은 것도 교재로서의 성격을 잘 보여준다. 옛 지명은 반드시 괄호 내에 현재 지명을 병기하였으며, 田柴科를 百官俸給制로, 國子監을 大學으로 설명하는 등 중요한 역사적 사실과 제도에 대하여 쉽게 이해할 수 있도록 하였다.16) 특히 본서는 실증적 서술로 史實의 천명에 노력하였음이 돋보인다. 그는 본서를 서술하며 『高麗史』·『擇里志』·『文獻通考』·『高麗圖經』·『元史』 등의 전거를 밝히고, 원전을 인용함으로서 사실의 실증에 주력하였다. 그러나 원전의 잘못은 바로잡는 합리적 서술을 하고 있다. 예컨대 고려가 처음 通聘한 대상이 後唐이라고 한『高麗史』의 오류를 지적하고 後梁으로 수정하였고,17) 羅城 축조에 대한『高麗史』의 잘못된 기록도 바로 잡았다.18) 그러면서도 학계에 이견이 있는 위치 비정에 대하여는 이견을 그대로 소개하는 등 합리적 서술태도를 보이고 있다.19) 이같은 『高麗槪史』의 체재와 서술태도는 당시의 교재 가운데에서 가장 진전된 모범적인 것이라 할 수 있을 것이다. 이는 사학자로서 뿐만 아

---

15) 文一平, 1927년 2월호,「朝鮮史의 敎科書에 對하여」『東光』 2卷 2號, 44~45쪽.
16) 『高麗槪史』, 238~239쪽(이하 『韓國學報』 第六十六號의 쪽수로 표기함).
17) 『高麗槪史』, 237쪽.
18) 『高麗槪史』, 244쪽.
19) 예컨대 九城의 위치가 당시 학계의 爭案이 되고 있다고 하며 이견을 소개하였고(『高麗槪史』, 247쪽), 蓬山(泰川 附近?)이라 서술(『高麗槪史』, 240쪽)하는 등 지명의 고증과 비정에 매우 신중한 자세를 보이고 있다.

니라, 교육자로서의 문일평의 면모를 보여준다고 할 수 있다.

3. 『高麗槪史』의 서술내용

1) 後三國時代

문일평은 후삼국시대를 '三國爭亂時代의 再現'으로 규정하였다.[20] 또한 그는 후고구려·후백제·신라를 모두 부정적으로 서술하며 고려 건국의 역사적 당위성을 강조하는 관점에서 후삼국시대를 서술하였다. 이는 후삼국시대를 주도한 인물들에 대한 다음의 평가에서 명확히 알 수 있다.

그런데 衰弱한 新羅의 主權者는 眞聖 以下가 대개 昏淫懦惰하여 虛位만 擁有하거니와 勃興하는 後百濟의 主權者인 甄萱은 智勇이 絶倫하되 너무 强暴하고 後高句麗의 主權者인 弓裔는 覇氣가 蓋世하되 몹시 驕虐하여 모두 統一의 治世를 渴望하는 當時 民衆의 指導者로서의 眞正한 資格을 具備하지 못하였다.[21]

특히 문일평은 궁예에 대해 비판적이었다. 즉 궁예가 驕虐無道하였기 때문에 후고구려의 민심이 이반된 것이고, 결국 궁예가 도주 중 斧壤(平康)에서 士民에게 피살된 것은 '蘖業의 必然한 歸結'이라고 서술하였다.[22] 그러나 왕건에 대하여는 매우 긍정적으로 서술하였다.

---

20) 『高麗槪史』, 230쪽.
21) 『高麗槪史』, 231쪽. 한편 '農家子 甄萱', '頑悖僧 弓裔'라고 서술하기도 하였다(230쪽).
22) 『高麗槪史』, 231~232쪽.

　… 國家元勳으로서 文武全才로서 일찍 樓般將軍(海軍大將)이 되어 오랫동안 西南海 經略에 從事하던 寬仁有德한 侍中 王建 … 太祖의 推戴가 多數 國人에게는 一種의 福音일 것이나, 오직 弓裔에게는 實로 靑天霹靂 …23)

이러한 문일평의 역사인식은 고려의 후삼국 통일과정의 서술에서 더욱 명확해진다. 그는 신라 경순왕 金傅의 고려 歸附를 '心悅誠服하여 그 君臣이 自進하여서 合倂을 行하게 됨은 歷史上 實例가 없는 바'라고 평가하였고, 후백제군과의 전투상황을 서술하며 후백제군을 '敵兵'·'敵軍'이라고 표현하였다.24) 이로써 보면 문일평은 후삼국시대를 고려 건국을 위한 과도적 시기로 이해하고 고려의 건국에 민족사적 의미를 부여한 것임을 알 수 있다.

2) 高麗의 再統一

문일평은 '통일시대의 신라'라는 표현은 하였으나, 통일신라라는 용어는 사용하지 않았다.25) 오히려 발해를 '北朝', 신라를 '南朝'라고 함으로서 남북조 개념으로 파악하였으며,26) '後新羅'라는 용어를 사용하기도 하였다.27) 또한 그는 신라의 삼국통일을 '南方新羅의 半壁統一'이라고 의미를 폄하하였다.28)

그러나 고려의 후삼국 통일에 대하여는 매우 긍정적으로 서술하였다. 그는 고려가 '大體로 安定平穩한 속에서 無血革命에 成功함

---

23) 『高麗槪史』, 231쪽.
24) 『高麗槪史』, 234~235쪽.
25) 『高麗槪史』, 235쪽.
26) 『高麗槪史』, 235~237쪽.
27) 『高麗槪史』, 234쪽. 한편 문일평은 후삼국과 구별하여 '前百濟'라는 용어를 사용하기도 하였다(235쪽).
28) 『高麗槪史』, 235쪽.

은 當時 大勢에 順應한 까닭'이라고 하며,29) 통일신라와 비교하며 다음과 같이 서술하였다.

> 高麗가 一擧에 後新羅를 撫有하고, 再擧에 後百濟를 征服하여 分裂되었던 後三國을 完全히 收拾하여 疆域이 이미 統一時代의 新羅에 復古되었지마는, 高麗는 決코 南方 新羅의 半壁統一 그것으로만은 滿足하지 아니하고, 北方 高句麗의 舊疆 全部를 恢復하려고 始終 努力한 것을 보면 高麗의 國家的 理想은 確實히 南北 全的 統一에 있었다.30)

이는 황의돈·권덕규·장도빈 등 민족주의 사가들이 신라의 삼국통일을 부정적으로, 고려의 재통일을 긍정적으로 인식하였던 것과 궤를 같이 하는 것이다.31) 이처럼 문일평이 고려의 재통일을 긍정적으로 평가한 것은 고구려 계승인식과 관련이 있다. 문일평은 고려를 고구려와 후고구려의 계승자로 인식하며, 신라의 직계가 아님을 단언하였다.32)

> 高麗가 이미 高句麗의 國號로서 그의 國號로 삼고, 다시 高句麗의 國都로서 그의 國都로 삼고자 함은 곧 名實이 相符한 高句麗의 後繼者로 自居함이니, 그 裏面에는 高句麗의 國土로서 그의 國土를 삼고, 高句麗의 國是로서 그의 國是를 삼는다는 意味가 包含되었다. 이로 보면 高麗는 理想上으로 新羅의 直系보다 高句麗의 直系이니, 高麗가 高句麗의 恢復에 國力을 傾注함이 當然한 일이거니와, 어쨋던지 北方을 開拓하여서 全的 統一의 基礎를 세워 後世 子孫에게 준 것은 太祖의 偉業이 아니라 할 수 없다.33)

---

29) 『高麗槪史』, 232쪽.
30) 『高麗槪史』, 235쪽.
31) 朴杰淳, 『韓國近代史學史硏究』, 297~298쪽.
32) 『高麗槪史』, 233쪽.
33) 『高麗槪史』, 236쪽.

이처럼 문일평이 고려 건국에 대해 긍정적인 평가를 내리고 있는 것은 고려가 고구려의 계통을 이은 발해의 유민과 문화까지 수용하여 진정한 민족문화의 형성을 완수하였다고 인식하였기 때문이다. 즉, 그는 고려가 南北朝의 인민과 문화를 동시에 흡수함으로서 진정한 민족통일을 이룬 것으로 평가하였다.

> 新羅 滅亡 十年 前에 渤海가 滅亡하여 太子 大光顯 以下 文武 大官의 高麗 奔投와 및 그 遺民의 高麗 歸化를 보게 되어 高麗의 戶口가 激進하고 領土가 擴拓되었을 뿐 아니라 渤海 文化의 高麗 流入이 相當히 있었으리라고 想像한다. 그러나 그것이 高麗 文化에 比하여 그리 透徹한 것이 아니요 또 別로 特色있는 것이 아닌 때문에 當時 注目을 크게 끌지 못한 만큼 歷史에 顯著하게 나타나지 못하였다기로서 渤海 文化가 高麗에 流入되지 아니하였다고 할만한 反證이 되는 것은 아닌 즉 渤海 文化가 渤海 遺民을 따라 高麗에 流入하였다고 觀察하는 것이 차라리 事實에 가까운 觀察일 것이다. 그리고 보면 高麗가 金傅王의 歸降으로 말미암아 新羅 文化를 移植하기 前에 있어 大太子의 來投로 말미암아 高句麗 系統을 이은 渤海 文化를 攝取하게 된 것이니 이같은 南北 兩朝의 文化를 同時에 幷收하여 眞正한 意味 아래에서 全的 統一의 物心 兩要素가 벌써 王太祖 때에 結合된 것이라 하겠다.[34]

문일평은 발해 유민의 고려로의 귀화와, 발해 문화의 고려로의 유입으로 민족과 문화의 동시 통일이 이루어진 것으로 본 것이다. 나아가 문일평은 고려가 귀화한 발해인을 포용함으로서 對 契丹투쟁에서 더 큰 적개심을 가질 수 있었고, 이에 따라 고려의 국가적 이상이었던 북진정책도 한층 박차를 가할 수 있었던 것이라고 파악하였다.[35]

---

34) 文一平, 1928년 1월호, 「高麗의 國家的 理想(上)」 『한빛』, 6~7쪽.
35) 文一平, 「高麗의 國家的 理想(上)」, 7쪽.

3) 高麗史의 時期區分

본서는 고려시대를 創業期(太祖代)·守成期(成宗 以後)·隆盛
期(文宗 以後)·衰亂期(仁宗 以後) 등 4시기로 구분하여 서술하고
있다.

일제하 고려사의 시기구분을 시도한 사가로 張道斌과 李鍾楨
등을 들 수 있다. 張道斌은 인종조 묘청의 난을 기준으로 융성기와
쇠망기로 양분하였고,[36] 李鍾楨은 時局事勢의 변천에 따라 5시기
로 구분한 바 있다.[37] 이들의 시기구분은 비록 완전한 형태는 아니
나, 한말 사학보다 심화되었으며, 이른바 '콜로니 사관'에 의해 고
려사의 왜곡적 구분을 하였던 식민사학에 대응하였다는 점에서 평
가될 수 있을 것이다.[38]

문일평은 고려사의 시기구분에서 太祖·成宗·文宗·仁宗 및
恭愍王代를 주목하였다. 이는 고려사에서 내치와 문화발달, 고려
의 국가적 이상으로 확신한 북진정책의 전개, 그리고 자주성의 회

---

36) 張道斌은 『國史』(1916)에서는 고려사에 대한 별도의 시기구분을 하지
    않았으나, 『朝鮮歷史要領』(1923)과 『朝鮮歷史大全』(1928)에서는 妙淸
    의 난을 분기점으로 삼아 隆盛期와 衰亡期로 양분하였다.
37) 李鍾楨, 1923, 『東方歷史』, 滙東書館. 고려사의 5시기 구분 내용은 다음
    과 같다.
    第1期(太祖 - 成宗) : 一統 大業을 保守하여 外國과의 交涉이 頻繁하며
        內治의 制定이 漸備됨
    第2期(穆宗 - 睿宗) : 逆亂寇敵의 多難을 經하여 太平의 治像을 可觀함
        이 稍有함
    第3期(仁宗 - 元宗) : 文武權姦의 跋扈가 相繼하고 妖逆强敵의 禍亂이
        仍作하여 百餘年間에 寧世가 殆無하나 自國의 主權은 猶存
    第4期(忠烈 - 忠定) : 元國에 婚娶함으로부터 主權의 自主를 不保함
    第5期(恭愍 - 恭讓) : 妖僧의 凶恣와 系統의 混亂으로 亡國에 至함
38) 朴杰淳, 『韓國近代史學史硏究』, 303~304쪽.

복 등을 주목한 결과라 할 수 있다. 따라서 이처럼 문일평이 단순
한 편년이나 대외관계를 기준으로 하지 않고, 내정의 발전과 북진
정책의 진전을 기준으로 하여 시기구분을 한 것은 민족사에서 고
려사의 위치를 크게 부각시킨 것이라 할 수 있을 것이다.

4) 汎高麗主義의 설정 (高麗의 國家的 理想 : 北進政策)

문일평은 고려의 기본정신을 북진정책으로 설정하고, 이를 고려
의 국가적 이상으로 파악하였다. 일부의 민족주의 사가도 북진정
책을 주목하였으나, 문일평이 가장 적극적이고 명쾌한 논리로 역
사적 의미를 추구한 것이라 할 수 있다.

文一平은 북진정책을 '汎高麗主義'라 칭하며,[39] 이를 구체화하
고 실지 범주를 垂示한 인물로 태조를 들었다. 그는 북진정책과 관
련된 태조의 업적으로 고구려 구도인 平壤(西京)의 중시를 들었
다.[40] 또한 그는 이와 관련하여 太祖의 松岳 천도를 극찬하였다.
즉 徐兢의『高麗圖經』과 李重煥의『擇里志』를 인용하며 송악으
로의 천도가 음양오행사상에 기인한 것이기도 하지만, 통치기능에
효율적이며 서북지방의 경략에도 유리하여 고려가 신라보다 일층
진보하게 된 중대 원인의 하나라고 간파하였다.[41] 한편 필경 수차
의 국난을 자초하면서까지 거란을 배척한 것은 태조 개인의 의지
라기보다는 고려에 귀화한 발해인의 잠재력 때문이라고 보았다.[42]

그는 북진정책이 태조에 의해 실현된 이래 고려 역대를 일관하

---

39) 文一平, 1928년 2월호, 「高麗의 國家的 理想(下)」『한빛』, 6쪽.
40) 『高麗槪史』, 236쪽.
41) 『高麗槪史』, 233쪽.
42) 文一平, 「高麗의 國家的 理想(下)」, 6쪽.

여 최후까지 변하지 않았다고 하며,[43] 그 대표적인 인물로 徐熙와 妙淸을 들었다. 서희에 대한 긍정적 평가는 당시 민족주의 사가들에 있어 공통된 경향이었다. 그러나 묘청에 대하여는 여전히 평가의 양론이 있는 것으로, 이에 대하여는 후술하기로 한다. 그는 서희를 大外交家라고 하며 蕭遜寧과의 담판내용을 상세히 서술하였고, 동양 최대 강국의 침략을 격퇴한 것을 외교상의 대성공이라고 높이 평가하였다.[44] 그러나 이를 단순히 서희의 공적이 아니라, 고려의 북진주의가 서희를 통해 실현된 것이라고 해석하였다. 나아가 이는 결국 적장까지도 고려가 고구려의 계승자임을 인정한 것이라고 주장하였다.

이것이 三寸舌로 風雲造化를 부르던 大外交家 徐熙의 功績이라 함보다 高麗의 國家的 理想이 徐熙를 通하여 實現된 것으로 보는 것이 正當하다. … 決코 臨時權辯이 아니라 高麗側의 正當한 主張이었기 때문에 敵將이 畢竟 高麗에 屈服하게 된 것이니 이것을 보면 高麗가 高句麗의 後繼者로서 自居함에 對하여 敵將까지도 承認하였다고 解釋할 수 있지 아니한가.[45]

문일평은 여진 정벌 또한 북진정책의 일환으로 해석하였다. 그는 여진의 정벌이 고려 국력의 充溢한 결과인 동시에 고구려이래 최대의 민족적 비약이라고 보았다. 그러나 고려의 군신이 고식적 평화주의에 빠진 나머지 9성을 환부한 것을 매우 안타깝게 여겼다.[46] 한편 문일평은 이후 오랫동안 소침되었던 고려의 국가적 이상이 공민왕의 적극적 책동에 의하여 다시 활기를 띠었으나, 왕의

---

43)『高麗槪史』, 235쪽.
44)『高麗槪史』, 241~242쪽.
45) 文一平,「高麗의 國家的 理想(上)」, 7쪽.
46)『高麗槪史』, 248쪽 ; 文一平,「高麗의 國家的 理想(下)」, 4~5쪽.

참붕과 위화도회군으로 인해 최영의 요동정벌이 수포로 돌아감에
따라 夢幻의 나라로 돌아가고 만 것이라고 하였다. 문일평은 북진
정책이 고려의 국가적 이상이었으나, 결국은 이로 말미암아 고려
가 멸망당한 것이라는 독특한 해석을 내리며 북진정책을 다음과
같이 정리하였다.

> 新羅의 不完全한 統一 그것을 完成하려고 이같이 恒常 北進을 策
> 動하던 高麗의 國家的 努力이 비록 때를 따라 消長伸縮이 없던 것은
> 아니었으되 크게 보면 高麗 全朝를 通하여 이 精神이 一貫하여 온 것
> 만은 事實이다. 西北이 契丹에게 막힐 때에는 다시 東北으로 나아가
> 고 東北 또 女眞에게 막힐 때에는 妙淸 一派의 金國征伐論이 되어
> 廟堂을 움직이게 되었고 그 後로는 續發하는 內亂과 殺到하는 外敵
> 때문에 눈코 뜰 수 없는 狀態에 빠져 있으면서도 오히려 喪失하였던
> 西北 땅을 恢復하였었고 元室의 衰微를 타서 다시 東北을 恢復하고
> 大擧하여 滿洲를 經略하다가 畢竟 이 때문에 高麗朝가 거꾸러지고
> 말았으니 말하면 高麗는 그 理想에 犧牲이 되었다 할 것이다.[47]

5) 高麗의 對外關係

고려의 대외관계는 매우 복잡한 양상을 지닌다. 당시는 고려와
거란 및 여진과의 투쟁이 지속되었고, 宋·遼·金이 대립한 상황
이었다. 따라서 대부분의 민족주의 사가들은 이 시기의 대외관계
를 주목하되, 승리의 역사로 서술하고자 하였다.[48]

문일평은 외교사에 관한 대가답게 현실론과 실익추구론에 입각
하여 대외관계사를 중점적으로 서술하였으며, 독보적인 견해를 제
시하고 있어 주목된다. 먼저 문일평은 신라말 고려초를 동양사의
전환기라고 진단하면서,[49] 이런 상황 속에서도 고려가 거란과 여

47) 文一平, 「高麗의 國家的 理想(下)」, 6쪽.
48) 朴杰淳, 『韓國近代史學史硏究』, 309~313쪽.
49) 『高麗槪史』, 240쪽.

진을 격퇴한 승리의 역사를 강조하였다. 그는 태조대의 활발한 외
교를 신흥 武國의 진취적 기상이 발랄한 결과로 보았다. 또한 北狄
契丹의 무도함을 疾憎하여 입공을 거절하는 등 배척한 것이 후일
수차의 국난을 자초한 결과를 가져와서 실책이라 하지만, 그 당시
상황으로서는 부득이한 일이라고 옹호하였다.50)

　전술한 바와 같이 문일평은 徐熙의 對蕭遜寧 담판 승리를 외교
상의 대성공으로 보았다. 이와 함께 姜邯贊의 龜州大捷도 『高麗
史』를 인용하며 특필하고, 이를 문종대의 극성시대를 가져온 배경
으로 이해하였다.

　　　… 실로 龜州大捷은 薩水大捷과 아울러 高麗人이 民族的 榮譽로
　　自誇하던 바이다. 東洋 最大强國 契丹이 그 英主인 聖宗을 忠하여 南
　　征北伐에 六十餘國이 膝下에 屈服하였지마는 오직 高麗 侵略에는 번
　　번히 得志하지 못하다가 最後 決戰에 一敗塗地하고 말았으니, 아무
　　리 主客의 勢와 逸勞의 差가 있다 하더라도 高麗의 國力이 充實하지
　　아니하고서는 도저히 天下 强敵을 이렇게 殲滅하지 못하였을 것이다.
　　이로부터 慘敗한 契丹의 野心은 水泡에 돌아가고, 大捷한 高麗의 國
　　運은 날로 隆興하여 마침내 文宗의 極盛時代를 보게 되었다.51)

　文一平이 고려의 외교관계에서 가장 주목하고 높이 평가한 것은
엄정한 중립외교였다. 그는 고려의 군주 중 睿宗을 실리추구의 대
표적인 정치인으로 꼽고, 그의 국제적 혜안을 칭송히였다. 그 까닭
은 예종이 宋·遼·金의 대립 속에서 중립을 지킴으로서 중국 대
륙으로부터의 정치적 풍파를 면하였을 뿐만 아니라, 遼·金의 衰

---

50) 『高麗槪史』, 237쪽. 또한 문일평은 고려가 거란의 入貢을 거절한 사유
　　로 契丹의 渤海 討滅을 들었고, 이는 고려 조정에서 벼슬하던 渤海 歸
　　化人의 對契丹 敵愾心이 태조를 통하여 外交上에 發現한 결과라고 해
　　석하였다(「高麗의 國家的 理想(下)」, 7쪽).
51) 『高麗槪史』, 243~244쪽.

强을 이용하여 압록강 유역의 抱州와 來遠 二州를 얻는 기민함을
보였기 때문이었다.

> 이러한 國際的 變局에 處하여 麗廷의 外交는 實로 困難하니, 까딱
> 하면 國家運命에 關係가 되므로 麗廷은 恒常 金遼宋 三國에 對하여
> 嚴正中立의 態度를 取하여 大陸風塵에 超然함을 얻었을 뿐만 아니라
> 도리어 金遼의 交代期를 巧妙하게 利用하여 일찍 遼가 占領하였던
> 鴨綠江畔의 抱州(義州), 來遠(鴨綠江 中의 島) 二城을 恢復하였으니,
> 麗廷의 外交가 매우 機敏하였다.[52]

한편 문일평은 고려의 9성 환부가 유약한 대외정책이었다고 비
판받을 수도 있으나, 후일 여진이 大金國을 수립하여 국제적 변국
을 야기한 바, 오히려 이는 선견지명이 있는 외교였다는 독특한 견
해를 제시하였다.[53] 특히 그는 12세기 고려가 宋・遼・金 삼국에
대해 성공적 외교정책을 수행한 사실을 19세기 조선이 청・일・
러 삼국에 대한 외교정책에서 실패하였던 사실과 비교하며, 근세
정치인의 외교적 안목의 부재를 안타까워한 것은 주목된다.[54]

6) 妙淸의 亂

일제하 민족주의 사가 가운데에 황의돈・장도빈・권덕규 등은
전통 사서의 영향으로 묘청을 부정적으로 기술하였다. 그러나 문
일평은 최남선・안확 등과 함께 신채호의 '西京戰役 = 朝鮮 歷史
上 一千年來 第一大事件' 평가에 영향을 받아 묘청을 긍정적으로

---

52) 『高麗槪史』, 248~249쪽.
53) 文一平, 「朝鮮人과 國際眼」 『湖岩全集』 第1卷, 268~269쪽. 한편 문일
   평은 각종 사론을 통하여 뛰어난 외교술로 역사적 전환기를 극복한 대
   표적 정치인으로 淵蓋蘇文・文武王・高麗 睿宗・崔瑩・申叔舟・李浚
   慶・李珥・柳成龍・李恒福・李德馨・崔鳴吉・孝宗・興宣大院君・金
   玉均 등을 주목하였다.
54) 『高麗槪史』, 249쪽.

기술하였다.[55]

문일평은 묘청을 고려의 북진정책을 가장 선명하게 표출한 대표적 인물로 들었다.[56] 그는 이자겸의 난과 묘청의 난을 인종시대의 '二大變亂'이라고 하며, 비록 동일한 내란이지만 그 성질이 다름을 강조하였다. 즉 이자겸은 척신으로서 왕위를 넘겨 본 성질이 단순한 사건이나, 묘청은 승려로서 천도를 강박한 것으로 성질이 매우 복잡하며 사상적으로도 깊은 연원을 가진 것이라고 보았다.[57] 그는 비록 '妙淸의 叛'이라는 용어를 사용하였으나, 이를 '遷都運動'·'獨立國家 建設'이라고 하며 묘청이 단순히 공명을 바라는 야심이나 음양비술로서 세인을 속이려고 간계를 부린 것이 아니라, 태조이래 추진하던 북진정책의 발현이라고 해석하였다.[58] 결국 문일평은 묘청의 천도운동이 실패함에 따라 고려의 북진정책이 좌절되었고, 이로 말미암아 고려의 정신상에 대타격을 입게 된 것이라고 결론지었다.

> 資謙亂 後 妙淸 一派는 西京에 遷都하고 建元 稱帝하여 金國을 征伐하자고 主張하다가 그 說이 實行되지 못함을 보고 따로 獨立國家를 建設하여 가지고 어디까지든지 初志를 貫徹하려고 策動하였음은 그것이 單純히 妙淸 一派의 功名을 바라는 野心에서나 또는 陰陽秘術로서 世人을 속이자는 奸計에서 나온 것으로만 解釋할 수는 없다. 吾人의 觀察로는 高麗의 國家的 理想이 妙淸에 依히어 아주 鮮明하

---

55) 朴杰淳, 『韓國近代史學史研究』, 313~317쪽.
56) 文一平, 「高麗의 國家的 理想(下)」, 6쪽.
57) 『高麗槪史』, 250쪽.
58) 이 견해는 崔南善과 비슷하다. 崔南善은 妙淸의 난을 新國運動이라고 규정하고 純民衆的으로 새 세상을 만들려 한 것으로 해석하였다(1946, 『新板朝鮮歷史』, 26쪽). 한편 安廓 또한 후대의 사가들이 妙淸을 逆賊이라고 평가하는 것을 반박하며 묘청의 人格이 政治의 大策에서 國土를 擴張하려고 한 雄略을 지닌 인물로 평가하였다(1923, 『朝鮮文明史』, 132~133쪽).

게 代表된 줄로 믿는다. 그의 平壤 遷都와 金國 征伐은 따져 말하면
王太祖 以來 神聖視하는 高句麗의 國都인 平壤을 高麗의 國都로 삼
고 高句麗의 國土를 金國의 손에서부터 完全히 回復하자는 意味에
지나지 않는 것이다. 이 點에 있어 妙淸 一派의 遷都運動이 失敗에
終하게 됨은 高麗 一代 精神上의 大打擊이라고 할 수 있다.[59]

7) 歷代 王贊

문일평은 고려의 역대 왕 가운데에 태조·성종·문종·예종·
공민왕의 치적을 높게 평가하였다. 이는 그의 王贊의 기준이 각 왕
대의 내치와 문화발달 및 대외관계, 특히 북진정책의 수행에 있었
음을 의미하는 것이라 할 수 있다.

전술한 바와 같이 문일평은 태조의 후삼국통일의 위업과, 남북
全的 통일의 국가적 이상을 실현하고 이를 후대 왕에게 전수한 점,
그리고 내치와 외교상의 업적을 높이 평가한 바 있다. 그는 이같은
태조대의 업적을 초창기에 '立國의 規模만 粗定'된 것으로 요약
정리하였다.[60] 특히 그는 태조가 내치의 기틀을 수립한 대표적인
업적으로 訓要十條를 들며, 이를 '고려 일대에 政教上의 寶鑑을 作
한 것'이라고 서술하였다. 훈요십조는 今西龍이 僞作說을 제기한
이래 식민사학자들에 의해 그 진실성이 부정되어 온 것으로,[61] 문
일평은 일제에 의해 왜곡된 고려사상을 복원한 것이라 할 수 있다.

그러나 태조이래 혜종부터 경종까지의 4대는 단지 태조의 遺業

---

59) 文一平, 「高麗의 國家的 理想(下)」, 5쪽.
60) 『高麗概史』, 238쪽.
61) 今西龍, 1912, 「新羅僧道詵に就て」『東洋學報』 第2卷 第2號, 247~263
　　쪽. 이후에도 今西龍은 집요하게 훈요십조의 위작설을 재차 강조하였
　　고(「高麗太祖十訓要に就きて」『東洋學報』 第8卷 第3號, 1918, 419~
　　427쪽), 대부분의 식민사학자들은 이를 추종하였다. 한편 훈요십조의
　　위작설은 李丙燾에 의해 반박되고 그 진실성이 밝혀졌다(『高麗時代史
　　의 研究』, 乙酉文化社, 1980, 55~74쪽).

을 保守한 것 뿐이라고 하였다. 그 가운데에 광종은 비록 과거제와
노비안검법을 만들어 후세에까지 영향을 주었으나, 晩年의 失德과
臣僚의 濫殺을 지적하며 부정적으로 기술하였다. 그러나 경종의
전시과 제정은 긍정적으로 기술하였다.62)

문일평은 성종대를 守成期로 시기구분을 하며 높게 평가하였다.
그는 성종대의 官制의 整定, 산업의 장려, 교육의 진흥, 사회의 개
량 등 치국의 제도가 완비된 것을 주목하였고, 거란의 격퇴를 상술
하였다.63) 한편 문종대부터를 융성기로 시기구분하며 仁政의 實
施·刑法의 改正·産業의 發達·佛敎의 極盛·儒敎의 蔚興으로
나누어 상술하였는데 문종대를 '極盛時代'·'黃金時代'라고 극찬
하였다.64)

한편 고려시대의 역대 왕 가운데에 문무의 공을 겸비한 왕으로
현종과 예종을 주목하였다. 특히 그는 예종을 극찬하였는데, '그
血脈에는 曾祖의 熱血이 躍動하며 그 胸臆에는 曾祖의 英氣가 磅
礴하여 내치에만 전력하기에는 그 자질이 너무도 발랄'한 인물로
서술하며 여진 정벌을 대표적 업적으로 평가하였다.65) 또한 그는
고려가 중립외교를 통해 정치적 풍파를 모면할 수 있었던 것은 예
종의 밝은 國際眼 덕분으로 파악하였다.66)

그러나 예종의 승하와 함께 고려의 융성기가 종막을 닫고, 인종
의 즉위와 함께 쇠란기의 서막을 열었다고 하며, 이후 2백년간은

---

62) 『高麗槪史』, 238쪽.
63) 『高麗槪史』, 238~244쪽.
64) 『高麗槪史』, 244~246쪽. 文一平은 여기에서 文宗代를 "實로 文宗의 三
十七年間은 政淸法公하고 國富民殷하여 宗敎·文學·醫學·美術·工
藝가 燦然히 蔚興하여 文化的으로 最高潮에 達한 高麗의 黃金時代이
다."라고 정리하였다.
65) 『高麗槪史』, 246~247쪽.
66) 文一平, 「朝鮮人과 國際眼」, 268~269쪽.

權臣의 跋扈, 强敵의 壓迫, 主權의 式微, 民生의 瘁困 등으로 결국 고려 멸망의 원인이 된 것으로 서술하였다. 따라서 인종은 시호와 같이 성질은 慈愛하나 우유부단하여 權臣 跋扈의 端을 發한 인물로 평가하였다.[67] 이후는 공민왕의 반원정책을 설명한 외에 별도의 왕찬은 보이지 않는다.[68]

8) 武人政權

문일평의 무인정권에 대한 인식은 여타의 민족주의 사가들과 마찬가지로 부정적이다.[69] 반면 문일평은 무인정권이 성립하게 된 배경에 대해 날카롭게 분석하였다. 먼저 그는 무인정권 성립의 遠因으로 고려초 이래의 문무차별을 들었다. 즉, 광종의 과거제 시행으로 文運이 漸興하여 문무차별이 생겼고, 이후 성종대의 관학 성립과 문종대의 사학 발달로 문무차별이 현저하게 되었으며, 예종의 시인 애호와 인종의 학자 예우로 문신의 驕奢와 浮華輕佻의 풍이 더욱 醞釀하게 된 것으로 지적하였다.[70]

그러나 문일평은 이같은 문무차별을 현실과 괴리된 것으로 비판하며, 결국 그 反動이 무인정권을 야기한 것으로 서술하였다.

> 太祖가 武人으로서 天下를 取한 것은 莫論하고, 成宗 顯宗時의 契丹役과, 肅宗 睿宗時의 女眞役에 國家大亂을 勘定한 者는 武人인데 아무리 制度上으로 文武의 差別이 있을지라도 實際에 있어서는 到底히 武人을 輕視하지 못할 것이거늘 毅宗朝의 文臣輩가 함부로 賤待하다가 그 反動으로 屠戮의 慘禍를 激成하니 毅宗의 失政과 文臣의 失行이 實로 컸다.[71]

---

67) 『高麗槪史』, 249쪽.
68) 『高麗槪史』, 258쪽.
69) 朴杰淳, 『韓國近代史學史硏究』, 317~322쪽.
70) 『高麗槪史』, 251쪽.

 이어 문일평은 무인정권 성립의 近因으로 의종의 실정과, 누적
된 무인의 불만을 들었다. 그는 무인정권을 '亂', '鄭·李亂黨',
'鄭·李賊黨', '逆黨', '賊臣' 등의 용어를 사용하며 부정적으로 서
술하였다. 또한 그는 무인정권 내부의 권력쟁탈 과정에 대하여도
용어를 선별하여 사용하였다. 즉, 李義方의 李高 살해를 誅殺로,
鄭仲夫의 李義方 살해를 誅戮으로, 慶大升의 鄭仲夫 살해를 斬除
로, 崔忠獻의 李義旼 살해를 殲滅로 각각 용어를 선별적으로 사용
하였다.72) 이는 문일평의 무인정권에 대한 부정적이고 엄정한 평
가를 반영하는 것으로 이해된다.

 그러나 金甫當과 歸法寺 僧侶, 趙位寵 등의 反武人亂은 무인 전
횡에 불복한 인심의 반항적 동란으로 서술하였다.73) 그런데 정중
부에 대한 문일평의 인물평은 매우 흥미롭다. 그는 정중부의 변을
'狂暴한 武夫의 쿠데타'로 규정하며, 이를 淵蓋蘇文의 정변과 비
교 설명하였다. 그는 정중부를 격분한 나머지 시세의 급류에 휩쓸
려 叛逆의 魁는 될 수 있을지언정 治平의 材는 되지 못해 파괴를
위한 파괴에는 성공하였으나 건설을 위한 파괴를 하지 못하여 대
내적 영향에만 그친 인물로 서술하였다. 그러나 연개소문은 대경
륜으로 역사의 동향을 돌려놓은 인물로서 대외적 영향을 끼치며
정변에 성공한 사례로 평가하며, '百仲夫를 가지고 一蘇文을 對敵
치 못할 것'이라고 하였다.74) 또한 정중부를 최충헌과도 비교하였
다. 그는 최충헌이 정중부와 같이 弑逆의 잔인함은 없으나 前後 四

---

71) 『高麗槪史』, 252쪽.
72) 『高麗槪史』, 253쪽. 한편 崔瑀가 살해된 것을 誅殺로, 金仁俊이 살해된
    것을 斬除로, 林衍이 살해된 것을 誅戮으로 각각 다르게 표기하였다
    (254쪽).
73) 『高麗槪史』, 252~253쪽.
74) 文一平, 「史上의 奇人」 『湖岩全集』 第1卷, 387~390쪽.

王을 廢하고 二王을 立한 專擅을 행한 것은 고금의 제일이라고 비판하였다.[75]

한편 문일평의 萬積에 대한 견해는 주목된다. 문일평은 『高麗概史』에서 이들에 대하여 서술하지는 않았으나, 별도의 사론을 통하여 만적의 사상이 계급적 구사회의 조직을 파괴하고 평등적 신사회의 조직을 실현하고자 한 것으로 보고 이를 '萬積革命運動'이라고 규정하였다.[76] 또한 그는 만적이 公賤이 아닌 私賤으로서, 기술노예가 아닌 노동노예로서 良賤劈破運動을 주도한 사실을 주목하였는데, 그를 기골있는 대장부로 칭송하며 洪景來와 비견하였다.[77] 이는 문일평이 만적의 난을 계급투쟁과 사회혁명으로 이해하였음을 보여주는 것이다. 이와 함께 고종 19년 충주성 奴隷軍變을 주도한 승려 牛本을 제2의 만적이라고 평가하였다. 그는 이 사건을 귀천의 갈등과 사회적 결함을 반영한 최대의 사건으로 해석하며, 혁명기가 난숙해진 것으로 시대상황을 이해하였다.[78] 이처럼 문일평이 이른바 반역아를 역사의 전면에 주체적 존재로서 등장시킨 것은 일제를 극복하기 위해서 역사의 동력인 민중의 저항의식을 고취하기 위한 것으로 그의 역사인식이 일제 타도라는 현실적 관점에 서있음을 반영하는 것이라 할 수 있다.[79]

---

75) 『高麗概史』, 254쪽.
76) 文一平, 「朝鮮過去의 革命運動」 『湖岩史論選』, 64~65쪽.
77) 文一平, 「史上의 奇人」, 393~395쪽.
78) 文一平, 「史上의 奇人」, 395~397쪽.
79) 朴杰淳, 『韓國近代史學史研究』, 320~321쪽. 문일평이 叛逆兒를 주목한 까닭에 대하여 우리 역사의 생동하는 힘을 찾고 또한 시대적 모순을 이해하기 위한 것이라는 견해(金光男, 「文一平의 人物論에 대하여」, 265쪽 ; 尹海東, 「문일평」, 190쪽)와, 문화적으로 탁월한 조선인이 정치적으로 졸렬한 이유를 밝히기 위한 것이라는 견해(李完宰, 「1930년대 民族主義史學의 發展」, 181쪽)가 있다.

문일평은 三別抄에 대하여 부정적으로 기술하였으나, 裵仲孫에
대하여는 긍정적으로 기술하였다. 그는 삼별초를 '崔瑀의 創設에
係한 賊警團'으로 설명하며 '歷代 權臣의 瓜牙가 되어 政爭에 干
涉'한 존재로 평가하고, 이른바 삼별초의 난이 討平됨으로서 무인
의 발호하던 여파가 평정된 것이라고 서술하였다.80) 그런데 다른
글에서는 배중손을 一大叛徒이지만 기백있는 一大志士로서 칭송
하였다. 여기에서는 배중손과 삼별초의 항쟁을 고려인의 자주성을
띤 최후의 항전으로 설명하며, 당시 立省策動까지 마다하지 않던
매국노에 비하면 배중손은 고려에 一點光明을 비춘 인물이라고 평
가하였다.81) 이는 배중손이 고려사에서 이른바 奴輩史家들에 의해
誣筆된 대표적 인물로 들며, 그들의 忠義先民의 국가정신을 찬양
한 신채호 사론의 영향을 받은 것이라 할 수 있다.82)

9) 高麗의 滅亡과 朝鮮의 建國

문일평은 묘청의 난 이후의 고려후기사를 대개 부정적으로 서술
하였다. 그 까닭은 고려의 국가적 이상인 북진정책이 좌절되었다
고 믿었기 때문이다. 문일평은 대원관계 하에서 '王의 傳位, 重祚
도 거의 兒戱와 彷佛하여 一國에 兩君이 竝立하는 奇現象'과, 忠
肅王이 遠流되고 忠惠王이 縛歸 당하는 國恥 등 파행적인 정치형
태를 비판적으로 기술하였다.83)

---

80) 『高麗槪史』, 254~255쪽.
81) 文一平, 「史上의 奇人」, 383~384쪽.
82) 申采浩는 고려사에서 誣筆된 대표적 인물로 裵仲孫과 金通精을 들었
   다. 그는 元宗 이래 고려의 國恥를 떨치려 한 것은 三別抄 一軍 뿐이라
   고 하면서, 삼별초가 몽고의 지휘하에 있던 군주나 조정에 반기를 든
   것은 당연한 일이라고 하였다(「論麗史誣筆」『改訂版丹齋申采浩全集』
   別集, 30~31쪽).

그러나 공민왕의 반원정책은 긍정적으로 서술한 바, 특히 그의
만주 경략은 고려인을 위하여 크게 기염을 토한 일이며,[84] 오랫동
안 소침하였던 고려의 국가적 이상이 다시 활기를 띠게 된 일이라
고 평가하였다.[85] 또한 문일평은 崔瑩의 遼東大役을 주목하였다.
그는 최영이 친원적 성향을 지니게 된 것은 元·明 교체기를 이용
하여 요동지방을 차지하고자 한 외교적 안목 때문이었다고 분석하
며, 이성계의 親明과는 성격이 분명히 다르다고 설명하였다.[86] 이
또한 신채호 사학의 영향으로 이해된다.[87] 그러나 전술한 바와 같
이 문일평은 이성계의 위화도회군으로 말미암아 최영의 대경륜이
수포로 돌아가고 말았고, 이와 함께 고려의 대이상도 몽환으로 그
치고 만 것으로 보았다.

결국 문일평은 고려의 국가적 이상이었던 북진정책이 좌절되고,
오히려 그 희생으로 고려가 멸망하게 된 것에 대해 안타까워하였
다. 그러나 그는 고려가 국토를 확장하고 민족을 보위하기 위해 북
진정책이라는 웅위한 이상을 지녔고, 이의 실현을 위해 계속적으
로 노력한 것을 높이 평가하였다.

> 滿洲와 朝鮮을 收拾하여 南北 全的統一을 實現하려던 汎高麗主義
> 가 그만 中途에 失敗되어 겨우 鴨綠 豆滿 兩江으로서 國境을 삼은 半
> 島國이 되고 말았지마는 그러나 今日 우리네 요만한 國土와 요만한
> 民族이나마 高麗의 所賜임을 생각할 때에 高麗의 그 雄偉한 理想 및
> 그 繼續的 努力에 대하여 한번 더 讚歎하지 않을 수 없는 것이다.[88]

---

83) 『高麗槪史』, 257~258쪽.
84) 『高麗槪史』, 258쪽.
85) 文一平, 「高麗의 國家的 理想(下)」, 6쪽.
86) 文一平, 「朝鮮人과 國際眼」, 273~274쪽.
87) 朴杰淳, 『韓國近代史學史硏究』, 329~330쪽.
88) 文一平, 「高麗의 國家的 理想(下)」, 6쪽.

이로써 보면 문일평의 고려사 인식은 시종 북진정책의 수행 여부와 관련된 것임을 알 수 있다. 즉, 고려의 북진정책을 고려의 국가적 이상인 汎高麗主義로 설정하고, 이를 실현하기 위해 노력한 왕이나 인물, 또는 그 결과로 나타난 역사적 사건은 높이 평가하고 그 반대의 경우는 폄하하였던 것으로 정리할 수 있다.

10) 高麗의 文化

일제하 민족주의 사가들의 공통적 특징 가운데에 하나는 문화 분야를 주목하였다는 사실이다. 黃義敦・張道斌・權悳奎는 물론 崔南善도 통사를 저술하며 문화를 별도의 장절로 설정하여 서술하였다. 이는 종래 왕실 중심의 정치사 일변도의 연구 경향에 대한 반성이라는 학문적 성숙의 결과로 이해된다. 뿐만 아니라 정치사의 서술만으로는 민족의 분발을 촉망하기가 어려웠기 때문에 문화적 자긍심을 고양시켜 궁극적 목적인 일제 타도를 지향하였던 민족주의 사가들의 현실인식에 기인한 것이라 할 수 있다.[89]

문일평은 후기문화사학을 선구적으로 개척한 사가로 평가된다.[90] 그가 朝鮮心을 강조하였기 때문에 유심론 사가로 분류되기 쉬우나, 그의 朝鮮心은 선험적인 것이 아니라 조선 민족의 역사와 문화의 축적에 외해서 형성된 것이므로 박은식・신채호・정인보의 유심론과는 구별되는 것이다.[91] 1930년대의 민족주의 사가 중

---

89) 朴杰淳,『韓國近代史學史研究』, 331~336쪽.
90) 趙東杰,『現代韓國史學史』, 197~201쪽.
91) 趙東杰,『現代韓國史學史』, 40쪽. 조동걸은 문화사학을 3・1운동과 더불어 부상한 문화사조와 인도주의를 시대적 배경으로 하여 발달한 것으로 보았다. 따라서 문화사학은 문화적 기능이 역사를 변천시킨다고 이해하는 것으로, 사회의 상층구조의 변화인 정치사・제도사・문화사・예술사・종교사・풍속사 등을 총체적으로 혹은 부분적으로 추구

문일평의 역사 세계는 학문·과학·종교·예술·풍속 등 다방면에 걸쳐 있어 한국문화사에 대한 취급 범위가 매우 광범위하였으며, 이같은 분류사의 서술은 그의 학풍의 특징이라 할 수 있다.[92] 따라서 그는 한국정신사, 사상사의 개척자로 평가되며, 그의 朝鮮學은 곧 한국문화에 대한 연구체계이고, 그의 朝鮮心은 곧 한국문화를 형성한 근원에 대한 정의로 이해된다.[93]

본서에서도 문일평은 문화를 주목하였다. 일부 민족주의 사가도 고려시대의 문화를 주목한 바 있으나, 문일평처럼 적극적이거나 구체적이지는 않다. 그가 북진정책을 고려의 국가적 이상인 汎高麗主義로 상정하고, 이를 기준으로 고려사를 서술하였음은 전술한 바와 같다. 즉, 문일평은 고려사를 국가 사상의 성쇠와 수행, 성취 여하의 사상사적 관점에서 파악하고자 하였던 것이다. 이는 문화와 사상과의 관계를 설명하며, 문화가 사상을 培養하고 사상이 문화를 誕育하는 상호 영향을 미치는 인과관계를 가졌다고 본 문일평의 문화사관에 바탕한 독특한 역사인식이라 할 수 있다.[94]

문일평은 본서에서 성종과 문종대의 내치와 문화발달상을 강조하였다. 성종대는 至治思想에 입각한 중앙과 지방관제와 군제 등 관제의 정비, 인본주의와 농본주의에 바탕한 각종 시책과 상업의 발달 등 산업의 장려, 유교주의에 입각한 교육의 진흥, 五服給暇式·奴婢還賤法 등 社會 風敎의 개량 등 治體完備를 주목하였다.[95] 문종대는 종교·문학·의학·미술·공예 등이 찬연히 蔚興

하여 역사발전의 구조와 현상과 의미를 파악하려는 역사방법론의 변화로 이해하였다(앞의 책, 178쪽).

92) 李萬烈, 『韓國近代歷史學의 理解』, 183~184쪽.

93) 李完宰, 「1930년대 民族主義史學의 發展」, 190~196쪽. 문일평의 문화사에 대한 저술은 崔起榮, 「湖岩 文一平의 생애와 저술」 참조.

94) 文一平, 「史眼으로 본 朝鮮」, 14쪽.

95) 『高麗概史』, 238~240쪽.

한 고려 문화의 황금시대라고 하며, 仁政의 실시·刑法의 개정·
산업의 발달·불교의 극성·유교의 蔚興 등 문명의 극성상을 주
목하였다.96)

이같은 문일평의 문화사학 관점에 의한 고려사 인식은 고려시대
사의 정치사가 식민사학의 왜곡적 표적이 되고 있을 뿐만 아니라,
또한 정치사의 서술만으로는 일제 타도라는 민족주의 사학의 현재
적 과제에 교훈을 줄 수 없다는 판단에 기인한 것으로 여겨진다.
문일평이 이처럼 정치사 이외의 분야를 역사 연구의 대상으로 확
대함으로서 민족사의 지평을 넓힌 것은 평가되어 마땅하다.

제3절 『高麗槪史』의 사학사적 의의

이상에서 살펴 본 바와 같이 문일평의『高麗槪史』는 일제하 민
족주의사학의 고려사 서술을 대표하는 것이라 할 수 있다. 여기에
서는 일제 관학자의 고려사 서술로 대표적인 今西龍의『高麗史槪
說』과, 瀨野馬熊의『朝鮮史大系』중세사편을 비교사학적 관점에
서 살펴봄으로서『高麗槪史』의 사학사적 의의를 추구하고자 한다.

『高麗史槪說』은 今西龍이 京城帝大의 고려시대사 강의를 위해
1918년 저술한 것인데, 장절의 구분없이 44면으로 정리한 미완의
저작이다.97) 그런데 今西龍은 절반이 넘는 23면에 걸쳐 대몽관계
하 고려의 파행적 정치형태를 강조하고 있어 고려의 타율적, 부정

---

96)『高麗槪史』, 244~246쪽.
97) 今西龍 遺著, 1944,『高麗史硏究』, 京城 近澤書店, 1~44쪽.

적 성격을 강조하려는 의도를 노골화하였음을 알 수 있다. 또한 후
삼국 당시 외국세력의 파급여하가 고려에 어떠한 영향을 끼쳤는가
하는 점에 주목하여 고려의 對中國 附庸的 성격을 강조하려 하였
다.98)

한편 발해 멸망 후 고려로 귀화한 발해인들이 단순히 인구의 증
가를 초래하는데 그친 것인지, 아니면 特種의 技藝를 전한 것인지,
혹은 일종의 '尺'이 되어 技藝를 세습한 民으로 되었는지 불명하다
고 하였다.99) 또한 발해와 신라와의 관계에 대하여는『三國史記』
를 인용하여 적대적 관계로만 서술하였다.100) 이는 발해를 한민족
사에서 제외하고자 하는 작위적 서술에 불과한 것이다.

고려 초기의 문화에 대하여는 일본과는 달리 자국의 독자적 문
화가 아직 일어나지 못한 채 고려에 귀화한 중국 文士를 환영하여
이들에만 의존하는 형편이었고, 특히 光宗代의 경우가 심하여 고
려인의 원망을 살 정도였다고 하며 그 대표적 인물로 後周人 雙冀,
宋人 周佇・胡宗旦을 꼽고 있다.101) 또한 고려 예술의 우수함과
세계적 걸작품을 설명하면서도 이를 唐風文藝의 영향으로만 간주
하였고, 文宗代를 고려 문물의 융성기라 하면서도 宋 문화의 영향
을 강조하는 등 문화적 독창성을 부정하고 대중국 종속성을 부각
시키려는 의도를 분명히 하고 있다.102)

今西龍은 고려의 사상계를 불교와 지리도참설로만 단순화하여
설명하였다. 따라서 고려의 사상과 문화의 수준을 저급하게 취급
하고 있다. 또한 이러한 사상이 당시 고려의 문화와 사상에 끼친

---

98) 今西龍,『高麗史研究』, 2쪽.
99) 今西龍,『高麗史研究』, 3쪽.
100) 今西龍,『高麗史研究』, 12쪽.
101) 今西龍,『高麗史研究』, 5쪽.
102) 今西龍,『高麗史研究』, 10~11쪽.

영향에 대해 주목하지 않고 단순히 사상적 존재로만 서술하여 신비적이고 미혹적 성격의 부각으로만 그치고 있다. 더구나 불교를 설명하며 태조의 십훈요를 인용하고 있으나, 곧 위작설을 강조하는 등 역사서술에 있어 매우 의도적이고 작위적 왜곡의 행태를 보이고 있다.103) 지리도참설에 대하여도 미신적 성격을 비판적으로 서술하는데 그치고, 이것이 고려의 기층사회에 끼친 영향에 대하여는 전혀 설명하지 않았다. 고려는 국초부터 유교정치사상을 표방하였으며, 이는 成宗代 정치제도 완비의 정신적·제도적 배경이 되었던 것이다. 또한 고려사에서 유교는 불교 못지 않게 중요한 사회적 기능을 행한 것으로, 불교와 함께 고려 정신계의 양대 기축이 된 것이다. 그러나 이에 대하여 전혀 언급하지 않고 단지 문예의 對中國 종속적 성격만을 강조하는 등 타율성론으로 일관한 것이다. 이것은 분명 의도적인 것으로, 이른바 문헌고증이란 과학적 역사연구 방법론을 표방한 고등의 총체적 역사왜곡이었던 것이다.

한편 고려사 전개의 중대 전환점이라 할 이자겸의 난에 대하여는 전혀 언급하지 않고 묘청의 난만을 간단히 언급하고 있다.104) 그러나 여기에서도 지리음양참위만 강조하여 서술의 초점이 흐려져 있음은 물론이다.

최씨 무인정권에 대하여는 비교적 상술하였는데, 『高麗史』에서 최씨정권의 악정만을 극히 비판적으로 서술한 것을 반박하며 다소의 선정도 있었음을 강조하였다.105) 아울러 강화로 천도한 고려 조정이 전 국토가 몽고에 의해 유린됨에도 불구하고 悠長한 생활을 한 것을 비판하였다.106) 그러나 왜구에 대하여 그 폐해를 인정하고

---

103) 今西龍, 「新羅僧道詵に就て」『東洋學報』第2卷 2號, 247~263쪽 ; 「高麗太祖十訓要に就きて」『東洋學報』第8卷 第3號, 419~427쪽.
104) 今西龍, 『高麗史研究』, 15쪽.
105) 今西龍, 『高麗史研究』, 20쪽.

있음은 주목된다. 즉 왜구가 高宗 10년이래 조선 초까지 250년간 侵寇한 것이 사료에 보이나 사실은 이보다 더 많았을 것이라 추측하며, 일본 조정이 이를 금압하려 노력하였으나 內地의 투쟁 때문에 불가능하였다고 서술하였다.[107] 이러한 견해는 왜구의 실체를 부정하거나 고려에 끼친 폐해를 축소하고, 심지어 왜구에 대한 중국과 우리측 사서를 인정하지 않으려 한 다른 식민사학자들의 견해와는 일부 다른 것이다.[108] 그러나 왜구의 행위를 對馬·壹岐지역의 通商行爲로 보고 있는 등 근본적 차이는 아닌 것이다.

대원관계하의 고려와 몽고와의 관계는 元 王室의 一宗族, 元의 藩王國이라 규정하고,[109] 특히 忠烈 - 忠定王代의 대원관계를 큰 비중으로 서술하고 있다. 고려사를 개설하되 절반 이상을 이 부분에 할애하고 있음은 전술한 바와 같이 고려사 전개의 종속성과 타율성을 강조하려 한 것 이상은 아니다.

이로써 볼 때 今西龍의 『高麗史槪說』은 일제 식민사학에서 정리한 최초의 고려사개설이나, 당시 일인들의 고려사에 대한 이해의 미숙한 정도와, 그들의 고려사 연구 목적이 한국사 전체에 대한 이해의 과정과 단계가 아닌 타율성론에 입각하여 한국사를 왜곡, 식민지 지배의 합리성을 도출하려 한 목적에 불과한 것이었음을 알 수 있다.

今西龍의 『高麗史槪說』과 함께 일제 관학자의 고려사 서술을 대표하는 것은 瀨野馬熊이 저술한 『朝鮮史大系』[110] 中世史편이

---

107) 今西龍, 『高麗史研究』, 22쪽.
108) 朴杰淳, 『韓國近代史學史研究』, 342~343쪽.
109) 『高麗槪史』, 26쪽.
110) 『朝鮮史大系』는 朝鮮史學會가 주관한 「朝鮮史講座」 一般史講義를 묶어 1927년에 간행한 것으로, 林泰輔의 『朝鮮史』 이후 일본인에 의한 최초의 통사이나, 他律性論에 의해 한국사를 총체적으로 왜곡한

106) 今西龍, 『高麗史研究』, 24쪽.

다. 본서는 본문만 301면에 이르는 방대한 분량이다. 朝鮮史學會의 「朝鮮史講座」 계획 당시 中世史 담당강사는 荻山秀雄이었고, 瀨野馬熊은 근세사 담당강사였다. 그러나 荻山秀雄의 중세사 담당 고사로 瀨野馬熊이 중세사까지 담당하게 되었다.[111]

『朝鮮史大系』 中世史는 서언과 16장 40절 및 도판으로 구성되었다.[112] 그런데 목차를 보면 다음과 같은 몇가지 특징을 지적할

것에 불과하다.

111) 『朝鮮史講座 特別講義』 彙報, 4쪽. 당시 瀨野馬熊은 分類史講義에서 政爭史를 담당하기로 되어 있었으나(1924. 1, 『史學雜誌』 第35編 第1號, 81~83쪽), 실제로는 小田省吾가 담당하였다. 오히려 그는 特別講義에서 계획에 없던 「蔚山城址と淺野丸」이란 8면의 짧은 글을 수록하고 있다. 瀨野馬熊은 早稻田大 文科를 졸업하고 縣立秋田中學에서 교편을 잡고 있다가 1906년 12월 臺灣總督府의 土匪討伐史 편찬에 참여하여 식민지 역사편찬과 인연을 맺었고, 白鳥庫吉이 이끄는 南滿洲鐵道株式會社 역사조사부에 소속되어 근무하기도 하였다(1930, 『瀨野馬熊遺稿』 序文, 朝鮮印刷株式會社, 1~8쪽). 이후 中樞院 촉탁으로 내한한 瀨野馬熊은 이후 朝鮮史編纂委員會 촉탁(1924. 11. 30~1925. 6. 6), 朝鮮史編修會 촉탁(1925. 6. 6~1935. 5. 20)으로 10여 년간 식민사학에 종사하였다(朝鮮總督府 朝鮮史編修會, 1938, 『朝鮮史編修會事業槪要』, 126쪽, 133쪽). 그런데 그는 고려시대보다는 조선시대, 특히 黨爭史에 관심이 있었다. 따라서 『朝鮮半島史』의 편찬 시에는 第5編(朝鮮時代), 朝鮮史編修會의 『朝鮮史』 편찬 시에는 第6編(朝鮮後期 : 英祖·甲午改革), 1937년에는 第6編과 함께 第5編(朝鮮中期 : 光海君~景宗)의 囑託으로 활동하였다(『朝鮮史編修會事業槪要』, 106~114쪽). 그러한 그가 中世史 강의를 담당한 것은 荻山秀雄의 고사와 오랜 한국사 연구 및 촉탁생활의 경험 때문인 것으로 보인다.

112) 『朝鮮史大系』 中世史의 목차는 다음과 같다.
　緒　言
　前　期
　　第1章 高麗의 興起
　　　第1節 高麗 王建의 先系와 그 創業
　　　第2節 麗濟의 爭衝
　　　第3節 太祖의 半島統一과 그 政治

수 있다.

　첫째, 고려시대를 서술하면서도 일본사를 주체로 하는 모순을 범하고 있다는 점이다. 제3장에서 일본과 고려와의 관계를 서술하며 '我朝廷', '我天皇'이라 하여 일본을 주체로 서술하였다.[113] 또한 12장에서는 元의 日本 入寇를 高麗後期(下)의 분기점으로 인식하고 있다. 즉 元의 入寇 이전의 일본과 고려와의 관계를 평화적 관계로 설명하고, 元의 일본 入寇를 두개의 절에 걸쳐 서술함으로서 그들의 피해상을 부각시키려 한 것이다. 반면 과거 그들의 침략상은 은폐하려는 의도가 분명히 보인다. 그 대표적 경우가 왜구의 실체를 부정한다거나 축소, 은폐하려 하고 있는 것과는 좋은 대비

113)『朝鮮史大系』中世史, 29~30쪽.

를 이룬다.114) 이처럼 일본사가 주체가 되고 있음은 본문 年紀의
표기에서도 알 수 있다. 즉 고려 王年 아래에 일본 - 중국 - 서기
의 순으로 年紀를 병기하고 있는데, 이는 고려의 독자적 존재를 부
정하고 이른바 동양사의 구도 속에서 고려사를 서술하려 한 것으
로 이해된다.

둘째, 목차에서 장절이 上·下, 一·二로 중복 편제된 부분이
많다는 점이다. 章에서는 武臣의 跋扈와 대원관계가, 節에서는 契
丹의 入寇, 仁宗朝의 內亂, 崔氏의 專權, 蒙古의 入寇, 服屬 以後
의 高麗와 元室 등이 각각 중복 편제되어 있다. 그런데 이처럼 중
복 편제한 史像들은 모두 고려의 정치적 혼란상이거나 이민족의
침략으로 인한 불행한 상황과 관계된 것이어서 주의를 요한다. 이
는 고려사를 후진성과 타율성, 정체성 등 식민사관의 논리로 해석
하고자 한 계책이었던 것이다.

셋째, 고려 내정의 정치·경제·사회·문화상의 서술보다 대외
관계사에 치중되어 있는 점이다. 이 또한 일본 및 중국 諸國과의
관계를 과장적으로 서술하여 고려의 주체성을 부정하고 고려의 주
변성과 종속성을 강조하려 한 것이다.

넷째, 고려후기 부분을 필요 이상으로 강조한 바, 서술상 극심한
불균형을 보이고 있다는 점이다. 본서는 총 301면 가운데 전기가
54면(18%), 중기가 70면(23%), 후기 상편이 74면(25%), 하편이 103
면(34%)으로 구성되어 있다. 이로써 볼 때 후기가 60%나 되며, 특
히 후기에서도 하편이 전체의 34%나 차지하여 서술상의 극심한
불균형을 보이고 있다. 이는 후기를 다시 상·하로 양분한 데에서
도 후기를 강조하려는 의도를 알 수 있는 것이다. 물론 여기에는
『高麗史』 등 기본사료의 구성에도 원인이 있을 것이나, 고려후기

---

114) 『朝鮮史大系』 中世史, 254~256쪽.

의 문란상을 이른바 흥망사관에 입각하여 서술함으로서 고려 멸망
의 당위성을 억지로 산출하려는 의도가 내재된 것으로 판단된다.

다섯째, 小田省吾가 집필한 上世史와는 달리 마지막 장에 불교
와 학문을 언급하고 있다는 점이다. 비록 분량이 37면에 불과하고
내용이 아주 소략하며 고려사회에 대한 이해의 수준이 미흡하나,
문화사적 접근을 시도한 것은 이례적인 부분이다.115)

『朝鮮史大系』가 1920년대 일제 관학자들의 식민사관에 입각한
한국사 왜곡의 대표적 산물이라면, 조선사편수회가 간행한 『朝鮮
史』는 1930년대 식민사학의 결정판이라 할 수 있다. 『朝鮮史』는 3
·1운동 후 한국인의 독립정신을 무마하고 회유·동화시킬 목적에
서 고등의 통치술책의 일환으로 편찬한 것이었다.116) 『朝鮮史』의
편찬 목적은 총독 宇垣의 훈시나 이 사업을 총괄한 政務總監 今井
田, 顧問 黑板勝美 등의 발언에서 명확히 알 수 있듯이 학술상의
사업을 빙자하여 한국사를 왜곡하고, '통치방침'이나, '施政'의 자
료를 획득하기 위한 것에 불과한 것이었다.117)

---

115) 이는 瀨野馬熊의 독특한 編制로 近世史編에서도 마지막 16章에 '朝
鮮의 敎育·學問 및 宗敎'라 하여 敎育과 科擧, 儒學, 佛敎(附 道敎)
를 서술하였다(『朝鮮史大系』 近世史, 274~318쪽).

116) 李萬烈, 『韓國近代歷史學의 理解』, 269~270쪽.

117) 宇垣 總督은 제5회 위원회(1931. 8. 29)에서 "… 생각건대 『朝鮮史』를
편찬하는 일이란 통치방침상이나 학술상으로 중요하고 필수적인 사
업임은 구태여 재언할 필요도 없는 것입니다. …"라 하였다. 또한 會
長 今井田은 제6회 위원회(1932. 7. 21)에서 "… 『朝鮮史』의 출판은
단지 시정상의 유익한 참고가 될 뿐 아니라 朝鮮과 內地의 학계에도
기여하는 바가 클 것이라고 믿으며 이 점에 대하여 참으로 경축해 마
지않습니다. …"라 하였고, 黑板勝美 顧問은 제7회 위원회(1933. 8.
14)에서 "… 본 회의 모든 사업은 모든 분야에 걸쳐 매우 순조롭게 진
행되고 있어서 시정상으로나 학계를 위해서도 공헌하는 바가 매우 클
것이라고 생각하며 이 점에 대하여 매우 흔쾌하게 생각하는 바입니
다. …"라 하였다(『朝鮮史編修會事業槪要』, 48~60쪽).

『朝鮮史』는 일제의 식민통치상의 필요에서 정리된 것이었다. 한국사연구의 주도권을 장악하고 있던 일제가 식민통치 조직을 이용하여 사료를 수집하고 통사가 아닌 사료집으로 편찬한 것은 식민통치상 유리한 자료만 취사하여 선택적으로 제시함으로서 식민사학 체계 속에서 한국사연구의 기본방향과 범위를 제한, 설정하기 위한 의도였다.118)

『朝鮮史』는 1931년부터 새로 설치된 인쇄부의 전담하에 인쇄에 착수, 1932년부터 1938년에 걸쳐 한국사를 6시기로 구분한 전35권이 출간되었다. 이 중 고려편은 1932년부터 1935년까지 3년여에 걸쳐 7권으로 출간되었다.119) 고려편은 전술한 今西龍의 『高麗史槪說』이나 朝鮮史學會의 『朝鮮史大系』 중세사와 마찬가지로 전기보다 중·후기로 오며 년대가 세분되고 비중이 강화되었다. 이는 가용할 사료상의 문제에도 기인하나, 무인정권·몽고의 지배 등 고려의 정치적 혼돈상과 對中國 종속적 관계를 강조하기 위한 것으로 해석된다. 고려편 제1권 冒頭에서 제시한 凡例 11항은 이른바 실증주의의 미명하에 고려사를 타율성과 종속성 논리하에 정리하고자 한 일제 식민사학의 의도를 여실히 보여준다.120)

결국 일제 관학자들의 고려사 서술과 인식은 개인이나 학회, 또는

---

118) 金容燮, 1966, 「日本·韓國에 있어서의 韓國史敍述」 『歷史學報』 第31輯, 135쪽.
119) 『朝鮮史』 高麗編의 구성은 다음과 같다.
　　第1卷　太祖 19년 - 宣宗 원년(936~1083 : 148년간)
　　第2卷　宣宗 2년 - 毅宗 원년(1084~1146 : 63년간)
　　第3卷　毅宗 2년 - 高宗 10년(1147~1222 : 76년간)
　　第4卷　高宗 11년 - 忠烈王 5년(1223~1278 : 56년간)
　　第5卷　忠烈王 6년 - 忠惠王 원년(1279~1330 : 52년간)
　　第6卷　忠惠王 2년 - 禑王 원년(1331~1374 : 44년간)
　　第7卷　禑王 2년 - 恭讓王 4년(1375~1392 : 18년간)
120) 朴杰淳, 『韓國近代史學史研究』, 163~172쪽.

기관을 막론하고 모두 타율성과 종속성론에 의해 왜곡되어 있음을
알 수 있다. 이런 점에서 문일평의『高麗槪史』와는 명백히 대비된다.

제4절 맺음말

　본고는 문일평이 저술한『高麗槪史』를 중심으로 그의 고려사
서술과 인식론을 살펴 본 것이다. 이를 정리하면 다음과 같다.
　일제하 한국사학은 1920년대에 이르러 통사적 체계가 정착되었
고, 이에 따라 고려시대사의 연구도 진전되었다. 이는 종래 일제의
악의적인 식민사학의 대응에만 고정되었던 민족주의 사학계의 史
眼이 확대되고 연구의 역량이 성숙된 것을 의미한다. 민족주의 사
학에서 고려사를 단대사로서 정리한 업적으로는 문일평의『高麗
槪史』가 유일하고 대표적인 것이다.『高麗槪史』는 문일평이 교편
생활을 하며 교재로 사용하기 위해 1927년에 저술한 것이다. 본서
는 그의 지론인 역사의 통속화・취미화・과학화에 따라 간명하게
서술되었다. 그러나 학생들이 역사를 쉽게 이해할 수 있도록 배려
하였으며, 실증적이고 합리적인 서술태도가 돋보인다.
　『高麗槪史』를 사학사적으로 검토한 결과, 다음과 같은 특징을
지적할 수 있다.
　첫째, 후삼국시대를 '三國爭亂時代의 再現'으로 규정하며, 이 시
기를 주도한 인물들 중 궁예・견훤 및 경순왕을 부정적으로 서술
하고, 왕건을 민중의 지도자로서 자격을 구비한 인물로 긍정적으
로 서술하며 고려 건국의 역사적 당위성을 강조하였다. 따라서 신

라의 삼국통일을 '南方 新羅의 半壁統一'이라고 불완전한 형태로
폄하한 대신, 고려의 후삼국 통일을 진정한 민족통일이라고 평가
하였다. 문일평은 발해와 통일신라를 남북조 개념으로 파악하였으
며, 고려의 발해 유민과 문화의 흡수로 진정한 민족통일이 완수된
것이라고 해석하였다. 특히 발해 유민의 포용을 고려의 북진정책
과 연계하여 해석한 것은 주목된다.

둘째, 고려시대를 創業期・守成期・隆盛期・衰亂期의 4시기로
구분하되, 태조・성종・문종・인종대를 주목하였다. 그는 여타의
민족주의 사가나 일제 관학자들이 단순히 편년이나 대외관계사를
시기구분의 기준으로 삼았던 것과는 달리 고려의 내치와 문화발
달, 특히 북진정책의 수행과정을 기준으로 삼았다. 따라서 민족사
에서 고려사의 위치를 부각시킨 것이라고 할 수 있을 것이다.

셋째, 고려의 북진정책을 국가적 이상으로 설정하고, 이를 '汎高
麗主義'로 이해하였다. 그는 북진정책을 태조에 의해 구체적으로
실현된 이래 고려말까지 일관된 국가사상으로 파악하며, 그 대표
적 인물로 서희와 묘청을 들었다. 또한 문일평은 여진 정벌을 고구
려이래 최대의 민족적 비약이라고 보았으나, 공민왕의 참붕과 최
영의 요동정벌의 실패로 말미암아 북진정책이 좌절되자, 그 희생
으로 고려가 멸망하였다는 독특한 견해를 제시하였다. 그는 외교
사에 관한 대가답게 현실론과 실익추구론에 입각하여 대외관계사
를 서술하였는데, 거란과 여진의 격퇴를 높이 평가하였고, 宋・
遼・金의 대립 속에서도 엄정한 중립외교로서 정치적 풍파를 면
하고 영토를 확장한 睿宗의 국제적 혜안을 칭송하였다. 특히 12세
기 고려의 對三國政策(송・요・금)을 19세기 조선의 對三國政策
(러・청・일)과 비교하며 근세 정치인의 외교적 안목의 부재를 안
타까워 한 것은 흥미롭다. 문일평은 고려의 북진정책을 가장 선명

하게 표출한 인물로 묘청을 들었는데, 신채호의 사론을 계승하여
묘청을 북진정책의 발현자로서 긍정적으로 재평가하였다.

넷째, 그는 고려의 역대 왕 중 태조·성종·문종·예종·공민
왕의 치적을 높이 평가하였다. 이는 그의 왕찬의 기준이 내치·문
화발달·북진정책의 수행에 있었음을 의미한다. 그는 태조를 내치
와 북진정책의 기틀을 수립한 왕으로, 성종을 치국의 제도를 완비
한 왕으로, 문종을 고려의 황금시대·극성시대를 이룩한 왕으로,
예종을 문무의 공을 겸비한 왕으로 각각 칭송하였다. 그러나 예종
의 승하와 함께 융성기가 막을 닫고 인종의 즉위와 함께 쇠란기가
시작된 것으로 해석하였다. 다만 공민왕의 반원개혁정치와 만주
경략은 오랫동안 소침되었던 북진정책의 부활로 높이 평가하였다.
한편 무인정권이 역사적 반동으로 태동할 수밖에 없는 상황은 인
정하면서도 이 시기에 대한 평가는 매우 부정적이다. 그러나 만적
의 난을 '혁명운동'이라 하며 이를 계급투쟁과 사회혁명으로 해석
하였고, 충주성의 노예군변을 귀천의 갈등으로 해석한 것은 주목
되는 견해이다. 이와 함께 삼별초와 배중손에 대한 긍정적 평가를
내리고 있는데, 이 또한 신채호의 영향으로 이해된다.

다섯째, 문일평은 고려의 문화를 주목하였다. 문화를 주목한 것
은 일제하 민족주의 사가들의 공통된 경향이나, 그는 더욱 적극적
이고 구체적인 문화사학의 학풍을 보여준다. 그는 문화와 사상이
상호 영향을 미치는 인과관계에 있다고 믿으며, 문화사관에 바탕
한 역사인식의 체계를 구축하였다. 그의 朝鮮學은 곧 한국문화에
대한 인식체계이며, 그의 朝鮮心은 곧 한국문화를 형성한 근원에
대한 정의로 이해되는 이유가 여기에 있다. 이처럼 정치사 이외의
다양하고 광범위한 문화상을 역사서술의 대상으로 확대한 것은 민
족사의 지평을 넓힌 것이라 평가할 수 있을 것이다.

문일평의『高麗概史』는 今西龍의『高麗史槪說』및 瀨野馬熊의
『朝鮮史大系』중세사편과 비교해 보면 그의 사학사적 의의가 명
확하여진다. 今西龍의『高麗史槪說』은 일제 관학자가 고려사를
정리한 최초의 개설서이다. 본서는 발해를 의도적으로 민족사에서
제외하였으며, 절반 이상을 고려후기의 파행적 정치행태를 주목하
는데 할애하였다. 따라서 정치사는 타율성과 종속성론으로 일관하
여 고려의 대중국 부용성을 강변하기에 급급하였다. 뿐만 아니라,
문화의 대중국 종속성도 강조하였다. 이와 함께 일제 관학자의 고
려사 서술을 대표하는 瀨野馬熊의『朝鮮史大系』중세사편 역시,
일본사를 기준으로 고려사를 서술하였으며, 고려후기의 파행성을
중복 편제하여 강조하였다. 또한 고려의 내정보다는 일본 및 중국
제국과의 대외관계사를 과장적으로 서술하는 등 고려의 주변성과
종속성을 강조하였다. 따라서 결국 일제 관학자들의 고려사 서술과
인식은 이른바 문헌고증이란 과학적 역사연구 방법론을 표방한 고
등의 역사 왜곡이었던 것이다. 뿐만 아니라, 조선사편수회의『朝鮮
史』고려편도 고려의 정치적 혼돈상과 대중국 종속성을 강조하려
는 선입견에서 자료를 작위적으로 취사선택한 것에 지나지 않는다.
  이런 점에서 문일평의『高麗概史』가 지니는 사학사적 의의는
지대한 것이었다. 즉, 문일평은 북진정책을 汎高麗主義라는 고려
의 국가적 이상과 사상으로 설정하고, 이를 고려사 이해의 기준으
로 삼음으로써 일제에 의해 무차별적으로 왜곡된 민족사를 수호하
였을 뿐만 아니라, 학문적으로도 고려사 연구를 크게 진전시켰다
는 점에서 높이 평가되어 마땅하다.

제3부

植民史學의 虛構性 批判

제1장

喜田貞吉의 韓國觀 批判

제1절 머리말

喜田貞吉(1871~1939)은 일본 고대사를 중심으로 다양한 분야에 걸쳐서 방대한 저작을 남긴 역사학자이다.[1] 그는 민족사·사회사·건축사·도성사·종교사는 물론 고고학과 민속학에 걸치는 광범한 연구를 진행하며 수차 독창적인 학설을 제기하여 '喜田學'이라고 일컬어지는 史脈을 형성한 인물로 평가된다. 또한 그는 日本歷史地理學會 등의 학회를 조직 주도하였고, 『民族と歷史』등의 개인잡지를 발행하며 당대의 학계를 선도하였다. 따라서 그가 사거한 직후에 그가 관여한 여러 학회에서 그를 추도하는 특집호를 내었고,[2] 이후에도 수차 기념 논총과 방대한 전기가 계속하여

---

1) 그의 저작은 『喜田貞吉著作集』全14卷(1982, 平凡社)으로 간행되었다.
2) 建築史學會, 1939년 7월, 『建築史』第1卷 第4號 ; 大和國史會, 1939년 8월, 『大和志』第6卷 第8號 ; 日本歷史地理學會, 1939년 8월, 『歷史地理』第74卷 第2號 ; 1939년 9월, 第74卷 第3號.

발간되는 등 日本近代史學史에서 주목하는 인물이다.[3]

그런데 그는 韓國近代史學史에서 식민사학과 관련하여서도 주목하여야 할 인물이다. 그는 文部省 圖書審査官과 文部編修로서 초기 국정 역사교과서의 편찬을 주도하며 왜곡된 한국관을 수립함으로써 이후 교과서 편찬의 기준을 제시하였다. 뿐만 아니라 그는 경술국치와 더불어 역사이론을 통해 일제의 한국 침략과 식민지 지배를 합리화하고 옹호한 대표적인 인물이었다. 그의 최대의 화두이자 지향점은 '民族(種族)'과 '同化融合'이었다. 그 연장선상에서 1910년부터 본격적으로 주장한 日鮮同祖論은 그의 한국사관의 중심축을 이루고 있다. 나아가 그는 1920년대에는 식민지 지배의 최고의 이론가로서 활동하였다. 따라서 그는 본래는 일본고대사 연구자였으나, 사실상으로는 일제의 한국 침략과 식민지 지배를 학문적으로 정당화하고, 계속하여 제국주의 침략 이데올로기를 창출하고 제공한 현대사 연구자라 할 수 있을 것이다.

지금까지 국내 학계에서 식민사학에 관여한 일본인 학자에 대하여는 비교적 많은 연구가 이루어졌다. 그러나 喜田貞吉에 대하여는 구체적인 논고가 없고, 일본 학계의 한국사 연구사를 개관한 글이나,[4] 식민사학의 성립 또는 일선동조론을 검토한 글에서 간략히 언급되고 있는 실정이다.[5] 그 까닭은 그가 국내가 아닌 일본에서

---

3) 대표적인 것으로 다음을 들 수 있다.
   東北帝國大學史學會編, 1942년 5월,『喜田博士追悼記念國史論叢』, 大東書館 ; 齋藤忠編, 1972,『日本考古學選集』8輯(喜田貞吉集), 築地書館 ; 山田野理夫, 1976,『歷史家 喜田貞吉』, 寶文館 ; 上田正昭, 1987,『喜田貞吉』(日本民俗文化大系 5), 講談社. 이 가운데에 山田野理夫의『歷史家 喜田貞吉』은 終章을 포함하여 21장으로 구성된 방대한 분량(860쪽)으로 喜田貞吉의 일대기를 매우 소상하게 다루고 있다.
4) 旗田巍 著, 李基東 譯, 1983,『日本人의 韓國觀』, 一潮閣(原著는 旗田巍, 1969,『日本人の韓國觀』, 勁草書房).

활동하였고, 식민사학 관련 기관에 직접 관여하지 않았기 때문인 듯하다. 그러나 그는 식민사학에 직접 관여한 것 이상으로 식민사학의 형성과 전개에 심대한 영향을 끼친 인물이었다.

필자는 일본 국정 역사교과서를 검토하며 역사교과서 왜곡의 鼻祖로서 喜田貞吉을 주목하여야 할 필요성을 제기한 바 있다. 그 까닭은 오늘날까지 지속되고 있는 일본 역사교과서의 왜곡 행태가 초기 국정 교과서의 그것과 흡사하다는 점에서, 그는 과거의 인물이 아니라 현재성을 지니고 있기 때문이다.[6] 또한 그는 1910년대의 일제의 한국 침략과 식민지 지배의 이데올로기를 가장 적극적으로 제공한 인물이란 점이다. 그간 일제의 한국 침략 논의는 주로 同化政策과 관련되어 진행되었으나,[7] 침략이 구체화하는 1910년대를 전후한 연구는 미흡한 실정이다. 따라서 그는 구체적으로 검토할 당위성이 있는 인물인 것이다.

본고는 이러한 문제의식에서 喜田貞吉의 한국관을 비판적으로 살펴보고자 하는 것이다. 이는 희전정길이라는 개인의 연구에 국한되는 것이 아니고, 1900~1930년대에 이르는 일본 사학계의 동향과 한국사 연구의 일면도 살필 수 있어 식민사학에 대한 이해의 폭을 넓히는 데에도 도움이 될 수 있을 것으로 사료된다. 본고는 먼저 그의 역사연구, 특히 한국사연구와 관련된 궤적을 살핀 다음,

---

5) 李榮昊, 1995,「일제의 한국인 同化政策과 日鮮同祖論」『解放 50주년, 세계 속의 韓國學』, 인하대학교 한국학연구소 ; 崔錫榮, 1997,『일제의 동화이데올로기의 창출』, 서경문화사 ; 趙東杰, 1998,『現代韓國史學史』, 나남출판 ; 朴杰淳, 1998,『韓國近代史學史硏究』, 國學資料院.
6) 朴杰淳, 2001,「日本 歷史敎科書에 記述된 韓國史 관련 내용의 史學史的 檢討」『한국독립운동사연구』제16집, 35~78쪽.
7) 일제의 동화정책과 지배논리에 대한 연구성과는 정상우, 2001,「1910년대 일제의 지배논리와 지배층의 인식」『한국사론』46, 서울대학교 인문대학 국사학과, 183~185쪽 참조.

그의 한국사 저술을 분석하고 여기에 나타난 그의 한국관을 비판
적으로 검토하고자 한다. 그러나 그의 저술이 워낙 방대하고 다방
면에 걸쳐 있어 전체를 검토의 대상으로 하기는 어렵다. 따라서 본
고에서는 그의 한국관이 명확히 드러나는 『小學日本歷史』(1904)
등 국정 역사교과서와 『韓國の併合と國史』(1910), 「日鮮兩民族同
源論」(1921) 등의 주요 저서와 논문을 분석의 대상으로 한정하고자
한다.

제2절 喜田貞吉의 歷史研究

1. 歷史研究의 軌跡

喜田貞吉은 자신의 생애와 역사연구에 대하여 장편의 회고록을
남겼다. 1933년에 자신의 還曆을 기념하여 정리한 이 회고록은 자
신의 어린 시절과 학창생활의 일화, 南北朝正閏問題·국정교과서
문제 등 자신과 관련되어 논란이 되었던 논쟁과, 연보, 여행연보,
논문저작연보 등 37장으로 구성되어 그의 생애와 역사연구를 이해
하는 데에 중요한 자료라 여겨진다.[8]

희전정길의 생애는 수학과 활동을 기준으로 6시기로 구분된다.
즉, ① 1888년 1월 德島中學校를 중도 퇴학하고 第三高等中學校

---

8) 喜田貞吉, 1982, 『還曆記念六十年の回顧』(『喜田貞吉著作集』 第14卷),
　　平凡社. 이 회고록은 1932년 그가 회갑을 맞이하였을 때, 京都帝國大
　　學의 제자와 학우 등이 환력축하기념회를 베풀어 준 것에 대한 감사의
　　표시로 저술한 것이다.

豫科에 임시 입학하기까지의 중학시기, ② 1896년 7월 제국대학(후에 東大) 문과대학에 입학하고 국사학과를 졸업하기까지의 대학시기, ③ 대학을 졸업하고 1901년 1월 교과서 편찬과 검정에 관한 사무를 촉탁하기까지 각급 학교의 교편생활시기, ④ 이후 문부성의 도서심사관과 문부 편수로서 1911년 2월 南北朝正閏問題로 휴직할 때까지의 문부성 관리시기, ⑤ 1913년 경도제국대학 전임강사로 출발하여 1924년 9월 사직하기까지의 경도대학 교수시기, ⑥ 이후 동북제국대학 강사와 경도제국대학 강사를 하다가 병사하기까지의 시기로 구분된다.[9]

한편 역사학자로서 그의 학문의 궤적은 제1기 : 1901년 문부성 도서심사관이 되기까지의 시기, 제2기 : 그 이후 1911년 문부 편수를 휴직하기까지의 시기, 제3기 : 그 이후 병사할 때까지의 시기 등 3시기로 구분하여 파악할 수 있다. 또한 개인잡지의 발간과 논쟁사를 중심으로 구분하는 것도 가능하다.[10] 이처럼 그의 연구사에 대한 구분이 다양한 것은 그만큼 그의 연구활동과 분야가 다양하였을 뿐만 아니라, 그가 학자로서 관계와 교육계에 종사하며 커다란 영향을 미친 것을 반증하기도 한다.

그의 학문의 궤적에서 주목하여야 할 것은 문부성에 재직하며 초기 국정 역사교과서의 편찬을 주도하였고, 개인잡지를 발간하는 등 시종 식민사학적 관점에서 한국사의 연구를 주도하고, 많은 논저를 저술하였다는 점이다. 그런데 그의 연구사 시기구분에서 제2기는 '수난의 시기'이기도 하지만, 그의 역사연구에서 가장 주목되

---

9) 上田正昭, 『喜田貞吉』(日本民俗文化大系 5), 119쪽. 그의 상세한 연보는 이 책 443~449쪽의 「喜田貞吉年譜」 ; 『喜田貞吉著作集』 第14卷, 12~17쪽의 「喜田貞吉略年譜」 참조.
110) 上田正昭, 1978, 「喜田古代史學の問題點」 『井上光貞記念古代史論叢』 上, 吉川弘文館, 93쪽.

는 시기로서 그의 역사학의 개화기로까지 평가되고 있다.[11] 그 자신 또한 이 시기를 '二足의 草鞋'라 하며 역사가와 교육자로서 매우 분주했던 시기로 회고하였다.[12]

喜田貞吉은 대학을 졸업한 이듬해인 1897년 1월『史學雜誌』에「國司制之變遷」을 게재하는 것을 시작으로 자신이 회고록에서 밝힌 것만 해도 1,300여편에 달하는 방대한 저술을 남겼다.[13] 그러나 회고록의 저술 이후 병사할 때까지 집필한 논저가 140여편에 달하기 때문에 실제의 저술은 1,450여편에 이른다.[14]

그의 한국사와 관련한 인식이 형성되고 편견을 갖게 된 단초는 제국대학 재학시절부터 비롯된다. 제국대학 국사학과 재학 당시 그는 黑川眞賴・栗田寬・小中村淸矩・星野恒 등으로부터 수강하였다. 특히 그는 星野恒으로부터 南北朝時代史와 武家時代法制 등을 수강하였고, 그의 고문서와 고기록에 대한 자유로운 구사와 해석에 감명을 받았다.[15] 星野恒은『國史眼』(1890년)의 공동 저자로서 素盞嗚尊과 稻永命이 한국의 시조이고 신라왕이 되었다며 한국을 일본의 분국으로 기술함으로서 각급 학교의 교과서 편찬에 심대한 영향을 끼치고 日鮮同祖論을 더욱 심화시킨 인물이었다.[16] 따라서 회전정길에 있어 학부 과정은 왜곡된 한국관을 교육받고, 이후 자신이 역사학자가 되어 일선동조론의 열렬한 전도사가 되는 온상이나 다름없었던 것이다. 이를 입증하는 것은 1910년 11월 발

---

11) 上田正昭,「喜田古代史學の問題點」, 93~96쪽.
12) 喜田貞吉,『還曆記念六十年の回顧』, 105, 130쪽.
13) 喜田貞吉,『還曆記念六十年の回顧』, 234쪽 ; 535쪽의「著作目錄」참조.
14) 그의 저술목록은『喜田貞吉著作集』第14卷, 532~622쪽의「著作目錄」참조.
15) 喜田貞吉,『還曆記念六十年の回顧』, 84쪽. 그는 자신이 국사학과를 선택한 것은 외국어를 기피하기 위한 것이었다고 밝혔다.
16) 趙東杰,『現代韓國史學史』, 258~259쪽.

간된『歷史地理』의 임시증간호인 '朝鮮號'에 게재한 星野恒과 喜田貞吉의 논문이다. 즉, 사제간인 이들은 모두 한국 병합을 '日韓同域'의 '復古'로 보고, 제국주의 침략에 부응하여 교육가의 각오를 촉구하는 논문을 게재하였던 것이다.[17]

2. 文部省 在職과 國定敎科書의 저술

1896년 제국대학을 졸업한 그는 곧 동 대학원에 입학하는 한편,[18] 千葉縣 사립 成田中學校 교장과, 早稻田專門學校(후의 早稻田大學)와 國學院(후의 國學院大學) 강사를 거쳐 1901년 4월 교과서 편찬과 검정에 관한 사무를 촉탁하였고, 동년 5월 문부성도서심사관으로 임명되며 교과서 편찬에 관여하게 되었다.[19] 이후 그는 1903년에는 文部編修로 승진하였고, 1911년 휴직할 때까지 10여년간을 교과서의 검정과 편찬을 주도하였다.[20]

그는 문부성 재직 초기 중등학교와 소학교용 민간교과서 가운데에 지리와 역사과목의 검정을 담당하였다. 1903년 교과서의 國定

---

17)『歷史地理』朝鮮號는 일제의 한국 병합을 기념하기 위해 임시증간호로 빌간된 깃인데, 여기에 星野恒은 「歷史上より見か日韓同域の復古と確定」을, 喜田貞吉은 「韓國倂合と敎育家の覺悟」를 게재하여 한국 병합을 정당화하고 예찬하였다.

18) 그런데 그는 1901년 7월 대학원 재학 만기로 제명되었다가, 1909년 3월 「平城京の研究」, 「法隆寺再建論」 등의 논문을 제출하여 동년 10월에 文學博士 학위를 취득하였다(「喜田貞吉略年譜」『喜田貞吉著作集』第14卷, 14~15쪽). 박사학위의 취득과정에서 그의 학문에 관한 자세와 의욕을 잘 알 수 있다(喜田貞吉,『還曆記念六十年の回顧』, 114~121쪽).

19) 그가 문부성에 취직한 것은 자신의 의지와는 상관없이 고등학교 선배의 추천에 의한 것이었다(喜田貞吉,『還曆記念六十年の回顧』, 95쪽).

20) 喜田貞吉,『喜田貞吉著作集』第14卷, 13~15쪽.

化가 시행된 이후에는 민간교과서에 대한 검정과 함께 직접 국정
교과서의 편찬에도 참여하였다. 『小學日本歷史』 5책, 『小學地理』
4책과 지리부도와 궤도 및 교사용 교과서는 그가 직접 참여하고
주도하여 편찬한 것이었다.[21]

그의 국정교과서 편찬과 관련하여 유념하여야 할 일이 있다. 즉,
그는 문부성의 명으로 1905년 5월 러일전쟁의 현장을 견학하게 되
었다.[22] 문부성이 이 여행을 계획한 것은 교과서 집필자로 하여금
전쟁에의 인식을 심화하여 이를 교과서에 반영하도록 하기 위한
것이었다.[23] 실제로 이 여행 이후 그가 주도하여 개정한 『尋常小
學日本歷史』에는 러일전쟁의 승전으로 도취된 자신감이 넘치고
있었고, 천황에 대한 충성이 강조되는 등 군국주의 침략전쟁이 역
사교과서 서술에 그대로 표현되고 있다.[24]

문부성에 재직했던 1900년대는 그의 학문의 궤적에서 가장 중요
한 시기이기도 하지만, 개인적으로는 두 차례의 시련을 겪기도 하
였다. 즉, 그는 교과서 편찬에 참여하며 1차로는 이른바 敎科書疑
獄事件으로, 2차로는 南北朝正閏問題로 시련을 겪었으며, 결국 문
부 편수를 그만두기에 이른 것이다.

1902년 말에 발생한 敎科書疑獄事件은 교과서 국정화의 결정적
계기가 되었다. 이 사건으로 인하여 문부성은 최대의 저항세력이
었던 출판사를 누르고 세론의 압도적 지지를 얻으며 교과서의 국
정화를 추진하였다.[25] 그러나 '疑獄事件'이 말해주듯이 러시아와

---

21) 喜田貞吉, 『還曆記念六十年の回顧』, 100~101쪽.
22) 喜田貞吉, 『還曆記念六十年の回顧』, 203쪽의 「旅行年譜」 참조. 그는
   1905년 5월 23일부터 6월 13일에 걸쳐서 大連・南山・金州・旅順 등
   지를 견학하였다.
23) 上田正昭, 「喜田古代史學の問題點」, 89쪽.
24) 朴杰淳, 「日本 歷史敎科書에 記述된 韓國史 관련 내용의 史學史的 檢
   討」, 48~49쪽.

의 開戰을 앞둔 시점에서 일본 정부가 국민의 정신 통합을 위하여
교과서의 국정화를 강행한 침략주의적 의도가 개재되었음을 유의
하여야 한다.[26] 희전정길은 자신이 직접 피해를 당하지는 않았지
만 상당한 정신적 고통에 시달렸다.[27]

그가 문부성에 재직하던 시기에 겪은 최대의 시련은 이른바 南
北朝正閏問題였다.[28] 그는 역사와 지리교과서의 편찬에 이어 1910
년에는 교사용 교과서를 저술하고,『國史之敎育』을 저술하여 발행
하였다. 그는 이들 저술에서 南北朝時代를 並立의 개념으로 서술
하였다.[29] 당시 민간에서 발행되던 교과서는 대개 남조정통론에
의해 서술되었으나, 그는 이미 1903년에 국정교과서를 저술하며
남북조를 병립으로 서술한 바 있다. 그런데 그 이후 아무런 문제
제기가 없었으나, 그가 1910년 11월과 12월에 개최된 두 차례의 강
습회에서 강연한 내용이 알려지며 이해 말부터 문제가 된 것이었
다. 즉, 비판론자들은 하늘에 태양이 두 개 있을 수 없다고 그를 반
박하며 정통론을 제기하였던 것이다.[30]

당시 사면초가에 빠져 있던 그에게 익명으로 격려하는 서신도
있었으나, 대부분의 언론은 그를 비판하고 나섰다. 뿐만 아니라, 이
른바 國體擁護團이라는 우익단체가 조직되어 이 문제를 그 개인
의 차원이 아니라 문부 대신과 내각 전체가 책임져야 한다고 선동

---

25) 敎科書의 國定化에 대한 反論도 만만치 않았으나, 당시 時勢를 압도하
며 팽배한 國粹主義와 내셔널리즘을 꺾을 수는 없었다(松島榮一, 1963,
「歷史敎育の歷史」『岩波講座 日本歷史』22, 別卷 1, 岩波書店, 264쪽).
26) 中村紀久二, 1987,『複刻 國定敎科書 解說』, 大空社, 25~26쪽 ; 1999,
『複刻 墨めり敎科書 解說』, 大空社, 11~12쪽.
27) 喜田貞吉,『還曆記念六十年の回顧』, 96~100쪽.
28) 그는 회고기에서 南北朝正閏問題를 5개의 章에 걸쳐 상술하였다.
29) 日本史에서 南北朝時代는 1336~1392년간을 말한다.
30) 喜田貞吉,『還曆記念六十年の回顧』, 121~134쪽.

하였고, 그에게 섬뜩한 문장의 협박장이 날라 오기도 하였다. 이러한 상황에서 그가 저술한『國史之敎育』은 발행 중지 권고를 당하였다.[31]

南北朝正閏問題는 1911년 2월 4일 代議士 藤澤元造 등 51인의 찬성으로 국정교과서 편찬에 관한 질문서가 중의원에 제출되며 본격적으로 정치문제화 하였다. 이들은 문부성이 편찬한『尋常小學日本歷史』는 국민으로 하여금 順逆正邪를 오도하게 하고 황실의 존엄을 손상케 하며 교육의 근저를 파괴할 우려가 있다고 주장하였다. 그는 1911년 2월 17일 문부대신에게 이 문제에 대해 자신의 입장을 밝히는「開陳書」를 제출하였다. 그러나 그는 2월 27일 휴직을 명령받는 동시에 교과서조사위원도 사직하였고, 교과서는 改訂되기에 이르렀다.[32]

결국 이 사건으로 인해 1차 국정 역사교과서 집필책임자였던 그와 三上參次는 사직하고 말았다. 그가 문부성 재직 10년을 '受難의 時代'로, 문부성을 그만두고 난 뒤의 생활을 '氣樂'이라고 표현한데에서 이 사건으로 인한 그의 심경의 일단을 읽을 수 있다.[33] 그런데 이 사건은 정치적 목적에 의해 학문의 자유를 유린하고 역사적 사실을 왜곡한 폭거로 평가된다.[34]

---

31) 喜田貞吉,『還曆記念六十年の回顧』, 135~139쪽.
32) 喜田貞吉,『還曆記念六十年の回顧』, 139~150쪽. 그는 이를 '放逐'이라고 표현하였다.
33) 喜田貞吉,『還曆記念六十年の回顧』, 158~162쪽. 한편 그는 이 문제에 대해 敎育上의 견지에서 여러 의견이 있을 수 있고, 史實上에서도 議論이 있을 수 있다고 여운을 남겼다.
34) 松島榮一,「歷史敎育の歷史」, 273~280쪽 ; 李元淳, 1983,「日本 歷史敎育의 變遷」『歷史敎育』제34집, 57쪽.

3. 個人雜誌의 발간

그의 역사연구 궤적에서 문부성 재직과 함께 또 하나 주목하여
야 할 특이한 사실은 개인잡지를 발간한 일이었다. 그는 문부성에
들어가기 이전인 1898년 4월 이미 동지들과 日本歷史地理硏究會
(후에 日本歷史地理學會로 개칭)를 조직하고, 10월부터 기관지로
서『歷史地理』를 발간하였다. 그는 이 잡지에 무려 381편의 논문
을 발표하였다.35) 그런데 그는 이 잡지가 자신의 기관잡지라는 세
평이 있고, 또 자신이 민족문제의 연구에 몰두하면서 1919년부터
는『民族と歷史』(후에『社會史硏究』로 개제)라는 또 다른 개인잡
지를 발행하게 되었다. 이 잡지는 1923년의 대진재의 영향으로 5년
동안 통권 58호를 발행하고『歷史地理』와 합병하였다.36) 그는 이
잡지에도 논문과 잡록 등 '粗製濫造品' 2백여편 이상을 발표하였
다.37) 한편 그는 1923년 東北大學의 강사로 위촉되어 대부분의 시
간을 동북지방에서 보내게 되고, 또한 자신이 奧羽와 北海道 방면
의 연구와 조사 결과를 발표할 기관지가 없자, 1928년 9월부터『東
北文化硏究』라는 개인잡지를 발행하였다. 그러나 이 잡지는 경영
난으로 통권 10호를 발행하고 휴간하였다.38)

이로써 보면 희전정길은 자신의 역사연구에서 관심분야를 특화
하여 발표할 수 있는 개인잡지를 열성적으로 발행하였음을 알 수
있다. 그가 수많은 논문을 발표할 수 있었던 것은 이처럼 개인잡지

---

35)『喜田貞吉著作集』第14卷의「著作目錄」참조.
36) 喜田貞吉, 1923. 12,「本誌の終刊に就いて」『社會史硏究』第10卷 第4
　　號, 287~290쪽.
37) 喜田貞吉,『還曆記念六十年の回顧』, 161~163쪽.
38) 喜田貞吉,『還曆記念六十年の回顧』, 165~166쪽.

라는 발표의 장이 있었기 때문에 가능하였던 것으로 여겨진다.

그런데 그가 주도한 개인잡지는 일제의 한국 침략의 선봉장이자 기관지 역할을 하고 있어 주목된다. 그 대표적인 것이 『歷史地理』 臨時增刊 朝鮮號이다. 이 잡지는 발간사에서 한국병합을 '千載의 快事'라고 예찬한 것에서 편찬목적을 잘 보여준다. 이 특집호에는 당시 일본 학계를 대표하는 20여명의 학자들이 태고부터 병합까지의 한일관계사를 분담 집필하였는데, 모두 일제의 한국 병합을 찬양하고 식민지 지배를 당연시하는 논조였다.[39]

이들은 『古事記』와 『日本書紀』를 증거로 들어 일제의 한국 병합은 태고에 일본의 神이나 천황이 한국을 지배했던 역사적 사실의 재현이며, 역사 본래의 모습으로 돌아간 것이라고 주장하였다. 喜田貞吉은 여기에 게재한 논문에서 "실로 공명정대하게 비참한 상태에 있던 分家의 가족은 유력한 本家의 가정에 復歸하였다. 즉 分家는 끊어진 것이 아니라 本家에 合併한 것이다. 한국은 멸망한 것이 아니다. 朝鮮人은 亡國의 백성이 아니다. 그들은 실로 그 本으로 돌아간 것이다"라고 '復歸論'과 '本家·分家論'을 주장하였다.[40] 본서는 당시 이러한 종류의 저서 가운데 최고의 것으로 격찬을 받기도 하였다.[41]

---

39) 한국 병합 직후인 1910년 11월에 발간된 『歷史地理』 임시증간호 '朝鮮號'에는 幣原坦·星野恒·坪井九馬三·久米邦武·關野貞·吉田東伍·萩野由之·大森金五郎·喜田貞吉·坪井正五郎·黑板勝美·金澤庄三郎·三浦周行·岡部精一·田中義成·渡邊世祐·山本米太郎·今西龍·辻善之助·藤田明·大森音吉 등이 논문을 발표하였다. 喜田貞吉이 자신의 개인잡지에 당시 일본의 학계를 대표하는 학자를 대거 동원하였다는 점에서 그의 영향력을 알 수 있다. 또한 일제의 한국 병합을 찬양하고 식민지 지배를 정당화하는 특집호를 발행하였다는 점에서 그의 한국관을 여실히 보여준다.

40) 喜田貞吉, 1910. 11, 「韓國倂合と敎育家の覺悟」 『歷史地理』 朝鮮號.

41) 日笠護, 1930, 『日韓關係の史的考察と其の硏究』, 四海書房, 219쪽.

1921년 '鮮滿硏究號'로 발행된 『民族と歷史』도 마찬가지이다. 희전정길은 이 잡지의 「발간사」에서 한국은 1,300년 전으로 돌아가 帝國의 일부가 된 것이고, 조선의 민중은 일본이 새로 맞이한 '同胞'라고 하며, 그 보다도 일찍이 사정이 있어 가정을 떠나 살던 '兄弟'가 오랜만에 돌아와 '一家團欒'가 된 것이라고 하였다. 또한 만주와 조선은 지리적으로 인접해 있고, 조선 민족의 조상이 만주로부터, 또는 만주를 경유하여 남하하였고, 결국은 일본에까지 미치게 되었다고 하였다.42) 즉, 일제 침략에 수반하여 日鮮同祖論을 다시 강조하고, 나아가 만주까지 포함하는 '民族'의 범위를 설정한 것이었다. 이 특집호는 380여쪽의 방대한 분량으로, 여기에는 그를 비롯하여 학자 21명의 논문 25편이 게재되었다. 본서에서 다루고 있는 주제는 한국의 역사·언어·고적·풍속·사회계급 등 전반에 걸쳐 있으나, 모두 식민사관으로 일관하고 있다.43)

그런데 그가 이 특집호를 구상하고 발행한 것은 그가 한국과 만주를 여행한 것이 계기가 되었다는 점을 주목하여야 한다. 그는 발간사에서 '우리가 이들 땅에 처음으로 足跡을 찍은 기념'으로 특집호의 발행을 계획했다고 밝힌 바 있다. 이에 대하여는 후술하기로 한다.

---

42) 喜田貞吉, 1921. 7,「鮮滿硏究號の發刊に就いて」『民族と歷史』第6卷 第1號, 1~2쪽.

43) 喜田貞吉의「日鮮兩民族同源論」은 日鮮同祖論을 다시 강조한 것이고, 三浦周行은 한국인의 同化를 낙관하였으며, 八木奘三郎은 석기시대의 토기를 소재로 日鮮滿의 民族論을 검토하고 중국과 조선의 풍속상의 일치를 강조하였고, 岩橋小彌太는 한국과 일본의 언어상 상관관계를 강조하는 등 각 분야를 노골적인 식민사관의 관점에서 다루었다.

제3절 喜田貞吉의 韓國史 저술과
韓國觀 批判

1. 國定敎科書(『小學日本歷史』,
『尋常小學日本歷史』)

일본의 소학교용 역사교과서는 1903년에 국정으로 전환한 이후
패전 직후인 1946년까지 모두 7종이 발행되었다.[44] 전술한 바와 같
이 최초의 국정 역사교과서가 러일전쟁의 개시와 함께 편찬, 보급
된 것은 그 성격을 잘 보여주며, 이후 제국주의 침략의 진행에 따
라 수차 개정되며 군국주의와 초국가주의적 파시즘의 색채를 더욱
농후하게 띠게 되었다.[45]

일본의 국정 제1기 역사교과서인『小學日本歷史』2권은 喜田貞
吉의 주도하에 1904년에 발행되어 사용된 것이다.[46] 이 교과서는
희전정길의 한국사에 대한 인식을 종합적으로 보여주는 최초의 저
술이라 하겠다. 1권은 「天照大神」부터 「北條氏亡」까지 20장으로,
2권은 「建武의 中興」부터 「明治二十七八年戰役」까지 17장으로

---

44) 浪本勝年, 1982,「戰前の敎科書の歷史」『日本の敎科書制度』, 敎科書訴
訟を支援する全國連絡會, 3쪽의 '戰前の國定敎科書と使用世代'; 朴杰
淳,「日本 歷史敎科書에 記述된 韓國史 관련 내용의 史學史的 檢討」,
42쪽의 <표 1> 참조.
45) 大川隆司,「戰前の敎科書制度の變遷」『日本の敎科書制度』, 17~18쪽.
46) 당시 編纂委員은 喜田貞吉 등 2명, 調査 囑託은 三上參次(東京帝大
敎授) 등 4인이었다. 이들 가운데 喜田貞吉이 집필에 가장 중요한 역
할을 하였다(梶山雅史, 1982,「國定敎科書編纂過程 - 編纂費ならびに
編纂者關係資料の紹介と一考察」『人文學報』第五十三號, 京都大學人
文科學研究所 참조).

구성되었다. 본서는 아동들이 알기 쉬운 문장으로 꾸며졌고, 揷畵
가 많이 첨가되었으며 1902년의 英日同盟까지 서술하였다. 무엇보
다도 본서는 한국사 서술의 왜곡된 기준을 제시하여 이후 국정 역
사교과서 편찬의 기준이 되었다는 점에서 주목하여야 한다.

　『小學日本歷史』는 신화의 내용을 교재화하고 皇統 無窮, 天皇
善政, 忠臣 誠忠을 찬양하는 내용으로 일관된 것으로, 天皇 중심의
政治史觀에 입각한 역사교과서로 평가된다.[47] 이는 러일전 개전
시기의 정세와 분위기를 반영하는 것이라 할 수 있다. 본서는 "천
황의 조상인 天照大神에 의해 開闢되었고 역대 천황의 치적에 의
하여 국가가 발전하였으며 忠良學哲들이 천황을 위하여 國家安泰
를 위하여 활동하였고, 神功皇后의 三韓征伐에서 명치 27, 28년의
戰役(淸日戰爭)에 이르기까지 항상 外征에서 승리해 온 것으로 大
日本帝國의 威名은 더욱 세계에 알려지게 되었다"는 國家史觀을
基調化한 것이라 할 수 있다.[48]

　본서에서 한국사 관련 내용으로는 신공황후의 삼한정벌과 삼국
의 문화 전파, 임진왜란, 정한론, 임오군란과 갑신정변, 동학혁명
등이 기술되어 있다.

　신공황후의 삼한정벌에 관해서는 "이때 韓國에는 新羅・百濟・
高麗의 三國이 있었는데 이들을 우리나라에서는 三韓이라고 하였
다. 또 일찍부터 우리나라에 복속한 任那라는 小國도 있었다"고
하여 任那日本府를 기정사실화 하였다. 또한 神功皇后가 新羅를
討伐하여 新羅王으로부터 降伏을 받았고, 이후 백제와 고구려도
일본에 服屬하게 되었다고 기술하였다. 나아가 三韓의 服屬 이후
三韓으로부터 많은 貢物이 바쳐지고 學者와 職人이 渡來하여 일

---

47) 李元淳,「日本 歷史敎育의 變遷」, 57쪽.
48) 海後宗臣, 1969,『歷史敎育의 歷史』, 東大出版會, 120쪽.

본이 점차 開化하게 되었다고 서술하였다.[49) 삼국의 복속을 강조하면서도 문화의 전파와 그로 인한 영향은 인정한 셈이다.

그런데 신라의 삼국통일 과정에서 일본 조정이 군사를 보내 백제를 지원하였다고 하며, 신라의 삼국통일로 인해 삼한이 일본으로부터 離叛하게 되었다고 서술하였다.[50) 즉, 임나일본부 이후 삼국 통일까지 한반도가 일본의 속국이었다는 터무니없는 주장인 것이다.

본서는 「元寇」를 별도의 장으로 서술하여 설명하고 있으나, 고려에 대한 언급은 없다.[51) 그런데 임진왜란은 국내를 평정한 豊臣秀吉이 朝廷의 御威光을 諸外國에 파급하기 위해 명을 정벌하려는 과정에서 발생한 것으로 서술하고, 일본군의 승리를 칭송하였다.[52) 이후 조선과 일본은 화목의 관계였다고 하며 조선으로부터 사신이 왕래한 사실을 기술하였는데, 幕府에서 조선 사신들에게 禮를 지나치게 厚하게 대우하여 비용이 많이 들자 新井白石이 待遇法을 개정하도록 한 사실을 기술하였다.[53) 한편 征韓論에 대하여는 명치 초기 조선의 일본에 대한 無禮를 '朝鮮事件'이라고 표현하며, 이로 인해 西鄕隆盛 등이 분노하여 조선정벌론을 주장한 것이라고 하였다.[54)

본서의 한국사에 대한 왜곡 기술은 특히 근대사 부분에서 현저하다. 즉, 강화도조약은 일본 군함이 강화도 부근에 다다르던 중 조선 수병으로부터 불의의 포격을 받은 결과로 설명하였고, 임오

---

49) 『小學日本歷史』 一, 8~9쪽.
50) 『小學日本歷史』 一, 22쪽.
51) 『小學日本歷史』 一, 63~65쪽.
52) 『小學日本歷史』 二, 27~28쪽.
53) 『小學日本歷史』 二, 39~40쪽. 여기에는 「朝鮮の使者の行列」이 삽화로 실려있다.
54) 『小學日本歷史』 二, 58~59쪽.

군란은 '朝鮮의 暴徒'들이 일본 공사관을 불지른 사건으로 설명하였다. 그런데 사건 발단의 전후 정황은 설명하지 않고 일본이 침략당한 사실만 기술함으로서 본질을 왜곡하였다. 또한 獨立黨은 일본과 함께 정치를 개혁하려던 단체로, 事大黨은 보수를 희망하며 淸에 의지하려는 단체로 설명하고, 갑신정변 직후 淸이 사대당을 조종하여 일본 공사관을 습격한 것이라고 기술하였다. 동학혁명에 대하여는 '東學黨의 亂'이라고 표현하였는데, 봉기의 원인이나 斥倭의 사실은 전혀 언급하지 않았다. 특히 일본군의 조선 파병을 '공사관과 거류민을 보호하기 위한' 것으로 설명하고, 청일전쟁에 대해서는 일본군의 승전을 강조하며, 이로 인해 일본의 국위가 크게 떨쳐졌고 西洋 諸國이 일본의 眞價를 알게 되었다고 기술하였다.[55]

1909~1910년에 걸쳐 국정 역사교과서 제2기인『尋常小學日本歷史』(兒童用) 2권이 발간되었다.[56] 본서는 희전정길의 주도하에 개정된 것이었다. 卷一은「天照大神」부터「南北朝」까지 23과로, 卷二는「足利義滿」부터「平和克復과 前後의 經營」까지 17과로 구성되었다. 제2기 국정 역사교과서가 탄생한 것은 '小學校令'과 '小學校令施行規則'의 개정에 따른 결과였다.

본서는 이전의『小學日本歷史』와 비교할 때 몇가지 특징적 변화가 보인다. 우선 1908년의 이른바「戊申詔書」에서 강조된 국민도덕 진작, 천황에의 충성 등이 교과서 기술에 반영되어 있다는 점이다. 또한 면수와 삽화(상상도)가 증가되었고, 고대 부분을 간략히 하는 대신 근대 부분을 상세히 기술하였다.[57]

---

55)『小學日本歷史』二, 65~70쪽.
56) 본서의 卷一은 1909년 9월에, 卷二는 1910년 9월에 발행되었다.
57) 松島榮一,「歷史敎育の歷史」, 271~272쪽 ; 中村紀久二,『複刻 國定敎科書 解說』, 33~34쪽.

그런데 무엇보다 주목하여야 할 사실은 러일전쟁 이후 일본 제
국주의의 침략적 성향이 역사서술에 반영되어 있고, 한국 강점 직
후에 편찬되었기 때문에 이와 관련된 내용의 서술이 추가되었다는
점이다. 즉, 卷二의 第16課 「明治三十七八年戰役」과 第17課 「平
和克復과 戰後의 經營」이 새롭게 추가되었다. 특히 말미의 '國民
의 覺悟'는 본서 개정의 침략적 특징을 가장 잘 보여주는 내용이라
할 수 있다.58)

이처럼 군국주의 침략전쟁이 역사교과서에 영향을 끼친 것은 이
미 청일전쟁 직후에 편찬된 교과서에서 명확히 알 수 있다. 청일전
쟁 직후에 편찬된 역사교과서의 편제와 서술은 승전의 자신감에
도취되어 있었고, 천황에 대한 충성을 강조함으로써 또 다른 침략
전쟁을 선동하고 예비하였다.59)

본서의 한국사 관련 기술은 『小學日本歷史』와 크게 다르지는
않다. 다만 神功皇后의 신라 정벌 내용이 보강되었고,60) 신라의 통
일을 '三韓의 離去'로서 기술하였다.61) 임진왜란에 대하여도 조선
이 누차 일본 조정에 來聘해 온 사실을 강조하고, '豊臣秀吉 朝鮮
征伐軍의 出發을 바라봄'이라는 插畫를 추가하는 등 내용을 보강
하였다.62) 조선 사신에 대한 부분에서는 본서에서는 유일하게 2면

---

58) '國民의 覺悟'는 국정 제4기 역사교과서인 『尋常小學國史』(1935)부터
　　독립된 課로 분리 격상되었다.
59) 淸日戰爭 직후에 편찬된 역사교과서로서 이런 경향을 대표하는 교과
　　서로 『中等敎科日本歷史(訂正再版)』(1896, 田中稻城·赤堀又二郎, 文
　　學社)『新撰帝國小史』(1897, 山縣悌三郎, 文學社),『修正新撰帝國史要』
　　(1898, 芳賀矢一, 富山房) 등을 들 수 있다.
60) 『尋常小學日本歷史』卷一, 10~13쪽. 여기에서는 '神功皇后はるかに新
　　羅の方をのぞみ給ふ'란 插畫가 게재되고 신라와의 지리적 인접성이
　　강조되었다. 또한 신라왕의 降伏의 辯도 설명하고 있다. 그런데 任那
　　에 관한 내용이 삭제된 것은 의아하다.
61) 『尋常小學日本歷史』卷一, 23~24쪽.

에 걸쳐 '朝鮮의 使者의 行列' 삽화를 추가하였고, 新井白石이 朝鮮 使者에 대한 待遇法의 개정을 요청한 사실에 대하여 『小學日本歷史』의 내용과는 달리 지나친 후대가 일본국의 체면을 손상한 때문이라고 설명하였다.[63]

征韓論에 대하여는 조선은 일본과 지리적으로 가장 가깝고 예로부터 강호 막부시대까지 친밀한 관계가 유지되었으나, 일본의 호의를 무시하고 無禮를 범하였기 때문에 정한론이 등장하게 되었다고 배경을 설명하였다.[64] 征韓論은 이후 청일전쟁 부분에서 또 한 차례 강조되었다.[65]

강화도 조약에 대한 설명에서는 일본 군함이 청국으로 행하다가 강화도에 薪水를 구하기 위해 접근 중 불의의 포격을 받은 것이라고 강화도 접근의 이유를 부연함으로써 침략의도를 은폐하였다.[66] 임오군란과 갑신정변에 대한 서술은 『小學日本歷史』와 거의 같다. 그런데 東學에 대하여는 朝鮮의 國勢가 萎縮되고 人民들이 官吏의 誅求에 고통이 심하였기 때문에 봉기한 것으로 설명하였으나, 여전히 斥倭의 사실에 대하여는 전혀 언급하지 않았다.[67] 청일전쟁에 관한 부분도 '平壤戰鬪' 삽화가 추가되고 승전을 강조하였다. 특히 청일전 승리의 결과, 일본은 國威를 크게 떨쳤고 국민들이 宿望하던 외국과의 불평등한 조약을 개정하여 歐美諸國과 대등한 지위를 차지한 것으로 서술하였다.[68]

새롭게 추가된 후반 부분에서는 이른바 '北淸事變' 당시 일본

---

62) 『尋常小學日本歷史』卷二, 21~28쪽.
63) 『尋常小學日本歷史』卷二, 43~45쪽.
64) 『尋常小學日本歷史』卷二, 71~73쪽.
65) 『尋常小學日本歷史』卷二, 79쪽.
66) 『尋常小學日本歷史』卷二, 79~80쪽.
67) 『尋常小學日本歷史』卷二, 82~84쪽.
68) 『尋常小學日本歷史』卷二, 85~86쪽.

군대는 强國 가운데에서도 공적이 가장 뛰어났고, 청일전쟁 이후
武威를 發揚하여 일본은 점차 여러 외국 사이에서 중요한 위치를
차지하게 되었다고 강조하였다. 특히 만주와 한국은 지리적으로
일본에 인접하여 그 나라의 安危가 곧 일본의 안위와 직결되기 때
문에 일본은 청과 한국의 영토를 보전하여 동양평화를 유지하기
위하여 누차 남진하려는 러시아와 담판을 하였다는 사실을 강조하
였다.[69] 제1기『小學日本歷史』와 비교할 때 침략의 대상으로 만주
가 추가되고, 침략의 논리로서 동양평화론이 본격적으로 교과서에
등장한 것이다. 특히 이 부분은 당시 일본의 사학계가 '滿韓經營'
이라는 정치적 현실에 보조를 같이 하여 '滿鮮史'라는 용어를 창출
하였고, 滿鮮史觀이라는 역사해석의 논리가 풍미했던 것과 관련하
여 이해하여야 할 것이다.[70]

러일전쟁에 관하여는 러시아의 침략에 대응하고 동양평화를 보
존 유지하기 위해 불가피한 전쟁이었다고 옹호하였다. 여기에서도
일본군의 勇戰奮鬪와 승전의 사실을 강조하였는데, 陸戰에서는 奉
天戰鬪, 海戰에서는 日本海 戰鬪가 '역사상 대전투'였다고 설명하
였다.[71]

본서의 한국사 서술과 관련하여 가장 주목하여야 할 것은 맨 마
지막 제17과의 내용이다. 여기에서는 1905년의 을사오조약 늑결에
대하여 "처음 日露 兩國의 전쟁을 開始할 때 우리나라는 한국과
利害를 함께 할 것을 약속하고, 전쟁이 끝나자 협약을 거듭하여 한
국을 保護國으로 하고", "후에 다시 그 정무를 확장하여 더욱 보호
의 효과를 거두었다"고 서술하였다.[72] 한국을 침략한 것이 아니라,

---

69)『尋常小學日本歷史』卷二, 88~89쪽.
70) 朴杰淳,『韓國近代史學史研究』, 115쪽.
71)『尋常小學日本歷史』卷二, 90~93쪽.
72)『尋常小學日本歷史』卷二, 95~96쪽.

마치 한국이 보호국을 자원한 것처럼 왜곡한 것이다. 특히 강제병합에 대한 부분은 더욱 왜곡되어 있다.

> "우리 天皇 陛下는 韓國이 늘 禍亂의 淵源이 되는 것을 염려하여 日韓 相互의 幸福을 增進하고 東洋의 平和를 永遠히 確保하기 위하여 韓國을 倂合할 필요가 있다고 인식하고 드디어 이해 8월 韓國 皇帝로부터 그 一切의 統治權을 永久히 讓與하는 것을 承諾하였다. 이에 韓國을 朝鮮이라 改稱하고 總督府를 두어 諸般의 政務를 統轄하기에 이른 것이다."[73]

여기에서 "韓國이 늘 禍亂의 淵源" 운운한 것은 2001년 중학교 역사교과서 검정에서 문제가 된 '朝鮮半島는 日本에 끊임없이 들이대어져 있는 凶器'라는 이른바 凶器論과 같은 인식을 보이고 있어 주목된다. 즉, '새로운 역사교과서를 만드는 모임'의 凶器論은 그들의 논리가 아니라, 이미 90여년 전에 희전정길의 주도하에 편찬된 국정 교과서에서 제기한 군국주의적 침략 이론을 부활시킨 것이었다.[74]

이 부분은 강제병합 직후 일본 정부가 편찬한 최초의 국정 역사 교과서의 기술이라는 점에서 매우 중요하다. 결국 한국의 강제 병합은 침략의 결과가 아니라, 동양평화를 영원히 확보하기 위한 조치였다는 논리이다. 더구나 본서는 한국 병합이 강제적인 것이 아니라, '한국 황제로부터 일체의 통치권을 영구히 양여 받는 것을 승낙한 결과'라고 하였는데, 이 침략적 논리는 이후 편찬된 각종

---

73) 『尋常小學日本歷史』 卷二, 97쪽.
74) 『新しい歷史敎科書(백표지본)』, 扶桑社, 218쪽. 이 부분은 최종 합격본에서 삭제되었고, "일본을 향하여 대륙으로부터 가늘고 긴 한 팔뚝이 돌출되어 있다. 그것이 조선반도이다."라는 표현은 "대륙으로부터 하나의 팔뚝과 같은 조선반도가 돌출되어 있다"로 수정되었다(『新しい歷史敎科書』, 扶桑社, 216쪽).

역사교과서에 그대로 계승되었다.

이로써 볼 때 회전정길은 일본의 초기 국정 역사교과서 집필자로서 한국사에 대한 왜곡된 서술기준을 수립함으로써 오늘날까지 지속되고 있는 역사교과서 왜곡의 비조가 되고 있다는 점에 주목하여야 할 것이다.

2. 『韓國の倂合と國史』

회전정길의 한국사에 대한 연구는 일제의 한국 병합과 더불어 본격화하였다. 이는 자신이 일본고대사의 연구로부터 확신하게 된 日鮮同祖論에 입각한 것이었다. 그는 강제병합 직후인 1910년 9월 「한국은 본래 일본의 일부분이었다」는 논문을 발표한 이래 이해 말까지 4편의 논문을 각종 잡지에 발표하였다. 그 내용은 일선동조론에 의해 일제의 한국병합을 정당화하고 예찬하며, 한국병합의 사실을 일본사 교육에서 강조해야 할 것과, 이를 위해 교육가들이 각오를 새롭게 해야 한다는 등 군국주의적 교육 강화를 위한 국사교수와 관련된 내용이었다.[75]

그가 군국주의적 국사교육을 강조하였음은 『國史之敎育』에서 잘 알 수 있다. 본서의 저술 목적은 당시 文部大臣인 小松原英太

---

75) 喜田貞吉은 강제병합 직후 「朝鮮はもと日本の一部分なり」(1910. 9,
  『敎育時論』915),「韓國倂合と國史の敎育」(1910. 9,『敎育界』8의 13),
  「韓國倂合の意義(神功皇后の三韓征伐以前より朝鮮は我領土たり)」(19
  10. 10,『日本少年』5의 12),「韓國倂合と敎育家の覺悟」(1910. 11,『歷
  史地理』朝鮮號) 등 4편의 논문을 잇달아 발표하며 일제의 한국 병합
  을 정당화하고, 이를 계기로 군국주의 역사교육을 강화할 것을 역설하
  였다.

郎이 서문에서 "… 普通敎育에 있어서는 반드시 國史에 의거하여 國體의 淵源하는 바, 國風의 醇美하는 바를 상세하게 古今을 통하여 一貫하는 大和民族의 진면목을 밝힘으로써 忠良한 國民精神의 涵養에 노력 …" 운운한 데에서 명확하게 알 수 있다.76) 이는 그가 일본의 군국주의 침략정책에 '二足의 草鞋', 즉 역사가이자 교육가로서 충실히 부응한 진면목을 보여주는 것이라 할 수 있다.

일제의 한국 강점에 대하여 일본의 학자들은 이를 당연한 귀결로 받아들였으며, 일선동조론은 그 중심논리였다. 1910년 8월 26일자 『東京朝日新聞』에 합병은 과거의 역사에 비추어 볼 때 당연한 일이라고 한 金澤庄三郎과, 1910년 8월 31일자 『東京日日新聞』에 「합병은 다름 아닌 복고이다」라는 논설을 게재한 久米邦武는 그 대표적인 예이다.77) 뿐만 아니라 대부분의 일본 언론들도 8월 29일을 전후하여 일제히 사설에서 한국 강점을 同種同根論에 의해 자연스러운 일로 호도하였다.78)

이같은 분위기에서도 희전정길은 단연 가장 열렬한 한국병합의 예찬론자였다. 이는 당시 그가 문부성에 재직하고 있던 관변적 현실과도 관계가 있었을 것이다. 그러나 그는 매우 적극적인 입장에서 한국 병합을 구가하였다. 그는 전술한 바와 같이 한국 병합 직

---

76) 喜田貞吉, 『國史之敎育』(1910. 6, 三省堂)의 小松原英太郎의 序文 참조.

77) 崔錫榮, 『일제의 동화이데올로기의 창출』, 315~318쪽. 久米邦武는 1891년 「神道は祭天の古俗」이란 글을 통해 日鮮同祖論을 주장한 바 있는데, 이로 인하여 神道學과 國體論者들의 반발을 사서 동경대학 교수를 사직하는 필화사건을 겪었다. 그러나 일제의 강제병합 직후에 또 다시 유사한 논문을 발표하였으나(1910. 10, 「倭韓共に日本神國なるを論ず」『史學雜誌』제22집 제1호), 이때에는 아무런 저항 없이 수용되었다. 이는 학술 이론이 정치적 상황에 따라 효용성과 목적성을 기준으로 평가되는 당시 일본 학계의 경직된 분위기를 반영하는 것이라 할 수 있다.

78) 姜東鎭, 1987, 『日本言論界와 朝鮮』, 지식산업사 참조.

후 한국병합을 정당화하고 예찬하는 논문을 잇달아 발표하고, 자신이 주도하던 日本歷史地理學會에서 '合邦記念'으로『歷史地理』임시증간호로서「朝鮮號」를 발행하기도 하였다.

이같은 喜田貞吉의 한국관을 가장 잘 보여주는 것은 한국을 병합한지 불과 2개월만에 '明治昭代에 一大盛事인 韓國併合을 慶賀'하기 위해 편찬한『韓國の併合と國史』이다. 희전정길은 일본역사지리학회가 병합을 기념하는 임시강연회를 열고 자신에게 강연을 의뢰하자,「韓國併合と國史の敎育」이란 주제 강연을 통하여 '日韓 본래의 관계를 분명히 하여 교육가의 주의를 환기'시켰다. 나아가 일본역사지리학회는 희전정길에게 '일반 국민들도 병합의 眞意를 了解하게 하기 위해' 본 강연에 기초하여 별도의 논문을 기고하도록 요청하였다. 일본역사지리학회위원 명의로 된「緒言」은 본서의 편찬과정과 목적을 잘 보여준다. 여기에서는 '본서를 통해 세인들이 日韓 본래의 관계를 분명히 알고, 帝國 在來의 국민은 熱誠으로서 新來의 同胞를 歡迎하고 新來의 同胞는 帝國 固有의 國風에 同化하여 서로 忠良한 臣民이 되기를 바란다'고 밝혔다.[79]

『韓國の併合と國史』는 이러한 과정과 목적하에 편찬된 것이다. 본서는 '한국 병합의 事歷을 밝히고 더욱 나아가 조선반도 古來의 연혁을 숙지하며, 특히 明治昭代에 있어서 日韓 상호의 교섭 전말에 정통할 필요'가 있어 희전정길의「韓國の併合と國史」외에, 일본역사지리학회 회원인 妻木忠太의「朝鮮沿革史略」과 大森音吉의「明治日韓交涉史」를 함께 게재하여 모두 3편의 논문으로 구성되었다. 즉, 본서는 동일한 성격의 논문 3편으로 구성된 것이다.

희전정길의 논문은 10章으로 구성되었다.[80] 본서의 편찬목적은

---

79) 喜田貞吉, 1910,『韓國の併合と國史』, 三省堂書店,「緒言」.

「例言三則」에 잘 나타나 있다. 이를 요약하면 ①본서는 일반 세인
으로 하여금 日韓 상호의 근본관계를 분명히 알게 하고 新來의 同
胞를 同化하기 위한 것으로 編述은 극히 平易 通俗하게 하고 고상
한 역사적 고증은 하지 않음, ②日韓 본래의 관계는 복잡하고 고증
할 사료가 극히 적기 때문에 種族 문제에 대해서 異說이 있으나,
심히 밀접한 관계에 있고 대체로 보아 우리와 그들은 모두 忠良한
大和民族임은 부정할 수 없다. 日韓은 다년간 別國으로 分立해 왔
기 때문에 자못 民情風俗이 달라졌는데, 상호간 親和를 꾀하고 祖
先이 그랬던 것처럼 新來의 同胞가 同化融合할 것을 기대함, ③學
者 또한 帝國 臣民의 일원으로 未定의 학설을 발표하는 것은 학문
의 진보를 촉진하는 것이나, 쓸데없이 인심을 소란시킬 우려가 있
는 것은 모름지기 발표의 시기와 방법에 대하여 깊이 생각하여야
한다는 것 등이다.81) 즉, 「例言三則」은 본서가 독자층을 일반인으
로 상정하여 쉽게 서술하였다는 것, 양국은 본래 같은 민족이나 다
년간 별국으로 존재해 왔기 때문에 빨리 상호간 '親和'와 '同化融
合'하기를 꾀한다는 것, 이를 위해 학자들도 제국 신민의 일원으로
서 협력하여야 한다는 것으로 요약할 수 있다. 결국 본서는 희전정

---

80) 본서의 구성은 다음과 같다.
　　第1章　韓國併合の顚末
　　第2章　韓國併合と朝鮮人境遇の變化
　　第3章　我が武家政治の興起と韓國併合との比較
　　第4章　朝鮮古代史の硏究
　　第5章　韓土の史に見えたる古代日韓の關係
　　第6章　支那の史籍と古代日韓の關係
　　第7章　我が古傳說に見えたる古代の日韓の關係
　　第8章　大和民族と朝鮮人の種族的關係
　　第9章　大和民族の異種族に對する歷史と國史の敎育
　　第10章　結論
81) 喜田貞吉,『韓國の併合と國史』「例言三則」.

길의 지론인 일선동조론을 바탕으로 일제의 한국 병합을 정당화하고 동화융합을 위해 서술된 것이며, 학자들도 일제의 제국주의 팽창과 침략에 수반하고 종속하여야 한다는 군국주의적 성격을 스스로 드러내고 있는 것이라 할 수 있다.

본서를 분석해 보면 다음과 같은 난폭한 침략주의적 역사인식으로 일관하고 있음을 알 수 있다.

첫째, 한국의 古記錄을 부정하고 古代史를 왜곡하였다. 본서는 한국에는 고대의 기록이 거의 없으며, 백제가 멸망한 이후에 일부가 일본으로 건너와 남아있는 정도라고 하였다. 또한 한국 고대의 史籍들은 모순과 오류를 면치 못하고 중국 사적의 東夷傳 수준을 넘지 못하고 있으며, 대부분의 사적들도 후대에 정리된 것이라 불완전하다고 폄하하였다. 특히 본서는 한국의 고기록에 일본과 관련된 기록이 없다고 지적하며, 그 대표적인 예로 任那國을 들었다.[82] 이러한 관점에서 본서의 한국고대사에 대한 인식은 크게 왜곡될 수밖에 없는 구조를 지니고 있다. 단군의 경우는 전설상에 불과한 것이라는 인식을 넘어 단군을 일본의 素戔嗚尊에 비유하고 있으며, 나아가 일본인 瓠公이 신라를 개국한 것이라고 하였다.[83] 한편 箕子朝鮮은 中國의 賢人에 附會하는 것으로 확증이 없다고 하며, 위만조선과 한사군은 확실한 역사적 사실로 단정하였다.[84] 일본과 관련된 고대사에 대한 서술은 더욱 왜곡되어 있다. 본서는 중국 기록을 자의적으로 해석하여 三韓 때부터 그 일부가 倭國, 즉 帝國의 일부였다고 하였다.[85] 또한 任那가 崇神天皇 때부터 保護

---

82) 喜田貞吉, 『韓國の倂合と國史』, 20~22쪽. 본서가 제6장을 '中國의 史籍과 古代 日韓의 關係'로서 별도로 설정한 의도가 여기에 있는 것이다.
83) 喜田貞吉, 『韓國の倂合と國史』, 35~37쪽.
84) 喜田貞吉, 『韓國の倂合と國史』, 24~25쪽.
85) 喜田貞吉, 『韓國の倂合と國史』, 45~46쪽.

를 요청하였으며 神功皇后의 征韓에 의하여 삼국이 모두 服屬되
어 臣民이 되었다고 하며 그 증거로 廣開土王碑文을 들고, 조선반
도의 전부가 일본 세력하에 있었다는 것은 의심할 수 없는 사실이
라고 단정하였다.[86] 결국 이같은 논리는 大和民族과 朝鮮民族의
種族的 관계로 연결되고 있다. 즉, 양 민족의 언어·풍속·관습상
의 유사성을 들며, 병합이 되었으므로 日韓同種의 事歷을 분명히
하여 彼我의 구별을 없애야 한다고 주장하였다.[87]

둘째, 지정학적 운명론, 사대주의와 민족성론 등 이른바 식민사
관의 논리가 제시되어 있다. 즉, 그는 한국은 중국과 일본이란 양
대 강국의 사이에 끼어 도저히 독립국을 이룰 수 없고, 대등한 관
계를 유지할 수 없어 반도내에서 수많은 邦國이 興廢하였으나 독
립국이라 말할 수 있는 왕조는 없었다고 하였다. 따라서 隣國의 기
색을 살펴서 국가를 유지하는 대방침으로 事大主義를 지니게 된
것이라고 하였다.[88] 또한 한국인은 내우외환으로 말미암아 근검저
축의 풍조가 없고, 백성은 도탄에 빠진 결과 懶惰性을 지니고 있다
고 하였다.[89]

셋째, 한국병합을 정당화하기 위해 이른바 東洋平和論을 제기하
고 있다. 즉, 일본은 본래 독립국의 상태가 아닌 가련한 한국을 도
와 독립국이 되게 함으로써 東洋의 禍根을 제거하였다고 하였
다.[90] 특히 본서는 수차에 걸쳐 한국이 東洋 禍亂의 淵源임으로
이를 제거하고 동양평화를 유지하고자 한 것이 한국 병합이었다고
강변하였다.[91] 이는 그가 본서의 편찬과 비슷한 시기에 개정한

---

86) 喜田貞吉, 『韓國の併合と國史』, 58~59쪽.
87) 喜田貞吉, 『韓國の併合と國史』, 64~69쪽.
88) 喜田貞吉, 『韓國の併合と國史』, 2~3쪽.
89) 喜田貞吉, 『韓國の併合と國史』, 7~10쪽.
90) 喜田貞吉, 『韓國の併合と國史』, 3~4쪽.

『尋常小學日本歷史』의 논리와 궤를 같이 하는 것이다.

넷째, 일제의 한국 병합 과정과 의미를 크게 왜곡하고 있다. 본
서는 명치 초기이래 조선이 무례하였으나, 일본은 거듭 인내하여
1876년 타국에 솔선하여 조선을 하나의 독립국으로 인정하였다고
하였다. 그러나 1882년과 1884년에 잇달아 '京城의 變亂'이 있었
고, 청일전쟁도 결국은 조선이 確乎하지 못하였기 때문에 일어난
전쟁이라고 하였다. 이어 청일전쟁 후 일본은 다시 조선을 도와 독
립국으로서의 체재를 정비하게 하였으나, 여러 강대국의 압박을
받아 기초가 흔들린 결과 곧 일본의 안위에 영향을 주어 동양의 평
화를 깨뜨리는 것은 명확한 일이라고 하였다. 따라서 일본은 엄청
난 희생을 감수하며 강대국인 러시아와 전쟁을 한 것이며, 러일전
쟁 후 동양의 평화를 위하고 또한 일한 양 국민의 안녕과 행복을
위하여 보호국으로 하여 한국의 정리와 계발에 노력하였다고 하였
다. 그러나 보호국만으로는 양국이 원만하지 못하였으며, 일찍이
한국이 東洋 禍亂의 淵源이라고 생각한 일본 천황의 인식과, 국리
민복을 위해 일본 천황에게 통치권을 양도해야 한다는 한국 황제
의 인식이 함께 결합되어 결국 병합에 이르렀다는 것이다. 더구나
본서는 동서 고금의 역사에서 병합은 무력으로 진행되며 심히 비
참한 事歷에 머무는 것이 보편적 현상이나, 한국 병합의 경우는 자
타가 함께 필요성을 느끼고 평화리에 이루어진 것이라고 강변하였
다.92) 병합의 결과, 일본의 기초는 더욱 공고해졌고, 한국인은 일본
제국의 신민으로서 크게 행복을 얻었다고 하며, 마치 이처럼 불행
한 경우로부터 행복한 경우로 구제된 것은 일본 平安朝의 불행한
백성이 武家政治에 의하여 도탄으로부터 구제된 것에 비유하였

---

91) 喜田貞吉, 『韓國の併合と國史』, 5~7쪽.
92) 喜田貞吉, 『韓國の併合と國史』, 3~7쪽.

다.93) 또한 한국민들은 병합을 구가하였다고 왜곡하였다.94)

다섯째, 병합을 정당화하는 역사교육의 중요성을 강조하고 있다. 본서는 금번의 병합이 한국을 멸망시킨 것이 아니라 太古의 모습으로 복귀한 것이고, 한국인은 결코 망국민이 아니라 빈약하고 가련한 경우로부터 벗어나 비로소 편안하게 천하의 대도를 활보하는 대일본국민이 된 것이라고 하였다. 그런데 역사 지식의 결핍으로 병합을 오해하는 양 국민을 위해 역사교육을 할 필요가 있다고 하였다. 이로써 한국이 '談笑의 사이'에 일본에 병합된 것이 기적이나 불가사의한 일이 아니라, 국사의 연구로부터 본다면 당연한 일로 받아들이게 해야 한다는 것이다. 곧 한국 병합은 明治의 王政復古라는 사실을 역사교육을 통해 인식시켜야 한다는 것이다.95)

이같은 喜田貞吉의 한국 병합에 대한 인식은 결론 부분에서 극명하게 드러난다. 즉, 이른바 '復歸論', '貧弱한 分家와 富强한 本家論'이 그것이다. 이는 그가 『歷史地理』 朝鮮號에 게재한 논문에서 주장한 논리와 같은데, 그 내용은 다음과 같다.

"韓國 倂合은 實로 日韓의 관계가 太古의 상태로 復歸한 것이다. … 한국은 실로 貧弱한 分家이고 우리나라는 실로 富强한 本家라고 말할 수 있다. 부강한 본가도 때로는 다소의 消長을 면치 못하고 교통이 불편한 때에는 자기 家內의 정리에 쫓겨서 멀리 떨어진 분가까지 충분히 保護의 손길을 뻗칠 수 없는 시대도 없지는 않았다. … 분가에는 스스로 훌륭하게 家를 유지할만한 資力이 없다. 이 때문에 저쪽으로부터는 협박을 당하고, 이쪽으로부터는 학대를 받아 可憐한 兄弟는 이쪽 저쪽의 눈치를 살피면서 참으로 불쌍한 생활을 하고 있다. 따라서 家內에 動搖도 일어나, 마침내 그 본가는 물론 인근의 家에까지 폐를 끼치는 모양이 되었다. 이에 반하여 본가 쪽에서는 祖先 이래의 家

93) 喜田貞吉, 『韓國の倂合と國史』, 10쪽.
94) 喜田貞吉, 『韓國の倂合と國史』, 19쪽.
95) 喜田貞吉, 『韓國の倂合と國史』, 69~76쪽.

訓을 지켜 일가는 더욱 번창하고 … 분가는 언제까지나 貧乏함이 계속되고 … 그래서 당사자도 복귀를 희망하고 본가도 기꺼이 이를 받아들인 것이 곧 韓國 併合이다. 즉, 오랫동안 떨어져 살았으나 하루아침에 본가 가정의 사람으로 된 것이다. … 이제 帝國에 복귀한 이상 빨리 一般國民으로 同化하여 같은 天皇陛下의 忠良한 臣民이 되지 않으면 안된다. 이는 다만 그들 자신의 幸福만이 아니라, 그들의 오랜 祖上의 遺風을 顯彰하는 바일 것이다."[96]

이로써 볼 때 희전정길이 저술한 『韓國の併合と國史』는 출판 시기나 목차의 구성, 서술내용 등 모두가 왜곡된 역사적 사실과 인식을 통하여 일제의 한국 병합을 합리화하고 예찬하기 위한 것임을 알 수 있다. 이는 그가 저술한 국정 교과서의 왜곡된 한국관과 완전히 상통하는 것이다.

3. 「日鮮兩民族同源論」

이 논문은 1921년 7월에 출간된 그의 개인 잡지 『民族と歷史』 (鮮滿硏究號)에 게재된 것으로 14章으로 구성되어 있다.[97] 그런데

---

96) 喜田貞吉, 『韓國の併合と國史』, 76~80쪽.
97) 이 논문의 목차는 다음과 같다.
　一. 緒言
　二. 同源とは何ぞや
　三. 日本民族構成の要素
　四. 各要素の融合同化
　五. 日本語と民族
　六. 日本の神話と民族
　七. 考古學上より見たる我が先住民の二系統
　八. 諸蕃の渡來
　九. 天孫民族の渡來と日本民族の成立
　十. 朝鮮民族とは何ぞや

이 논문은 새로 집필한 것이 아니라, 그간 발표한 그의 일련의 日
鮮同祖論 관련 논문을 특집호를 기획하며 '綜合編述'한 것이다.98)

喜田貞吉이 이 논문을 발표한 목적은 서언에서 명확히 드러난
다. 그는 여기에서 한국 병합이래 양 민족간 融和의 실적이 있으
나, 사리를 이해하지 못하는 일본인 우민 가운데에 쓸데없이 한국
인에 압박을 가하고, 한국인 우민은 쓸데없이 일본인에 반항을 꾀
하는 紛擾가 일어난 것은 유감스러운 일로, 양 민족이 同源이라는
사실을 분명히 밝혀 '彼我 融和에 貢獻'하기 위해 이 논문을 정리
한다고 밝혔다.99) 또한 결론 부분에서는 양자간에 의사소통이 결
여되어 한국인들이 누차 紛擾를 일으키는 것은 '內地人'이 '舊韓
國臣民'을 제대로 대우하지 않은 까닭도 있으나, 무엇보다도 본래
양 민족이 同源이었다는 사실을 모르고 異民族視하여 물과 기름
처럼 서로 섞이지 못하였기 때문이라고 하였다. 특히 그는 말미의
附言을 통하여 "… 일찍이 수백년 피차 同一政府의 아래에 있었던
것이라는 사실을 분명히 하여 한국의 병합은 결코 이민족을 새로
이 결합시킨 것이 아니라, 일단 떨어져 살다가 본래로 복귀 …"한
것이라고 하였다. 이는 신공황후의 삼한정벌과 임나일본부설을 역

十一. 韓族と朝鮮民族
十二. 扶餘族と朝鮮民族
十三. 漢族と朝鮮民族
十四. 結論

98) 喜田貞吉, 1921. 7,「日鮮兩民族同源論」『民族と歷史』第6卷 第1號, 6쪽.
이 논문은 그가『民族と歷史』第1卷 第1號에 게재한「日本民族とは何
ぞや」, 第6號에 게재한「朝鮮民族とは何ぞや」, 그리고 京城에서 조직된
同源社란 단체가『同源』이란 잡지를 발간하며 그에게 양 민족의 同源
을 밝히는 논문을 청탁하자, 이에 共鳴하여 기뻐하며 저술한「日鮮兩民
族同源論の梗槪」(1920. 12,『同源』第3號) 등의 논문을 鮮滿硏究 특집
호 발행에 맞추어 종합한 것이다.
99) 喜田貞吉,「日鮮兩民族同源論」, 4~5쪽.

사적 사실로서 단정하고, 자신이 병합 직후에 주장한 '復歸論'과
'本家·分家論'을 재차 강조한 것이다.[100]

이로써 보면 그는 일제가 한국 병합이래 추진한 同化政策에도
불구하고 3·1운동이 발발하자, 양 민족이 同源임을 알지 못하는
한국 '愚民'들의 독립운동을 비판하며 日鮮同祖論을 재차 강조하
기 위해 이 논문을 정리한 것임을 알 수 있다. 그는 민족자결이 고
창되고 3·1운동이 일어난 상황에서 가장 중요한 과제는 민족적 관
계를 명확히 하는 일이라고 확신하였고, 3·1운동을 지켜보며 일선
동조론을 다시 강조하는 글을 시급하게 발표한 것은 당연한 일이
었을 것이다.[101] 일제는 3·1운동 직후 일선동조론을 더욱 강하게
주장하였는데, 희전정길의 논문은 그 가운데에 가장 대표적인 글
로서 평가할 수 있을 것이다. 결국 그는 일제의 한국침략과 식민지
지배의 시점에서는 이를 합리화하는 논리로서 일선동조론을 주장
하였고, 3·1운동으로 일제의 식민통치가 위기에 처한 시점에서는
위기극복과 식민지 체제의 옹호논리로서 일선동조론을 계속 강조
한 것이라 할 수 있다.

희전정길이 3·1운동 직후 일선동조론을 더욱 강조한 데에는 한
민족의 항거뿐만 아니라, 일본 내에서 조선통치 비판론이 거세게
일어난 상황과도 밀접한 관계가 있다. 당시 일본의 대표적인 잡지
와 신문에는 조선통치와 관련된 논문이 다수 발표되었다. 그런데
그 가운데에는 세계대전 종료이래 '道德的 新局面의 전개와 國際
民主主義'를 거론하며 한국의 독립을 허용해야 한다는 주장이 있어
일제 당국자들에게 충격을 주었다. 특히 吉野作造·中野正剛·柳

---

100) 喜田貞吉, 「日鮮兩民族同源論」, 69쪽.
101) 喜田貞吉, 1919. 6, 「朝鮮民族とは何ぞや－日鮮兩民族の關係を論ず」
『民族と歷史』 第1卷 第6號.

宗悅・石橋湛山・末廣重雄・矢內原忠雄으로 대표되는 조선통치
비판론자들은 일선동조론에 바탕한 동화정책을 강력히 비판하며,
동화정책을 포기하고 한국인에게 자치를 허용하거나 독립하게 하
여야 한다고 주장하였다.102) 이에 희전정길 등 일선동조론을 이념
적 무기로 하는 식민통치 지지자들은 내외의 도전에 직면하여 일
선동조론을 동화 융합의 논리로서 다시 강조할 수밖에 없었던 것
이다.103)

　따라서 이 논문은 희전정길이 한국 병합 직후에 주장한 日鮮同
祖論 보다 더욱 구체적이며 적극적이다. 여기에는 그의 한국여행
이 중요한 계기가 되었던 것으로 보인다. 그는 1920년 5월 22일부
터 6월 10일까지 한국과 만주를 여행하였다. 그것은 滿鐵會社가
주선하여 만주와 한국에서 개최한 일본도서관협회 대회에 참석하
기 위한 것이었다. 그런데 그는 5월 26일, 경성의 日出小學校에서
4백여명의 청중을 상대로「民族の同化」라는 주제로 강연을 하였
다. 그는 이 강연에서 역사적으로 볼 때 일본은 異民族에게도 同化
融合하게 하여 公民이 되게 하였으나, 同化融合의 낙오자는 賤民
으로 삼았음을 상기시키며, 한국인도 동화융합에서 낙오하지 말
것을 강조하였다. 즉, 일종의 역사이론으로 포장한 협박이었던 셈
이다. 한편 그는 57장으로 구성된 상세한 여행기를 특집호에 게재

---

102) 高崎宗司, 1983. 5,「日本人の朝鮮統治批判論」『季刊 三千里』34號,
　　　98~108쪽.
103) 3·1운동과 일본내 지식인들의 식민통치 비판론에 대해 민감하게 반응
　　　하며 반박한 대표적인 인물로 鳥居龍藏을 들 수 있다. 그는 특히 吉野
　　　作造의 이른바 日鮮異民族論을 강하게 비판하며 한국은 일본과 동일
　　　민족이기 때문에 독립할 필요가 없고 따라서 민족자결주의도 적용되
　　　지 않는다고 하였다. 오히려 그는 조선총독부 내에 日鮮同源을 연구
　　　조사하는 기구를 설치해야 한다고 주장하였다(崔錫榮,『일제의 동화
　　　이데올로기의 창출』, 310~313쪽).

하였다.104)

그는 이 여행을 통해 한국인의 역사뿐만 아니라, 풍습과 생활상에서도 일본과의 유사성을 발견하기에 주력하였다. 그 결과 그는 자신이 직접 목격한 최근의 한국은 일본의 平安朝와 유사하다고 하였다. 즉, 수백년전 일본의 모습을 한국에서 발견하였다고 주장한 것이었다. 이는 한국과 일본의 생활 양식상의 同源論을 주장한 것이지만 사실은 停滯性論과 일맥상통하는 주장이기도 하다. 따라서 그는 동원론을 강조하기 위해 정체성론까지 동원한 것이라 보는 것이 타당할 듯하다. 이는 가장 철저한 일선동조론자로서 그의 면모를 잘 보여주는 대목이라 할 것이다.105)

짧은 한국 여행에서 일선동조론의 확신을 다진 그는 이 논리의 확대해석을 시도하였다. 이 논문에서 그는 고기록의 해석에 치중하는 경향에서 벗어나, 고고학상의 유물·체질인류학·언어·신화·풍습·사상 등 다방면에 걸쳐 일선동조론의 논리를 확대하고자 하였다. 이러한 사실은 목차의 구성에서도 명확하게 알 수 있다. 특히 이 논문에서 주목하여야 할 사실은 일선동조론을 한국인과 일본인과의 관계에만 적용한 것이 아니라, 同祖의 범위를 확대하여 만주와 몽고의 제 민족에까지 적용하였다는 사실이다. 즉, 그는 대륙 오지에 살던 天孫民族이 滿蒙을 거쳐 한국과 일본에까지 퍼진 것이라고 하였다.106) 鮮滿研究號라는 특집을 구성한 것도 이러한 의도가 작용한 것이었다. 이 논리는 內田良平 등이 주장한 大아시아主義와 상통하는 것으로 지적된다.107) 그러나 희전정길의 논

---

104) 喜田貞吉,「庚申鮮滿旅行日誌」『民族과 歷史』第6卷 第1號, 247~376쪽.
105) 그의 平安朝論은 社會發展段階論으로서의 藤原時代論을 주장한 福田德三의 논리와 형태상 일치하나, 생활양식상의 相似함을 주장하였다는 점에서 구별된다(旗田巍 著, 李基東 譯,『日本人의 韓國觀』, 136쪽).
106) 喜田貞吉,「日鮮兩民族同源論」, 9~25쪽.

리는 대아시아주의와 직결된다고 하기보다는 일선동조론을 강조하기 위하여 天孫民族論으로 범주가 외연된 것으로 보는 것이 타당할 듯하다.

희전정길의 일선동조론에서 또 하나 주목하여야 할 것은 血統의 近親性이 강조되고 있다는 점이다. 이를 위해 그는 國學者들의 논리를 비판하는 데에도 주저하지 않았다. 그는 국학자들이 주장하는 일본 민족의 純潔無比와 君民同祖說은 애국심의 발로에 지나지 않는 것이라고 하며 혈통의 混淆를 강조하였다.[108] 그는 세인들이 古來로 다수의 조선인이 일본으로 도래하여 일본민으로 된 것은 주의하고 있으나, 일본인이 한국으로 가서 한국민으로 된 것은 주의하지 않는다고 지적하였다. 그는 이를 강조하기 위해 조선시대에 일본에서 조선으로 건너와 向化人·降倭·興利人으로 불려진 일본인에 대해 분석한 今西龍의 연구를 인용하기도 하였다.[109]

그런데 초기 희전정길의 일선동조론은 식민사학적 성향이 다분하였으나, 일본으로부터 한국으로 건너온 '征韓'보다는, 한국으로부터 일본으로의 '渡來' 사실이 많음을 인정하고 도래집단의 역할을 중시하는 관점이었다.[110] 그러나 곧 이 논리는 일제의 침략과 병합을 합리화, 정당화하는 논리로 둔갑하여 현실을 무시한 復古의 찬미로 회귀하였고, 이 논문에서 알 수 있듯이 정치적 상황에 부응하여 변용되며 더욱 침략과 지배의 논리로서 기능하였던 것이다. 그럼으로써 그의 논리는 한국사의 주체를 매몰시키고 일본민족으로의 동화와 융합론을 촉진시키는 함정이 되었던 것이다.

그가 이처럼 다방면에서의 일선동조론을 확인하고, 특히 혈통성

---

107) 旗田巍 著, 李基東 譯,『日本人의 韓國觀』, 40쪽.
108) 喜田貞吉,「日鮮兩民族同源論」, 9쪽.
109) 喜田貞吉,「日鮮兩民族同源論」, 66~68쪽.
110) 上田正昭, 1978. 5,「日韓同祖論의 系譜」『季刊 三千里』14號, 28~36쪽.

을 강조한 것은 '渾然融和'[111]를 강조하기 위한 것이었다. 이는 민족적 우월감을 접어두고 혈연적 일체감과 근친성을 강조해야 할만큼 3·1운동으로 인한 식민지 통치기반의 붕괴를 우려한 위기감과 절박감의 표현이라 이해된다. 따라서 그는 일본인이 한국인을 학대하는 것과, 한국인을 멸시하는 경향조차 비판하기에 이른 것이다. 그런 만큼 그는 일제 식민지 지배의 철저한 옹호자요 이데올로거로 보는 것이 타당할 듯하다.[112]

한편 그의 한국사연구가 제국주의 침략의 수뇌부와 연관되었음을 입증하는 중요한 사례가 있다. 그는 1929년 宮崎縣史인『日向國史』를 저술한 바 있다.[113] 본서는 1913년 그와 동창으로서 宮崎縣長官으로 재임하던 有吉忠一의 의뢰를 받아 집필한 것인데, 有吉忠一은 '皇祖發祥의 聖地'인 宮崎縣에 임관하기를 바랐고, 임관 후 이미 마련되어 있던 초고인『宮崎縣史稿本』을 동창인 그에게 재정리해 줄 것을 의뢰하였던 것이다.[114] 이에 그는 '日向은 神祖發祥의 聖地로서 그 古代史는 실로 日本帝國의 建設史요 日本民族의 成立史'라는 인식을 가지고 본서를 집필하였던 것이다.[115] 한

---

111) 喜田貞吉,「日鮮兩民族同源論」, 69쪽.
112) 이같은 喜田貞吉의 日鮮同祖論에 대해 그가 時局에 영합하기 위한 것이 아니라, 역사연구 속에서 생긴 것이나, 결과적으로 일제의 한국 침략과 지배의 사고로 각광을 받았다고 보는 견해가 있다(旗田巍 著, 李基東 譯,『日本人의 韓國觀』, 134쪽). 그러나 그의 행적과 논리가 일제의 한국 침략과 식민지 지배와 긴밀히 연계되어 있는 점에서 볼 때, 오히려 적극적으로 시국을 주도했다고 보는 것이 옳을 것이다.
113)『日向國史』는 喜田貞吉이 日高重孝와 共著한 것인데, 이 가운데에 고대사에 관한 부분만 별책으로 구성하여 1929년에 自刊한 것이다. 본서는 그의 사후인 1943년에 東洋堂에서 재간되었다.
114) 喜田貞吉,『日向國史』, 有吉忠一의「序」참조.
115) 喜田貞吉,『日向國史』, 1~8쪽의「『日向國史』의 編纂과 發行とに就きて」참조.

편 본서는 1927년 宮崎縣 내무부장으로 부임해 온 有吉忠一의 동
생 有吉實에 의해 간행된 바, 결국 본서의 간행은 有吉忠一 형제
와 깊은 관련하에서 진행된 것이라 하겠다.

　이와 관련하여 또 하나 주목하여야 할 사실이 있다. 그는 1920년
에 이어 1924년 7월 2일부터 동월 22일까지 한국을 여행한 바 있
다.[116] 이때 그는 일제하 식민사학회를 대표하는 朝鮮史學會가 주관
하는 강연회에 참석하여 두 차례에 걸쳐 강연을 한 바 있다.[117] 그런
데 有吉忠一은 朝鮮總督府의 政務總監으로서 朝鮮史學會의 당연직
總裁를 맡고 있었다. 따라서 그의 한국 여행과 조선사학회의 강연은
有吉忠一과 긴밀한 관련이 있음은 당연한 일이었을 것이다.

제4절 맺음말

　喜田貞吉은 1900~1930년대에 다양한 분야에 걸친 방대한 연구
를 통해 학계를 주도하고, ‘喜田學’이란 史脈을 형성하여 일본근대
사학사에서 주목하는 인물이다. 그런데 그는 문부성 관리로서 최
초의 국정 역사교과서를 집필하며 한국사에 대한 침략적이고 왜곡
된 서술의 기준을 제시하였음에 유의하여야 할 인물이다. 특히 그
는 1910년 일제의 한국침략과 더불어 식민지 지배를 정당화, 합리

---

116) 喜田貞吉,『還曆記念六十年의 回顧』, 216쪽의「旅行年譜」.
117) 朴杰淳,『韓國近代史學史硏究』, 136~137쪽. 그는 1924년 7월 11일의
　　 朝鮮史學會 제10회 강연회에서「古代に於ける日鮮關係に就て」, 동
　　 7월 16일에는 제11회 강연회에서「所謂日本の特殊部落に就て」란 논
　　 문을 잇달아 발표하였다.

화하는 논리로서 日鮮同祖論을 주장하였다. 뿐만 아니라, 3·1운동으로 일제의 식민지 통치가 위기를 맞이하고 일본 내에서도 비판론이 비등하자, 이를 옹호하는 논리로서 일선동조론을 재차 강조하였다. 따라서 그는 일제의 군국주의 침략과 식민지 통치에 역사이론을 수단으로 하여 시국에 영합한 이데올로거로서, 식민사학과 관련하여 한국근대사학사에서도 주목하여야 할 인물인 것이다.

본고는 喜田貞吉의 역사연구의 궤적을 살펴보고, 그의 한국사 저술에 나타난 일선동조론으로 대표되는 침략적 한국관을 비판하고자 한 것이다. 이상을 요약하면 다음과 같다.

희전정길은 제국대학에 재학시 고대 한국의 일본 분국론자이고 일선동조론자인 星野恒 등에게 수학하며 한국사에 대한 왜곡된 인식을 갖게 되었다. 이후 그의 역사연구의 궤적은 1901년 문부성 도서심사관으로 시작하여 1911년 南北朝正閏問題로 문부성을 사직할 때까지의 이른바 '二足의 草鞋' 시기를 전후로 3기로 구분된다.

그의 역사연구의 궤적에서 문부성 재직과 함께 특이한 것으로 주목하여야 할 것은 학회를 조직, 주도하고 일련의 개인잡지를 발간하였다는 것이다. 그는 『歷史地理』·『民族と歷史』(후에 『社會史研究』로 개제하였다가 『歷史地理』와 합병)·『東北文化研究』 등의 개인잡지를 발간하며 그의 연구분야를 특화하여 발표하였다. 그런데 그는 일제의 한국 침략과 더불어 이를 합리화, 정당화하기 위해 『歷史地理』 臨時增刊 朝鮮號(1910)를 발간하고, 3·1운동 이후 내외의 도전에 직면하자 이를 옹호하기 위하여 『民族と歷史』 鮮滿研究號(1921)를 특집으로 간행하였다. 이들 특집호는 모두 일제의 한국 침략과 지배를 찬양하는 논문들로 구성되었다. 따라서 그가 발간한 개인잡지는 일제의 한국 침략과 식민지 지배를 정당화하고 옹호하는 선전 기관지 역할을 하였던 것이다. 이는 일제의 군국주의 침략에 수반한 그의 학문적 성향을 단적으로 보여주는 것이라 할 수 있다.

희전정길의 한국사에 대한 편견은 문부성에 재직하며 저술한 『小學日本歷史』, 『尋常小學日本歷史』 등 초기 국정 역사교과서의 왜곡 기술로 나타났다. 여기에서 그는 고대 한국의 일본 속국설을 주장하였으며, 임나일본부를 역사적 사실로 단정하였다. 또한 근대사 부분에서는 한국이 東洋平和를 깨뜨리는 禍亂의 淵源이라고 한 바, 이는 최근 문제가 되고 있는 일본 역사교과서에서 '흉기론', '팔뚝론'으로 부활하는 끈질긴 생명력을 지닌 것으로 유의하여야 할 대목이다.

그의 한국사에 대한 구체적이고 본격적인 연구는 강제병합 직후인 1910년 9월부터 시작되었다. 그 주제는 고대 한국의 일본 속국론과, 한국 병합과 군국주의 교육과의 관계에 대한 것으로서, 예로부터 한국은 일본의 속국 영토였기 때문에 병합은 당연한 역사의 귀결이라는 내용이었다. 이를 집약하여 '明治昭代에 一大盛事인 韓國倂合을 慶賀'하기 위해 편찬한 것이 『韓國の倂合と國史』이다. 그의 역사연구에서 최대의 관심사는 民族(種族)과 同化融合이었으며, 이를 통해 확신한 지론은 日鮮同祖論이었다. 즉, 고대사의 종족 문제를 당대사인 제국주의의 침략이론으로 무리하게 적용하려 한 것이다. 그는 한국 침략과 지배를 위해 힉자들도 종속히여야 한다고 하며 '貧弱한 分家와 富强한 本家論'과 '復歸論'을 주장하였다. 그는 본서에서 한국의 고기록을 부정하고 고대사를 왜곡하였으며, 지정학적 운명론과 사대주의와 懶惰性 등 식민사관의 논리를 제시하였다. 뿐만 아니라, 한국병합 과정을 왜곡하고 이를 정당화하기 위해 허구적인 東洋平和論을 내세웠다. 또한 한국병합의 당위성을 역사교육을 통하여 양국의 愚民들을 이해시켜야 한다고 역설하였다.

그러나 3·1운동으로 인하여 일선동조론에 입각한 동화정책이 실패로 돌아가고, 일본 내에서조차 한국의 동화정책에 대한 비판론이 비등하자, 그는 다시 일선동조론을 통해 한국 지배의 정당성을 옹호하고 강변하고자 하였다. 곧 『民族と歷史』(鮮滿硏究號)에 게재한 「日鮮兩民族同源論」은 한국 지배의 위기를 타개하기 위한 논리로서 기존에 발표한 일선동조론을 綜合編述한 것이다. 그런데 이전의 일선동조론과 비교할 때 더욱 적극적이고 구체적이다. 이는 그의 한국과 만주여행(1920. 5~6)이 중요한 계기가 되었던 것으로 보인다. 즉, 그는 자신이 목격한 한국인의 풍습과 생활상이 일본의 平安朝와 유사하다고 주장하였다. 이를 입증하기 위해 그는 단순히 고기록의 해석만이 아니라, 고고학·체질인류학·언어·신화·풍습·사상 등 다양한 방법론을 총동원하였다. 이는 단순히 同源論을 주장한 것이 아니라 停滯性論者들의 주장과도 상통하는 논리이다. 뿐만 아니라 그의 논리는 일선동조론의 범주를 넘어, 血統의 近親性을 강조하며 天孫民族으로서 同祖의 범위를 만주와 몽고의 제 민족까지 확대함으로써 이른바 大아시아主義者들의 논리와도 상통하는 일면을 보인다. 따라서 그는 일선동조론을 강조하기 위하여는 정체성론이나 대아시아주의 등도 동원하여 철저하고 열렬하게 '渾然融化'를 부르짖은 대표적인 일선동조론자였던 것이다. 그의 한국사 연구가 제국주의 침략의 수뇌부였던 有吉忠一과의 친분 속에서 이루어졌다는 점도 그의 성향을 이해하기 위하여 기억해 두어야 할 것이다.

이같은 희전정길의 일선동조론은 순수한 역사이론이 한국 침략과 식민지 지배의 사고로 각광을 받은 것이 아니었다. 오히려 그는 적극적으로 시국에 영합하여, 정치적 상황과 현실에 학문을 종속시킨 인물로 평가하여 마땅하다.

日本 歷史敎科書(國定)에 記述된 韓國史 관련내용의 史學史的 檢討

제1절 머리말

지난 1982년과 1986년에 이어 일본 역사교과서의 왜곡이 또 다시 국제사회에 커다란 파문을 일으켰다.[1] 그런데 이번 일본 역사교과서의 왜곡은 일본 사회 저변에 확산되어 있는 右傾化와 맞물린 加虐的 내셔널리즘과 皇國史觀에 경도되어, 역사인식과 서술이 훨씬 과거로 회귀하였다는 점에서 이전의 왜곡보다 매우 우려되는 현상이다.[2]

---

1) 최근 문제가 된 일본 중학교 역사교과서의 각 출판사와 사항별 현행본·검정신청본·최종본 서술내용의 대비는 외교통상부, 2001. 4, 『일본의 2002년도용 중학교 역사교과서 내용중 한국관련 부분』참조.

2) 지난 3월 19일 국내 역사학 관련 학회를 대표하는 한국사연구회(주관) 등 15개 학회와 연구소가 '올바른 한일관계 정립을 위한 한국의 역사학 관련 학회 공동심포지움'을 개최하고 성명을 발표한 사실은 그 심각성을 대변한다(발제문『일본의 역사교과서 문제와 네오내셔널리즘의 동

일본의 역사교과서는 과거사와 결부되어 우리의 학계는 물론 일
반인에게도 가장 예민한 사안의 하나이다. 따라서 일본의 역사교
과서는 주시의 대상으로서 주목되어 왔고, 특히 1982년과 1986년
처럼 왜곡사건이 불거졌을 때에는 교과서에 대한 집중적 조명과
비판이 가해지기도 하였다.3)

지금까지 일제 식민사학의 구조적 본질과 허구성을 구명하려는
노력이 기울여져 많은 결실을 거둔 바 있다.4) 그러나 일본의 제국
주의 침략에 따른 역사교육의 변화와, 역사교과서에 기술된 한국
사 관련 내용의 변천을 추적하고 규명하려는 노력은 충분하지 못
하였다. 곧 일본의 역사교과서는 왜곡의 파문이 일 때 성토의 대상
은 되었을망정, 지속적인 학술적 검토의 주제는 되지 못한 것이었
다. 역사의 왜곡에는 분개하였지만, 정작 왜곡의 역사에는 무관심
하였던 근시안적인 우리 스스로에 대한 통렬한 자기성찰이 필요한
때이다.5)

향』 참조).
3) 다음의 연구업적이 참고된다.
  李元淳, 1975,「日本史敎育에서의 韓國史의 問題點」『韓國學報』 제4집 ;
  歷史敎育硏究會, 1983,『歷史敎育』第34輯(日本歷史敎育 特輯號) ; 朴
  成壽, 1982,『일본교과서와 韓國史의 歪曲』, 민지사 ; 한국교육개발원,
  1982,『한·일 역사교과서 내용 분석』, 연구보고 RR 82·6 ; 한국교육개
  발원, 1987,『일본 교과서에 나타난 한국사 내용 검토』, 연구보고 RM 8
  7-5 ; 정재정, 1998,『일본의 논리 - 전환기의 역사교육과 한국 인식 - 』,
  현음사 ; 旗田巍, 1969,『日本人の朝鮮觀』, 勁草書房(李基東譯, 1983,
  『日本人의 韓國觀』, 一潮閣).
4) 다음의 논저가 참고된다.
  金容燮, 1966,「日本·韓國에 있어서의 韓國史敍述」『歷史學報』第31
  輯 ; 李萬烈, 1981,「日帝 官學者들의 植民主義史觀」『韓國近代歷史
  學의 理解』, 文學과 知性社 ; 李基白 外, 1987,『韓國史市民講座』創刊
  號(植民主義史觀 批判 特輯號), 一潮閣 ; 趙東杰, 1998,『現代韓國史學
  史』, 나남출판 ; 朴杰淳, 1998,『韓國近代史學史硏究』, 國學資料院.

역사교과서는 역사연구 결과와 역사인식이 결합되어 교육과정과 교육현장을 연결하는 가장 직접적이고 구체적인 매체이다. 교육에 있어서 중앙통제와 권위주의적 성향이 강한 나라일수록 교과서에 대한 비중이 높은 것이 일반적인 경향이다. 특히 일본은 社會主義 國家를 제외하고 교과서에 가장 큰 비중을 두는 나라이다.[6] 과거 제국주의 시대에는 더욱 그러하였다. 그것은 일본인이 교과서를 神聖視・絶對視하는 敎科書觀을 지니고 있고, 교과서의 眞理性과 標準性을 믿기 때문이다.[7]

그런 때문에 일본의 제국주의 침략에 따른 역사교육의 변화와 일본 역사교과서에 기술된 한국사 관련 내용의 변천을 연계하여 분석하는 것은 매우 중요한 과제이다. 이는 오늘날 자행되고 있는 일본 역사 왜곡의 논리와 뿌리를 확인하기 위하여도 선행되어야 할 과제이다.

본고는 이러한 반성적 토대 위에서 과거 군국주의 시대에 편찬된 일본 역사교과서에 기술된 한국사 관련 내용을 사학사적으로 검토하려는 것이다. 그러나 난제가 적지 않다. 그것은 무엇보다도 역사교과서의 종류가 엄청나게 많다는 사실이다.[8] 또한 선행연구 업적이 전무하다는 점도 어려움을 더해 준다.

따라서 본고는 일본의 역사교육과 교과서 정책에 유의하며, 文

---

5) 일본 학계의 역사교과서와 한국사 기술에 대한 연구성과도 적지는 않다. 그러나 이 분야를 간과하기는 마찬가지이다. 일본 학계의 연구성과는 정재정, 앞의 책, 189쪽 참조.

6) 山田勉, 1980, 『歷史・政治敎材와 敎科書檢定』, 國土社, 8쪽.

7) 尹世哲, 1983, 「日本의 歷史敎育課程과 敎科書」 『歷史敎育』 第34輯, 103~105쪽.

8) 예컨대 1869년부터 1902년까지 편찬된 역사교과서만 해도 무려 416종에 이르고 있다(1963, 「歷史敎科書總目錄」 『日本敎科書大系』 近代編 第20卷 歷史(三), 講談社, 479~521쪽).

部省이 1904~1946년간 小學校用 國定 歷史敎科書로서 편찬한
『小學日本歷史』등 7종 14권을 분석 대상으로 한정하였다. 본서들
은 문부성이 편찬한 국정 교과서이고, 교과서가 군국주의 팽창과
침략의 수단으로서 어떻게 변질, 악용되고 역사교육에 역기능을
행했는가를 잘 보여주기 때문에 개별적으로 정밀한 분석이 요구되
는 것이다. 단, 본고에서 다루지 못한 명치 초기와 검정교과서에
대한 사학사적 검토는 후일의 과제로 미루고자 한다.

제2절 日本 近代 歷史敎科書 制度의 變遷

　일본에서 근대교육이 실시된 것은 1872년(明治 5年)「學制」가
공포되면서부터이다. 그런데 당시의 교과서는 자유발행과 자유채
택이 인정되었다.[9] 교과서에 관한 최초의 법령은 이해 9월 8일에
공표된「小學校則」으로서, 여기에는 사용할 교과서가 예시되어 있
으나, 교사는 예시된 교과서 이외의 것도 사용할 수 있었다.[10]

　그러나 문부성은 1880년부터 교과서에 대한 통제를 가하여 사용
금지 통첩을 내렸다. 당시 사용이 금지된 교과서는 모두 民權思想
을 고취시키는 등 近代的 民主主義 精神을 강조한 것이었다.[11] 이
조치는 교과서가 정치적 목적에 의해 통제되는 일본 교과서 정책

---

9) 戰前의 교과서 채택에 관하여는 浪本勝年, 1982,「戰前의 採擇制度」『日
　本의 敎科書制度』, 敎科書訴訟를 支援하는 全國連絡會, 28~38쪽 참조.
10) 大川隆司,「戰前의 敎科書制度의 變遷」『日本의 敎科書制度』, 5~6쪽.
11) 大川隆司, 앞의 글, 6~7쪽. 1880년부터 1883년까지 사용이 금지된 교
　과서는 92종에 달하였다.

의 기원을 이루는 것으로서 주목하여야 할 것이다.

「學制」는 1879년 9월 「敎育令」이 공포되며 폐지되었는데 여기에도 교과서에 대한 별도의 규정은 없다.[12] 1881년 5월, 문부성은 「小學校敎則綱領」을 공포하였다. 이 강령에서 역사교육의 대강이 제시되었는데,[13] 역사교육이 역사학과 괴리되고 정치적 사상 강화의 도구로 전락될 수 있는 독소적 요인이 내포되어 있다. 이같은 官府 權力의 역사교육 정책은 당시의 啓蒙主義의 시대적 사조에 역행하는 反動政策이었다.[14] 그러나 이 시기에도 교과서는 届出制로 규제되는 정도였다. 교과서에 대한 통제가 보다 강화된 것은 1883년 7월에 인가제가 실시되면서부터이다.

1886년 4월, 신정부의 신교육정책이 갖추어졌다.[15] 이로써 최초로 검정교과서 체재가 출발하였다. 문부성은 검정의 요지를 첫째, 國體法令을 輕侮할 우려가 있는 도서, 둘째, 風敎를 敗케할 우려가 있는 도서, 셋째, 사실의 오류가 있는 도서를 채택하지 못하게 한다고 규정하였다.[16] 일본 교과서 검정제도는 政治性・消極性・大綱性이 3대 특징으로 지적되는데,[17] 이같은 당시의 교과서 검정의

---

12) 大川隆司, 앞의 글, 7~8쪽.
13) 「小學校敎則綱領」제15조에 "歷史는 中等科에 이르러 이를 課하며 日本歷史에서는 建國의 體制, 神武天皇의 卽位, 仁德天皇의 勤儉, 延喜大曆의 政積, 源平의 盛衰, 南北朝의 兩立, 德川氏의 治績, 王政復古 등 緊要한 사실, 기타 古今人物의 賢否와 風俗의 變更 등 大要를 가르침 …"이라고 역사교육의 大綱을 제시하였다.
14) 松島榮一, 1963, 「歷史敎育の歷史」『岩波講座 日本歷史』22, 別卷 1, 岩波書店, 246~250쪽.
15) 松島榮一, 앞의 글, 251쪽.
16) 『官報』, 1886년 12월 9일자. 당시 이러한 규제는 교과서 뿐 아니라, 「出版條例」와 「新聞紙條例」에 의해 교과서 외의 文書圖畵와 신문에도 적용되었다(大川隆司, 앞의 글, 10~11쪽).
17) 大川隆司, 앞의 글, 9~14쪽.

특징은 오늘날까지 크게 변하지 않았다.[18] 이듬해인 1887년 문부
성이 공표한 「小學校用歷史敎科書編纂旨意書」는 소학교용 역사
교과서 편찬의 기준을 확정하고, 중학교 이상의 '敎授要目'과도 연
결되기 때문에 주목하여야 한다.[19]

1889년 2월 「大日本帝國憲法」이 공포되었고, 이듬해 이른바 「敎
育勅語」가 발표되었다. 따라서 이 시기는 일본에 國粹主義가 본격
적으로 대두한 시기라 할 수 있다.[20] 「敎育勅語」는 儒敎的 忠孝原

---

18) 이는 2001년 4월 3일, 교과서 검정결과에 대한 문부과학상과 관방장관
   의 담화문과 인터뷰 내용에서 확인된다.
19) 「小學校用歷史敎科書編纂旨意書」는 12개 篇目을 제시하고 있는데, 문
   부성의 敎科書觀과 歷史認識을 잘 보여준다. 특히 任那日本府와 壬辰
   倭亂 등 우리 나라 역사와 관련한 서술의 기준을 제시하고 있어 주목
   된다. 그 편목은 다음과 같다.
   第一篇 總論, 地理·政體·帝室의 略說
   第二篇 紀元前의 略說, 神武天皇, 熊襲及東夷, 神功皇后及三韓, 仁德天
       皇, 文學及佛法, 蘇我氏, 政治及風俗
   第三篇 大化의 改新, 壬申의 亂, 大寶의 治, 奈良의 朝, 延曆의 還都, 坂
       上田村麿, 遣唐使及留學生, 僧最澄空海
   第四篇 藤原氏, 醍醐天皇, 管原道眞, 天慶의 亂, 才媛輩出, 前九年의
       戰, 後三條天皇, 政治及風俗
   第五篇 白河天皇, 後三年의 戰, 保元平治의 亂, 平淸盛, 源平二氏, 政治
       及風俗
   第六篇 幕府의 創立, 源賴朝, 政子, 承久의 亂, 北條氏의 執權, 蒙古의
       來寇, 佛敎, 政治及風俗
   第七篇 後醍醐天皇, 南北朝, 楠正成, 新田義貞, 足利尊氏, 南北合一
   第八篇 足利義滿, 應仁의 亂, 武人의 割據, 甲越의 戰, 外交, 政治及風
       俗
   第九篇 織田信長, 豊臣秀吉, 朝鮮征伐, 關原의 戰, 外交, 政治及風俗
   第十篇 德川家康, 德川家光, 德川光國, 耶蘇敎의 禁, 文學의 振起, 新井
       白石, 政治及風俗
   第十一篇 美艦渡來, 洋學, 外交, 勤王論, 政權返上
   第十二篇 王政維新, 鳥羽伏見의 戰, 奧羽函館의 戰, 廢藩置縣, 臺灣征
       伐, 鹿兒島의 亂, 文明의 進步

理와 天皇制 이데올로기를 결합하여 천황에의 충성을 최고가치로 하는 家族國家觀으로서, 戰前의 학교생활에 큰 영향을 끼쳤다.21) 「敎育勅語」는 이후에도 '최대의 현대적 지도정신과 도덕규범'이라거나, '국민도덕의 최고의 경전'으로 추앙되었다.22)

「敎育勅語」의 영향을 받아 「小學校敎則大綱」이 공표되었다. 여기에는 당시 팽배하던 국수주의적 분위기가 그대로 반영되었다. 따라서 일본역사 교육의 要旨가 조정되었고, 내용 규정도 보다 엄격해졌다.23)

이같은 교과서에 대한 통제정책과 분위기는 교과서의 국정화 논의로 연결되었다. 국정화의 논의는 청일전쟁 수행 중에 국민정신의 통일을 위한 목적에서 貴族院과 衆議院에 의해 비롯되었고 러일전쟁 개전을 앞두고 구체화하였다. 즉, 이제 교과서는 본격적으로 군국주의 팽창과 침략전쟁 수행의 도구와 수단으로서 인식되기에 이른 것이다.

1902년 말에 발생한 이른바 '敎科書疑獄事件'은 교과서 국정화의 결정적 계기가 되었다. 이 사건으로 명분을 얻은 문부성은 최대의 저항세력이었던 출판사를 억압할 수 있었고, 교과서의 국정화에 대한 世論의 압도적 지지를 받을 수 있게 되었다.24) 그러나 이

---

20) 松島榮一, 앞의 글, 251~252쪽.
21) 和仁廉夫, 2001, 『歷史敎科書とナショナリズム』, 社會評論社, 89~90쪽. 「敎育勅語」는 天皇・皇后의 사진인 '御眞影'과 함께 학교에 하사되었는데, 祝祭日 등의 학교행사에서 奉讀되어 '忠良한 臣民'의 육성을 꾀하였다. 이 勅語는 戰前의 일본 학생들에게 암송케 하였고, 종종 학생들에 대한 벌칙으로서 勅語를 書寫하는 것이 부과되기도 하였다.
22) 渡邊幾治郎, 1938, 『明治天皇と敎育』, 千倉書房, 104~110쪽.
23) 松島榮一, 앞의 글, 252쪽. 日本歷史에서 교수할 사항도 "鄕土에 관한 史談으로부터 시작하여 점차 建國의 體制, 皇統의 無窮, 歷代 天皇의 盛業, 忠良賢哲의 事蹟, 國民의 武勇, 文化의 由來 등의 槪略"으로 조정되었다.

사건은 '疑獄事件'이 말해 주듯이 일본 정부가 개입하였다는 의혹
이 있다.25) 즉, 러시아와의 개전을 앞둔 시점에서 보다 강력한 국
민통합이 요구되었던 정치적・사회적 배경과, 문부성의 일련의 교
과서 정책을 간과해서는 안될 것이다.

　1903년 4월 소학교령이 개정됨으로서 소학교의 교과용 도서는
문부성이 저작권을 갖는 것으로 규정되었다. 먼저 修身・日本歷
史・地理・國語讀本을 국정으로 하였고, 이어 다른 교과의 국정
화도 진행되었다. 1903년부터 시행된 국정교과서 제도는 戰後인
1947년까지 유지되었다.26)

　1904년 국정 역사 교과서로서 최초로『小學日本歷史』가 발행된
이후, 국정 역사교과서는 모두 7種이 발행되었다.27) 전술한 바와
같이 최초의 국정 역사교과서가 러일전쟁의 개시와 함께 편찬, 보
급된 것은 그 성격을 잘 보여주며, 이후 수차의 내용 개정은 제국

---

24) 교과서의 국정화에 대해 外山正一과 福澤諭吉 등의 비판이 있었으나,
　　당시 時勢를 압도하며 팽배한 國粹主義와 내셔널리즘을 꺾을 수는 없
　　었다(松島榮一, 앞의 글, 264쪽).
25) 中村紀久二, 1987,『複刻 國定教科書 解說』, 大空社, 25~26쪽 ; 1999,
　　『複刻 墨めり教科書 解說』, 大空社, 11~12쪽.
26) 일본의 교과서 제도와 주요사항을 간략히 표로 하면 다음과 같다.

연도	채택제도	주요 사항
1872	自由發行・採擇	學制, 小學校則
1880	使用禁止書目 調査, 發表	文部省, 지방 학무국에 取調掛 설치하여 교과서 조사
1881	開申制(居出制)	文部省達 16號, 小學校教則綱領
1883	認可制(許可制)	文部省達 14號
1886	檢定制 (小・中學校)	各級 學校令, 教科用圖書檢定條例, 教科用圖書檢定規則, 小學校用歷史教科書編纂旨意書, 教育勅語, 小學校教則大綱, 小學校教科用圖書檢定區別
1903	國定制(小學校)	小學校令 改定, 小學校令施行規則 改定
1943	國定制(中學校)	中等學校令(勅令 36號)

27) 浪本勝年,「戰前の教科書の歷史」, 앞의 책, 3쪽의 '戰前の國定教科書
　　と使用世代' 참조.

주의 침략의 진행에 따라 군국주의와 초국가주의적 파시즘의 색채를 더욱 농후하게 띠게 되었던 것이다.[28] 국정 역사교과서를 간략히 정리하면 다음의 표와 같다.

〈표 1〉 國定 歷史敎科書 一覽表[29]

書　名	卷數	面數	插畫	文體	發行	收　錄　順
小學日本歷史	1・2	148	25	文語體	1904	目錄 本文 御歷代表(付錄)
尋常小學日本歷史	1・2	194	48	文語體	1910	目錄 本文 御歷代表(付錄)
尋常小學國史	上・下	336	82	文語體	1921	目錄 御歷代表 本文 年表
尋常小學國史	上・下	394	90	口語體	1934	目錄 御歷代表 本文 年表
小學國史尋常科用	上・下	372	149	口語體	1940	目錄 神勅 御歷代表 本文 地圖 年表
初等科國史	上・下	376	137	口語體	1943	神勅 御歷代表 目錄 本文 年表
くにのあゆみ	上・下	98	19	口語體	1946	目錄 本文 年表

제3절 國定 歷史敎科書의 韓國史 記述과 歪曲

1. 『小學日本歷史』(1904)

일본의 역사교과서는 1903년에 국정으로 전환하였다. 그런데 文

---

28) 大川隆司, 앞의 글, 17~18쪽.
29) 이 표는 松島榮一, 앞의 글, 264~265쪽과 「國定歷史敎科書項目一覽表」 ; 中村紀久二, 앞의 글, 28~29쪽의 내용을 종합, 작성한 것이다.

部省은 이미 1872년 국정 역사교과서의 선구적 존재인『史略』4권을 편찬한 바 있다. 따라서 문부성의 역사인식과 국정 역사교과서의 한국사 서술 내용을 이해하기 위하여는 비록 국정화 훨씬 이전에 편찬된 것이지만『史略』은 최초의 문부성 관찬 교과서로서 정밀한 분석이 요구된다.

『史略』은 일본사와 외국사를 함께 기술한 것으로 1권은 皇國, 2권은 支那, 3·4권은 西洋으로 구성되었다.30)『史略』에서 다룬 일본사는 19면에 불과하며, 역대 천황 중심의 편년체로 구성되었다. 본서는 '例言'에서 천황의 尊號御諱를 생략한다고 하여, 이후에 황실중심의 국가주의를 표방한 교과서들과 차이를 보이나, 사실은 天皇歷代史이다.

본서는 한국사와 관련하여 神功皇后가 三韓을 정벌하였다는 사실, 백제가 論語를 전하고 佛像과 經論을 獻納했다는 사실을 기술하고 있다. 또한 풍신수길이 朝鮮을 伐하고 明을 크게 격파하였다는 사실도 기술하였다.31)

그런데『史略』에서 일본사를 분리하여 사범학교가 編한『日本略史』(木村正辭 編, 那珂通高 訂, 1875)는 내용이 보강되었다.32)『日本略史』와『史略』은 필자가 동일인이기 때문에 편년체의 天皇歷代史라는 체제와 서술 내용상 큰 차이를 발견할 수는 없다. 그러나 양서를 비교할 때 본서는 神代를 제외하고 있으며, 한국사 관련

---

30)『史略』의 皇國과 支那史 저자는 木村正辭이고, 西洋史 저자는 內田正雄이다. 문부성이 발간한 최초의 역사 교과서가 서양사에 보다 많은 비중을 두고 편찬되었다는 것은 당시 일본 역사교육 경향의 일단을 보여준다.

31) 文部省, 1872,『史略』(1963,『日本敎科書大系』近代編 第18卷 歷史(一), 講談社, 10~16쪽).

32)『日本略史』의 상권은 34쪽, 하권은 56쪽으로『史略』보다 크게 증가하였다.

기술도 크게 증가하는 등의 변화가 보인다. 특히 任那日本府와 신라 정벌에 관한 기술이 대폭 강화되었다. 즉 崇神天皇條에서 任那가 비로소 來貢한 기사에 이어 垂仁天皇條에서는 신라 왕자 天日槍이 와서 鏡玉, 刀, 鉾 등을 헌납하였다고 하였다.33) 신공황후조의 기사는 더욱 상세하다. 즉, 드디어 신라를 쳐서 신라왕의 항복을 받고, 金銀 絹帛을 80척의 배로 헌납하였으며, 이로써 조공을 定額하였다고 하였다. 이때 高麗(高句麗)와 百濟의 왕도 또한 항복하였는데 이를 三韓이라 하며 오늘날의 朝鮮이 바로 이들이라고 부연하였다. 특히 이 부분에서는 '新羅王 金銀 絹帛을 獻納함'이라는 제목의 삽화를 삽입하여 이 사실을 더욱 강조하였다.34)

본서는 간혹 백제의 문화 전파 사실도 기술하였으나, 신라에 대한 적개적 서술은 계속된다. 繼體天皇條에서 新羅를 伐하여 任那의 故地를 회복하였다는 기사를 수록하였고, 欽明天皇條에서는 新羅가 任那를 滅하여 자기네 官府를 파괴하였다고 기술하였다. 또한 欽明天皇이 황태자에게 新羅를 征伐하여 任那를 되찾을 것을 유언하였다는 기술, 그리고 그 유언에 따라 敏達天皇이 오랫동안 백제에 머물러 '夷情'을 잘 아는 日羅를 소환하여 신라를 정벌할 계책을 묻자 日羅가 '夷'를 복속시키는 길은 國體를 배양하는 길이라고 답변한 기사, 齋明天皇條에서 신라가 당군을 끌어들여 백제를 치자 천황이 친히 舟師를 이끌고 구하려 했다는 기사가 연속되고 있다.35) 특히 '夷'라는 표현이 주목되는데, 이는 명치 초기 한국관을 반영하는 것으로 생각된다.

임진왜란에 대하여는 海內를 평정한 풍신수길이 武를 해외로 떨

---

33) 『日本略史』 上卷(앞의 『日本敎科書大系』, 121쪽).
34) 『日本略史』 上卷(앞의 『日本敎科書大系』, 122쪽).
35) 『日本略史』 上卷(앞의 『日本敎科書大系』, 123~128쪽).

치기 위하여 조선을 정벌한 것이라고 하였다. 여기에서는 '朝鮮王
李昖', '明主 朱翊鈞'이라는 표현이 주목된다.36)

　이로써 보면 근대교육 실시와 더불어 문부성이 편찬한 최초의
역사교과서인『史略』과『日本略史』는 고대 일본의 한국 지배를
역사적 사실로 확신하였음을 알 수 있다. 이 교과서는 문부성이 최
초로 역사교과서 편찬의 방침과 서술의 기준을 제시한 것이고, 또
한 당시 가장 널리 이용되며 각종 역사교과서 편찬에도 큰 영향을
끼쳤다.37) 따라서『史略』과『日本略史』는 한국사 왜곡서술의 시
원을 이룬 역사교과서로서 주목하여야 할 것이다.

　최초의 국정 제1기 역사교과서인『小學日本歷史』는 1904년에
간행되었다. 1권은「天照大神」부터「北條氏亡」까지 20장으로, 2
권은「建武의 中興」부터「明治二十七八年戰役」까지 17장으로 구
성되었다.『小學日本歷史』는 아동들이 알기 쉬운 문장으로 꾸며
졌고, 揷畵가 많이 첨가되었으며 1902년의 英日同盟까지 서술하였
다. 본서는 이후 국정 역사교과서 편찬의 기준이 되었다.

　그런데 여기에서 주목하여야 할 사실은 최초의 국정 역사교과서
집필자가 1901년부터 교과서 편찬과 검정을 담당하고, 1902년부터
문부편수의 직임을 맡은 喜田貞吉이란 사실이다.38) 喜田貞吉을

---

36)『日本略史』上卷(앞의『日本敎科書大系』, 156~157쪽).

37) 文部省年報에 의하면『史略』은 130,850책,『日本略史』는 10,850책,『萬
　　國史略』은 14,040책이 발행되었음을 알 수 있다. 또한 이와는 별도로 전
　　국적으로 飜刻本이 발행되고 해설서와 문답서가 따로 발행되기도 하여
　　당시 가장 널리 이용된 교과서라 할 수 있다(「歷史敎科書總解說」『日本
　　敎科書大系』, 536쪽).

38) 당시 編纂委員은 喜田貞吉 등 2명, 調査 囑託은 三上參次(東京帝大 敎
　　授) 등 4인이었다. 이들 가운데 喜田貞吉이 집필에 가장 중요한 역할을
　　하였다(梶山雅史, 1982,「國定敎科書編纂過程 – 編纂費ならびに編纂者
　　關係資料の紹介と一考察」『人文學報』第五十三號, 京都大學 人文科學
　　研究所 참조).

주목하여야 하는 까닭은 그가 1910년 경술국치 직후 일제의 한국침략과 식민지 지배를 합리화하고 식민사학에 깊이 개입한 인물이기 때문이다.39) 즉, 국정 제1기의 역사교과서가 식민사학자에 의해 집필됨으로써 이후 역사교과서에 한국사 서술의 왜곡된 기준을 제시하는 등 부정적 영향을 끼쳤다는 점에 유의하여야 하는 것이다.

『小學日本歷史』는 신화의 내용을 교재화하고 皇統 無窮, 天皇 善政, 忠臣 誠忠을 찬양하는 내용으로 일관된 것으로, 天皇 중심의 政治史觀에 입각한 역사교과서라 할 수 있다.40) 이는 러일전 개전 시기의 정세와 분위기를 반영하는 것이라 할 수 있다.『小學日本歷史』는 "천황의 조상인 天照大神에 의해 開闢되었고 역대 천황의 치적에 의하여 국가가 발전하였으며 忠良學哲들이 천황을 위하여 國家安泰를 위하여 활동하였고, 神功皇后의 三韓征伐에서 명치 27, 28년의 戰役(淸日戰爭)에 이르기까지 항상 外征에서 승리해 온 것으로 大日本帝國의 威名은 더욱 세계에 알려지게 되었다"는 國家史觀을 基調化한 것으로 평가된다.41)

본서에서 한국사 관련 내용으로는 신공황후의 삼한정벌과 삼국의 문화 전파, 임진왜란, 정한론, 임오군란과 갑신정변, 동학혁명 등이 기술되어 있다.

신공황후의 삼한정벌에 관해서는 "이때 韓國에는 新羅·百濟·高麗의 三國이 있었는데 이들을 우리나라에서는 三韓이라고 하였다. 또 일찍부터 우리나라에 복속한 任那라는 小國도 있었다"고

---

39) 朴杰淳, 앞의 책, 136~137쪽. 예컨대 그는『韓國の併合と國史』(1910),「日鮮兩民族同源論」(1921) 등 식민사학 관련 저술을 계속하였고, 1924년 7월 11일에는 일제하 식민사학회를 대표하며 최대의 정치적 권위를 지녔던 朝鮮史學會의 초청으로 내한하여「古代に於ける日鮮關係に就て」라는 주제의 강연을 하는 등 식민사학에 관여한 인물이다.
40) 李元淳, 1983,「日本 歷史敎育의 變遷」『歷史敎育』第34輯, 57쪽.
41) 海後宗臣, 1969,『歷史敎育の歷史』, 東大出版會, 120쪽.

任那日本府를 기정사실화 하였다. 또한 神功皇后가 新羅를 討伐하여 新羅王으로부터 降伏을 받았고, 이후 백제와 고구려도 일본에 服屬하게 되었다고 기술하였다. 또한 三韓의 服屬 이후 三韓으로부터 많은 貢物이 바쳐지고 學者와 職人이 渡來하여 일본이 점차 開化하게 되었다고 서술하였다.[42] 삼국의 복속을 강조하면서도 문화의 전파와 그로 인한 영향은 인정한 셈이다.

그런데 신라의 삼국통일 과정에서 일본 조정이 군사를 보내 백제를 지원하였다고 하며, 신라의 삼국통일로 인해 삼한이 일본으로부터 離叛하게 되었다고 서술하였다.[43] 즉, 임나일본부 이후 삼국 통일까지 한반도가 일본의 속국이었다는 터무니없는 주장인 것이다.

본서는 「元寇」를 별도의 장으로 서술하여 설명하고 있으나, 고려에 대한 언급은 없다.[44] 그런데 임진왜란은 국내를 평정한 豊臣秀吉이 朝廷의 御威光을 諸外國에 파급하기 위해 명을 정벌하려는 과정에서 발생한 것으로 서술하고, 일본군의 승리를 칭송하였다.[45] 이후 조선과 일본은 화목의 관계였다고 하며 조선으로부터 사신이 왕래한 사실을 기술하였는데, 幕府에서 조선 사신들에게 禮를 지나치게 厚하게 대우하여 비용이 많이 들자 新井白石이 待遇法을 개정하도록 한 사실을 기술하였다.[46]

한편 征韓論에 대하여는 명치 초기 조선의 일본에 대한 無禮를 '朝鮮事件'이라고 표현하며, 이로 인해 西鄕隆盛 등이 분노하여

---

42) 『小學日本歷史』一, 8~9쪽.
43) 『小學日本歷史』一, 22쪽.
44) 『小學日本歷史』一, 63~65쪽.
45) 『小學日本歷史』二, 27~28쪽.
46) 『小學日本歷史』二, 39~40쪽. 여기에는 「朝鮮の使者の行列」이 삽화로 실려있다.

조선정벌론을 주장한 것이라고 하였다.[47] 본서의 한국사 관련 내용은 근대사 부분에서 특히 왜곡적으로 기술되어 있다. 즉, 강화도조약은 일본 군함이 강화도 부근에 다다르던 중 조선 수병으로부터 불의의 포격을 받은 결과로 설명하였고, 임오군란은 '朝鮮의 暴徒'들이 일본 공사관을 불지른 사건으로 설명하였다. 그런데 사건 발단의 전후 정황은 설명하지 않고 일본이 침략당한 사실만 기술함으로써 본질을 왜곡한 것이다. 또한 獨立黨은 일본과 함께 정치를 개혁하려던 단체로, 事大黨은 보수를 희망하며 청에 의지하려는 단체로 설명하고, 갑신정변 직후 淸이 사대당을 조종하여 일본 공사관을 습격하였다고 기술하였다. 동학혁명에 대하여는 '東學黨의 亂'이라고 표현하였는데, 봉기의 원인이나 斥倭의 사실은 전혀 언급하지 않았다. 특히 일본군의 조선 파병을 '공사관과 거류민을 보호하기 위한' 것으로 설명하고, 청일전쟁에 대해서는 일본군의 승전을 강조하며, 이로 인해 일본의 국위가 크게 떨쳐졌고 西洋 諸國이 일본의 眞價를 알게 되었다고 감격스런 논조로 기술하였다.[48]

이같은 『小學日本歷史』의 한국사 관련 기술은 국정 역사교과서의 한국사 관련 내용을 처음으로 정형화하였다는 점에서 유념해 두어야 할 것이다.

2. 『尋常小學日本歷史』(1909, 1910)

1909~1910년에 걸쳐 국정 역사교과서 제2기인 『尋常小學日本

---

47) 『小學日本歷史』二, 58~59쪽.
48) 『小學日本歷史』二, 65~70쪽.

歷史』(兒童用) 2권이 발간되었다.[49] 卷一은 「天照大神」부터 「南北朝」까지 23과로, 卷二는 「足利義滿」부터 「平和克復과 前後의 經營」까지 17과로 구성되었다. 제2기 국정 역사교과서가 탄생한 것은 「小學校令」과 「小學校令施行規則」의 개정에 따른 결과였다.

본서는 이전의 『小學日本歷史』와 비교할 때 몇가지 특징적 변화가 보인다. 우선 본서는 1908년의 이른바 「戊申詔書」에서 강조된 국민도덕 진작, 천황에의 충성 등이 역사기술에 반영되어 있다는 점이다. 또한 면수와 삽화(상상도)가 증가되었고, 고대 부분을 간략히 하는 대신 근대 부분을 상세히 기술하였다.[50]

그런데 무엇보다 주목하여야 할 사실은 러일전쟁 이후 일본 제국주의의 침략적 성향이 역사서술에 반영되어 있고, 한국 강점 직후에 편찬되었기 때문에 한국사 관련 부분의 서술이 증가되었다는 점이다. 즉, 卷二의 第16課 「明治三十七八年戰役」과 第17課 「平和克復과 戰後의 經營」이 새롭게 추가된 것이다. 특히 말미의 '國民의 覺悟'는 본서 개정의 침략적 특징을 가장 잘 보여주는 내용이라 할 수 있다.[51]

이처럼 군국주의 침략전쟁이 역사교과서에 영향을 끼친 것은 이미 청일전쟁 직후에 편찬된 교과서에서 명확히 알 수 있다. 청일전쟁 직후에 편찬된 역사교과서의 편제와 서술은 승전에 도취된 자신감으로 넘치고 있었고, 천황에 대한 충성을 강조함으로써 또 다른 군국주의 침략전쟁을 예비하고 있었다.[52]

---

49) 본서의 卷一은 1909년 9월에, 卷二는 1910년 9월에 발행되었다.

50) 松島榮一, 앞의 글, 271~272쪽 ; 中村紀久二, 앞의 글, 33~34쪽.

51) '國民의 覺悟'는 국정 제4기 역사교과서인 『尋常小學國史』부터 독립된 課로 분리 격상되었다.

52) 淸日戰爭 직후에 편찬된 역사교과서로서 이런 경향을 대표하는 교과서로 『中等敎科日本歷史(訂正再版)』(田中稻城・赤堀又二郎, 1896, 文學社), 『新撰帝國小史』(山縣悌三郎, 1897, 文學社), 『修正新撰帝國史要』

본서의 한국사 관련 기술은 『小學日本歷史』와 크게 다르지는 않다. 다만 神功皇后의 신라 정벌 내용이 보강되었고,53) 신라의 통일을 三韓의 離去로서 기술하였다.54) 임진왜란에 대하여도 조선이 누차 일본 조정에 來聘해 온 사실을 강조하고, '豊臣秀吉 朝鮮征伐軍의 出發을 바라봄'이라는 揷畵를 추가하는 등 내용을 보강하였다.55) 조선 사신에 대한 부분에서는 본서에서는 유일하게 2면에 걸쳐 '朝鮮의 使者의 行列' 삽화를 추가하였고, 新井白石이 朝鮮使者에 대한 待遇法의 개정을 요청한 사실에 대하여 『小學日本歷史』의 내용과는 달리 지나친 후대가 일본국의 체면을 손상한 때문이라고 설명하였다.56)

征韓論에 대하여는 조선은 일본과 지리적으로 가장 가깝고 예로부터 강호 막부시대까지 친밀한 관계가 유지되었으나, 일본의 호의를 무시하고 無禮를 범하였기 때문에 정한론이 등장하게 되었다고 배경을 설명하였다.57) 征韓論은 이후 청일전쟁 부분에서 또 한 차례 강조되었다.58)

강화도 조약에 대한 설명에서는 일본 군함이 청국으로 가던 중 강화도에 薪水를 구하기 위해 접근 중 불의의 포격을 받은 것이라고 강화도 접근의 이유를 부연함으로써 自衛의 결과로 서술하였다.59) 임오군란과 갑신정변에 대한 서술은 『小學日本歷史』와 거

(芳賀矢一, 1898, 富山房) 등을 들 수 있다.

53) 『尋常小學日本歷史』卷一, 10~13쪽. 여기에서는 '神功皇后はるかに新羅の方をのぞみ給ふ'란 揷畵가 게재되고 신라와의 지리적 인접성이 강조되었다. 또한 신라 왕의 降伏의 辯도 설명하고 있다. 그런데 어찌된 영문인지 任那에 대한 부분은 삭제되었다.

54) 『尋常小學日本歷史』卷一, 23~24쪽.

55) 『尋常小學日本歷史』卷二, 21~28쪽.

56) 『尋常小學日本歷史』卷二, 43~45쪽.

57) 『尋常小學日本歷史』卷二, 71~73쪽.

58) 『尋常小學日本歷史』卷二, 79쪽.

의 같다. 그런데 東學에 대하여는 朝鮮의 國勢가 萎縮되고 人民들
이 官吏의 誅求에 고통이 심하였기 때문에 봉기한 것으로 설명하
였으나, 斥倭에 대하여는 전혀 언급하지 않았다.[60] 청일전쟁에 관
한 부분도 '平壤戰鬪' 삽화가 추가되고 승전을 강조하였다. 특히
청일전 승리의 결과, 일본은 國威를 크게 떨쳤고 국민들이 宿望하
던 외국과의 불평등한 조약을 개정하여 歐美諸國과 대등한 지위를
차지한 것으로 서술하였다.[61]

새롭게 추가된 후반 부분에서는 이른바 '北淸事變' 당시 일본
군대는 强國 가운데에서도 공적이 가장 뛰어났고, 청일전쟁 이후
武威를 發揚하여 일본은 점차 여러 외국 사이에서 중요한 위치를
차지하게 되었다고 강조하였다. 특히 만주와 한국은 지리적으로
일본에 인접하여 그 나라의 安危가 곧 일본의 안위와 직결되기 때
문에 일본은 청과 한국의 영토를 보전하여 동양평화를 유지하기
위하여 누차 남진하려는 러시아와 담판을 하였다는 사실을 강조하
였다.[62] 제1기 『小學日本歷史』와 비교할 때 침략의 대상으로 만주
가 추가되고, 침략의 논리로서 동양평화론이 본격적으로 교과서에
등장한 것이다. 특히 이 부분은 당시 일본의 사학계가 '滿韓經營'
이라는 정치적 현실에 보조를 같이 하여 '滿鮮史'라는 용어를 창출
하였고, 滿鮮史觀이라는 역사해석의 논리가 풍미했던 것과 관련하
여 해석하여야 할 것이다.[63]

러일전쟁에 관하여는 러시아의 침략에 대응하고 동양평화를 보
존 유지하기 위해 불가피한 전쟁이었다고 옹호하였다. 여기에서도

---

59) 『尋常小學日本歷史』 卷二, 79~80쪽.
60) 『尋常小學日本歷史』 卷二, 82~84쪽.
61) 『尋常小學日本歷史』 卷二, 85~86쪽.
62) 『尋常小學日本歷史』 卷二, 88~89쪽.
63) 朴杰淳, 앞의 책, 115쪽.

일본군의 勇戰奮鬪와 승전의 사실을 강조하였는데, 陸戰에서는 奉天戰鬪, 海戰에서는 日本海 戰鬪가 '역사상 대전투'였다고 설명하였다.64)

본서의 한국사 서술과 관련하여 가장 주목하여야 할 것은 맨 마지막 제17과의 내용이다. 여기에서는 1905년의 을사오조약 늑결에 대하여 "처음 日露 兩國의 전쟁을 開始할 때 우리나라는 한국과 利害를 함께 할 것을 약속하고, 전쟁이 끝나자 협약을 거듭하여 한국을 保護國으로 하고", "후에 다시 그 정무를 확장하여 더욱 보호의 효과를 거두었다"고 서술하였다.65) 한국을 침략한 것이 아니라, 마치 한국이 보호국을 자원한 것처럼 왜곡한 것이다. 특히 강제병합에 대한 부분은 더욱 왜곡되어 있다. 그 내용은 다음과 같다.

> "우리 天皇 陛下는 韓國이 늘 禍亂의 淵源이 되는 것을 염려하여 日韓 相互의 幸福을 增進하고 東洋의 平和를 永遠히 確保하기 위하여 韓國을 倂合할 필요가 있다고 인식하고 드디어 이해 8월 韓國 皇帝로부터 그 一切의 統治權을 永久히 讓與하는 것을 承諾하였다. 이에 韓國을 朝鮮이라 改稱하고 總督府를 두어 諸般의 政務를 統轄하기에 이른 것이다."66)

여기에서 "韓國이 늘 禍亂의 淵源" 운운한 것은 이번 역사교과서 검정에서 문제가 된 "朝鮮半島는 日本에 끊임없이 들이대어져 있는 凶器"라는 이른바 凶器論과 같은 인식을 보이고 있어 주목된다. 즉, '새로운 역사교과서를 만드는 모임'의 凶器論은 그들의 논리가 아니라, 이미 90여년 전에 국정 교과서에서 제기한 낡은 침략적 이론을 부활시킨 것에 불과한 것이다.67)

---

64)『尋常小學日本歷史』卷二, 90~93쪽.
65)『尋常小學日本歷史』卷二, 95~96쪽.
66)『尋常小學日本歷史』卷二, 97쪽.

위의 서술은 강제병합 직후 일본 정부가 편찬한 최초의 관찬 역
사교과서의 기술이라는 점에서 매우 중요하다. 결국 한국의 강제
병합은 침략의 결과가 아니라, 동양평화를 영원히 확보하기 위한
조치였다는 논리이다. 더구나 본서는 한국 병합이 강제성을 띤 것
이 아니라, '한국 황제로부터 일체의 통치권을 영구히 양여받는 것
을 승낙한 결과'라고 하였는데, 이 논리는 이후 일본의 침략적이고
왜곡된 한국관을 형성하는 기반을 마련하였다는 점에서 반드시 기
억하여야 할 것이다.

3. 『尋常小學國史』(1920, 1921)

한국 강점 직후 일본의 학계는 그 정당성을 옹호하고 지배의 이
론을 만들기에 급급하였다. 日本歷史地理學會는 '合邦記念'으로
『歷史地理』를 임시 증간하여 「朝鮮號」를 긴급 발행하였다.68) 『小
學日本歷史』의 집필자였던 喜田貞吉 역시 '韓國倂合의 一大盛事
를 慶賀'하기 위해 1910년 10월 『韓國の倂合と國史』를 편찬하여
한국 침략과 식민지 지배의 논리를 수립하였고,69) 日鮮同祖論을

---

67) 『새 역사교과서(백표지본)』, 扶桑社, 218쪽. 이 부분은 최종합격본에서
  삭제되었고, 앞부분의 "일본을 향하여 대륙으로부터 가늘고 긴 한 팔
  뚝이 돌출되어 있다. 그것이 조선반도이다."라는 표현은 "대륙으로부
  터 하나의 팔뚝과 같은 조선반도가 돌출되어 있다"로 수정되었다(『新
  しい歷史敎科書』市販本, 扶桑社, 216쪽).
68) 「朝鮮號」에는 당시 한국 연구자들을 망라한 22편의 침략적 논문이 게
  재되어 있다. 그 목록은 趙東杰, 앞의 책, 263쪽의 주 66) 참조.
69) 喜田貞吉, 1910, 『韓國の倂合と國史』, 日本歷史地理學會. 본서는 「韓國
  の倂合と國史」, 「朝鮮沿革史略」, 「明治日韓交涉史」 등 3개의 논문으
  로 구성되었는데, 강제병합과 더불어 식민사관에 입각하여 일본의 한

재차 강조하였다.[70] 또한 '千載一遇의 大事實인 日韓合邦 記念出版'으로 '新領土 朝鮮'을 상세히 알기 위해 朝鮮 地圖가 제작되기도 하였다.[71]

한편 대정 데모크라시의 사상은 교육계에도 영향을 미쳐 민주주의 발양을 위한 활동이 펼쳐졌다. 그러나 당시의 교육정책은 대정 데모크라시 사상에 대응하여 국가주의적 성격이 강화되었다. 이 또한 시대적 사조에 역행하는 교육정책이었던 것이다. 결국 大正 시기의 歷史敎育觀은 天皇中心史觀에 입각하고 있다는 점에서 근본적으로는「敎育勅語」의 정신을 계승한 것으로서, 명치시대와 별 차이가 없다.

이 시기의 국정 역사교과서로는 1911년에『尋常小學日本歷史』가 개정되었고, 1920년과 1921년에『尋常小學國史』가 편찬되었다. 1909년과 1910년에 편찬되었던『尋常小學日本歷史』가 불과 1년만에 개정된 가장 큰 이유는 1910년에 南北朝正閏問題가 제기되었고,[72] 한국 병합, 명치의 죽음과 대정의 즉위라는 정치적 대변동이 발생하였기 때문이다. 그런데 개정본은 이전의 교과서와 비교할 때 목차나 서술내용에서 차이가 거의 없다. 다만 北朝를 부정하고

국 침략을 정당화하고 식민지 지배의 이론을 수립한 대표적인 侵略書라 할 수 있다. 본서 卷首의 朝鮮地圖에서 獨島를 竹島, 東海를 日本海로 표기한 것도 지적하여야 할 것이다.

70) 喜田貞吉, 1921,「日鮮兩民族同源論」『民族と歷史』第六卷 第一號, 3~69쪽.

71) 三省堂編, 1910,『朝鮮地圖』.

72) 日本史에서 南北朝時代는 1336~1392년간을 말하는데, 南北朝正閏問題가 1910년의 제27회 帝國議會에서 논란이 되어 개정되기에 이른 것이다. 이로 인해 제1차 국정 교과서의 집필 책임자였던 喜田貞吉과 三上參次는 사직하였다. 이는 정치적 목적에서 학문의 자유를 유린하고 역사적 사실을 왜곡한 폭거라 할 수 있다(李元淳, 앞의 글, 57~58쪽 및 松島榮一, 앞의 글, 273~280쪽).

南朝를 正統으로 일본사의 체계를 세우기 위해 卷一의 第23課「南北朝」를「吉野의 朝廷」으로 바꿨고, 한국 병합을 강조하기 위하여 卷二의 第17課「平和克復과 戰後의 經營」을「平和條約과 韓國併合」으로 課名을 바꾼 정도에 불과하다.

1920년과 1921년에 국정 역사교과서 제3기에 해당하는 『尋常小學國史』가 편찬되었다. 이는 제1차 세계대전의 종식과, 당시 만연하고 있는 자유주의에 대응하기 위한 조처였다. 또한 「小學校令施行規則」의 개정에 따라 일본역사의 수업시간이 증가된 데 따른 것이었다.[73]

본서의 上卷은「天照大神」부터「後奈良天皇」까지 32課로, 下卷은「織田信長」부터「今上天皇」까지 20課로, 총 52課로 구성되었다. 본서는 이전의 교과서와 비교할 때 몇가지 변화가 주목된다. 우선 가장 큰 변화로 書名이 日本歷史에서 國史로 바뀐 것을 지적할 수 있겠다. 國史라는 과목 명칭은 패전 때까지 유지되었다. 이전에도 검정 교과서에서 國史라는 용어가 사용되기는 하였다. 그러나 국정 교과서가 國史로 개칭된 것은 辭典的인 의미를 넘어 역사가 과학적 학문이라기보다는 국가적 목적에 부합하여야 한다는 의미의 변화로 이해된다. 즉, 역사교육에서 국가주의를 더욱 강화하려는 의지의 상징적인 표현이라 할 수 있는 것이다. 이는 본서의 分課가 역대 천황, 특히 명치와 대정의 치적을 상세하게 기술하였고, 忠賢의 忠誠을 강조하기 위하여 人物史 중심의 기사본말 형식을 취하고 있음에서 명확해진다.[74]

한편 이전의 교과서는 권별로 1課부터 시작한 데 반해 본서는

---

73) 일본역사의 수업시간은 지리와 함께 매주 3시간이었으나,「小學校令施行規則」개정으로 5, 6학년에서 각각 2시간씩으로 강화되었다.
74) 본서의 전 52課 가운데 課名으로서 人物을 다루고 있는 것은 46명으로서 오히려 天皇보다 많다.

하권을 상권에 연속하여 제33課부터 시작함으로서 연속성을 강조하였고, 課가 훨씬 세분되고 증가되었다. 또한 앞의 <표 1>에서 알 수 있듯이 면수가 크게 증가(약 58%)하였고, 삽화도 증가하였다. 본문 뒤에 부록으로 배열되어 있던 「御歷代表」는 卷首에 위치함으로서 천황중심의 역사교육을 강조하였다.

본서는 第12課 「弘法大師」 부분에서 '忠孝'라는 그의 친필을 게재하고 있는데, 본서의 성격을 압축적으로 보여주는 것으로 이해된다.[75] 즉, 대정 데모크라시 시기에 역사교과서는 오히려 國體思想이 일층 강화한 것이었다. 본서는 특히 時勢의 변화에 따라 몇차례의 개정이 있었지만 국정 역사교과서로는 가장 오래 사용되어 역사교육에 큰 영향을 끼친 교과서라 할 수 있다.

『尋常小學國史』에서 한국사 관련 기술은 이전 교과서의 기조를 유지하며 더욱 상세해졌는데, 특히 근세사 부분이 강화되었다. 먼저 신공황후의 신라 정벌내용이 강화되고 '朝鮮半島諸國圖'가 첨가되었다. 특히 삼국이 일본에 복속하게 되고, 이로부터 조선은 天皇의 御德을 입게 되었다고 강조하였다.[76] 신라의 삼국통일 부분에서는 일본의 백제 지원 부분을 상세하게 설명하였다. 물론 신라의 삼국통일로 조선이 일본의 속국으로부터 떨어져 나갔다고 보는 것은 이전의 교과서와 마찬가지이다.[77]

그런데 이전 교과서와는 달리 이른바 '弘安의 役' 부분에서는 '元兵來寇圖'를 첨가하였고, 高麗가 元의 屬國으로서 함께 侵寇한 사실을 설명하며 상하가 일치하여 격퇴한 사실을 강조하였다.[78]

---

75) 『尋常小學國史』 上卷, 48쪽.
76) 『尋常小學國史』 上卷, 15~19쪽. 그런데 본문은 물론 '朝鮮半島諸國圖'에서도 任那에 관한 설명은 누락되어 있다.
77) 『尋常小學國史』 上卷, 31~32쪽.
78) 『尋常小學國史』 上卷, 100~104쪽.

壬辰倭亂에 관한 서술도 더욱 상세하게 강화되었다. 우선 종전
과는 달리 豊臣秀吉을 2개 課로 나누어 설명하고 續課인 第35課에
서 임진왜란을 설명하였다. 여기에서는 전투내용이 보강되었고, 승
전의 사실을 강조하였으며, '朝鮮要地圖'도 첨가되었다.[79]

당시 본서 卷下의 삽화 교육과 관련하여 풍신수길의 조선정벌을
侵略主義나 奪略主義로 여겨서는 안되며, 豊臣秀吉이 名古屋城에
서 군함의 출발을 바라보는 揷畵를 感激的으로 취급할 것이 강조
되고 있어 주목된다. 또한 '朝鮮要地圖'에서는 조선을 불과 2개월
만에 점령한 일본군의 연전연승과, 목적 수행을 위해 壯烈하게 國
民的 志氣를 발휘한 사실을 역설할 것도 요구하고 있다.[80] 이는 이
시기 국사교육의 강화가 식민지 한국에 대한 왜곡적 교육으로 나
타나고 있다는 점에서 매우 유의하여야 할 것이다.

新井白石의 朝鮮 使臣에 대한 待遇法 개정은 이전과 같이 서술
되어 있다.[81] 그런데 이 사실에 대하여는 朝鮮이 虛張聲勢와 修飾
을 즐겨 쓸데없이 많은 인원을 보냈기 때문에 新井白石이 나라의
體面과 幕府의 權威를 세우고, 국가경제를 염려한 충성과 우국정
신의 발로라고 교육할 것이 강조되었다.[82]

征韓論에 대한 서술은 이전의 교과서와 대동소이하나,[83] 운양호
사건과 임오군란은 누락되었다. 그런데 갑신정변에 대한 서술은
같으나, 동학혁명에 대하여는 동학이라는 말도 배제하고 단순히
'亂'으로만 표기하였다.[84] 청일전쟁에 대하여는 전쟁의 명분을 세

---

79) 『尋常小學國史』下卷, 15~22쪽.
80) 中野八十八, 1926, 『近世さしえ中心感激の國史敎育(尋常六學年)』, 啓
    文社, 88~125쪽. 본서의 저자는 前東京女高師敎官이자 和歌山縣師範
    學校 主事로서, 본서는 무려 578면에 달한다.
81) 『尋常小學國史』下卷, 54쪽.
82) 中野八十八, 앞의 책, 264~269쪽.
83) 『尋常小學國史』下卷, 109쪽.

우고 전투과정을 상술하였다. 삽화나 지도가 추가된 것도 물론이
다. 특히 대승을 거둔 원인을 천황의 辛苦와 出征 將卒들의 忠勇,
국민의 후원 등 상하가 일심한 결과라고 강조하였다.[85]

　英日同盟은 淸과 韓國의 영토를 보존하고 동양평화를 지키기
위해 체결한 것이라고 설명하였다.[86] 러일전쟁에 관하여는 더욱
상세하게 기술하고, 세계의 强國과 싸워 연전연승하고 크게 국위
를 해외에까지 떨치게 된 사실을 감격적으로 강조하였다.[87]

　본서는 국정 역사교과서로는 최초로「韓國倂合」을 독립된 항목
으로 설정하여 서술하고 있는데, 한국사 기술과 관련하여 가장 유
의하여야 할 부분이다. 우선 한국이 늘 타국의 압박을 받아 東洋平
和를 깨뜨려 온 것으로 설명하였고,[88] 일본의 保護國이 되어 수년
에 걸쳐 정치가 개혁되었다고 하였다. 그러나 다년간의 弊政을 완
전히 제거하기가 어려워 백성들은 불안한 생활을 보냈다고 하며,
민심이 안정되고 국리민복을 진전시키기 위하여는 日韓 양국을 합
해야 한다는 사실이 분명해졌고, 한국인 가운데에는 합방을 희망
하는 사람이 많게 되었다고 서술하였다. 이에 한국 황제가 천황에
게 統治權을 讓與하여 帝國의 新政에 의해 국민의 행복을 증진할
것을 바라자, 천황도 그 필요를 느끼고 드디어 한국을 병합하기에
이른 것이라고 하였다. 또한 병합으로 인해 한국인은 모두 帝國의
臣民이 되고 東洋平和의 기반도 보다 공고히 되었다고 강조하였
다. 安重根의 伊藤博文 砲殺에 대하여도 서술하였는데, 伊藤博文
이 '兇徒에 暗殺' 되었다며 그의 치적을 칭송하고 죽음을 애석해

---

84)『尋常小學國史』下卷, 117~118쪽.
85)『尋常小學國史』下卷, 117~125쪽.
86)『尋常小學國史』下卷, 129쪽.
87)『尋常小學國史』下卷, 127~137쪽.
88) 이 부분 또한 전술한 '凶器論'의 역사인식과 같은 논리이다.

하였다.89)

이상과 같은 「韓國倂合」 부분은 이전의 역사교과서 보다 내용이 크게 보강되었지만, 왜곡적 현상도 더욱 심화된 것이다. 즉 침략적 사실은 은폐하고 합방이 한국인과 한국 황제의 자발적 요구에 부응한 것이라며, 허구적인 東洋平和論을 내세웠다. 특히 종전에는 한국 강점이 한국 황제의 통치권 양여에 따른 결과라는 논리에서 나아가 본서는 다수 한국인의 희망에 따른 것이라는 논리를 제시한 것이다. 이 논리는 패전 때까지 일관하였고, 오늘날까지도 일본 역사교과서 서술 속에 살아있음에 유의하여야 한다.

4. 『尋常小學國史』(1934, 1935)

국정 제3기 역사교과서인 『尋常小學國史』는 1934년과 1935년에 걸쳐 제4기 역사교과서인 『尋常小學國史』로 개정되었다. 1931년 만주침략과 이후의 정세 변화, 정당정치와 책임내각제의 확립, 1927년의 금융공황으로부터 비롯된 일본 자본주의의 만성적 모순의 격화 등을 개정의 요인으로 들 수 있을 것이다.90)

본서는 제3기 교과서와 비교할 때 책명은 동일하나 변화는 적지 않다. 우선 표지의 변화가 눈에 띠며,91) 또한 종래의 文語體를 口語體로 바꿨다. 면수와 삽화도 증가하였다.92)

---

89) 『尋常小學國史』 下卷, 137~139쪽.
90) 松島榮一, 앞의 글, 287쪽.
91) 종래의 회색 표지에서 밝은 색으로 바꿨고, 국정 역사교과서로서는 처음으로 무늬도 넣어 아동들에게 친근감을 주고자 하였다.
92) 「歷史敎科書總解說」, 앞의 책, 469~470쪽 ; 中村紀久二, 앞의 글, 40~41쪽, 松島榮一, 앞의 글, 287쪽.

제2장 日本 歷史敎科書에 記述된 韓國史 관련내용의 史學史的 檢討 441

변화는 外樣에만 그치지 않았다. 課名의 변화가 있었는데, 상권의 경우 32개과의 수는 변함이 없지만 제11과의 「桓武天皇과 坂上田村麻呂」가 「桓武天皇」으로, 제12과의 「弘法大師」가 「最澄과 空海」로 바뀌었다. 하권의 경우는 제52과의 「今上天皇」이 「大正天皇」으로 바뀌었고, 제53과 「今上天皇의 卽位」와 제54과 「國民의 覺悟」가 새로 추가되었다. 따라서 상하권을 합하여 394쪽에 달하여 국정 역사교과서 가운데 가장 분량이 많다.

본서의 성격을 잘 보여주는 것은 '元寇'의 서술 부분이다. 종래에는 원이 패배한 주요한 원인을 '大風'으로 표현하였으나, 여기에서는 '神風'으로 고쳤다.93) 이는 단순한 용어의 변화가 아니라 역사인식의 중대한 변환을 의미한다. 즉, '神風'은 神國意識에 바탕한 용어의 선정으로서, 만주침략 이후 황국사관에 의한 國體明徵이 강조되었던 것이라 할 수 있다. 神國意識은 제6기 국정 역사교과서 『初等科國史』의 제1과명이 「神國」으로 설정되는 등 더욱 강화되어 갔다.

본서의 한국사 관련 기술을 보면 고대사는 일부의 용어나 서술상 약간의 차이를 제외하고는 근본적으로 제3기 국정 역사교과서와 서술 분량이나 내용이 같다. 따라서 任那日本府의 확신 등 고대한국을 일본의 속국으로 간주하고 있는 것이다. '元寇' 부분에서 고려의 개입을 강조하였으며,94) 임진왜란, 정한론, 갑신정변, 동학 등에 대한 서술내용도 거의 같다.

그런데 본서는 현대사에 관한 부분이 크게 보완되거나 변화되었기 때문에 당연히 한국사 관련 서술도 영향을 받았다. 즉, 청일전쟁에 대한 서술내용은 같으나, 천황이 宮城을 떠나 大本營인 廣島

---

93) 『尋常小學國史』 上卷, 117~118쪽.
94) 『尋常小學國史』 上卷, 113~120쪽.

로 가는 삽화 대신, 천황이 大本營에서 軍務를 지휘하는 삽화로 교
체되었다.95) 이는 승전의 원인을 천황으로부터 설명하여 천황에
대한 충성을 강조하기 위한 것이다.

한편 본서는 1895년 12월, 명치천황이 청일전쟁에서 전사한 병
사를 合祀한 靖國神社를 行幸하여 祭儀에 臨한 사실을 삽화를 곁
들여 추가 기술하였다. 여기에서는 靖國神社를 '國家의 事變에 身
命을 다하여 忠節한 臣民을 身分과 職業을 구별하지 않고 함께 祭
享하는 社'라고 설명하며, 천황이 몇 차례 더 行幸하였다고 서술하
였다.96) 이는 학생들에게 국가의 사변에 신명을 다 바치도록 교육
하고, 그럴 경우 神社에 제향되며 천황이 직접 祭儀에 임한다는 것
을 가르침으로써 忠君愛國과 國家主義 思想의 고취를 의도한 것
이라 할 수 있다.

「韓國倂合」에 관한 서술내용 역시 일부 표현의 차이를 제외하
고는 같다. 다만 '韓國倂合'이라는 삽화를 새롭게 추가함으로써 서
술을 강조하고자 하였다.97) 본서는 제53과 「今上天皇의 即位」와
제54과 「國民의 覺悟」를 새롭게 추가하였다.

제53과에서는 國際聯盟 탈퇴의 명분을 강조하고, 滿洲侵略의
정당성을 부여하기 위해 만주국의 독립을 강변하고, 만주국의 건
전한 발달을 돕고 중국과의 친밀한 교제와 互助가 동양의 영원한
평화를 가져올 것이라고 서술하였다.98) 또한 황통 계승을 강조하기
위하여 황세자의 탄생을 별도로 서술하기도 하였다.99) 제54과 「國
民의 覺悟」는 이전까지는 一小節에 불과하던 것이 독립된 課로 격

---

95)『尋常小學國史』下卷, 136쪽.
96)『尋常小學國史』下卷, 142~143쪽.
97)『尋常小學國史』下卷, 158쪽.
98)『尋常小學國史』下卷, 178~180쪽.
99)『尋常小學國史』下卷, 179~180쪽.

상한 것이며, 서술내용도 '御歷代天皇의 御盛德', '國民 世世의 忠誠', '文化의 發達 國運의 進步', '國民의 覺悟' 등 四小節로 강화되었다.100) 이 부분은 본서의 개정 의도를 가장 잘 보여주는 부분이라 할 수 있다. 결국 본서는 만주침략 이후 國民精神總動員, 國體明徵이라는 시대적 요청에 부응하여 개정한 것으로서, 역사교육이 정치의 하위개념이자 수단으로 이용되었음을 보여주는 것이다.

이러한 분위기는 이 시기에 학문으로서의 역사학(純正史學)과 국사교육(應用史學)을 구별해야 한다는 주장이 강력히 제기되고 있음에서도 명백히 알 수 있다.101) 만주침략 이후에는 국사교육이 단순히 지식이 풍부한 인물을 양성하는 것이 목적이 아니고, 史實을 통하여 지조가 있는 국민을 양성해야 하는 의무가 있기 때문에 교훈적 국사를 서술한 교재를 채택해야 한다며 양자를 구별해야 한다는 주장이 더욱 힘을 얻고 있다.102)

한편 문부성은 본서의 편찬과 함께 1938년『小學國史敎師用書』4권을 별도로 편찬하였다. 본서는『尋常小學國史』와『高等小學國

---

100)『尋常小學國史』下卷, 181~184쪽.
101) 山田義直, 1927,『國史敎材の觀方』, 目黑書店, 25~41쪽. 여기에서 그는 純正史學과 國史敎育을 구별해야 하는 이유로 ①순정사학은 眞의 가치를 추구하나, 국사교육은 美善의 가치에 중점을 두는 점, ②순정사학은 倫理的 교재로 輕重이 없으나, 국사교육은 윤리적 교재로 성중이 있는 점, ③순정사학은 과거의 觀照를 주로 하나, 국사교육은 현재와 장래를 觀照 豫測하는 방안을 제시하는 점, ④순정사학은 好惡褒貶의 비판을 하지 않으나, 국사교육은 도덕적 비판을 바탕으로 현재와 장래를 지도하는 점, ⑤순정사학은 寫眞的이고 赤裸裸主義이나, 국사교육은 繪畵的이고 色彩主義的인 점 등의 차이를 들었다. 이로써 역사왜곡의 논리는 완벽하게 갖춰진 셈이다.
102) 海老澤匡, 1933,『國史敎育の新思潮と實際經營』, 厚生閣書店, 51~62쪽. 여기에서는 양자를 구별해야 하는 이유를 7가지로 들고 있는데, 앞의 山田義直의 아류에 불과하다.

史』의 교사용서이자 師範學校用 국사교과서로 편찬된 것으로서, 별도의 정밀한 검토를 요한다.[103)

5. 『小學國史尋常科用』(1940, 1941)

1940년과 이듬해에 걸쳐 국정 제5기 역사교과서인 『小學國史尋常科用』이 개정 출판되었다. 1937년 중일전쟁의 도발 이후 침략전쟁의 확대는 황국사관으로 무장한 역사교육을 더욱 강화하는 계기가 되었다.

본서의 개정 방향과 의도는 '編纂趣意書'에 명확히 나타난다. 여기에 의하면 1937년의 중일전쟁 이후 國運의 진전과 國民精神의 自覺에 기초하여 改訂의 主眼을 皇室中心, 國體觀念의 明徵, 敬神崇祖, 日本文化의 特質, 擧國一致, 皇運의 扶翼, 個人傳記의 지엽적 부분 생략 등에 두었음을 알 수 있다.[104) 본서의 성격을 가장 단적으로 보여주는 것은 상·하 각권의 권두에 게재되어 있는 「神勅」이다. 이는 문부성이 '敎學刷新評議會'가 答申한 취지에 따른 편제였다.[105)

---

103) 『小學國史敎師用書』는 上·中·下(一)·下(二)의 4권으로 구성되었는데, 하권을 2권으로 구성하여 근대사에 비중을 두었음을 보여준다. 본서는 「凡例」에서 "國體의 特異를 밝히고 國民 性格의 培養"을 강조함으로써 국사교육의 목적을 분명히 하고 있다.

104) 中村紀久二, 앞의 글, 41~42쪽 ; 1963, 「所收敎科書解題」 『日本敎科書大系』 近代編 第20卷 歷史(三), 471쪽.

105) 文部省은 1937년 '敎學刷新評議會'의 答申을 접수하고 敎學刷新과 國體明徵의 정신을 국민들에게 철저히 하기 위하여 『國體의 本義』를 간행하여 전국의 각급 학교와 사회교육 단체, 관청 등에 배포한 바 있다. 『國體의 本義』는 國體의 由來를 神勅에서 구하고, '肇國의 事實'로부터 戰時下 일본 국민의 정신이 생겨난 것으로 강조하고 西洋近代思想을 배격한 것이다(中村紀久二, 앞의 글, 41~42쪽).

본서는 표지가 다시 변화하였을 뿐 아니라, 문장도 크게 수정되었고, 삽화와 지도의 삭제·수정·첨가도 많이 가해졌다. 뿐만 아니라 課名의 부분적인 조정도 있었다.106)

본서에 서술된 한국사 관련 기사는 이전의 교과서와 거의 같다. 그러나 청일전쟁의 설명 부분에서 "명치 9년 우리나라는 조선과 수호조약을 맺고, 오로지 조선이 건전하게 발달하기를 바랐다"는 내용을 추가함으로써107) 침략의 명분을 내세우고 있다.

그런데 한국병합과 관련된 내용에서는 큰 변화를 보인다. 본서에서는 이전 교과서와는 달리 한국병합을 독립된 課가 아니라, 러일전쟁의 말미에서 설명하고 있다. 편제만 변화한 것이 아니라 서술내용도 변화하였다. 그 내용은 다음과 같다.

> "明治 三十七八年의 戰役 이후 우리나라는 韓國에 대하여 他國의 干涉을 排除하고 保護國으로 하였다 … 그리하여 韓國의 國利民福을 증진하고 東洋의 平和를 지키기 위하여 반드시 한국이 일본과 一體로 되지 않으면 안 된다는 것이 분명해져 한국인 가운데에는 이것을 희망하는 자가 적지 않았다. 한국 황제도 또한 이를 깊이 원하고 모든 통치권을 천황에게 양도하겠다는 의사를 밝혀왔다. 천황은 그것을 聽入하여 명치 43년 8월 특별히 詔勅을 내려 한국을 조선으로 고치고 … 예로부터 우리나라와 親密한 관계를 지녀온 반도의 인민은 모두 皇國 臣民이 되어 東洋平和의 기초는 보다 견고하게 되었다"108)

즉, 한국의 병합은 동양평화를 위해 필요한 일이었고, 한일 양국이 一體가 되어야 한다는 것을 강조한 것이다. 기존의 '韓國併合'

---

106) 제4기 국정 역사 교과서인 『尋常小學國史』에는 삽화와 지도가 90개 게재되어 있으나, 본서는 149개로 대폭 증가하여 국정 역사교과서에서 가장 많은 수를 기록하고 있다(앞의 <표 1> 참조).
107) 『小學國史尋常科用』 下卷, 120쪽.
108) 『小學國史尋常科用』 下卷, 144~145쪽.

이란 삽화를 '內鮮一體'라고 이름을 바꾼 것은 이같은 변화를 상징
적으로 보여주는 것이다.[109] 또한 병합은 한국인과 황제의 요청을
천황이 聽入하는 절차였음을 강조하고, 日鮮同祖論의 입장에서 반
도의 인민이 皇國의 臣民이 되었다고 함으로서 이전의 교과서 보
다 더욱 왜곡적 현상을 보인다. 이는 한국에 대한 식민지 지배체제
가 정착하고, 특히 황민화와 한민족말살정책이 진행되는 상황에서
한국은 더 이상 침략의 대상이 아니라, 지배와 수탈, 그리고 대륙
침략용 병참기지라는 인식의 발로라 여겨진다.

　본서에서 러일전은 한국과 청국의 영토를 안전하게 하고 동양평
화를 확보하기 위한 전쟁이라고 기술되었고, 그 승리의 감격은 일
본이 일약 세계의 一大 强國이 된 동시에, 歐米諸國의 압박을 받
는 東亞諸國의 자각을 가져온 것이라는 자의적인 서술로 나타났
다.[110]

　본서에서 또한 주목되는 내용은 만주에 대한 이른바 '日滿一體'
부분이다. 본서는 국제연맹 탈퇴의 사실을 종전의 교과서가 '어쩔
수 없이'라고 표현한 데 반해 '斷然' 탈퇴라고 바꿔 기술하였다.[111]
그리고 만주국 황제의 來朝 사실을 사진과 함께 서술하고, 이를 '滿
鮮一體'라고 강조하였다.[112] 內鮮一體에 이어 日滿一體까지 서술
함으로써 이른바 0滿鮮史觀이 역사교과서에 그대로 반영된 것이다.

　중일전쟁에 대한 기술도 크게 왜곡되었다. 즉, 중일전쟁은 중국
의 잘못을 바로잡고 동양의 영원한 평화를 세우기 위해 '正義軍'을
출정시켜 승리함으로써 東亞에 영원한 평화의 기초를 쌓게 되었다
고 서술한 것이다.[113] 일본의 아시아 침략이 동양평화를 위한 日本

---

109) 『小學國史尋常科用』 下卷, 145쪽.
110) 『小學國史尋常科用』 下卷, 132~143쪽.
111) 『小學國史尋常科用』 下卷, 166쪽.
112) 『小學國史尋常科用』 下卷, 167~174쪽.

式 正義의 발로라는 논리로서 왜곡된 것이다.

본서는 일본이 독일, 이탈리아와 동맹을 맺은 부분에서 그치고 있다. 그런데 三國同盟의 이유를 동양평화 뿐만 아니라 세계의 영원한 평화를 위한 중대한 사명을 지니고 새로운 세계 질서를 건설하기 위함이라고 강변하였다. 세계대전의 도발 또한 평화라는 미명하에 정당화하고 있는 것이다. 따라서 국민들은 國體의 觀念을 명확히 하고, 億兆一心으로 여하한 난관도 돌파하여 '大御心'을 편안하게 모시지 않으면 안된다고 요구하였다.114)

이같은 천황 중심의 황국사관의 강화는 말미의 「國民의 覺悟」 부분 서술의 변화를 가져왔다. 즉 이전 교과서에서 小節의 하나였던 '文化의 發達'이 삭제되어 '國運의 進展'으로 대체되고, '國民世世의 忠誠' 부분의 서술이 강화되었다.115) 이는 군국주의 침략이 구체화되며 文化를 거론할 겨를조차 없는 時勢의 다급함과, 군국주의 체제하의 교과서에서 문화에 대한 인식을 드러낸 것으로 여겨진다.

결국 본서는 일제의 군국주의 침략이 확대됨에 부응하여 침략을 정당화하고 황국사관을 강화하여, 국민을 침략의 전장터로 내몰기 위한 세뇌교육 수단으로서의 성격을 잘 보여준다. 이는 1938년에 발표한 '國民精神總動員實施要綱'이 역사교과서에 그대로 반영된 것이라 할 수 있다. 이에 따라 역사교육은 國體明徵과 皇運扶翼의 道具的 敎科로 전락하고, 역사교과서가 역사교육 교재가 아니라 神權을 내세운 권력의 시녀가 되어 정치와 정신교재화 하였음을 극명하게 알려주는 것이라 할 수 있다.

---

113)『小學國史尋常科用』下卷, 170~172쪽.
114)『小學國史尋常科用』下卷, 176~177쪽.
115)『小學國史尋常科用』下卷, 177~181쪽.

6. 『初等科國史』(1941)

『小學國史尋常科用』은 사용된 지 불과 2, 3년만인 1943년에 제6
기 역사 교과서인 『初等科國史』 상·하권으로 개정, 편찬되었다.
이는 1941년 4월부터 「國民學校令」에 의해 소학교가 국민학교로
개정됨에 따른 조치였다. 「國民學校令」은 국민학교의 목적을 '皇
國의 道', '國民의 基礎的 鍊成'이라고 표방하였다.[116] 이는 세계
대전 감행에 따라 황국사상과 군국주의를 강화하여 전시하 비상체
제에 부응하기 위한 것이었다.

이에 따라 심상소학교는 국민학교 초등과로 개칭되었는데, 국민
학교 초등과에서 국사는 독립교과가 아니라 국어·수신·지리와
함께 國民科에 포함되어 있었다. 國民科의 목표는 國體의 精華를
명백히 하고, 國民精神을 涵養하며, 皇國의 使命을 自覺케 하는
敎科로 규정되어 있다. 따라서 國民科 교과의 하나인 歷史가 이
방침에 따라 편찬되었음은 물론이다. 國民科 가운데에서도 『初等
科國史』가 皇國思想에 충실한 국민을 양성하는데 가장 중요한 역
할을 하였다. 이는 초등과 국사의 편찬방침이 肇國의 古事, 天業의
恢弘, 敬神崇祖, 政治의 改新, 對外關係, 國民의 忠誠, 國威의 發
揚 등에 관한 사실을 중점적으로 다루어 皇國發展의 跡을 밝히고
國民的 自覺을 배양한다고 제시된 사실에서도 확인된다.[117]

한편 당시 새롭게 제시된 교재 채택의 기준도 본서의 성격을 이
해하는데 도움이 된다. 즉, 대내적으로는 大義名分을 바로 세우고,
대외적으로는 해외발전의 氣宇를 양성한다는 두가지 관점에서 교

---

116) 「歷史敎科書總解說」, 앞의 책, 598쪽.
117) 「所收敎科書解題」, 앞의 책, 473쪽.

재 채택의 유의점 8항이 제시되었다.[118] 이를 통해 당시의 역사교육에서 皇國思想이 더욱 강조되는 것을 잘 알 수 있다. 특히 戰時下의 아동들에게 神國意識을 부추기고, 국사를 '大東亞建設'이라는 세계사적인 시야에서 취급하여 이를 國運의 進展으로 호도하려한 것에 틀림없다. 이전의 『小學國史尋常科用』에서 목차 다음에 편제되었던 「神勅」과 「御歷代表」가 본서에서는 목차 이전의 卷首로 위치하였고,[119] 제1과의 課名을 「神國」으로, 제5과의 '元寇'를 「新風」이란 소제목으로 설정하였음은 神國意識에 따른 교과서 변화의 단적인 사례라고 할 수 있다.

따라서 『初等科國史』는 이전의 국정 역사교과서와는 전혀 별개의 교과서로 인식될 정도로 대폭 개정되었다. 본서는 표지도 크게 변화하였지만, 가장 커다란 변화는 각 課의 題名 개칭이라 할 수 있다. 즉, 본서는 국정 역사교과서가 초기부터 취했던 人物本位의 題名을 폐기하고 깊은 감격을 주는 제명으로 개칭한 것이다. 그 까닭은 아무리 훌륭한 忠良賢哲의 人傑이라 하더라도 君臣의 大義名分이 있기 때문에 天皇과 同列에서 취급해서는 안된다는 것이다.[120] 그렇다고 하여 초기 이래의 인물중심 서술이 바뀐 것은 아

---

118) 「歷史敎科書總解說」, 앞의 책, 601쪽 ; 中村紀久二, 앞의 글, 43~44쪽. 교과채택의 유의점 8항은 ①歷代 天皇의 御高德 御鴻業을 景仰하여 받듦, ②尊皇敬神의 事歷을 顯彰함, ③神國意識의 傳統을 闡明함, ④海外發展의 壯圖를 特筆함, ⑤國防施設의 沿革을 摘錄함, ⑥崇武興學의 美風을 宣揚함, ⑦工夫創造의 素質을 究明함, ⑧大東亞建設의 史的 必要性을 제시함 등이다.

119) 역사교과서에서 編制의 構成은 그 교과서의 편찬 의도를 반영하는 것이다. 특히 日本 國定 歷史敎科書의 變遷은 皇國思想과 軍國主義 強化의 과정을 보여주는 것이기 때문에, 편제는 중요하게 인식하여야 할 것이다(앞의 <표 1> 참조).

120) 「歷史敎科書總解說」, 앞의 책, 600쪽과 「所收敎科書解題」, 앞의 책, 474쪽 ; 中村紀久二, 앞의 글, 44쪽.

나나, 題名의 변화는 尊皇敬神, 神國意識, 皇國史觀의 강화로 이해된다.

본서의 변화 가운데 또 하나 주목하여야 할 것은 지도와 삽화의 변화이다. 그 수량은 이전의 교과서보다 약간 줄었지만, 본문과 같이 중요하게 취급하고 있다. 특히 삽화는 日本畵風의 상상도로서, 아동에게 흥미를 유발하고 마음에 깊은 인상을 남기기 위하여 활동적인 내용으로 교체하였다. 설명문도 감정에 호소하는 표현으로 바꿨다.121) 이는 본서의 본문에서 형용사와 수식어가 대폭 등장하여 미사여구조의 문학적 표현을 한 것과 보조를 같이 한 것이다.

『初等科國史』에 기술된 한국사 관련 내용은 이전의 교과서와 크게 다르지 않다. 그런데 신공황후의 신라토벌 부분의 삽화가 '皇后의 御出發'로 바뀌었고, '半島의 形勢' 지도에서는 任那와 加羅를 기입함으로써 역사적 사실로 단정하였다.122) 더욱 주목되는 것은 이전의 교과서와는 달리, 삼국의 문화전파와 그로 인한 일본의 문명개화 사실을 완전히 삭제해 버린 것이다. '法隆寺'를 설명하면서 어쩔 수 없이 "외국으로부터 들여 온 불교"라는 표현이 고작이다.123) 이는 식민지 한국으로부터의 영향을 부정하고자 한 의도적 삭제로 보인다.

본서의 고대 한국관은 "조선반도는 우리나라가 대륙으로 건너가는 다리 역할"이라는 표현이 상징적으로 보여준다.124) 삼국통일에 관한 부분도 이전의 교과서와 유사하다. 단, 이때 전란을 피해 일본에 온 많은 백제인들은 모두 융숭하게 보호받았다고 서술한 부

---

121) 예컨대 이전 교과서에서 '防人の出發'이라 하던 것을 '喜び勇んで'로 바꾼 것이 대표적 사례이다(『初等科國史』上, 57쪽).
122) 『初等科國史』上, 20~21쪽.
123) 『初等科國史』上, 32쪽.
124) 『初等科國史』上, 24쪽.

분에서의 '保護'라는 표현은 속국인식과 식민지 현실을 반영한 것
으로 해석된다.125)

통일신라가 일본에 진상품을 헌상했다는 서술도 추가되었다.126)
또한 이전 교과서와 비교할 때 발해와의 관계가 비중 있게 다루어
졌으나,127) 발해를 만주사의 일부로 간주한 것에는 변함이 없다.
본서는 奈良期를 총괄하며 "東亞의 여러나라들과 교통하여 共榮
의 기쁨을 나누었다"고 서술하였다. 이는 이른바 大東亞共榮이란
현실의 침략적 관심을 교과서에 드러낸 것이라 하겠다.

본서의 현실 상황을 반영한 침략적 기술은 여몽연합군의 일본정
벌에서 확연히 드러난다. 전술한 바와 같이 제명을 「神風」이라 하
였음은 물론, 삽화와 지도가 추가되는 등 역대 교과서에서 가장 많
은 비중으로 서술하였다. 이를 통해 강조하고자 한 것은 '大日本은
神國'이고, '신의 가호를 받는 국가'라는 인식을 아동들에게 주입
시키고자 한 것이다.128) 특히 일본은 본래 해양국가로서 기회만 있
으면 해외로 뻗어나가야 하는데, 세계 최강의 '元寇'를 격퇴함으로
써 일본인들로 하여금 '海外發展心'을 더욱 왕성하게 하였다고 서
술하였다.129) 뿐만 아니라, 서양인들이 '元·高麗의 非道한 仕打'
에 분노하여 이를 응징할 날을 고대했다는 전혀 근거없는 서술까
지 서슴지 않았다.130) 이는 본서가 서양세력까지 끌어 들여 과거
'元寇'의 당사자인 중국과 한국에 대한 침략의 당위성을 역사의 왜

---

125) 『初等科國史』上, 42쪽.
126) 『初等科國史』上, 52쪽.
127) 『初等科國史』上, 55~56쪽.
128) 『初等科國史』上, 102~113쪽. 日本이 神國이라는 것은 본서의 곳곳
    에서 강조된 중심개념이다.
129) 『初等科國史』上, 112~113쪽. 이 내용은 「八幡船과 南蠻船」에서 또
    다시 강조되었다.
130) 『初等科國史』上, 147쪽.

곡적 기술을 통해 확립해 가고자 의도한 것이라 할 수 있다.

왜구에 대한 서술도 다분히 공격적이다. 여기에서는 "일본인은 어떠한 일이나 정정당당하게 하는 국민"이라고 전제하고, 왜구를 商行爲로 강변하였다.131) 또한「八幡船」이라는 題名에서 의도한 바와 같이 왜구의 노략행위를 은폐하고, 오히려 明의 商人과 海賊들이 倭寇라고 칭하며 사람들을 협박한 경우도 있다고 호도하였다.132)

본서는 일본의 한반도와 대륙에 대한 '進出'은 무역으로부터 시작되었다고 서술하였다.133) 더구나 왜구를 "이때 商船에는 용감한 武士가 다수 타서 왕성하게 활동하였다"고 표현하며,134) 이로 인해 고려가 멸망하였다고 서술하였다. 이로써 왜구에 대한 은폐와 왜곡을 넘어 고려에 대한 영향력까지 강조하려 하였던 것이다. 또한 본서는 '海外進出' 지도를 추가하여 일본의 침략을 과시하고자 하였다.135) 결국 본서는 오늘날의 일본 역사교과서에서 문제가 되고 있는 '侵略'이 아니라 '進出'이라는 왜곡적 인식을 확립하여 정형화한 교과서로서 주목하여야 할 것이다.

임진왜란에 대한 기술도 이전 교과서와는 내용상 큰 차이가 없으나, 현재적 관점이 강하게 반영되어 있다. 즉, 풍신수길은 일본을 중심으로 중국은 물론 필리핀과 인도까지 포함하는 대동아 건설의 대야망을 지니고 있었고, 이는 그가 사용하던 부채에 그려진 '東亞地圖'가 입증한다고 하였다. 임진왜란의 題名을「扇面의 地圖」라

---

131)『初等科國史』上, 146~148쪽.
132)『初等科國史』上, 150~151쪽.
133) 이후 일제의 侵略은 모두 進出로 표현하였다. 영국이 동인도회사를 설립한 사실을 '東亞의 侵略'이라며 침략이 무역의 형태로 시작하였다고 비난한 것과 대비된다(『初等科國史』下, 33쪽).
134)『初等科國史』上, 148쪽.
135)『初等科國史』上, 151쪽.

한 것은 바로 그 이유 때문이다. 그러나 아깝게도 그의 대야망은 꺾였지만 '國民의 海外發展心'을 한층 높여 주었다고 설명하였다. 나아가 당시 일본군이 보여준 훌륭한 행동은 조선 사람들에게 깊은 감명을 주었다는 어처구니없는 서술까지 하였다.[136]

이 부분에서는 '軍艦의 出發', '秀吉의 扇'이란 삽화가 추가되거나 교체되었다. 그런데 여기에서 무엇보다도 주목하여야 할 것은 '國民의 海外發展心'이란 표현이다. 이미 앞에서도 사용된 적은 있으나, 이후 이 표현은 일제의 침략을 미화하는 용어로서 누차 사용되었다.

征韓論은 별다른 의미부여 없이 간략히 언급하였다.[137] 청일전쟁과 러일전쟁에 대한 서술은 감격적 표현의 차이, 일부 삽화의 교체 등을 제외하면 이전 교과서와 큰 차이는 없다. 그러나 제명을 「東亞의 守護」라고 한 것은 왜곡 서술이 심화됨을 의미하는데, 소제명도 「日淸戰役」, 「日露戰役」으로 개칭되었다.

한편 韓國併合과 內鮮一體에 관한 서술내용도 이전 교과서와 거의 같다. 다만 이전 교과서에는 러일전쟁 말미에서 기술하였으나, 본서에서는 제14과 「세계의 움직임」에서 서술하였다.[138]

이후 현대사에 관한 기술 또한 이전 교과서의 내용과 대차는 없으나, 용어 등에서 더욱 공격적이고 침략적이며 황국사상이 강화되어 있다. 특히 본서 말미의 제15과 「昭和의 大御代」의 제2장 「大東亞戰爭」 부분은 더욱 그러하다. 여기에서는 "우리나라는 이미 內鮮一體의 실적을 거둬 동양평화의 기초를 쌓고, 또한 日滿不可分의 堅陣을 쌓아 동아의 수호를 굳게 하였다"고 하여 내선일체와

---

136) 『初等科國史』 下, 16~23쪽.
137) 『初等科國史』 下, 100쪽.
138) 『初等科國史』 下, 146~148쪽.

만선불가분을 주장하였다.139) 또한 중일전쟁에 참전한 일본군을
'暴支膺懲의 軍'이라고 표현하였다.140) 皇國思想의 강조는 神國意
識에 바탕하여 天皇을 '現御神'으로 받들고 충성을 다하여야 한다
는 부분에서 頂點을 이룬다.

　본서는 戰時版 教科書로서, 戰時下의 교과서가 정치적 조작에
의해 어떻게 改惡되는가를 잘 보여주는 교과서이다. 본서는 軍國
主義 勢力에 野合한 狂信的 皇國史觀을 지닌 사학자들에 의해 집
필되었다. 따라서 지극히 배타적이고 독존적이며, 국수적이고 광신
적인 애국의식을 조성하여 마침내 '神風特攻隊'의 비극을 낳게 하
고, 한국 등 아시아 제 민족에게 큰 고통을 준 惡書라 할 것이
다.141)

　본서는 내용상 왜곡 기술된 것도 문제이지만, 오늘날 일본 역사
교과서 왜곡의 논리를 개발 수립하고 정형화한 점에서 특히 유의
하여야 할 것이다. 결국 본서는 패전 직후인 1945년 12월, GHQ(聯
合軍最高司令部)의 지령에 의해 사용이 금지되어 불과 2년여만에
폐기되었다.142)

7. 『くにのあゆみ』(1946)

　1945년 일본은 패망하였고, 명치헌법 체재는 붕괴되었다. 따라서
이 체재를 지탱하던 지주였던 역사교육도 전면 개혁되지 않으면
안되었다. 명치헌법의 溫存을 위해 최대의 노력을 기울였던 일본

---

139)『初等科國史』下, 177쪽.
140)『初等科國史』下, 177쪽.
141) 李元淳, 앞의 글, 66~67쪽.
142)「所收教科書解題」, 앞의 책, 473쪽.

정부는 역사교육 분야에 있어서도 가급적이면 개혁의 범위를 소규
모화 하고자 하였다. 그러나 점령군사령부는 일본 정부의 바램을
무시하고 역사교육을 근본적으로 개혁하고자 지령을 잇달아 발표
하였다.143)

일본 정부는 점령군에 의한 교육개혁을 최소화하기 위해 자구적
차원에서 자발적인 교육개혁을 추진하였다. 1945년 9월 15일 문부
성이 발표한「新日本의 敎育方針」이 그것이다. 여기에서는 신교
육의 방침으로 군국주의 사상과 시책을 불식하고 평화국가를 건설
한다고 천명하고, 교과서에 대한 근본적인 개정도 언급하였다. 문
부성은 곧 이어 9월 20일 국어 교과서에 대한 생략·삭제 또는 취
급상 유의할 교재에 대한 規準을 제시하였다.144) 이에 의하여 이른
바 '먹물 삭제 교과서'가 등장하게 된 것이다.

그러나 점령군의 입장에서 보면 너무 미온적인 조치였다. 따라
서 GHQ는 이를 무시하고 1945년 10월부터 12월에 이르는 시기에
이른바 4대 지령을 잇달아 발표하며 일본 정부를 압박하였다.145)
이 지령에 의해 군국주의와 극단적인 국가주의 이데올로기에 편향
되어 온 교육에 대한 근본적인 개혁이 진행되었다. 특히 12월 31일
발표한「修身, 日本歷史 및 地理 停止에 關한 件」은 역사교육을
중지시키고 전국적으로 교과서를 회수하도록 하였다. 패전 직전의
마지막 국정 역사교과서이자, 가장 군국주의적 색채가 강했던『初

143) 家永三郎, 1963,「前後の歷史敎育」『岩波講座 日本歷史』22, 別卷 1,
　　岩波書店, 313쪽.
144)『複刻 墨めり敎科書 解說』, 17~20쪽.
145) GHQ의 4大 指令이란「日本 敎育制度에 대한 管理政策에 關한 件」
　　(10. 22),「敎員 및 敎育關係者의 調査, 除外, 認可에 關한 件」(10. 30),
　　「國家神道, 神社神道에 대하여 政府의 保證, 支援, 保全, 監督과 弘布의
　　廢止에 關한 件」(12. 15),「修身, 日本歷史 및 地理 停止에 關한 件」(12.
　　31)을 말한다(『複刻 墨めり敎科書 解說』, 21~23쪽).

等科國史』가 폐기된 것은 물론이다.

이후 역사교육의 재개가 결정되자, 새로운 역사교과서가 필요하게 되었다. 이에 탄생한 것이 국정 제7기 교과서인 본서이다. 당시 문부성은 재빨리 원고를 작성해 두었으나, GHQ에 의해 거부되었다. 따라서 문부성의 편찬 담당자 외에 외부의 비정치적인 실증주의 학자를 인선하여 새로이 원고를 작성하고 영문으로 번역하여 GHQ의 수정과 승인을 얻어야 하였던 것이다.146)

그렇기 때문에 본서는 이전의 국정 역사교과서와는 교과서의 제목부터 판이하게 다르다. 무엇보다도 제1기 국정 교과서 이래 편찬의 기본방침이었던 신화를 배제하고 석기시대와 패총으로부터 서술한 것을 가장 큰 특징으로 들 수 있을 것이다. 따라서「神勅」과「天皇歷代表」가 삭제되고 말미에「年表」가 부기되었다. 또한 천황이나 인물중심의 체제를 벗어나 時代史로서 편성되었다는 점이다. 그렇기 때문에 題名도 시대의 변화, 새로운 시대로의 전환 등으로 바뀌게 되었다.

한편 제6기 국정 역사교과서의 중심개념이라 할 수 있는 '海外發展心'이 자취를 감추고, 오히려 전쟁의 폐해를 서술한 사실도 본서의 중대한 변화의 하나라 할 수 있다. 더구나 종전의 교과서에서는 다루지 않던 인민의 생활사와, 사회의 발전과 문화의 특질을 중요하게 취급하는 등 큰 차이를 보인다.147) 본서는 이러한 내용의

---

146) 본서에 이어 中等學校用의『日本の歷史』와 師範學校用의『日本歷史』가 연속 간행되었다.

147)「歷史敎科書總解說」, 앞의 책, 602~604쪽 ;「所收敎科書解題」, 앞의 책, 475~478쪽. 당시 본서 편찬위원으로 참여하였던 家永三郎은 본서의 특징으로 ①신화와 전설을 배제하고 학문적으로 확인된 사실만을 기술한 것, ②정치상·군사상의 영웅에 편중되어 온 것을 고쳐 국민의 생활사를 서술한 것, ③역사적 사실에 대한 가치판단은 피교육자의 자주적 판단에 맡긴 것 및 西曆의 채용, 北朝에도 천황의 호를 사

변화와 함께 지질이나 인쇄상태가 매우 조악하여 패전 직후 일본
의 사회경제상을 여실히 보여주며, 국정 교과서 가운데에 가장 분
량이 적다는 것도 지적할 수 있겠다.[148]

본서의 한국사 관련 서술도 많이 바뀐 것이 사실이다. 본서에서
가장 먼저 등장하는 '朝鮮과의 關係'에는 신공황후의 삼한정벌 사
실이나, 삼국이 일본의 속국이었다는 식의 서술은 삭제되었다. 그
러나 이 부분은 매우 유의하여야 할 대목으로 생각된다. 본서에는
매우 소략한 분량이지만 任那와의 친밀성이 중복되어 강조되었고,
삼국통일 과정에서의 백제를 구원한 사실, 천황은 조선반도보다
정치를 재건하는 것이 중요하다고 여겨 군사를 되돌렸는데 이로써
일본은 반도로부터 손을 떼게 되었다는 등 매우 애매하게 기술되
어 있어 정밀한 분석을 요한다. 그 까닭은 직접적이고 구체적인 표
현과 서술은 삭제되었으나, 고대 한국에 대한 우월적 인식은 모호
한 표현과 서술로서 행간에 은폐한 고도의 왜곡상으로 이해되기
때문이다.

결국 이 부분은 GHQ가 일본 헌법의 개정시 초안을 직접 작성하
여 강제했던 것과는 달리, 본서의 편찬 때에는 헌법 개정 보다 비
교적 완화된 분위기였다는 사실과,[149] GHQ가 본서를 검열하고 삭
제할 때 신화나 전설 부분을 주목하고, 특히 군국주의적 사상을 고
취하는 근대사 서술에 주안을 두었다는 사실을 감안하여 해석할
필요가 있는 것이다.

고대 한반도로부터 문화전파의 사실을 기술한 부분도 주의를 요
한다. 물론 한반도, 특히 백제를 통한 문화전파의 사실은 기술하였

용한 것 등을 지적하였다(家永三郞, 앞의 글, 319~321쪽).
148) 제6기 교과서인 『初等科國史』가 376쪽인 반면, 본서는 98쪽으로 1/4
    에 불과하다.
149) 家永三郞, 앞의 글, 318~319쪽.

다. 그러나 백제는 일본에 문화를 전파한 주체적 존재가 아니라 객체적 존재이고 단순한 전달매체에 불과한 것처럼 설명하였다. 그들에게 전파된 문화는 한반도적 요소와는 전혀 무관한 '大陸의 文化', '支那의 文化'일 뿐이었다.[150]

본서는 종래의 '元寇'를 「蒙古의 來襲」이란 소제목으로 바꾸었고, '神風'은 '大風'으로 수정하였다.[151] 그런데 임진왜란의 서술에서는 확연한 변화를 보인다. 먼저 題名의 변화가 주목된다. 종전에는 「豊臣秀吉」이나 「朝鮮征伐」, 「扇面의 地圖」 등의 제명으로 서술되던 것이 본서에서는 「外交와 文化」란 부분에서 「外交의 失敗」라는 소제명 아래에서 설명하였다. 또한 말미에서 "이 役은 7년에 걸쳐 많은 人命과 비용을 낭비하였을 뿐이다"라고 기술하였다.[152] 물론 피해 당사자인 조선의 입장이 아니라, 자신들의 입장에서 기술한 것이나 폐해를 인정한 최초의 교과서인 셈이다.

한편 청일전쟁과 러일전쟁 부분도 이전의 교과서가 승전의 사실을 장황하게 강조하고, 이를 통해 황국사상을 고취하려 한 것과는 다르다. 즉 여기에서는 「東洋의 混亂」이란 제명하에 간단히 기술하고 그로 인한 변화를 설명하였다.[153]

한국병합은 「日露戰役」 말미에서 매우 소략하게 기술하는데 그쳤다.[154] 역시 이전의 교과서가 內鮮一體를 강조하고 '한국 인민의 행복' 운운한 것과는 크게 다르다.

본서의 성격은 맨 마지막 부분인 제21과 「大正으로부터 昭和에」의 서술에서 가장 잘 드러난다. 감동적인 미사여구로 동양평화와

---

150) 『くにのあゆみ』上, 4~5쪽.
151) 『くにのあゆみ』上, 25쪽.
152) 『くにのあゆみ』上, 43쪽.
153) 『くにのあゆみ』下, 40~43쪽.
154) 『くにのあゆみ』下, 43쪽.

세계질서의 명분을 부르짖고 황군의 치적을 찬양하던 세계대전 부분은, 오히려 동양의 평화를 위협하고 큰 피해를 끼친 것으로 수정되었다. 그리고 이로 인해 각국은 평화를 희망하고 전쟁을 피하기위해 깊이 생각하게 되었다는 서술까지 부연하였다.155) 특히 다음의 내용은 본서의 특징을 대표하는 부분이다.

> "우리나라는 敗하였습니다. 국민은 오랜 戰爭에 커다란 苦痛을 당하였습니다. 軍部가 국민들을 抑壓하여 無理한 戰爭을 한 것이 이같은 不幸을 야기한 것입니다. 맥아더 元帥의 지휘 아래 聯合軍은 즉시 일본을 占領하였습니다. 이 占領은 日本의 秩序를 세우고 軍部를 打倒하여 軍國主義思想을 완전히 없애서 국민에게 自由를 부여하고 民主主義에 의하여 일본을 재정비하는 것을 목적으로 한 것입니다. 그를 위해 憲法의 改正을 비롯하여 각종 제도의 改革과 또 오랫동안 일본을 지배해 온 財閥을 저지하고 經濟의 民主化를 도모하였고, 또 信仰의 自由를 주고 民主主義 國家를 지향한 것입니다. 政府도 國民도 이 聯合軍司令部의 占領의 目的에 잘 힘을 發揮하여 平和로운 日本을 회복하는데 힘을 돋구어 줍시다."156)

다소 인용문이 장황하지만, 이 부분은 다분히 GHQ의 검열과 삭제를 의식한 占領版 교과서로서의 성격을 명확히 보여준다 하겠다. 불과 2~3년 전에 편찬되어 사용되었던 戰時版『初等科國史』의 입장에서는 도저히 상상조차 할 수 없는 참담한 내용일 것이다. 따라서 본서는 편찬 직후 일부 우익과 마르크스수의자늘로부터 격렬한 비판을 받기도 하였다.157)

요컨대 본서는 일본의 역사교육과 교과서 제도에서 등장했던 국정 교과서로는 최후의 교과서로서, 이후 소학교와 중학교 역사분

---

155)『くにのあゆみ』下, 47쪽.
156)『くにのあゆみ』下, 51~52쪽.
157) 家永三郎, 앞의 글, 321~322쪽.

야 교과서 서술의 기준이 되었을 뿐만 아니라, 황국사관과 군국주의로 오염된 역사교육 개혁의 기점이 되어 일본인의 오도된 역사상을 바로 잡는데 일정한 기여를 하였다고 평가할 수 있겠다. 그러나 당시 침략사의 표현이 모호하고, 군국주의 죄악에 대한 비판이 불철저하였다는 비판이 있었음을 재삼 환기해 두고자 한다. 그것은 앞서 지적한 바와 같이 한국사 관련 기술에 그런 부분이 있기 때문이다.

이른바 占領版 역사교과서로서 본서의 생명은 길지 못하였다. 1947년 3월에 교육관련 법령이 제정되며 社會科가 생겨났다. 즉, 國民科로부터 社會科로 개정된 것이다. 社會科는 歷史・地理・公民・修身을 하나의 교과로 하는 統合敎科이다. 이에 따라 통합교과에 필요한 교재가 요구되었고, 또한 1947년부터 교과서제도는 기존의 국정체제를 폐기하고 검정제를 채택하였다. 40여 년에 걸친 국정 역사교과서 체제가 종말을 고한 것이다.

제4절 맺음말

본고는 계속되고 있는 일본 역사교과서의 한국사 왜곡의 뿌리와 허구적 논리를 파악하기 위한 연구의 일환으로 文部省이 1904~1946년 사이에 小學校用 國定 歷史敎科書로서 편찬한『小學日本歷史』등 7종 14권에 기술된 한국사 관련 내용을 사학사적으로 검토한 것이다.

明治 초기 근대교육이 실시된 이래 戰前의 일본 교과서 제도는

자유발행과 자유채택제, 사용금지 書目 발표, 届出制, 認可制, 檢
定制를 거쳐 國定으로 변화하였다. 이같은 일본 교과서 제도의 변
천은 천황중심의 皇國史觀과 國體明徵에 의한 것이었고, 군국주의
팽창과 침략전쟁의 도발에 수반한 것이었다. 즉, 일본 교과서의 政
治性과, 교과서에 대한 중앙통제의 과정을 보여주는 것이라 할 수
있다.

　1903년 敎科書의 國定化가 결정되었다. 이 결정은 곧 교과서에
대한 정부의 직접 통제와 군국주의의 강화를 의미하는 것이다 이에
따라 1904년부터 국정 역사교과서가 사용되었는데, 이후 1946년까
지 小學校用(尋常科 - 初等科) 국정 교과서는 7종이 발행되었다.

　국정 역사교과서 개정 편찬의 역사는 軍國主義 侵略史와 맞물
려 전개되었다. 제1기『小學日本歷史』는 러일전쟁 개전을 앞둔 시
점에서 편찬되어 국민통합을 부르짖었고, 제2기『尋常小學日本歷
史』는「小學校令」에 따라 러일전쟁의 승리와 한국병합을 노래하
였다. 제3기『尋常小學國史』는 대정 데모크라시의 시대적 사조에
역행하며 국가주의적 교육정책을 강화하였고, 제4기『尋常小學國
史』역시 만주침략 이후 황국사관에 의한 국체명징을 강조하였다.
제5기『小學國史尋常科用』은 중일전쟁 도발 이후 세계대전의 개
전을 앞두고 국민을 침략의 전장터로 내몰기 위한 집단 최면용이
었고, 제6기『初等科國史』는 전시 비상체제하의 학생들에게 광신
적 황국사관을 불어넣어 주었다. 제7기『くにのあゆみ』는 패망
후 점령군 GHQ에 의해 기존의 역사교과서를 폐기하고 대체된 것
이다.

　이같은 국정 역사교과서에 기술된 한국사 관련 내용도 일제의
한국 침략과 식민지 지배의 진전에 따라 강화되었다. 그 변화는 다
름 아닌 침략의 정당화와, 왜곡된 식민지 지배 논리의 개발과정이

었다. 國定期 일본 역사교과서에 왜곡 기술된 韓國史像은 다음과
같이 정리할 수 있다.

① 任那日本府는 역사적 사실이다.

② 고대 한국(三國)은 일본에 進上을 獻上하는 屬國이었는데,
   신라의 삼국 통일로 일본의 세력으로부터 이탈(離叛, 離去)
   하였다.

③ 고대에 한반도로부터 文化가 전파되기는 하였으나, 이는 '大
   陸의 文化', '支那의 文化'일 뿐이다.

④ 日本은 神國이므로 麗蒙聯合軍의 일본 침략시 '神風'이 불어
   이들을 격퇴하였다.

⑤ 일본인은 정정당당한 국민이므로, 한반도에 대한 '進出'은 貿
   易으로부터 시작하였고, 용감한 무사의 왕성한 商行爲를 倭
   寇라고 잘못 기록하고 있다.

⑥ 고대 이래 한국은 일본이 대륙으로 건너가는 다리 역할을 하
   였다. 임진왜란은 侵略이나 奪略이 아니라 大東亞建設을 실
   현하는 과정으로서, 일본인의 '海外發展心'을 한층 높여 주
   었고, 당시 일본군이 보여준 훌륭한 행동은 조선인에게 깊은
   감명을 주었다.

⑦ 征韓論은 명치 초기 일본의 호의를 무시하고 무례를 범한
   '朝鮮事變'에 대한 반감의 표현이었다.

⑧ 江華島條約은 침략 의도와는 무관한 자신들의 군함에 조선
   수병들이 발포함으로써 빚어진 사건이다.

⑨ '朝鮮의 暴徒'와, '東學黨의 亂'이 日兵을 한국에 주둔하게
   했고 한국을 보호하기 위해 淸日戰爭을 일으켰다. 일본은 삼
   한정벌에서부터 청일전쟁에 이르기까지 항상 外征에서 승리
   하여 왔다.

⑩ 러일전쟁은 淸과 韓國을 保全하고 東洋平和를 지키기 위해 불가피한 전쟁이었으며, 여기에서 승전함으로써 일본은 일약 세계의 일등 강국이 되었고, 구미 제국의 압박을 받던 동아 제국의 자각을 가져왔다.

⑪ 乙巳五條約은 한일 양국이 利害를 같이 하여 協約을 거듭한 결과 한국을 타국의 간섭으로부터 保護國으로 한 것으로, 統監을 두고 政務를 확장하여 보호의 효과를 거두었다.

⑫ 한국은 늘 禍亂의 淵源이 되어 왔는데, 韓國倂合은 한국 황제 뿐 아니라 다수 한국인의 병합 희망을 일본 천황이 聽入하여 통치권을 영구히 양여받은 것으로, 이로써 한국인은 천황과 帝國의 臣民이 되어 행복이 증진되었고, 동양평화도 더욱 굳건해졌다. 內鮮一體로 동양평화의 기초가 쌓아졌고, 日滿一體로 堅陣을 구축하여 동아의 수호를 굳게 하였다.

이 같은 왜곡상은 오늘날 일본 역사교과서의 그것과 너무도 흡사하다는 점에서 아연실색할 따름이다. 임나일본부설과 고대 한국의 '屬國論', '凶器論', '進出論', 식민지 침략과 지배의 '美化論' 등 오늘날 문제가 되고 있는 왜곡의 논리들은 이미 당시에 정립되고 정형화 되었던 것이다. 따라서 이른바 '새로운 역사교과서'는 전혀 새롭지 않은 復古的인 것에 불과한 것이다. 오늘날 일본의 검정 교과서는 과거 군국주의 시대의 국정교과서의 침략적 논리를 계승하였다는 점에서 결국 檢定은 國定의 변형된 형태라 지적하지 않을 수 없다.

과거 일본의 역사교과서는 군국주의 침략의 논리로 무장하고 정세의 변화를 예민하게 반영하였다. 그 정세의 변화란 침략과 수탈을 통해 동양과 세계의 평화를 파괴하는 방향으로의 일방통행이었다. 그렇다면 100여년 전으로 후퇴한 일본의 역사인식은 무엇을 의미하

는 것인가? 일본의 역사왜곡에 분개하고 흥분만 할 것이 아니라, 왜
곡의 역사를 차분히 따져보고 역사 왜곡의 배경과 본질을 철저하게
규명하고 경계하여야 하는 이유가 여기에 있는 것이다.

찾아보기

ㄱ

ㅅ

ㅇ

ㅈ

ㅊ

박 걸 순(朴杰淳)

충북대학교 역사교육과 졸업
충남대학교 대학원 사학과 박사과정 졸업(문학박사)
충북대, 충남대, 한국교원대, 호서대, 충주대 등 강사
백암박은식·우강양기탁전집 편찬위원
독립기념관 한국독립운동사연구소 수석연구원
現, 독립기념관 학예실장
한국근현대사학회 이사 및 편집위원
충남대학교 국사학과 강사

논 저

『韓龍雲의 生涯와 獨立鬪爭』,『李鍾一의 生涯와 民族運動』
『槐山地方의 抗日獨立運動』,『舊韓末 義兵將 韓鳳洙의 抗日鬪爭』
『韓國近代史學史研究』,『重慶 大韓民國臨時政府廳舍 復元 報告書』
이밖에「大韓統義府 研究」,「東山 柳寅植의 歷史認識」등 한국독립운동사와
근대사학사에 관한 논문 다수

植民地 시기의 歷史學과 歷史認識

정가 : 25,000원

| 2004년 4월 26일 | 초판 인쇄 |
| 2004년 5월 10일 | 초판 발행 |

저　　자 : 朴 杰 淳
회　　장 : 韓 相 夏
발 행 인 : 韓 政 熙
발 행 처 : 景仁文化社
편　　집 : 朴 洗 調
　　　　　서울특별시 마포구 마포동 324 - 3
　　　　　전화 : 718 - 4831~2, 팩스 : 703 - 9711
　　　　　E-mail : kyunginp@chollian.net
등록번호 : 제10 - 18호(1973. 11. 8)